本书由北京华泰（郑州）律师事务所资助出版

法｜学｜研｜究｜

——破产法学

中原破产法论坛（2022）

（第一辑）

河南省法学会破产法学研究会◎编

知识产权出版社
全国百佳图书出版单位
—北京—

图书在版编目（CIP）数据

中原破产法论坛.2022. 第一辑 / 河南省法学会破产法学研究会编.—北京：知识产权出版社，2023.7

ISBN 978-7-5130-8597-7

Ⅰ.①中… Ⅱ.①河… Ⅲ.①破产法—中国—文集 Ⅳ.①D922.291.924-53

中国国家版本馆CIP数据核字（2023）第118677号

责任编辑：彭小华　　责任校对：王　岩

封面设计：智兴设计室　　责任印制：孙婷婷

中原破产法论坛（2022）（第一辑）

河南省法学会破产法学研究会　编

出版发行：知识产权出版社有限责任公司　　网　址：http：//www.ipph.cn

社　址：北京市海淀区气象路50号院　　邮　编：100081

责编电话：010-82000860转8115　　责编邮箱：huapxh@sina.com

发行电话：010-82000860转8101/8102　　发行传真：010-82000893/82005070/82000270

印　刷：北京九州迅驰传媒文化有限公司　　经　销：新华书店、各大网上书店及相关专业书店

开　本：880mm×1230mm　1/32　　印　张：16.125

版　次：2023年7月第1版　　印　次：2023年7月第1次印刷

字　数：419千字　　定　价：98.00元

ISBN 978-7-5130-8597-7

本书编委会

序

——写在《中原破产法论坛（2022）（第一辑）》出版之际

近年来，我国破产法学术研究空前繁荣，这既归功于众多破产法同人在理论与实践中的积极探索与创新，又得益于各地破产法学会搭建的学术交流平台。“中原破产法高峰论坛”就是这样一个知名破产法交流平台之一。

自2017年11月“中原破产法高峰论坛”第一届会议举办至今，一年一度的学术盛宴吸引了数百乃至近千名嘉宾踊跃投稿参会，在全国范围内产生了较大影响力。近年来，为进一步增进交流的效果，论坛组委会还组织了征文评奖活动，今年又以设定科研项目和提供经费支持的方式，提前为会议论文的创作进行动员和激励。这些学术组织工作无疑为化解破产实务中的难题、推动破产法治的进步、优化营商环境中的办理破产指标，提升破产法理论水平做出了不可估量的贡献。

在“中原破产法高峰论坛”引领下形成的学术氛围里，郑州市中级人民法院和郑州破产管理人协会还发起了系列破产法学术沙龙。极为可贵的是，该系列沙龙基本上以每月一期的方式坚持了数年。不少年轻的破产管理人、破产法官和青年破产法学者从中受益良多。记得有本书说过，实现卓越的路线图包括四个环节：

产生兴趣、变得认真、全力投入、开拓创新。“中原破产法高峰论坛”的组织者可谓印证了这个路线图。

破产法学术论坛的交流有一个特点，即作者覆盖面广，除了破产法官和破产管理人这两大群体外，还有破产法理论工作者和包括重整投资机构在内的中介机构代表。不同领域的论文作者从不同角度对所研究问题在观察、体验、思考的基础上所进行的实证、规范和比较研究，对相关法条作出的多元化解释和针对性改进建议，都使得这些汇集在一起的智慧成果各显千秋、相得益彰，使破产法的公平理念得以广泛传播、法律适用水准得到改进。每届论坛会议召开前夕，通过对数百篇投稿论文的阅读和学习，我们都能够发现破产法前沿领域中不少值得关注的问题点，领略司法实践中出现了哪些切实可行的做法。尽管这些论文未必是破产法领域的经典之作，但不少作者都对相关问题发表了自己的看法乃至灼见，如果能把这些论文和办理破产的“中原方案（经验）”公开出版以展示给更多的读者尤其是展现给一线青年实务工作者，那么应当能够发挥更大的学术价值。这便是“中原破产法高峰论坛”系列论文集出版的现实意义。

“中原破产法高峰论坛”的主会场在郑州，郑州也是最高人民法院第四巡回法庭所在地，从破产案件的跨地域特点来看，更适合办理破产的集中管辖和区域协调，相信“中原破产法高峰论坛”未来将会面临更好的交流机遇。

当然，我们期望和乐见破产法学的繁荣和进步，并不意味着我们希望破产案件越来越多，恰如我们从事法律职业本身并不希望犯罪人数不断增加一样。破产既是市场经济状态下的常态现象，又是市场主体新陈代谢的常见规律，当然也是市场主体重整和再生的有效途径，不管我们对破产的态度如何，办理破产的常态化、市场化、法治化乃至国际化给我们带来的，必是机遇与挑战并存的发展前景。

是为序。

韩长印

于2023年3月16日。是日，河南多地大雪

前　言

作为全面建设社会主义现代化国家的政治宣言和行动纲领，党的二十大报告首次单独把法治建设作为专章论述、专门部署，这充分体现了以习近平同志为核心的党中央对全面依法治国的高度重视和推进法治建设的坚定决心，为新时代推进全面依法治国、建设社会主义法治国家指明了前进方向。

破产法律制度是我国市场经济体制发展中一项重要的法律制度，自1986年12月建立以来，在改革开放和市场经济形成发展过程中发挥了一定的作用和价值，尤其是党的十八大以来，随着营商环境建设的优化和推进，破产法律制度引起了顶层设计者的关注和重视，破产法律制度的价值和作用在推进供给侧结构性改革及其营商环境建设过程中不可替代的功能越来越明显，甚至产生了意想不到的法律效果、社会效果、经济效果和政治效果。

近年来，河南省法学会破产法学研究会坚持学习贯彻落实习近平法治思想，增强“四个意识”、坚定“四个自信”、做到“两个维护”，自觉在思想上政治上行动上同党中央保持高度一致，在加强学术研究塑造话语体系的同时始终坚持正确的政治方向，以搭建学术平台争取话语权为抓手连续举办了六届“中原破产法高峰论坛”，取得了一些学术成果，在国内逐步建立起了一定的影响力。但是，在更高水平学术研究、更高层次学术成果方面还存在一定的短板和弱项。

2022 年 7 月 23 日，河南省法学会破产法学研究会 2022 年年会暨第六届中原破产法高峰论坛在郑州成功举办。受疫情防控政策影响，本次会议采取线上与线下相结合的方式召开。河南省高级人民法院副院长、审判委员会委员尚志东，河南大学党委常委、副校长、河南省法学会副会长孙君健，河南省社会科学院院长、党委副书记、河南省法学会副会长王承哲，郑州市中级人民法院党组书记、代院长陈殿福，河南资产管理有限公司总裁崔凯等领导出席开幕式并致辞。开幕式由河南省社科院法学研究所研究员、省法学会常务理事、破产法学研究会常务副会长李宏伟主持。

近年来，房地产行业“问题楼盘”问题日渐突出，对经济社会发展造成了很大的影响，房地产行业的健康有序发展关乎民生和社会和谐稳定。破产重整程序在解决“问题楼盘”问题上显现出了独特的制度优势，在盘活“问题楼盘”、化解房地产企业债务等方面取得了明显的成效。但是“问题楼盘”的破产重整在实务操作中也面临着很多疑难法律问题，为更好地贯彻落实好中央政策精神，进一步推动破产法学研究的繁荣和破产法治建设的进步，经河南省法学会破产法学研究会、中原破产法高峰论坛理事会研究决定，确定了“破产法语境下的问题楼盘处置”这一主题。在论坛主旨报告环节，中国人民大学法学院徐阳光教授以《企业破产法修改背景下的“问题楼盘”处置》为题，介绍了本次破产法修改的背景、理念和重点关注的问题。对破产法的法律适用范围，设立自然人破产、合并破产、小微企业破产、金融机构、跨境破产、预重整专章等做了理论阐释。针对“问题楼盘”

中常见的几种情形，徐阳光教授结合自己的研究经验和实务现状做了探讨。浙江省破产管理人协会会长任一民律师从困境房企的现状、法律争议的演进、困境房企的拯救以及未来展望等几个方面，做了《房企破产的实务与法律演进》的主旨报告。

为进一步扩大学术影响力，进一步增强学术科研后劲，强化以问题为导向的应用对策研究，研究会会长办公会经讨论决定，将论坛收到的175篇论文当中的优秀获奖论文予以整理出版，以兹理论与实践方面的借鉴探索。本书当中的每一篇论文所反映的思想仅仅代表作者本人的学术观点和思考，同时也只是对破产法律制度建设的重大理论和重大实践作的局部探索。不当之处，敬请各位领导和专家学者批评指正。

编委会

2023年3月

目　　录

1　重整计划单一执行主体模式的反思与重构

——以问题楼盘企业重整为视角

王　辉　刘梦飞*

摘要：重整计划的确定是从理论层面为企业设计好挽救方案，而执行则是从操作层面实施好挽救方案，所以执行重整计划是整个重整程序的根本落脚点。现行立法采取的债务人单一执行模式的弊端，在问题楼盘企业重整实践中极为突出，缺乏有效的变更救济手段，往往导致重整程序推进被动陷入僵局，亟须对僵化的执行主体模式进行重构。本文试以问题楼盘企业重整为视角，对执行主体选任和确立机制的相关问题进行探讨。

关键词：问题楼盘　执行主体　债务人　管理委员会

引　言

在“房住不炒”政策导向和房地产市场周期性变化影响下，部分盲目扩张、高负债率和不规范经营的房企相继倒闭，项目开发停滞形成“问题楼盘”。在防范化解重大风险和优化法治化营商环境的原则指引下，通过破产重整程序运用市场化、法治化手段推动问题楼盘化解，被提到了新的高度。在重整程序中最关键

---

* 王辉，平顶山市中级人民法院党组书记、院长；刘梦飞，平顶山市中级人民法院清算与破产庭法官助理。

的是重整计划的制订和执行。根据现行立法，只要法院批准重整计划，重整程序即告终止，但真正意义上的重整活动其实才刚开始。只有在重整计划顺利执行完毕后，破产重整的使命才能宣告完成。因此，由谁来执行重整计划，在重整程序中非常关键。[①] 我国立法采取的债务人单一执行模式，在问题楼盘房企这类特殊企业中是否适用，在债务人主观、客观不能执行情况下仍交由其执行是否可行，在债务人执行不能时径行宣告破产是否合理，值得我们认真反思。

一、现实之困：债务人单一执行主体模式的运行检视

根据《中华人民共和国企业破产法》（以下简称《企业破产法》）第 89 条、第 90 条的规定，债务人负责执行重整计划，管理人在监督期内负责监督重整计划的执行，立法采取了债务人执行、管理人监督的模式。而按照第 93 条第 1 款的规定，债务人不能执行或不执行时，没有更换执行主体等救济程序，只能宣告债务人破产。该种单一的执行主体模式，既不符合问题楼盘企业的实践现状，也不利于维护债权人的合法权益。

（一）问题楼盘企业重整计划执行的三重困境

关于问题楼盘目前尚无统一的概念，根据各地实践，问题楼盘基本上包含以下三种情况：一是不能办理不动产证类，房屋已建成交付，但因用地、规划、施工等手续不全，导致无法办理产权证；二是配套设施不完善类，项目已建成，但因供水、供电、供热等基础设施不到位，导致无法交房入住；三是停工烂尾类，因资金链断裂等原因，导致项目长期停滞。实践中通过破产程序化解的更多的是指停工烂尾类，该类问题楼盘企业的突出特征是资金亏空严重、涉及法律诉讼多、群众信访量大。

---

① 韩长印主编：《破产法学》，中国政法大学出版社 2016 年版，第275 页。

1. 违法建设、销售的情况突出

实践中几乎所有的烂尾楼盘都存在土地、规划和销售等手续不完整的情况，面临着非常庞杂的协调工作和违法行为修复纠正工作，多数楼盘项目失去了后续开发建设的价值和投资空间，如果没有政府的优惠政策和捆绑救济措施，拯救盘活的难度很大。

2. 各方矛盾冲突集中

房企破产案件往往涉及民事、行政、刑事等多个方面，拆迁户、购房户、施工单位、农民工、银行等不同利益群体之间的利益诉求呈现出差异化乃至冲突化的特征，因此重整计划的执行不仅需要各方主体的理解支持，还需要土地、规划、房管、税务、市场监管、人防、金融等各部门的大力配合才能顺利推进。

3. 存在不规范经营情况

中小民营房企，一方面存在股东资产与企业资金相互混同，企业融资借款与房屋销售回款在财务账簿外循环的现象；另一方面还存在企业之间、企业与股东之间互保情况，为规避银行放贷政策，并通过“设立空壳公司+房企提供担保”的形式来获取贷款，由此形成了复杂的资金链关系。在出现债务危机后，房企将面临着极高的法律风险。

（二）债务人执行主体模式的三维僵局

1. 债务人执行不能

重整计划的执行中有很多问题都和公司治理结构有关。[①] 而房企一旦因资金链断裂陷入债务危机，往往面临众多诉讼和执行程序案件，企业的银行账户被冻结，土地、在建工程、房屋等资产被查封，法定代表人被采取限制高消费的措施，形成恶性循环。问题楼盘房企破产更是涉及民生稳定、金融安全、产业转型等突

---

① 王欣新：《破产法前沿问题思辨》，法律出版社2017年版，第312页。

出问题，一旦企业进入破产程序，一些历史遗留问题开始出现。因此，在进入破产程序以后，问题楼盘房企基本上丧失了自主管理和运营的能力。

通过对 P 市已审结的 18 件房企破产案件进行梳理得知，在司法实践中，债务人执行不能包括主观不愿和客观不能两个方面，其一，有近一半的企业是被动进入破产程序，因破产程序需对企业进行全面清产核资，部分企业控制者出于各种因素，不愿让破产掀开企业“盖子”；其二，房企资产负债率基本在 200% 以上，部分企业甚至涉及非法集资等刑事犯罪，企业陷入经营困境后，留守人员基本在 3 人以下，而此类企业的投资人又无一例外选择共益债形式投入资金，基本不参与项目续建和企业经营，使得问题楼盘企业事实上根本没有执行重整计划的能力，而重新招聘管理人员又会导致成本上升。（见表 1－1）

表 1－1　P 市已审结的 18 件房企破产案件情况统计

类型	破产意愿		留守人员		
	主动申请	被动破产	现有员工 >5 人	现有员工 3～5 人	现有员工 <3 人
占比	30%	70%	0	16.7%	83.3%

2. 债权人强烈反对

如果说债务人能力不足的问题，在不计成本前提下尚可通过招聘经营管理人员尝试拯救，那么债权人的强烈反对，则是急待解决的难题。破产本就是各种矛盾相互交织集中爆发的体现，问题楼盘企业重整可以说是其中的典型，在项目停工烂尾形成问题楼盘数年后，房企与以拆迁户、购房户、农民工为主体的债权人之间的矛盾将上升到急需协调的地步。事实上，问题楼盘信访已成为继非法集资之后最为突出的不稳定因素。

通过对100位[①]破产房企债权人的随机调查，所有受访的债权人都认为开发商应对债务承担责任；只有4%的受访者同意债务人继续负责执行开发，96%的受访者认为应更换新的主体负责开发，这其中支持引入投资人负责执行的占22%，支持政府牵头执行的占50%，支持政府监管、并由投资人执行的占20%，支持债权人自行执行的占4%。（见图1－1）房企进入破产程序后，债权人对债务人的不信任会被无限放大，在广大债权人明确反对和存在情绪的情况下，通过重整计划草案的难度和执行重整计划的难度都随之提高。

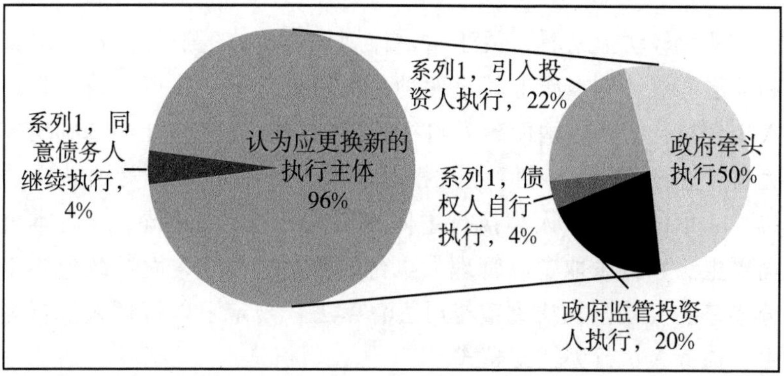

图1－1 受访债权人意愿统计

3. 社会利益保护不力

问题楼盘企业不仅涉及纷繁复杂的法律关系，更直接关系人民群众“住有所居”的根本问题，牵涉各式各样的民生利益，事关防范化解重大风险和维持地方稳定发展的大局。绝对单一的执行主体模式，本身就是违反法律逻辑的，并不符合问题楼盘企业破产实践的现状，既不利于维护全体债权人的利益，也与社会本位价值取向相悖。

① 该100名债权人系从办理的房企破产案件中随机挑选，包含拆迁安置户、购房户、施工方、普通债权人等不同种类债权人。

二、他山之石：问题楼盘企业重整计划执行主体的比较研究

关于重整计划执行人的确定，各国立法并不一致。不同企业的经营特征和实际情况各不相同，单纯讨论立法规定哪种主体更为合适可能并不适当，因为执行主体的选任应当立足企业现实情况，以实现债权人利益最大化和重整程序的顺利推进为遵循。

（一）执行主体的域外考察

从比较法上来看，关于重整计划执行主体的选择，各个国家和地区的立法例本质上就是两种，由债务人担任执行人或由管理人担任执行人。美国债务人自行管理的制度规范和社会基础均较完备，立法和社会对债务人相对较为宽容，所以《美国破产法典》采取的是债务人为执行主体的模式。与美国不同，《日本公司更生法》则采取了以管理人执行为原则的模式，而行政色彩十分浓厚的《法国司法重整与司法清算法》规定了以管理人执行为主、债务人执行为辅的模式。

我国《企业破产法》选择的债务人单一执行模式，与美国相近，但有两点不同，其一，美国破产立法采取的是以债务人自行管理为原则的做法，而我国采用的是以管理人接管为原则、债务人自行管理为例外的做法，这在执行基础上是有根本区别的。其二，根据《美国破产法典》的规定，重整计划执行主体是可以选择和变更的，相较于我国绝对单一的做法更为合理。

（二）不同主体的比较分析

1. 债务人

由债务人作为重整计划的执行主体是有一定优势的，如韩长印教授认为，债务人对企业状况最为了解，对执行计划驾轻就熟，

宜于操作。[①] 丁燕教授提到，债务人掌握与经营相关的各种情况，由其执行有利于经营的连续性。[②] 但在问题楼盘企业重整实践中根本无法发挥，如前文所述，开发商因主客观原因早已丧失自主管理能力，在明知其不具备执行能力情况下仍交由其执行重整计划，极有可能发生执行不能并最终导致重整失败的风险，这既不利于维护债权人利益，也不利于实现社会公共利益，且会引发社会各界对于重整制度的不信任。

2. 管理人

日本、法国和我国台湾地区都采取了管理人执行重整计划的立法例，由管理人担任重整程序的执行人确有不少优势：其一，管理人熟知重整计划内容，目前我国实践中几乎所有的重整计划草案都是由管理人负责起草的，通过全程参与清产核资、债权审核、制订草案、会议表决等系列环节事项，其对企业基本情况、破产原因、债权人意愿和重整计划主要内容具有最为全面的认识。其二，管理人处于居中的法律地位，相较于债务人，由其负责执行重整计划在一定程度上能够降低债权人的不满和不信任，避免执行过程中出现欺诈风险。其三，有利于提高重整效率，根据法律规定破产受理后管理人要接管债务人的企业财产和营业事务，如果是其他主体执行，则仍需再次向其移交，必然增加重整成本，若继续由管理人执行，显然可提升执行效率。

但在问题楼盘企业中，单纯由管理人作为执行人是不具备可行性的，原因如下：其一，管理人缺乏执行能力，我国管理人队伍基本由律师事务成员所构成，应该说绝大多数是不具备房地产项目运营和管理能力的，而问题楼盘企业重整计划涉及工程续建、权证办理、配套完善、房屋销售等一系列商业操作，由管理人执

① 韩长印主编：《破产法学》，中国政法大学出版社2016年版，第275页。

② 丁燕：《上市公司重整计划执行制度的完善——基于我国上市公司的样本分析》，载《政治与法律》2014年第9期。

行显然并不合适。其二，存在自己监督自己的风险，如果执行权和监督权均交由管理人行使，则会陷入自我监督的尴尬境地，出现监督失位。其三，管理人也并不具有执行意愿，房企重整计划执行期限一般都在三年左右，而问题楼盘所牵涉的矛盾冲突又十分尖锐，面临政府部门监管压力和购房户、农民工等债权人的信访压力，很少有管理人会愿意承担执行职责。

3. 其他主体

关于单一执行主体模式的弊端，已经引起学界和实务界的关注。有学者提出应由重整程序中的经营控制权人执行重整计划。① 另有学者提出应设债务人为第一执行人，在其执行不能时由管理人为后续执行人。② 但目前学者们关注的焦点仍集中在债务人、管理人或经营控制权人身上，力图通过确立执行主体变更规则来消除当前绝对化执行人的漏洞。然而在问题楼盘企业重整实践中，针对执行主体已经出现不少探索，如在我们办理的一起问题楼盘企业重整案件中，就有建设工程款类债权人自己制订了“借入共益债+代工代建”的重整方案，向法院表示愿意承担重整计划的执行事宜。而在平顶山市中级人民法院办理的平顶山华坤房地产开发有限公司（以下简称华坤公司）破产重整一案，针对企业后续执行困境，经征求广大债权人和政府层面的意见，设计了由政府工作专班牵头的管理委员会来执行重整计划，最终得到债权人会议高票表决通过，且执行期间楼盘项目吸收融资、施工建设、工程检查、部门协调、证件办理等各项事宜进展顺利。因此，本文主张对重整计划执行主体不应过分限制，除债务人、管理人外亦可由其他主体担任。将来立法修改中应当重构执行主体的规定，

① 丁燕：《上市公司重整计划执行制度的完善——基于我国上市公司的样本分析》，载《政治与法律》2014 年第 9 期。

② 崔明亮：《破产重整计划执行法律问题研究》，载《中国政法大学学报》2018 年第 2 期。

赋予债权人选择执行人的权利，明确除重整计划另有规定外，重整计划由债务人负责执行。

三、实践之基：管理委员会模式的探索与评估

在重整程序中，重整计划起着枢纽作用，其制订是否科学、实施是否顺利决定着后续重整程序能否成功。[①] 在重整计划具备实施价值但企业执行不能时，径行宣告破产不免过于可惜，且与重整制度价值追求不符。而经过理性分析，域外立法所采用的另一执行主体即管理人执行模式，从内外部因素考虑亦不符合问题楼盘企业重整实践。华某公司重整案即在此种被动局面下，协商成立管理委员会，负责执行重整计划具体事宜，最终推动重整计划顺利执行。

（一）华某公司重整案实例解析

1. 案件基本情况

华某公司于 2011 年 3 月开发建设了某庄园项目，项目占地 14.60 亩，规划住宅楼共三栋，规划总建筑面积 93 905.33 m^2，项目完工率不足 1/3。后因资金链断裂，项目一直处于停工状态，引发购房户、工程施工方等多次信访。2020 年年初，该公司实际控制人因涉嫌犯罪被刑事羁押。另据统计，企业应安置房屋面积 18 000 m^2，涉及购房户债权人 256 户，其他各类债权人 45 户，债权金额共计 3.04 亿元。

考虑到该项目已停工烂尾近十年之久，通过重整程序推动项目复工重建，不仅有利于实现破产财产价值最大化，而且有利于维护购房户、拆迁户、施工方、普通债权人等全体债权人的合法权益。鉴于此，经政府和法院（以下简称府院）联席会议决议，

---

① 张世君：《我国破产重整立法的理念调适与核心制度改进》，载《法学杂志》2020 年第 7 期。

辖区政府正式开展了华某公司预重整工作，平顶山市中级人民法院于2021年6月4日裁定受理华某公司破产重整案。但在华某公司重整程序中，我们遇到了债务人不具备执行能力的困境。

2. 设计管理委员会模式的考量

平顶山市中级人民法院在华某公司重整案中采取管理委员会模式，主要是考虑以下三个方面的因素：一是该公司没有执行能力，该公司陷入经营困境后，员工基本上均已流失，其实际控制人更因刑事犯罪被判处刑罚，公司基本管理架构业已缺失，交由债务人执行是不现实的。二是该公司确实具有重整价值，重整计划亦具备可行性，楼盘紧邻平顶山人民银行总部，周边配套设施齐全，具备一定的开发价值。如果完全不考虑继续投入资金将项目盘活，而将土地、烂尾工程直接拍卖处置，不仅处置难度大，变现价值也将非常低，各类债权人的利益都将无法得到有效保障。三是具备问题楼盘处置的组织基础，平顶山地区于2017年6月就已集中开展了问题楼盘化解工作，启动时间领先全省近两年，先后出台了一系列制度文件，确立了“府院结合＋不良资产处置平台”的化解模式，明确属地政府的主体责任，要求一楼盘一专班，所有问题楼盘都要设立政府工作专班。该公司重整案中管理委员会模式的构想，经府院联席会议专题研究后，得到楼盘所在地湛河区政府和市、区两级问题楼盘办公室的大力支持，最终得以成功实施。

（二）管理委员会的工作职能

华某公司管理委员会成员包括政府工作专班代表、拆迁安置户代表、购房户代表、索要工程款的工程承包方代表、职工代表、管理人成员、投资人代表，负责人由楼盘所在街道办事处负责人担任。华某公司重整计划写明重整计划由该公司负责执行，该公司委托管理委员会负责具体事务。债权人会议授权管理委员会在债权人会议和债权人委员会监督下行使以下职能：（1）负责经营管理日常事务、对外签订合同；（2）募集共益债，为共益债投资方设定抵押担保；（3）协助项目证照、房屋证照等开发手续的办理；（4）监督项目建设、施工招投标事宜；（5）管理工程全流程；（6）管理房产销售事宜，协调金融机构为购房户办理按揭贷款；（7）选聘物业管理公司做好前期物业管理工作；（8）及时进行工程决算，必要时聘请造价公司对工程进行造价审计；（9）按照法院批准通过的重整计划规定的受偿方案做好财产分配、交付及项目清算工作；（10）继续争取平顶山市、区、街道三级党委、政府以及国土、住建、规划、房管、税务等部门的支持，争取项目建设涉及的各项优惠政策和措施，尽可能降低建设成本，增加项目收益和偿债资金；（11）协助政府处理信访稳定问题；（12）其他应由管理委员会管理或处理的事务。

（三）效果评估

通过实践，管理委员会模式不仅破解了问题楼盘企业丧失执行能力的难题，改变了债权人对债务人、投资人的对抗态度，更使重整各方主体统一起来，坚定了各方的重整信念。具体如下：一是有效解决了债务人执行不能困境，避免因债务人原因导致重整失败而陷入破产清算，符合问题楼盘处置的目的和重整制度的追求，利于维护全体债权人的利益；二是有效增进了各方互信合作，由政府工作专班牵头负责重整计划执行具体事宜，最大的优势就在于大幅提升了债权人、投资人的重整信心，消除了各方之间的分歧，提高了重整程序的效率和成功率；三是有效加强了府院协调联动，问题楼盘复工重建牵涉数十个职能部门以及一整套监管流程和审批手续，吸收政府工作专班参与重整计划执行，不仅利于及时掌握政府层面处置化解优惠政策，更便于土地、规划、审批、监管、登记等事项的办理。

四、破冰之路：管理委员会模式的重构路径

（一）有效运行的关键因素

1. 明确有利于债权人原则

破产制度的本质属性决定了开展重整活动必须以保护债权人利益为基本目的，这是破产立法的核心价值追求，贯穿整个破产程序始终。采用管理委员会模式必须坚持有利于债权人原则，以利于实现债权人利益最大化为出发点，在法律允许范围内，对重整计划的执行人进行灵活调整，以推进问题楼盘企业重整程序顺利进行。

2. 坚持社会本位理念

王欣新教授将重整制度的建立视为破产法社会价值取向发展的一次突破。[①] 追求法律效果和社会效果的统一是新时代对于司法职能的更高要求。但要实现两者的统一，便不可避免地要求行政权力的适度嵌入。[②] 在问题楼盘企业破产化解过程中，尤其要从社会本位角度出发，综合考虑社会、经济和政治因素，认真谋划管理委员会模式的可操作性，推动问题楼盘的化解。

3. 恪守权责范围边界

市场化破产中的政府定位是“行政配套”，由行政配套解决衍生社会问题。[③] 企业破产府院联动机制的本质是“政府主导风险管控与事务协调，法院主导司法程序”的一体化协调机制，而且设计管理委员会模式的基础是债务人没有执行重整计划的能力和现实可能，因此必须充分听取和尊重债权人的真实意愿，立足

---

① 王欣新主编：《破产法》，中国人民大学出版社 2019 年版，第 286 页。

② 陆晓燕：《“市场化破产”的法治内蕴》，法律出版社 2020 年版，第131 页。

③ 陆晓燕：《“府院联动”的建构与边界——围绕后疫情时代市场化破产中的政府定位展开》，载《法律适用》2020 年第 17 期。

企业的实际情况，明确界定管理委员会的职责范围，不能以行政权或司法权干涉债权人和债务人的自由。

4. 注重各方协调合力

问题楼盘企业重整是一项极为复杂的系统工程，程序的顺利推进需要各方的密切配合。管理委员会的组成必须与执行重整计划的迫切需求相对应，与问题楼盘的客观情况相符合，与债权人的根本利益相匹配。真正团结重整各方主体，在统一的目标下，就工程续建、债权清偿等工作进行筹划，并协调一致行动。

（二）精准厘清职责定位

1. 寻找项目融资

融资困难一直是问题楼盘企业重整程序的“拦路虎”，因房地产调控政策持续收紧，投资人对楼盘建成后市场销售的消极情绪，问题楼盘房企金融信用丧失，很多问题楼盘企业进入程序后迟迟招募不到投资人，缺乏投资人和资金来源，已成为推进疑难复杂问题楼盘化解的重大障碍。而行政机关在吸引投资、企业合作、融资平台建设等方面具有更多的资源和方法，由管理委员会负责“战投”招募及洽谈工作，不仅能够扩展企业融资渠道，更能增强投资人的信心。

2. 协助工程续建

一方面，楼盘复工重建涉及土地、住建、房管、税务、工商、人防等一系列审批监管流程，通过管理委员会积极争取各职能单位的支持，能够有效避免手续“卡壳儿”，提高办事效率。另一方面，近年来省市集中出台了多项问题楼盘处置化解政策，依托管理委员会能够及时掌握相关情况，争取项目建设各项优惠政策和措施，尽可能降低建设成本支出，增加企业偿债资金。

3. 做好偿债分配

楼盘建成并达到交付条件时，管理委员会应按照重整计划的规定做好财产分配、交付工作。其一，向拆迁户、购房户债权人交付房屋，并协调相关部门依法依规为其办理产权登记；其二，项目收益经依法审计后，要严格按照受偿方案的标准向各类债权人清偿债权。

4. 配合处理维稳

管理委员会本身包含政府工作专班人员和各类债权人代表，负责具体执行事宜，所以直接掌握重整事项进展，又直接接触债权人，便于了解各方主体的诉求。管理委员会在执行重整计划过程中，要主动听取收集债权人、投资人、债务人的想法，全面及时公布相关执行情况，配合政府有关部门做好解释沟通工作。

（三）合理设计工作机制

1. 人员组成

立足问题楼盘企业，为有效发挥管理委员会在府院协调、各方联动和提高效率方面的作用，人员组成一般应包含该问题楼盘政府工作专班人员、各类债权人代表、管理人团队成员，并可预留投资人代表。其中政府专班人员不低于三人，负责人由政府专班代表担任，不同性质债权人代表各一人，管理人团队成员一人，投资人代表一人。

2. 产生程序

管理委员会成员名单及议事规则由政府工作专班人员和管理人共同拟订，写入重整计划草案，提请债权人会议表决通过并经人民法院裁定批准后确定。

3. 监督设置

在实践中，仅靠作为社会中介机构的管理人，难以完全保障重整计划执行的监督到位。[①] 尤其是在问题楼盘企业重整案件中，

① 杨临萍主编：《供给侧结构性改革司法实践——破产重整与和解最新理论及实务》，法律出版社2020年版，第251页。

监督失位、信息不明和沟通不畅的问题更为突出。监督期内，管理委员会除了要接受管理人的监督外，并可在重整计划中明确规定，债权人会议和债权人委员会有权对管理委员会进行监督，管理委员会应当向其报告重整计划执行情况、企业财产状况和重大经营决策等事项。

结 语

执行主体的选任是重整计划执行层面的重要内容，对重整执行的顺利实施和重整目的的最终实现具有重要意义。无论是债权人利益最大化的原则导向，还是社会本位理念的价值追求，都要求我们构建更有弹性的执行人确定制度和更为立体的监督体系，以适应问题楼盘企业等特殊类型企业的实践需要。

▶ 参考文献

[1] 韩长印:《破产法学》，中国政法大学出版社2016年版。

[2] 王欣新:《破产法前沿问题思辨》，法律出版社2017年版。

[3] 王欣新:《破产法》，中国人民大学出版社2019年版。

[4] 陆晓燕:《“市场化破产”的法治内蕴》，法律出版社2020年版。

[5] 杨临萍:《供给侧结构性改革司法实践——破产重整与和解最新理论及实务》，法律出版社2020年版。

[6] 丁燕:《上市公司重整计划执行制度的完善——基于我国上市公司的样本分析》，载《政治与法律》2014年第9期。

[7] 崔明亮:《破产重整计划执行法律问题研究》，载《中国政法大学学报》2018年第2期。

2　问题楼盘企业重整共益债问题研究

翁煜明　秦海泉*

摘要： 问题楼盘重整投资的引进及项目的复工续建为决定其能否重整成功的重要环节，但因房地产破产项目具有较大风险，为增强投资吸引力，司法实践中创设出为重整融资贷款设定共益债优先清偿地位的先例，且被此后出台的《最高人民法院关于适用〈中华人民共和国企业破产法〉若干问题的规定（三）》（以下简称《企业破产法司法解释三》）所肯定。当前问题楼盘共益债的立法与司法实践中存在未厘定共益债的适用要件、未限定超级优先权的适用范围导致问题楼盘共益债出现滥用情形等问题，有必要在此角度进行探讨以规范其适用，充分发挥其资金引入功能，以推动问题楼盘续建复工，取得良好的社会效益。

关键词： 问题楼盘　共益债　建设工程　超级优先权

一、问题楼盘企业重整共益债概述

（一）共益债的含义

根据最高人民法院《关于企业破产法司法解释理解与适用》的规定，共益债是指破产程序中为全体债权人的共同利益而产生的债务。邹海林教授认为，共益债指因破产债务人和债权人共同

* 翁煜明，鹤壁市中级人民法院审委会委员，民二庭庭长；秦海泉，淇县人民法院审委会委员，民事审判庭庭长。

的权力和利益而发生的债务。[①] 共益债的两大关键特征为发生在破产程序后以及需破产债务人与债权人共同受益，只有符合这两大特征，才具备了按照共益债的清偿顺位进行受偿的条件。《企业破产法》在第42条中对共益债进行了明确的规定，但是列举式的立法方式，使之有了更多的“发展空间”。

（二）问题楼盘共益债的界定

问题楼盘共益债指在房地产企业破产后为解决楼盘复工续建问题，通过借款方式引进投资并承诺以共益债务或其他方式清偿而形成的债务。问题楼盘企业破产除涉及债权人、职工等常见利益主体外，还与消费者购房户、建设工程施工人等涉及基本生存权利的主体息息相关，在企业具备重整条件的情况下，引进投资人复工续建是最优选。一般而言，企业主要通过股权型融资、债权型融资、混合型融资三种方式进行融资，问题楼盘企业破产引进投资人时，鉴于大部分房地产已被出售或抵押，预期收益有限而风险较高，选择发行新股或债券可行性较低，故此在实践中，产生了第四种借款的融资方式，该融资方式目前成为问题楼盘企业重整引进投资人的常见方式之一。

在《企业破产法司法解释三》发布之前，将为债务人继续营业借款作为共益债在司法实践中虽有先例，在法律层面只能解释为《企业破产法》第42条第（4）项“为债务人继续营业而应支付的劳动报酬和社会保险费用以及由此产生的其他债务”，《企业破产法司法解释三》正式肯定了为债务人继续营业而借款的共益债性质。在第2条中，明确规定了破产申请受理后，经债权人会议决议通过，或者第一次债权人会议召开前经人民法院许可，管

---

① 邹海林：《破产程序和破产法实体制度比较研究》，法律出版社1995年版，第344页。

理人或者自行管理的债务人可以为债务人继续营业而借款。提供借款的债权人主张参照《企业破产法》第42条第（4）项的规定优先于普通破产债权清偿的，人民法院应予支持，但其主张优先于此前已就债务人特定财产享有担保的债权清偿的，人民法院不予支持。管理人或者自行管理的债务人可以为前述借款设定抵押担保，抵押物在破产申请受理前已为其他债权人设定抵押的，债权人主张按照《中华人民共和国民法典》（以下简称《民法典》）第414条规定的顺序清偿，人民法院应予支持。

（三）问题楼盘共益债的功能

问题楼盘企业破产是在有限资产上出现复杂权利竞合的典型表现，在疫情及复杂国际经济形势的影响下，大量企业资金链断裂陷入困境，尤其是近年来房企受政策调控的影响，投资人的信心大幅跌落，对风险的厌恶感增强，共益债因具备安全退出机制而成为问题楼盘投资人招募时备受青睐的措施。

资金引入后迅速投入问题楼盘续建活动中，以取得企业资产的增值收益；投资人则可以从续建楼盘销售收益中收回借款本金并获取预期的利息收益；而问题楼盘续建完成后整体资产价值得到显著提升，全体债权人的受偿比例提高，共同获益。[①] 前述情况为充分发挥共益债的资金引入功能时的理想状态，实践中需要考虑在众多利益主体发生权利竞合时的优先权问题。

二、重整程序中问题楼盘企业共益债的引入

（一）破产重整程序的概念

对企业破产重整制度概念的解释，不同国家有着不同的定义。

---

① 赵敏、刘啸森等：《破产重整程序中的共益债投资实务》，载微信公众号“君合法律评论”，2021年1月28日，https://mp.weixin.qq.com/s/6xhbQn1H-KCAbxQSWykzYg。

在美国，债务企业申请破产重整程序不需要任何条件，向法院提出破产重整申请的要求时，是不需要任何条件的。《美国联邦破产法》的立法记录这样写道："破产重整的核心在于债务人财产用于继续经营时的价值，要远高于被废弃出售时候的价值。"① 所以，实际上，美国的破产重整制度更倾向于作为公司的经营活动手段之一，而我国法律对于破产企业申请破产程序有着严格的条件规定，必须在债务企业无能力偿还债权人的债务，或者债务企业的资产严重无法抵还债权人债务的条件下，才拥有法律规定的向人民法院提出破产重整申请的资格。我国的破产重整制度相比其他国家的破产法规定的破产重整制度而言，更加注重拯救企业债务人并给予其重生的希望。

（二）破产重整程序中问题楼盘共益债的立法现状

依据《企业破产法司法解释三》第 2 条第 1 款的规定，企业破产后，为债务人继续营业而进行的借款可以参照共益债务的法律规定优先于普通破产债权清偿，但须经过特定程序，由债权人会议决议通过或在第一次债权人会议召开前经人民法院许可。该条款为问题楼盘通过共益债方式引入投资提供了法律支持，部分地方性司法文件也作出相应规定。《河南省高级人民法院审理企业重整案件的工作指引》第 47 条规定，在重整期间，为债务人继续营业或维持重整价值而向债务人提供必要借款的，经人民法院或债权人会议批准，可以按照共益债务处理。《深圳市中级人民法院审理企业重整案件的工作指引（试行）》第 69 条、《北京破产法庭破产重整案件办理规范（试行）》第 89 条也对债务人企业重整

① See H. R. Rep. No. 95 – 595, 95th Cong., 1st Sess., at 220 (1977)，转引自［美］查尔斯 · J. 泰布：《美国破产法新论》（第 3 版）（下册），韩长印、何欢、王之州译，中国政法大学出版社 2017 年版，第 1130 页。

期间发生为继续营业或维持重整价值的必要借款的共益债务性质予以肯定。①

综上，问题楼盘企业破产通过借款方式引进投资，将该借款设定为共益债务已具备一定的法律基础，但相比于《企业破产法》第42条规定的共益债务则需受到实体与程序两方面的条件限制：（1）该借款须为债务人继续营业或维持重整价值而发生；（2）需经债权人会议通过或经人民法院批准。

（三）破产重整程序中问题楼盘共益债的实践现状

投资人招募是大部分企业重整程序中关键的一环，共益债以其风险敞口小的优势有利于解决投资人招募难题，近年来在问题楼盘续建复工中引进共益债已成为常态。一方面，共益债的引入有利于解决烂尾楼问题，维持社会稳定，取得了良好的社会效益。在余姚国际模具城项目重建的过程中，管理人通过共益债方式引进投资，与投资人共同监管资金账户，保障该项目在停工五年后顺利复工。② 另一方面，在共益债与其他优先权利发生冲突时如何平衡具有一定的挑战性，司法实践中不乏滥用共益债概念及其优先权的事件。在上海悦合置业有限公司破产重整案中，项目前期引进的8家投资人中有6家投资人要求其共益债享有“超级优先权”③，与有特定财产担保的优先债权人发生利益博弈，在管理人

① 《深圳市中级人民法院审理企业重整案件的工作指引（试行）》第69条规定：“在重整期间，为债务人继续营业或维持重整价值而向债务人提供必要借款的，可以按照共益债务处理。”《北京破产法庭破产重整案件办理规范（试行）》第89条规定：“在重整期间，管理人或自行管理的债务人可以依照本规范第七十四条的规定，为继续经营或其他使债务人财产受益的目的而借款。出借人依据借款合同主张参照企业破产法第四十二条第四项关于共益债务的规定清偿的，人民法院应予支持。管理人或债务人清偿共益债务前应当依照本规范第七十五条的规定及时报告债权人委员会或人民法院。”

② 高敏：《负债超9亿、停工5年多的国际模具城重生》，载《浙江法制报》2021年12月13日，第2版。

③ 指获得超越其法定顺位的优先权，此处指共益债取得优先于破产费用、抵押权人的优先受偿债权部分清偿的权利。

的协调下，达成合意使原来的抵押权在现状价值范围内优先受偿，共益债则从增值部分当中优先受偿，解决项目续建问题。在浙江某房地产开发有限公司与杭州某投资管理有限公司破产债权确认纠纷案中，一审、二审法院均认定发生在破产受理前，受政府指令托管续建垫资且政府备忘录中明确可以优先受偿的借款为共益债，① 该借款虽有特殊产生背景，但认定为共益债无疑是突破了法律规定，有滥用共益债之嫌。

三、破产重整程序中企业问题楼盘共益债的清偿问题

根据《企业破产法司法解释三》第 2 条的规定，可以看出问题楼盘企业共益债优先于普通破产债权的清偿，但不优先于此前已就债务人特定财产享有担保的债权清偿，即使管理人或债务人为该笔借款设定抵押担保，也应按照《民法典》第 414 条规定的顺序清偿。结合《企业破产法》第 43 条的规定，② 问题楼盘企业共益债优先于普通破产债权，③ 劣后于有财产担保债权和破产费用清偿。

在问题楼盘的解决过程中，主要涉及建设工程价款优先受偿权和税款优先受偿权两种权利的受偿顺位问题。根据最高人民法院《关于审理建设工程施工合同纠纷案件适用法律问题的解释(一)》第 36 条的规定，承包人根据《民法典》第 807 条规定享

① 梁伟荣：《浅谈共益债务资金的准入和实现路径》，载《法制与社会》2021 年第 20 期。

② 《企业破产法》第四十三条规定："破产费用和共益债务由债务人财产随时清偿。债务人财产不足以清偿所有破产费用和共益债务的，先行清偿破产费用。债务人财产不足以清偿所有破产费用或者共益债务的，按照比例清偿。"

③ 破产程序中的普通破产债权是对应于特别债权，即相对于《企业破产法》第一百零九条规定的"对破产人的特定财产享有担保权"的债权而言的。职工债权、税收债权和其他无担保债权均属于普通破产债权的范畴，同样应在新借款之后再进行顺位清偿。参见王欣新：《谈破产程序中为债务人继续营业借款的清偿问题》，载《人民法院报》2020 年 5 月 21 日，第 7 版。

有的建设工程价款优先受偿权优于抵押权和其他债权。《中华人民共和国税收征收管理法实施细则》第 50 条也规定，纳税人有解散、撤销、破产情形的，在清算前应当向其主管税务机关报告。①

（一）建设工程价款优先受偿权的制度缺失

对于建设工程价款优先受偿权与共益债的优先性的问题，笔者认为需要进一步进行探讨。在建设工程价款优先受偿权优先于共益债的情况下，如果问题楼盘的建筑物绝大多数存在拖欠工程款的情况下，将会导致共益债的清偿基础难以实现，实践中建设工程款项中的债权存在受偿制度缺失。

（二）税款优先受偿权的规定不全面

众所周知，在企业进入破产程序后，税务机关的申报多数以核定征收的方式进行税收计算，其计征周期与计征标准会使得最终的税收数额十分可观。而对于进入重整程序的问题楼盘企业来讲，依法将税款作为优先债权进行清偿是必须且不可规避的法定义务。同时，进入重整程序后的预期纳税项目包括增值税、企业所得税、土地使用税、营业税、印花税、城市维护建设税、教育费附加、地方教育附加等（还应当考虑到在实践中大量的问题楼盘长期存在不依法纳税的情形）。这些税费的累积计算如果全部作为优先债权，其数额会占据问题楼盘可用于清偿财产的极大比例，对于实现问题楼盘的复建是一个难以逾越的障碍。

（三）融资贷款共益债偿还顺位争议大

为激发问题楼盘共益债的融资功能，在司法实践中已有部分案例赋予其“超级优先权”，如前文所述，上海悦合置业有限公司破产重整案赋予融资共益债在续建部分超越此前已设定抵押债

① 金旭君：《关于债转股对于商业银行不良资产处置影响的研究》，载《国际金融》2018 年第 11 期。

权的优先权。域外立法实践也对重整融资共益债的超级优先权有不同探索，《美国联邦破产法》第364条（c）项规定了融资贷款共益债的超级优先权，确立了新发融资共益债优先于其他共益债权的清偿顺位，但不优于此前已设立抵押担保的优先债权。[①] 韩国在2009年修改后的《韩国破产法》中规定，新融资债权清偿优先于管理人的薪酬，但同样不优先于有特定财产担保的债权。[②]

对融资贷款共益债与破产费用、其他共益债务之间的优先权序位，本文将作以下探讨：（1）融资贷款共益债与其他共益债务虽都为全体债权人利益而发生，但问题楼盘获得融资贷款所带来的收益大概率能够大幅提升债权清偿比例，使重整涉及利益主体获得更好的收益，但其他共益债务则很难达到这种效果，基于风险与收益并存的现实规律，给予融资贷款共益债相对于其他共益债务优先权以降低其退出风险为应然路径。（2）破产费用是为了保障破产程序的顺利进行而产生的各种费用，依当前法律规定优先于共益债务随时清偿，部分学者基于顺利引入投资化解问题楼盘危机的立场，主张应将融资贷款共益债的清偿顺位置于破产费用之前，但这种立法规定将导致破产程序的推动者基于对自身利益的考量失去引进问题楼盘企业融资贷款的动力，反而进一步遏制企业引入重整融资贷款的可能性。

四、破产重整程序中企业问题楼盘共益债清偿问题的建议

共益债是基于破产法的规定形成的，具有投资性、共益性、

---

① 陈景善：《重整融资之超级优先权模式：功能与构造》，《政治与法律》2021年第9期，微信公众号“天同诉讼圈”2021年10月14日，https://mp.weixin.qq.com/s/YTmTB9ZUHxKsCRKq XLY9iw。

② 郭明瑞、仲相、司艳丽：《优先权制度研究》，北京大学出版社2004年版，第9—10页。

收益性多种性质，破产法设定这类债权的目的在于降低重整投资的风险。与问题楼盘其他债权相比，包括抵押债权、普通债权在内的债权类型，其本质是属于一般的民商事活动而形成的权利义务关系。因此，对于共益债提供更多的法律保护和优先保障性是具备法律基础与事实基础的。[①]

（一）设立建设工程价款优先受偿权分开受偿制度

建设工程价款优先受偿权从设立之时，考虑到的是我国建筑业的实际情况，以保障实际施工人的基本生存权为目标，也因此形成了优先于抵押债权的建设工程价款优先受偿权。

在企业进入破产程序后，如果将建设工程价款优先受偿权的权利范围包括人工、材料、机械、垫资等全部费用（在我国大量个案判决中存在）完全优先于共益债，那么无异于脱离了该权利的立法本意，同时也削弱了破产法的公平受偿原则。在建设工程价款优先受偿权的权利范围中包括了两种截然不同的权利：具有基本生存权性质的人工工资；具有一般商业活动性质的材料购买、机械租赁、费用垫支等商业支出。在烂尾楼盘大面积拖欠工程款的情况下，大量认定建设工程价款优先受偿权将会严重阻碍问题楼盘复建的可行性。因此，笔者认为应当考虑将建设工程价款中的两种性质不同的权利分离处理：具有基本生存权性质的人工工资优先于共益债；具有一般商业活动性质的款项按照普通债权进行清偿。这样既能够实现维护基本生存权的保障，同时又能够有效减少建设工程价款优先权与共益债的矛盾问题。

（二）完善税款优先受偿权劣后共益债受偿顺位的立法规定

基于府院联动，保民生、保生存权的司法理念，应当在问题楼盘重整代建中对于法定的税收优先权与共益债的冲突问题进行

---

① 王峻峰：《破产重整中金融债权债转股法律问题研究》，《经济研究导刊》2018年第4期。

探讨。

首先根据《企业破产法》的规定，税收具有破产清偿的优先权，其特征在于顺位优先、数额全额，尽管通过司法解释已经将税款产生的滞纳金作为普通债权，税收罚款作为劣后债权，但仍会存在税收优先权与共益债的冲突问题。

在大量欠税、受理后新产生的税费存在的前提下，对共益债的清偿与税收债权的清偿冲突问题予以探讨是必要的。在个别楼盘中，甚至会出现抵押债权、共益债与税收债权清偿清算完毕后，其他债权清偿几乎为零的情况。因此，是否可以对税款优先权处理进行重新探讨？其一，重整程序中，重整受理前的税收债权优先。但税收的优先债权包括了数额全额认定与顺位优先清偿，此规定是为了确保国家税收的权威性。但是在税收数额过大且优先清偿又会导致共益债权益难以保障的情形下，可以确认税收债权数额的全额认定，但清偿顺位至少应当在共益债之后。其二，重建完成后（包括已建成因税收问题未能办理过户的）相应税费，全额认定，且经地方政府、税务机关、法院联动模式，采取办理证照后缴纳税款的方式优先解决购房者的权利诉求，该笔税收相关债权的清偿顺位在共益债之后。其三，作为问题楼盘企业本身已经严重资不抵债，但重整完毕之后，企业仍会存续，纳税义务可以在重整完成后继续完成。

（三）赋予其有限度的超级优先权

通过对问题楼盘共益债超级优先权司法实践、域外立法等进行考察，当前我国问题楼盘共益债超级优先权存在立法缺失、司法不公的弊端，为有效发挥其融资引入时的增信功能，[①] 笔者呼吁直接在法律规定中赋予问题楼盘共益债有限度的超级优先权。前

① 李鑫：《市场化债转股的发展现状与问题分析》，载《新金融》2018 年第 10 期。

文已对超级优先权的范围作出理论探讨，问题楼盘共益债以其具有较大投资风险而又能使债务人资产大幅增益的特质可享有优先于其他共益债务清偿的权利，但不能优先于已有特定财产担保的债权与破产费用清偿。

在基本生存权优于财产权的法益权衡规则影响下，消费者购房户优先权与建设工程价款优先受偿权优先于有特定财产担保债权，同样应优先于问题楼盘共益债。在问题楼盘共益债与建设工程价款优先受偿权等权益发生竞合，如处理问题楼盘复工续建过程中发生建设工程价款清偿问题时，应当让建设工程价款优先受偿。

参考文献

[1] 王欣新：《谈破产程序中为债务人继续营业借款的清偿问题》，载《人民法院报》2020 年 5 月 21 日，第 7 版。

[2] 邹海林：《破产程序和破产法实体制度比较研究》，法律出版社 1995 年版。

[3] 高敏：《负债超 9 亿、停工 5 年多的国际模具城重生》，载《浙江法制报》2021 年 12 月 13 日，第 2 版。

[4] 梁伟荣：《浅谈共益债务资金的准入和实现路径》，载《法制与社会》2021 年第 7 期。

[5] 郭明瑞等：《优先权制度研究》，北京大学出版社 2004 年版。

[6] 赵敏、刘啸森等：《破产重整程序中的共益债投资实务》，载微信公众号“君合法律评论”，https://mp. weixin. qq. com/s/6xhbQn1H－KCAbxQSWykzYg，访问日期：2021 年 1 月 28 日。

[7] 孙家磊：《共益债务：破产企业的再生之路》，载微信公众号“破产法维律”，https://mp. weixin. qq. com/s/s1bjzRrgDxP5MidFwW2fkQ，访问日期：2022 年 1 月 12 日。

[8] 陈景善：《重整融资之超级优先权模式：功能与构造》，载

微信公众号“天同诉讼圈”，https://mp. weixin. qq. com/s/YTmTB9ZUHxKsCRKqXLY9iw，访问日期：2021 年 10 月 21 日。

［9］丁燕：《上市公司破产重整计划法律问题研究》，法律出版社 2014 年版。

［10］张弛、胡延玲：《银行不良资产处置法律规制研究》，法律出版社 2014 年版。

［11］［美］查尔斯·J. 泰布：《美国破产法新论》（第 3 版）（下册），韩长印、何欢、王之州译，中国政法大学出版社 2017 年版。

3　房地产企业破产案件中府院协作机制研究

——以玖承房地产公司破产清算案为例

陈战喜　吴寅博*

摘要：要想让市场调节机制在房地产企业破产中顺利发挥其本身的作用，一方面要确保法院的司法主导地位，另一方面政府也要适当参与企业破产程序。由法院的司法权主导破产程序审理，监督管理人科学合理地制订重整计划、财产分配方案等，并由法院裁定通过重整方案、财产分配方案并予以批准、执行，与此同时要确保行政权的适当、合理介入，即借助政府及相关部门的支持以达到维护社会秩序稳定的社会效果和各方利益最大化的法律效果，使破产程序在司法权主导和行政权配套的统一协调下有条不紊地顺利推进，在房地产企业破产程序中构建良好的政府和法院（以下简称府院）协作机制。

关键词：企业破产　房地产企业　府院协作　机制协调

一、企业破产程序中的府院协作机制简述

（一）简述府院协作机制的由来

1986 年的《中华人民共和国企业破产法（试行）》（以下简

---

* 陈战喜，尉氏县人民法院审判委员会专职委员；吴寅博，北京华泰（郑州）律师事务所专职律师，经济法学研究生。

称《企业破产法（试行)》）是我国颁布的第一部破产法，在法院受理的破产案件中除因债权债务关系、金融借贷关系等由法律关系引发的问题，还出现了法律关系之外的破产衍生问题，法院的职能范围受限于受理企业破产申请并处置破产中的法律问题，破产过程中的社会衍生问题引发的突出矛盾也给破产工作增加了阻碍，为了解决这些社会衍生问题，国务院出台了计划内破产即“政策性破产”制度，并通过政策性破产制度以行政化的手段解决了法院束手无策的一些社会衍生问题，但政策性破产是“行政主导”的破产，会加剧企业破产中的政府和法院之间不平衡的关系，因此《企业破产法（试行)》体现的行政主导色彩不论是在对破产工作的全局部署还是在个案的程序控制中都显得过于浓厚。

2006 年 8 月 27 日颁布的《企业破产法》使我国进入市场化破产的体系，确立了符合市场规律的淘汰企业的退出机制和困境企业的拯救机制，在制度上终结了政策性破产的时代。[①]《企业破产法》将适用主体的范围包含了“企业法人”“商业银行、证券公司、保险公司等金融机构”和“其他法律规定企业法人以外的组织”。由此，《企业破产法》的立法主旨是以在市场经济的框架下构建主体平等的破产法律制度为出发点的，但由于缺少了行政方面的支撑，《企业破产法》配套制度不完善的弊端也逐渐显现出来。破产程序中的社会衍生问题仍然有待解决，这些问题被搁置在既缺少行政干预予以解决，又没有相关法律配套制度引导法院解决的困境之中。为了解决破产程序审判中这类型的衍生问题，法院还是需要借助行政权的力量，2016 年 11 月 4 日，浙江省高级人民法院和省政府及有关部门联合发布《关于成立省级“僵尸企业”处置府院联动机制的通知》（浙并购办〔2016〕8 号），成为

① 陆晓燕：《“府院联动”的建构与边界——围绕后疫情时代市场化破产中的政府定位展开》，载《法律适用》2020 年第 17 期。

首个省级破产审判府院协作机制进入运作的实践性探索。在市场经济催生的市场化破产背景下，政府定位逐渐退居为“行政配套”，行政权被保留至法院主导破产程序过程中解决社会衍生问题方面，通过与法院的协调配合共同构建市场化的破产体系，保障《企业破产法》的法治化、市场化的顺利实施。

（二）府院协作机制的作用

府院协作机制重在加强政府和法院的沟通、协作。首先在企业破产案件立案之前，在法院提前与政府沟通协调之下，可以由政府成立临时机构，为解决破产审理中出现的社会衍生问题提供便利的通道，尤其是对于停滞项目的复工续建工作以及购房者的安抚工作。房地产破产企业在建工程的续建过程中涉及多方面的利益，同时需要政府的支持和配合来做好维稳工作，在破产企业的政策支持、职工保障、税收优惠、行政审批等方面都需要政府积极做好配合工作才能顺利完成在建工程的续建，从而回笼资金完成破产重整。在法院受理房地产企业破产申请之时，政府及时介入并成立破产工作领导小组，可以发挥府院协作机制的优势，积极配合法院共同协调推进破产重整程序。规划、城建等部门在法院的协调之下可以在合理范围内适度调整项目规划或房屋容积率，通过提高可销售商品房建筑面积使破产重整发挥更大的能效。设计、勘察部门在法院的协调下依据破产管理人制订的破产重整计划，及时对续建工程质量进行验收，同时调动施工、监理等部门对配套工程进行边施工边验收的工作，在法律允许范围内适当简化消防、规划、环保验收等程序，协助法院重整程序顺利推进。建设行政主管部门在法院协调之下尽可能地提供全部预售商品房信息，包括已经办理销售、抵押、预先登记或办理网签手续的预售商品房流转记录，或者设立专项小组依行政权先行对预售商品房备案及预告登记进行初步审查，协助公安机关和法院破产管理人撤销房屋买卖的虚假备案或预告登记。法院应当协调税务部门制定合理的税收优惠政策从而扶持法院的破产重整工作，将重整过程中发生的股权注资、并购、转让、资产置换和收购等行为与房地产企业正常经营时缴纳的税款进行区别处理，对有利于企业重整的资产流动行为所产生的税款给予一定的减免，并对破产企业曾因欠缴税费产生的滞纳金在政策上予以减免；税务部门应当予之先行开具销售税票和完税证明，待工程竣工验收和重整计划完成后再行征缴相关营业增值税及土地增值税等税款。

二、房地产企业破产案件中适用府院协作机制的可行性分析

（一）房地产企业破产问题的相关法律规定

中国的破产法是在计划经济体制向市场经济体制成功转轨的过程中诞生的，尤其是2006年的《企业破产法》是一个以市场经济为基础制定的法律。① 2006年颁布的《企业破产法》在适用范围上进一步扩大，将适用的对象规定为“企业法人”，和第134条规定的“商业银行、证券公司、保险公司等金融机构”以及第135条规定的“其清算属于破产清算的其他法律规定企业法人以外的组织”；在破产申请方面也取消了债务人申请宣告破产需经上级主管部门同意的规定，降低了申请破产的难度；第三章规定了破产管理人制度，由法院指定“有关部门、机构的人员组成的清算组或者依法设立的律师事务所、会计师事务所、破产清算事务所等社会中介机构”担任管理人，在法院的监督和管理之下接管处分债务人财产、制作财产状况报告、决定债务人的内部管理事务和必要支出等，为政策性破产转型为市场化破产提供更大的自

① 王欣新：《府院联动机制与破产案件审理》，载《人民法院报》2018年2月7日，第7版。

由空间。破产程序不仅需要解决司法程序上的公平清偿债务等问题，处置破产企业的过程中还涉及土地、信用、税收等归属于政府部门管辖的问题，以及企业帮扶、职工安置、社会稳定等社会衍生问题，这就决定了破产审判尤其是重大破产案件离不开外部支持，尤其是当地党委和政府的支持。①

（二）房地产企业破产存在特殊性

与一般的企业相比，房地产企业具地域性强、投资高、风险高、周期久、供应链长等特点，其特殊性还可以从房地产企业的产品类型和运营模式上体现出来：首先，从房地产企业的产品类型角度来看，一般企业通常是以生产动产商品或者提供服务为主，房地产开发企业的产品类型是房屋，属于不动产商品。不动产商品相较于动产商品或者服务其特点是基本不具备流动性，并且不动产商品受国家经济的整体发展趋势和限购政策等综合因素的影响，这些因素在很大程度上决定了房地产企业的发展前景和经济效益。其次，从房地产企业的运营、管理模式来看，由于房产项目推进过程中的征地补偿安置、勘察设计、工程施工、配套设施安装等各个环节的经营活动都需要投入大量的资金，因此每个房产开发项目都会产生巨额的利润和价值。一般企业的运营模式基本上是靠企业内部资金的周转和人力来开展业务的，但是房地产企业由于提供的产品类型是较为特殊的不动产商品，其建造周期久、供应链长的特性也决定了运营期间需要投入大量的资金才能维持企业运作，房地产企业的自有资金远远不够支撑项目运行，其常用的融资渠道除了向银行用在建工程抵押融资外，还可以通过预售商品房的购房款融资以及用建设工程承包人的垫资来进行项目工程修建。房地产企业破产与一般普通企业破产相比需要处

---

① 单卫东、张帆：《优化府院联动机制 合力推进破产审判》，载《人民法院报》2018年5月31日，第8版。

置的债权种类更多，除去企业破产基本都会产生的破产费用、共益债务以及职工债权、税收债权、普通债权，其中还涉及购房人的权利，建设工程承包人的利益、有特定财产担保的抵押权人利益等特殊利益。[①] 因此房地产开发企业具有债权结构复杂、债权人主体广泛，法律关系繁多的特点。

（三）房地产企业破产案件自身存在特殊难题

房地产企业因其本身具备特殊性，故而破产之后显露出的问题也较一般企业更为复杂，不仅包括破产过程中的法律问题，还涉及其他的社会衍生问题，以下从烂尾工程处理困难、稀缺土地资源无法流转、债权人权利难以实现三方面分析房地产企业破产后引发的特殊问题。

1. 未建成的烂尾工程处理困难

烂尾楼在城市中的存在如“鸡肋”一般，由于烂尾楼在建造过程中已经被投入了大量的人力物力资源，并且大多数烂尾楼从外观看基本上已经具备楼体框架，如果在建筑质量达标的前提下能够完成施工，那么这些烂尾楼在完工之后是有可能被投入使用的。烂尾楼的形成主要是由于房屋预售制度不够完善，相关部门监管房屋预售资金不到位，房地产企业资金链断裂无法建造完工或者交房。自 20 世纪 50 年代我国香港地区房地产首创的动工兴建前先交订金、分期付款的售屋方式在我国内地兴盛起来后，房产商普遍采用期房的销售模式，虽然这一模式一方面能够加快资金流转，为当地财政创造更大的收益，但另一方面期房的销售模式也会增加楼房烂尾风险。通过销售预售房屋来快速回笼资金，但如果相关部门监管不到位，预售房产获得的资金挪作他用而未用到继续开发建设项目，或者只有一部分被用来进行预

---

① 王欣新：《僵尸企业治理与破产法的实施》，载《人民司法（应用）》2016 年第 13 期。

售房地产的后续建设，房地产企业为完成预售项目而在建筑材料或施工规划等方面偷工减料，就会导致房屋质量验收不合格以致到期无法交房，无法回笼资金甚至资金链断裂，致使项目搁浅形成烂尾楼。

2. 影响民生和社会稳定

房地产企业破产问题中的民生与社会稳定问题应当获得足够的重视，最高人民法院《关于建设工程价款优先受偿权问题的批复》① 规定了建设工程价款具优先于抵押权的优先受偿权，但该优先受偿权不能对抗已经支付全部或大部分购房款的消费者。因此在已经支付全部或大部分购房款的购房消费者的权利与银行抵押权产生冲突时，亦应优先保护购房消费者的权利。

2015 年最高人民法院颁布的《关于人民法院办理执行异议和复议案件若干问题的规定》第 29 条第 3 款将大部分购房款认定为合同约定价款的 50%，② 然而现实中由于期房这种销售制度吸引来的往往是无力支付全部或大部分购房款的购房人，购房人在购买时仅需支付房屋首付，一般情况下房屋首付款为全部购房款的 30%，如果严格按照法律的规定，那么购买期房仅支付首付的购房者在房地产企业破产后不能享受支付全部或大部分购房款的购

---

① 最高人民法院《关于建设工程价款优先受偿权问题的批复》规定："一、人民法院在审理房地产纠纷案件和办理执行案件中，应当依照《中华人民共和国合同法》第二百八十六条的规定，认定建筑工程的承包人的优先受偿权优于抵押权和其他债权。二、消费者交付购买商品房的全部或者大部分款项后，承包人就该商品房享有的工程价款优先受偿权不得对抗买受人。"

② 最高人民法院《关于人民法院办理执行异议和复议案件若干问题的规定》第 29 条规定："金钱债权执行中，买受人对登记在被执行的房地产开发企业名下的商品房提出异议，符合下列情形且其权利能够排除执行的，人民法院应予支持：（一）在人民法院查封之前已签订合法有效的书面买卖合同；（二）所购商品房系用于居住且买受人名下无其他用于居住的房屋；（三）已支付的价款超过合同约定总价款的百分之五十。"

房者所享有的优先受偿权。但需要注意的是开发商申请破产后，法院一旦裁定进入破产程序，那么破产之前发生的债务，没有优先受偿权的债权只能作为普通债权，需要等到优先清偿破产费用和共益债务后才能清偿，购房者可要求解除合同返还首付款及利息。期房的销售模式带来的另一个隐患就是购房者可能会因为房地产企业破产，开发商被取消资质无法继续办理楼盘的确权而无法取得房屋产权。如果房地产企业在房屋建成后才发生破产，那么破产企业仍有对购房人交付房屋的可能；但是如果在房屋未建成时房地产企业即宣告破产，或人民法院受理企业的破产申请后，法院指定的破产管理人决定不再继续修建未建成的房屋，那么就会造成破产企业对购房人债务履行事实不能的情况。现实中购房者无法取得房屋产权的原因除房地产企业破产之外，还包括楼盘被法院查封、开发商没有取得土地使用证或没有缴齐土地出让金、没有取得建筑面积实测数据或者没有完成竣工备案工作等。

在房地产企业破产案件审理过程中，已经支付全部或大部分购房款的消费者和建设工程价款都具优先于抵押权的优先受偿权，但是支付部分购房款的消费者在房地产企业破产后只能按照普通债权进行追偿，但现实中往往房地产企业破产后清偿了破产费用和共益债务之后破产财产已所剩无几，甚至连破产费用和共益债务都难以完全清偿，普通债权更是难以获得清偿。从社会层面来看，由于房地产企业破产涉及民生或重大财产利益，极易出现信访等群体性事件，对购房消费者予以保护关系到社会稳定和房地产市场的健康发展；从个人层面来看，对购房者的保护关乎他们生存最基础的物质保障，住房作为日常生活的基本场所，理应属于生存权涵盖的范围之内，因为不论是否有房，都会影响到购房者的生存权保障问题。

三、在房地产企业破产程序中的府院协作机制的实践探索

（一）府院协作机制在房地产企业破产清算案件中的实践探索

尉氏县玖承房地产开发有限公司（以下简称玖承房地产公司）控股股东为河南玖承房地产开发有限公司（以下简称河南玖承公司），河南玖承公司的股东为亚某实业集团和孟某镰。2014年孟某镰涉嫌非法集资罪被立案调查，其实际控制的亚某实业集团、某珠宝等企业为其非法集资的主要平台公司。因非法集资金额巨大、涉及人员众多，玖承房地产公司被迫受到牵连，河南玖承公司股东以玖承房地产公司的相应资产抵顶河南玖承公司股东的非法集资债务。因此某房地产项目的土地、房屋、在建工程，被新乡市公安局、开封市公安局州桥分局、开封市中级人民法院、尉氏县人民法院多轮次查封，造成玖承房地产公司所开发的某房地产项目停工（自2014年停工至2019年长达五年左右），为此引发施工单位河南六建建筑集团有限公司（以下简称河南六建）、河北中太建筑有限公司的建筑工人为讨薪围堵尉氏县委和政府以及尉氏县签订购房合同的314户业主多次上访。为解决该问题，尉氏县委、县政府于2016年11月成立该房地产项目问题楼盘处置指挥部，工作组进驻该房地产项目楼盘，后尉氏县人民法院于2018年12月，裁定玖承房地产公司进入破产清算程序，同时指定北京华泰（郑州）律师事务所担任破产管理人。

尉氏县人民法院在受理玖承房地产公司破产清算案件之后，在土地房产解封解押、工程续建、房产预售、综合验收、办理产权证、税务征收、职工安置等关键问题上对玖承房地产公司采取了相关措施。为此，尉氏县人民法院向多家外地法院请求对查封、冻结的资产予以解除。在各个法院的积极配合下，玖承房地产公司的资产和账户被重新激活。玖承房地产公司通过共益债续建代建引入投资人，其所开发的该房地产项目建设也有序

得到复工续建。截至审计基准日，玖承房地产公司全部资产（土地、在建工程）评估价值为3.83亿元，经管理人审查确认债权共44笔，确认债权金额为1.14亿元，另经审计，玖承房地产公司尚欠河南玖承公司“借款”1.39亿元。管理人进驻后，审查确认有272户购房户需要交付房屋，应于续建后交付。

玖承房地产公司进入破产清算后，共先后召开五次债权人会议，总体方向是对该房地产项目进行续建，在保证债务人资产不贬值、兼顾投资人的利益的前提下推进。2019年3月尉氏县人民法院主持召开了第一次债权人会议；2019年7月召开了第二次债权人会议，会议决议通过了财产管理方案、共益债续建代建方案；2019年9月通过竞争性谈判评审出开封市宏泰建筑有限公司为中标单位，中标事项为包括但不限于对尉氏县该房地产一期项目现状建筑物的主体结构、装饰、装修、水电安装、景观等工程进行续建代建。该公司于中标当日即2019年9月向管理人账户转入1.69亿元的续建代建资金，且该资金由尉氏县人民法院、尉氏县玖承公司管理人、尉氏县合益村镇银行股份有限公司共同进行监管，以确保资金安全。2020年1月召开了第三次债权人会议。该次会议通过了《投资协议方案》和《资产处置方案》两个决议事项。2021年4月召开了第四次债权人会议，通过了《财产分配方案》。根据财产分配方案，可供分配的债权共计4 000万元，并于2021年6月份完成分配。2022年1月召开了第五次债权人会议，尉氏县该房地产一期项目1－18#已经全部施工完毕达到交付条件，有部分业主已经办理产权证，已进行第二次债权分配4 624万元，债权人已经实际受偿债权比率为66.26%。2021年8月，玖承房地产公司破产清算案件审结。

（二）房地产企业破产清算中的府院协作机制分析

玖承房地产公司破产清算案涉及范围广，债权主体多，债权纠纷极为复杂，区域协调困难，审理过程曲折，困难重重。在这些困难面前，尉氏县人民法院在对玖承房地产公司破产清算的可操作性上进行了认真慎重的分析，与工作组进行联动协作，做到每周召开例会及时沟通解决问题，才使得房地产破产企业能够顺利筹集资金，激活现金流，实现了公司项目的正常运转。在这个案例中，我们发现房地产企业出现财务危机后牵扯面广，社会矛盾突出，不能简单地进行破产清算，人民法院和人民政府可以伸出援助之手，充分运用行政司法权力，协助房地产企业处理问题，渡过难关，从而顺利实现对债权人、房地产企业、当地政府、买房群众等各方利益的维护。本案存在刑民交叉问题，多家法院、公安机关对项目土地、房屋进行查封，进入破产程序后仍然进行查封、续封，严重违反《企业破产法》的规定，造成项目停滞。尉氏法院就该问题提交审委会进行讨论后，成为河南首例以法院出具裁定书的形式将玖承房地产公司名下保全措施全部予以解除（包含刑事查封），为项目推进扫清障碍，使得项目涅槃重生。

四、府院协作机制处置房地产企业破产案件的优势

（一）选择合适的破产路径

房地产企业的破产路径适用重整还是清算程序，需要在论证的基础上根据市场情况和招募的投资者的意愿正确适用。在司法实践中，由于被申请破产的房地产企业已经停工较长时间，其未建设完工的项目也因长期搁置而成为烂尾楼，大大影响了房产的变现价值，如果采用破产清算程序，则需要在评估、拍卖、变卖等阶段花费较长时间，同时也提高了破产成本，增加了资产变现的难度，不易实现其合理价值，影响相关权利人债权的实现，因此一般不选择破产清算程序。

但由于房地产企业的破产存在债权关系复杂、债务规模庞大以及涉及的利益主体较多等特点，如果采用破产重整程序也会需要考量这些不确定性因素带来的影响。由于房地产企业债权结构

较为复杂的特点，导致破产重整计划草案制订的时间较长。《企业破产法》第七十九条规定了债务人或者管理人向法院和债权人会议提交重整计划草案的首次提交时限。[①] 在实践中，债权人或债务人为规避提交破产重整草案的限期制约，往往会通过《企业破产法》第七十条第二款破产清算程序转破产重整的规定，先由债权人向人民法院提出破产清算申请，然后在破产重整草案制订完成后再向人民法院提出破产重整的申请。

（二）协作合理的审查债权

房地产企业破产案件中涉及的主要法律关系包括：民间借贷法律关系、商品房买卖合同法律关系、建设工程施工合同法律关系等。管理人在审查和核对债务人和债权人的债权债务关系时要细致审慎，坚持依法、合理的原则履行职责，对破产财产中的各项债权细致分类，依法甄别。

实践中，建设工程施工合同法律关系的债权主体包括工程承包人、工程分包人、实际施工人等；债权范围主要包括工人的工资、建筑材料款、工程垫付款等。建设工程施工合同法律关系涉及债权优先性、债权主体资格、债权的范围，其审核认定应按照最高人民法院《关于审理建设工程施工合同纠纷案件适用法律问题的解释》、最高人民法院《关于建设工程价款优先受偿权问题的批复》的规定为依据。

（三）协助审慎选任破产管理人

我国《企业破产法》规定了三种程序，分别是破产重整、破产清算、破产和解程序，也将管理人的范畴从单一的破产清算管

---

① 《企业破产法》第79条规定："债务人或者管理人应当自人民法院裁定债务人重整之日起六个月内，同时向人民法院和债权人会议提交重整计划草案。前款规定的期限届满，经债务人或者管理人请求，有正当理由的，人民法院可以裁定延期三个月。债务人或者管理人未按期提出重整计划草案的，人民法院应当裁定终止重整程序，并宣告债务人破产。"

理人扩大到涵盖此三种程序的管理人，破产清算程序中将债权人的公平受偿放在首要位置，而破产重整与和解程序则将助力破产企业恢复生机和多元化清偿债务为主要目标，因此在以上两种不同的价值需求之下，法院在选任管理人时应当有针对性地指定能够满足不同破产程序价值取向的合适的管理人。破产法赋予了法院指定管理人的权利，法院不应当失位更不应当让位，在当下推行府院协作机制的破产程序中，法院应当与政府依法明确各自的职责，防止政府过多地干预司法，将“市场化破产”再变回“政策性破产”。

结　语

在破产处置中构建府院联动机制是我国现行破产法及经济运行体制下创造性的制度成果，是行政权适度介入法院破产审判的一种形式。这不仅符合我国当前供给侧结构性改革的目标，更是市场经济健康发展的必然要求，这还需要我们在实践中不断探索，总结发展经验，以期不断完善破产法的相关规定。

4 “两纵两横”完善问题楼盘企业破产（重整）府院联动机制的路径探寻

全　胜　闫兴斌　胡乐乐*

摘要：本文通过对问题楼盘企业的破产（重整）府院联动机制实践进行研究，揭示了破产管理人职能难以有效发挥、破产重整企业信用修复较为困难、税收相关配套支持措施不够、问题楼盘企业财产处置受限较多、金融机构对破产重整工作配合不够等问题，分析了府院联动机制法律效力不足、问题楼盘破产重整利益冲突复杂、联动部门执行力不足、常态化机制建设不够等深层次原因，提出了“两纵两横”的总体完善思路：明晰政策，纵向统一标准流程；压实责任，纵向强化指导与考核；固化机制：横向完善常态化机制建设；统筹发力：横向激活各参与主体潜力，以期对当前问题楼盘破产重整提供有益借鉴。

关键词：问题楼盘　破产重整　府院联动

引　言

当前，由于疫情、国际经济形势、国内去房地产库存等多方因素的影响，房地产企业整体处于较为困难的境况，特别是地级

---

* 王全胜，现任河南省平顶山市新华区人民法院党组书记、院长；闫兴斌，现任河南省平顶山市新华区人民法院民事审判庭庭长；胡乐乐，现任河南省平顶山市新华区人民法院民事审判庭法官助理。

市及以下行政区域的中小型房地产企业，普遍存在管理方式粗放、风险意识淡薄等问题，在当前的形势下，项目停工停建乃至于企业破产的情况屡见不鲜，引发了影响地方政府经济发展和社会稳定的一个重大风险——问题楼盘。

问题楼盘企业的破产（重整），涉及方方面面，利益群体庞大，诉求复杂，极易引发尖锐的社会矛盾。如果仅仅依靠法院的司法权力，难以有效调处各方矛盾，必须依靠政府统筹各方的行政权力，① 才能更加有效地拯救企业、盘活项目，实现各方利益的最大化。在此过程中，法院主导下的科学高效的府院联动机制，是解决问题的关键，对问题楼盘企业破产（重整）府院联动机制的研究，具有非常重要的现实意义。

一、府院联动：解决问题楼盘企业破产（重整）现实问题的客观需求

（一）企业破产具有特殊的法律特性

与合同、侵权等一般的民商事法律关系相比，企业破产具有其特点。破产在一定程度上兼具公法和私法的特点，涉及较广的社会面，并且在处置过程中，往往受政策的影响较大。② 如当前优化营商环境、处置僵尸企业、深化供给侧结构性改革等政策，对破产（重整）工作就具有很强的导向性作用。

法院在处置企业破产案件时，特别是在问题楼盘企业破产（重整）案件中，必须综合考虑到社会治理、民生稳定等一系列问题，而这些问题的解决必然离不开政府各部门的协调配合。③ 法

① 王欣新：《府院联动机制与破产案件审理》，载《人民法院报》2008 年 2 月 7 日，第 7 版。

② 许德风：《破产法论——解释与功能比较的视角》，北京大学出版社 2015 年版，第 38—44 页。

③ 李曙光：《论我国市场退出法律制度的市场化改革》，载《中国政法大学学报》2017 年第 3 期。

官在审理问题楼盘企业破产（重整）案件时，大量的问题涉及政府部门的相关政策、决策等具体行政行为，案件的处理也往往与政府采取的相关行政行为息息相关。

（二）单纯的司法权不足以应对问题楼盘企业破产（重整）的复杂问题

司法权本身具有被动、中立、有限等权力特性，法院只能在其职权范围内解决相关法律问题；而在问题楼盘企业破产（重整）过程中，经常产生一系列超出破产程序以外的其他社会衍生问题，法院无相关职权也无相关能力解决，但这些问题又与破产程序的最终解决息息相关，在此过程中，必须充分发挥政府权力的积极性、主动性、扩张性特点，[①] 有效调动社会各方资源，借之以解决法院、破产管理人和债权人会议所难以解决的问题。同时，府院联动在解决问题楼盘企业破产（重整）的效率上，具有较大优势。

特别是在问题楼盘企业破产（重整）过程中，公平清偿相关债务不过是其中的一个方面，更重要的是对于土地、税收、信用等问题，一些房地产企业在当地经济社会中的地位举足轻重，甚至属于支柱企业、明星企业，在相关处理中必然涉及企业帮扶、职工安置、社会稳定等社会衍生问题，法院在处理问题楼盘企业破产（重整）时，必然需要当地党委和政府的支持。这些衍生的社会问题，需要政府的“行政配套”协助予以解决，因此法院审理破产案件需要“紧紧依靠政府的力量”。

（三）解决企业破产相关问题的配套制度存在缺项

在政策性破产向市场化破产转型的过程中，我国破产法引入了破产管理人制度，由法院指定“有关部门、机构的人员组成的

---

① 韩长印主编：《破产法学》，中国政法大学出版社 2017 年版，第 45—52 页。

清算组或者依法设立的律师事务所、会计师事务所、破产清算事务所等社会中介机构”担任管理人，在法院的监督和管理之下接管处分债务人财产、制作财产状况报告、决定债务人的内部管理事务和必要支出等。在以管理人为中心的破产审判处理体制下，一些社会管理属性较强的工作，由清算工作组转移给了破产管理人，但当前的破产配套机制，并未给予破产管理人相应的权力，①特别是面对市场监管、税收、金融等国家权力部门，破产管理人难以突破其给破产企业设置的政策壁垒，必须要行政部门和法院协调配合。

在问题楼盘企业破产（重整）过程中，破产管理人等相关配套制度的不足对破产案件的解决影响更为严重。问题楼盘企业往往涉及资金量大，清查资产难度大、案件审理周期长，大量问题需要建设、税务、银行等相关部门的配合，对破产管理人的权威和能力提出了更高的要求。同时，问题楼盘企业还往往涉及复杂的刑民交叉问题，如涉及非法吸收公众存款、集资诈骗等相关问题，增加了案件处理的难度。正是基于当前破产审判中相关配套政策的缺项，法院处理破产案件，特别是涉及面较广的问题楼盘企业破产的案件，在实践中不断探索了府院联动机制，来推动案件的有效解决，实现法律效果与社会效果的有机统一，推动破产工作的法治化、制度化建设。

二、实践困局：府院联动机制不完善引发的制度运行失灵

当前，在现实的需求下，各级政府和法院都建立了府院联动机制，提升了破产审判的质效，以笔者所在的 H 省 P 市两级法院

① 李永军：《破产法的程序结构与利益平衡机制》，载《政法论坛》2007 年第 1 期。

来说，破产案件的处理周期显著缩短。如在处理P市华坤公司问题楼盘破产案件中，该市法院从受理申请，到裁定批准相关重整计划，仅仅用时32天，创造了辖区相关工作的记录。但笔者在调研中，发现当前府院联动机制还存在较多问题，需要进一步完善。

（一）破产管理人职能难以有效发挥

一方面，当前我国破产管理人的整体能力水平有待进一步提升。《企业破产法》、最高人民法院《关于在审理企业破产案件中指定管理人的规定》等相关文件，都对破产管理人等相关问题进行了规定，人民法院依据相关规定，编制了破产管理人名录，但在实践中，特别是对于地级市以下的法律市场，优质的法律人才缺乏，破产案件较少也导致律师事务所、会计师事务所等机构缺乏破产工作经验，但同时，地级市以下区域也是问题楼盘企业破产多发区域，管理人的能力水平难以满足当前的形势需要。

另一方面，破产管理人缺乏较为明确的法律地位，权利不明确，社会认可度低，在府院联动机制中参与度不够。笔者在做相关调研的过程中，曾经对税务、银行、市场监管等相关部门的工作人员进行了一次问卷调查，70%以上的工作人员对破产管理人及其相关职责权限完全不了解，进而导致管理人履行职责时遇到的阻力较大。破产管理人本身缺乏查询和调查等权利，其对公司印章、账户等的管理也常常被相关职权部门拒绝。实务中，管理人在履行职能过程中遇到的相关问题，往往需要法院和政府部门协调予以解决，这不仅有悖于破产管理人独立的法律地位设定，也给法院和政府带来较大的工作负担。

（二）破产重整企业信用修复较为困难

由于问题楼盘企业涉及民生稳定的社会问题，破产重整不仅可以有效优化资源配置，并且对于维护群众利益、保障社会稳定具有重要的意义。但是在当前破产企业重整后，将会面临着信用难以修复的难题，会给企业后续生产经营带来较大困难。① 如在税务上，问题楼盘企业重整后，在仍欠缴税务滞纳金和罚款的情况下，税务机关对企业纳税信用等级的重新评定较为缓慢。银行信用的修复更为困难，且对问题楼盘的影响巨大。房地产开发企业对资金链的需求极为依赖，但重整企业的银行征信状况往往难以变更，一些企业法院尝试通过法院协调的方式与银行签订协议，解决重整企业的银行信用问题，但对于贷款、开具大额保函等业务，银行仍然存在拒绝的情况。社会信用的修复也是一个难题，法院的担保并不能消除市场主体对破产重整企业的担心，在相关业务往来中，面对款项支付等问题往往会提出较为苛刻的要求。

（三）税收相关配套支持措施不够

在持续优化营商环境的大背景下，中央、省级部门对破产企业出台了一系列税收优惠政策，但从实务来看，广泛存在地区差异明显、操作性不够、基层落实政策不到位等问题。在问题楼盘破产重整中，存在一定的税收与债权人“争利”的情况，如在一起问题楼盘的破产清算中，破产期间产生的土地使用税、房产税达到1000多万元，税务机关认为应当按照破产费用处理，但对于大多数债权人尤其是普通的弱势群体购房者来说，显然不利于保障其债权，也不利于问题楼盘的最终处置。② 同时，在无财产可处理的问题楼盘企业税务注销、土地增值税清算、破产管理人税务发票领用等方面，都面临着诸多问题和困难，需要税务部门进一步加大税收支持力度。

---

① 郝静：《论行政法视域下正当程序对信用监管机制的规制》，载《河北青年管理干部学院学报》2020年第5期。

② 刘天利：《房地产企业破产制度的完善——从购房人权益保障视角来看》，载《人民论坛》2013年第13期。

（四）问题楼盘企业财产处置受限较多

问题楼盘企业的主要财产，无过于地和房两样，但受限于我国的土地政策以及各地形形色色的房地产政策，问题楼盘企业在财产处置上困难重重，成为制约问题楼盘企业破产重整的主要因素。问题楼盘企业的土地，特别是地级市以下行政区域的问题楼盘，往往瑕疵较多，许多问题楼盘企业的土地证件不全，导致无法过户。同时，大量涉及城中村改造等的问题楼盘中，都存在与政府签订拆迁协议等“不得转让”的行政限制。这些问题降低了楼盘企业财产的价值，同时，长时间的程序耽搁，也极大地提升了问题楼盘的处置成本。

（五）金融机构对破产重整工作配合不够

金融机构债权人在破产重整工程中积极性不够。问题楼盘企业破产重整过程中，最大的债权人往往都是金融机构，金融机构债权人的意志往往左右着企业破产重整的工作走向。但由于银行责任机制等相关问题，银行对债权人会议的表决，弃权或者反对的情况较多；对于减免问题楼盘企业债务、重组等相关工作，银行手续过于烦琐，[①] 上下级银行之间在破产重整中职权不够明晰，往往成为拖延重整方案的关键要素。银行对于破产管理人履行职责的支持不够，特别是在破产管理人查询中，面临的困难增多。如一些地方的破产管理人到银行查询时，被告知管理人只能申请法院查询，对于一些资金流向等具体内容，银行往往以各种理由拒绝管理人查询；破产管理人还遇到银行不认可未销户企业破产管理人公章的情况，给破产管理人履行其相关职责造成较大困难。

---

① 曹园、于娟：《房地产企业破产重整若干实务问题探讨》，第十二届“中部崛起论坛”征文汇编集，2019 年 11 月。

三、根源探究：府院联动机制运行失灵的问题的深入剖析

（一）府院联动机制法律效力不足

府院联动机制，是地方政府和法院在处理企业破产问题的实践中，“创造”出来的一种工作机制，在目前，大多数以地方政府和法院红头文件、会议纪要等形式予以明确，国家层面上多数是给予一些号召性的规定，因此，府院联动机制并未成为从法律层面解决破产工作实践的配套性措施。因此，府院联动机制下形成的相关文件规定效力较低，特别是面对税务、金融机构等权力部门时，相关政策、规定的执行难度较大。同时，由于缺乏国家层面的顶层设计，在相关机构设置、程序性规定等问题上，各地要求各不相同，存在协调的时间成本较高，覆盖层面不够等一系列问题。

（二）问题楼盘破产重整利益冲突复杂

在问题楼盘的破产重整过程中，府院联动机制涉及较多部门，特别是问题楼盘的处置中存在较大的信访和群体性事件的风险，在很大程度上加深了相关部门的忧虑，在实践中往往出现推脱、拖延、敷衍塞责等问题。政府与法院在处理问题楼盘破产重整工作中的价值取向和方法路径并不完全一致，政府更倾向于追求经济效益的增长和社会的稳定，但法院必须严格遵守法律的规定，不论程序还是实体，都必须在法律的框架之内，在这种情况下，司法权与行政权的碰撞在所难免。部门利益冲突也是影响问题楼盘企业破产重整工作的重要因素，最为明显的就是税收优先权的问题，如问题楼盘破产重整企业欠缴税款是否可优先于抵押权执行等问题，缺乏明确的规定，导致相关财产处置工作推进缓慢。问题楼盘破产重整，最重要的财产处置是土地，而土地的处置往往受限于政府各部门的政策，处置难度增大。

（三）联动部门执行力不足

对于条线关系的相关机构，地方政府横向制定的相关规定，一旦与该部门条线上级部门制定的相关规定不符，或者上级对相关政策没有进行细化明确，则往往难以得到落实，相关部门以无法可依、无操作细则或者要承担廉政风险等借口拒绝执行。如部分省区的税务部门对于非正常户的解除是否要求实际缴纳罚款，认识不一，或者缺乏相关操作细则而拒绝破产管理人的要求，导致一些优惠政策难以落地。[①] 一些政府部门在实际工作中，对于破产工作的重要意义认识不足，拒绝履行破产联动措施的情况依然存在，如水电企业要求破产重整企业先行支付水电费用，相关部门对预付征迁补偿款、人防费等要求优先支付等行政权力的自行其是仍然较为普遍。[②] 一些基层工作人员对于破产工作不了解，缺乏专业性，对相关工作不敢支持、不愿配合的情况仍然存在。对于大多数政府部门工作人员来讲，破产工作属于新型、专业的领域，对相关工作不了解，对破产管理人缺乏信任和尊重，很多工作仍然需要法院出面与相关部门进行协调沟通，在加大法院工作负担的同时，也影响了破产工作的整体进程。

（四）常态化机制建设不够

当前，许多县市区都建立了府院联席会议制度，并就其常态化、具体化进行了很多有意义的探索，但也普遍存在工作机制多样、进度不一、工作的方式和效果千差万别的缺陷。在府院联动机制中，牵头部门是制度落实的关键，在各地的实践中，牵头部门各种各样，有的地区金融风险较大，联席会议由金融办牵头；

---

① 张亚琼：《困境房地产企业的解困之道——从破产重整的角度出发》，载《今天律师》2016 年 5 月。

② 王昱：《论房地产企业破产清算程序中购房人权利的保护与平衡》，中国政法大学 2017 年硕士学位论文。

有的地区处理僵尸企业的压力较大，由经信部门负责，种种不一，对机制的运行产生较大影响，也不利于税务、金融等部门出台全国性的配合政策。同时，在府院联动机制的制度化、法治化建设上有所不足，部分地区依赖于“领导重视”等人为性因素，往往会因地方主要领导的变动而影响府院联动机制的开展效果；有些地区的府院联动机制更像是处理专案的一时、一事的机构，在出现严重的问题楼盘事件时，府院联动机制运行较好，但当该问题得到处理或者缓解时，府院联动机制就不再受重视，进而被束之高阁。一些地区的府院联动机制缺乏整体性、程序性设计，解决处理问题缺乏规划，一旦遇到阻力就开展不下去，变成空头的会议循环，使得府院联动机制的作用发挥不明显。①

四、路径思考：“两纵两横”完善楼盘企业破产（重整）府院联动机制的建议

（一）明晰政策，纵向统一标准流程

问题楼盘企业破产（重整）府院联动机制作为一种地方实践性工作机制，在自上而下的政策法律规范上较为缺乏，也成为制约其进一步发挥作用的关键性因素。面对当前存在的问题，应该从顶层设计层面明晰政策，纵向统一标准流程，国家层面应当对破产法律制度与当前其他法律、规章及政策制度存在的冲突进行研究，制定出台指导性的工作意见，对府院联动机制的标准、流程、执法尺度等进行规范性指引，提升破产工作的合法性、规范性和可操作性。同时，加强对相关政策、法律、规章制度的统一研究清理，制定协调一致的房地产规范性文件，清理阻碍楼盘企业破产（重整）工作涉及各相关部门的不合理规定，消除隐性的阻碍和利益壁垒。

① 陆晓燕：《市场化破产的路径研究——兼议国家建构型法治现代化进程中的法治社会建设》，载《现代经济探讨》2018 年第 9 期。

在问题楼盘企业破产（重整）府院联动机制完善过程中，要厘清政府和法院的权利义务关系。第一，政府在问题楼盘企业破产（重整）案件立案之前要做好统筹协调。在问题楼盘企业案件进入破产程序之前，政府应当提前介入，做好购房者、农民工等各方群众的安抚、安置预案，避免发生群体性事件。第二，法院在问题楼盘企业破产案件的审理过程中应当处于主导地位。在受理问题楼盘企业破产案件、指定管理人、确认破产企业债权金额、认可破产财产的分配方案以及裁定终结破产程序的一系列流程中，法院都应当处于主导地位，认真把控破产程序的每一个环节，从法律的角度保障破产程序的正当性。第三，政府在破产程序中协调配合。在法院解决问题楼盘破产案件的过程中，政府及其行政部门应调控行政权协助解决相关的社会衍生问题，如协助问题楼盘破产企业解决土地等大宗资源的盘活、农民工工资发放问题，妥善处置好破产资产；同时，协调各相关职能部门配合法院完成破产企业的注销工商税务登记等工作。

（二）压实责任，纵向强化指导与考核

第一，要进一步强化依法行政。应当进一步加强机关工作人员的法治教育和培训，引导工作人员进一步强化依法行政意识，用法治化手段推进破产重整工作。第二，明确责任任务。要坚持问题导向，在省级层面出台规范性文件，明确府院联动机制中各方的职责，编制责任清单，明确具体案件的工作计划制订和时间表推进等制度。加强对问题楼盘的前置管理，在问题楼盘恢复施工前，要提前进行综合验收预评估。政府部门要加强对金融机构的协调，减轻其制度、政策阻力，提升破产重整工作实效。对于问题楼盘破产重整中存在违章建筑、瑕疵财产等问题的，由政府协调予以公允价值收储，推动破产进程。第三，强化责任监督。要强化对破产工作中的责任监督，加强对个案推进中的时间表、路线图的事中动态监督，强化指导、考核，对于敷衍塞责严重影响破产工作整体进程的，给以党政纪处分。同时，对于政府部门、国有企业和金融机构涉及问题楼盘企业破产重整债权的，要依法建立完善免责容错机制，鼓励相关部门依法申报债权，积极参与重整计划，推动问题楼盘企业破产重整进程。[①]

（三）固化机制：横向完善常态化机制建设

第一，优化楼盘企业破产（重整）府院联动工作领导组织机制。市县级政府应当由常务副市（县）长领衔负责，政法委书记辅之，纪委监委或政府督查室参与监督，通过高规格的领导机制确保制度的执行力。进一步细化工作程序，明确相关职能部门的工作职责。各部门联络人员的工作情况应当定期通报，计入本单位的工作业绩考核，确保政策的协调以及具体问题的处理及时有效。第二，完善楼盘企业破产（重整）府院联动定期会议制度。建立完善定期会议制度，最少每季度召开一次常态化联席会议，由法院对当前本地区问题楼盘破产重整中出现的问题进行整理汇总，提前形成问题清单，交由各部门研究，通过联席会议进行共同协商，形成解决方案，通过会议纪要或者出台联合文件的形式，明确相关问题的解决方案；特别是针对实务中较多的涉及财产处置、税收等相关问题，形成明确的解决方案后，及时形成工作指引，下发到各相关部门，系统化地提升整体破产工作效率和成效。[②] 第三，明确动态府院联席会议的召集机制。根据个案的工作实际，赋予破产管理人启动动态府院联席会议的请求权利，对于问题楼盘破产重整中可能产生较大影响的案件，由破产管理人申请法院随时启动府院联席会议，积极研究解决突出问题。

---

① 郑庆莎：《僵尸企业的判别与法治化出清——以破产制度的完善为基点》，载《哈尔滨学院学报》2018 年第 39 期。

② 丁海湖、李欣婷：《房地产企业破产重整若干司法实务问题探讨》，载《法律适用》2016 年第 3 期。

（四）统筹发力：横向激活参与主体潜力

第一，进一步支持引导破产管理人发挥作用。落实以破产管理人为中心的工作机制，强化市场化机制下破产管理人的职能作用，消除阻碍破产管理人履行职责的隐性壁垒，完善具体措施，支持破产管理人依法行使查询权等工作权利。加大对破产管理人协会的指导和帮助，不断提升其业务能力水平。[①] 加大破产管理人在府院联动机制中的作用，进一步畅通破产管理人的问题反映渠道，及时解决反馈相关问题，为破产管理人履行法定职责营造更加优异的法治化环境。第二，加强信息化建设，完善资源共享机制。政府相关部门要加强与法院的沟通协作，通过大数据识别等相关机制，加强对房地产企业风险预警，从源头预防和减少问题楼盘的产生；同时，及时向法院提供拟破产重整企业的相关情况，帮助法院进一步掌握问题楼盘破产重整企业的产业及发展情况，便于科学完善制订破产清算或重整的审判方向。进一步健全完善破产企业资源数据库，设立重整企业招募名录，提升社会资本对破产重整企业的了解，提振其参与破产重整的积极性，有序引导市场资本流入破产重整企业，盘活问题楼盘，提升根本性化解的成功率。第三，持续优化金融机构对破产工作的服务保障力度。通过引入专业化金融服务、第三方资金监管等模式，提升破产管理的科学性、透明度，增强各方参与破产重整的信心，激发各市场主体的潜力，形成有效化解问题楼盘的工作合力。

结　语

问题楼盘破产重整关系社会经济发展大局，关系人民群众切身利益，关系社会大局稳定，必须高度重视。在问题楼盘破

---

① 籍瑞华：《由“破”转“产”：困境企业挽救机制的比较及借鉴》，载《安徽理工大学学报》（社会科学版）2020 年第 22 期。

产重整中，强化府院联动机制建设，能够提升资源的配置效力，有效推动问题楼盘破产重整工作的扎实开展，为优化营商环境起到了重要的作用。今后应当进一步加强制度的探索与完善，在实践中不断优化常态化、制度化建设，不断提升府院联动机制的效能。

5　破产程序中规范债务人担保行为的制度构建

——以破产撤销权制度为研究基础

任秋莲

摘要：通过对“中国裁判文书网”中筛选的破产撤销权纠纷的裁判文书进行研究，分析目前破产撤销权案件呈现的债务人担保行为的特点、审理的基本情况和困难，并对困难的成因进行剖析；对债务人担保行为进行类型化分析，分析新类型的担保行为对裁判工作带来的挑战。以问题为导向，针对破产撤销权诉讼审理周期长、效率低、债务人担保行为撤销率高等问题，提出有必要对现行破产撤销权诉讼的审查程序进行重构，构建破产程序中规范债务人担保行为的制度——形式审查为先、实质审查为后的二元审查模式。该模式可以有效将无争议或争议不大的破产撤销权案件通过前置程序予以解决，避免“一刀切”进入诉讼程序，可以有效缩短对可撤销担保行为的审查期限，降低破产企业债权人清偿顺序处于不确定状态的风险，兼顾公平和效率原则，高效处理企业破产案件。

关键词：破产程序　债务人　担保行为　制度构建

引　言

债务人在破产程序开始前的临界期内实施对外清偿行为，特别是为没有财产担保的债务提供财产担保，[①] 将会导致债权人的债权无法得到平等清偿，从而破坏公平清偿原则。破产撤销权制度就是为了纠正债务人的偏颇清偿行为而设立的。但随着社会经济的发展，债务人在临界期的担保行为更具有隐蔽性、多样性，因此有必要重新审视现行破产程序中对债务人担保行为的规范，为此，笔者以破产撤销权制度为基础，探索更为完善的规范债务人担保行为的制度，以期对破产程序中债务人的不合理处分财产行为加以有效遏制。

一、破产程序中对债务人担保行为的实证分析

2007 年 6 月 1 日施行的《企业破产法》第 31 条规定："人民法院受理破产申请前一年内，涉及债务人财产的下列行为，管理人有权请求人民法院予以撤销：……（三）对没有财产担保的债务提供财产担保的；……"上述规定就是对在临界期限内债务人对没有财产担保的债务提供担保行为进行规范和调整的主要条文，也是针对此类行为行使破产撤销权的主要法律依据。

本文采用实证分析的方法，在中国裁判文书网随机抽取 104 篇已经发生效力的破产撤销权纠纷的裁判文书作为研究样本，剔除通过撤诉、按撤诉处理结案的案件，重点研究其中 53 篇破产撤销权民事判决书或民事裁定书，[②] 对破产撤销权纠纷案件的审理情况进行研究，以数据统计的方式，呈现破产撤销权所引发的具体问题，以证明破产程序中规范债务人担保行为的重要性和必要性。

---

① 本文研究的对象仅限于在临界期内债务人为无财产担保的债务提供财产担保的行为。

② 笔者通过登录"中国裁判文书网"，分别限定案由为破产撤销权纠纷、程序为二审程序，结案期限为 2018 年 1 月 1 日至 2018 年 12 月 31 日为搜索条件，得出 104 条结果，剔除 51 份结案方式为按撤诉处理和管辖权裁定的文书，本文重点研究 53 份民事判决书或民事裁定书。为求结果的普适性，判决涉及天津、河北、浙江、山东、广东等省、自治区、直辖市，不再针对地区进行筛选。

（一）程序和实体利益的失衡：导致诉讼成本增加

1. 破产撤销权诉讼与破产程序并行，审理周期长

笔者通过对53份破产撤销权纠纷民事判决书的研究，发现该类案件的审理期限普遍较长，审理期限最长的案件历时两年。通过统计，上述案件的平均审理期限为131.14天，高于普通程序案件的审理期限90天，如表5－1所示。根据现行《中华人民共和国民事诉讼法》（以下简称《民事诉讼法》）的安排，把破产撤销权诉讼作为独立于破产程序之外的普通民事诉讼，容易导致该类型案件的审理周期过长，使得破产管理人通过处理破产撤销权纠纷维护债务人责任财产的时间成本较高。

2. 基于实体审查和诉讼权利的保护，当事人实际抗辩和上诉比例高

笔者通过对上述案件判决书的研究发现，所有破产撤销权纠纷的被告均参加诉讼，并提出抗辩。抗辩理由主要有：（1）债务人提供担保时，债务人不具有主观恶意；（2）债务人可以从担保行为中受益；（3）债务人提供担保与主债务是同时发生的，不存在事后担保情形；（4）债务人以自身财产为他人债务提供担保，不属于《企业破产法》第31条调整的范围，不是可撤销的行为。

表5－1　破产撤销权典型案件抗辩理由和裁判结果分析

案号	主要案情	诉讼请求	抗辩理由	审理周期	裁判结果
（2017）川20民终874号	恒丰银行为正兴公司提供1亿元借款，华通公司提供担保并与恒丰银行签订《抵押	撤销债务人签订的抵押合同	债务人提供担保并非无偿转让，债务人从担保行为中受益	365天	法院认为，华通公司提供抵押担保，并未发生华通公司财产所有权转移，华通公司承担担保责任

续表

案号	主要案情	诉讼请求	抗辩理由	审理周期	裁判结果
	合同》，约定华通公司以在建工程向恒丰银行提供抵押担保。当日，华通公司办理了他项权登记				后依法有权追偿；同时，恒丰银行向正兴公司支付了借款，并非无偿取得财产担保权，故华通公司的抵押担保行为不构成无偿转让财产，抵押担保行为不可撤销
（2017）浙06民终2369号	2015年12月7日，浙船公司与中国进出口银行签订房地产《最高额抵押合同》，约定浙船公司为2014年1月1日至2017年12月31日期间太船公司与中国进出口银行最高不超过4.623 894亿元的债务提供保函担保和不动产抵押担保，并办理了不动产抵押登记	撤销最高额抵押担保合同	（1）债务人从担保行为中获利；（2）债务人为他人债务担保，不是为自己债务担保；（3）债务人为债务提供担保时不存在有害于其他债权人的恶意	300天	二审法院认为，浙船公司为太船公司的债务提供最高额抵押担保，发生在临界期内；在设立抵押时，太船公司的部分债务有其他抵押担保，案涉抵押担保是事后担保，事后担保行为有害于其他全体债权人的利益，应予以撤销

续表

案号	主要案情	诉讼请求	抗辩理由	审理周期	裁判结果
（2018）苏01民终1086号	三叶公司与扬州工行于2016年3月30日、5月13日签订借款合同并约定提供质物抵押、应收账款质押。2016年6月21日，三叶公司与扬州工行签订新借款合同、最高额抵押合同，约定将2016年3月30日、5月13日约定的借款纳入该最高额抵押担保的债权范围。双方办理了不动产抵押登记	撤销最高额抵押担保合同	借款主债务发生时已经设立质押担保，属于同时担保	175天	二审法院认为，双方当事人对于2016年3月30日和5月13日发生的债权债务关系并未按照约定进行抵押登记，案涉债权质权并未设立。2016年6月21日，双方约定为此前债务设立不动产抵押担保并办理了不动产抵押登记，为没有担保的债权设定抵押的行为，属于破产法规定的依法可以撤销的情形，应予以撤销不动产抵押行为

（二）法律依据的“失调”：增加了担保行为有害性的认定难度

1. “事后担保”的判断

笔者在研究样本时发现，事后担保行为表现出新的形态。如（2018）鲁03民终2120号民事判决书中认定，债务人与债权人在2014年签订借款合同时没有签订担保合同，但在2017年再签订借款合同即“借新还旧”时，债务人提供了不动产抵押。如果认定

2017 年借款与抵押行为是同时形成的，则不能适用破产撤销权的规定撤销抵押行为；如果认为 2017 年借款实际为 2014 年借款，借款债务原来是没有担保的，2017 年的抵押行为即为“为无财产担保债务提供担保”的可撤销行为。

2. “无财产担保”的把握

破产撤销权所规范的不再仅限于纯粹的无财产担保的情形，增加担保的行为逐渐凸显。据（2018）苏 06 民终 3103 号民事判决书认定，主债务形成时，债务人已经为债务提供了保证担保，在破产申请前一年内，债务人为该笔债务增加了应收账款质押，并办理了应收账款质押登记，应收账质押登记行为能否撤销成为争议问题，因为质押登记时，债务人已经提供了保证担保，不属于“为无财产担保的债务提供财产担保”的情形。

（三）裁判结果的“高概率”：担保行为被撤销的占比大

笔者通过对研究对象的裁判结果进行分析，发现大部分破产撤销权诉讼涉及的债务人担保行为被判决撤销，即清算管理人认为债务人在临界期提供担保行为且有偏颇清偿倾向的，大部分担保行为将被撤销，判决撤销担保行为和驳回诉讼请求的情况如表 5－2 所示。

表 5－2　破产撤销权诉讼裁判结果分析

裁判结果	数量（例）	占比	裁判理由分析
撤销债务人担保行为	36	68%	符合《企业破产法》第 31 条规定的条件
驳回诉讼请求	9	17%	担保行为发生在临界期之前； 反担保行为是同时担保，不是事后担保； 担保行为不是无偿行为，债务人的责任财产因担保而增加
准许撤诉	8	15%	—

二、担保行为的类型化分析：对破产撤销权制度的新挑战

破产撤销权纠纷所涉及的担保行为除了担保法规定的传统类型担保外，还发展了多样化、新类型的担保行为，笔者通过类型化分析，以期对破产撤销权的研究对象有更清晰的认识。

（一）浮动担保：破产撤销权的中间地带

浮动担保是企业以其现有和将来可以取得的全部资产为标的设定的一种担保。其主要特点为：（1）设定浮动担保的财产具有集合性、变动性和不特定性。既包括企业的不动产、动产，也包括有形、无形资产，这些资产随着企业经营状况的变化而变化。（2）浮动担保在出现了法定或者约定的事由后，可以转化为固定担保，即浮动担保“结晶”。一旦出现担保权的行使、债务人违约、企业合并或破产等情况，浮动担保便转为固定担保，债务人丧失对其资产的自由处分权，债权人对担保财产实际控制支配。（3）在受偿顺序上，在浮动担保“结晶”前成立的固定担保应优先于浮动担保受偿；一旦浮动担保财产特定化，浮动担保也就转化为固定担保，在此种场合，浮动担保的效力应当优先于在此之后设立的担保物权。

浮动担保制度是以一定时间跨度的财产为债务担保，如果浮动担保跨度涉及临界期内的能否撤销，目前《企业破产法》没有明确。再者，我国《民法典》规定了动产浮动抵押制度，其设定抵押的财产范围仅限于动产，法律未明确债务人能否自由处分财产，也未明确浮动抵押的受偿顺序、“结晶”制度以及管理人接管等制度，未规定在滥用浮动抵押情况下的撤销制度。①

---

① 王利民、汪军、王惠玲：《论破产撤销权制度中的担保行为》，载《人民司法》2012 年第 19 期。

（二）关联担保：母子公司破产中的利益衡平

在母子公司的关联担保中经常存在子公司为母公司债务提供担保，子公司破产系集团安排的策略性破产，目的在于向市场转嫁风险或者攫取不正当利益；或者，母公司为子公司债务提供担保，母公司破产，母公司事先将财产转移给子公司而逃避债务。关联企业之间的担保，基于母公司对子公司的控制，既可能损害到关联企业的独立人格，也可能会侵害破产企业债权人的利益。为此，理论界提出了母子公司破产中的利益衡平观点，即衡平居次，① "指母公司在子公司资本显著不足，母公司不遵守独立公司应遵守的规范、母子公司资产混同或者利益输送的情况下，其对子公司享有的债权在子公司不能支付或破产时，无论是否有优先权或者别除权，都不能与其他债权人共同参与分配，分配次序次于其他债权人，以保护其他债权人利益"②。衡平居次制度打破了关联企业间的利益输送，也在一定程度上保障了破产债权人的利益，但是目前我国《企业破产法》仍无该类规定。

（三）未经登记的动产抵押：登记对抗主义下的担保权效力

对于登记对抗主义语境下未经登记的动产抵押权效力，目前理论与实践的研究尚不足，尤其是从破产法视角展开的研究更少。如在"湖南省益阳市通程水泥有限责任公司与凌某如别除权纠纷案"③ 中，"益阳通程水泥公司于2014年6月4日向湖南省益阳市赫山区人民法院申请破产重整，该院于2014年6月5日受理益阳通程水泥公司的破产重整申请，并指定湖南达盛资产管理有限公司为管理人。债权人凌某如与管理人就凌某如是否对其债权享有优先受偿权发生争议。一审法院对双方当事人的《抵押合同》予

---

① 邢丹、蒋景坤：《母子公司破产中的利益衡平》，载《当代法学》2011年第3期。

② 邢丹、蒋景坤：《母子公司破产中的利益衡量》，载《当代法学》2009年第12期。

③ 湖南省益阳市中级人民法院（2014）益法民二终字第199号民事判决书。

以认可，并认为双方在益阳通程水泥公司生产设备上设立的抵押权，自益阳通程水泥公司出具抵押物清单时设立，但动产抵押权作为物权具有排他性，其效力优先于一般债权，登记与否不影响其物权效力，双方未对抵押的设备进行抵押权登记，并不影响抵押权的设立，但依法不得对抗善意第三人”①。第三人指的是对同一标的物享有物权的人，不包括债务人的一般债权人。可见，未经登记的动产抵押权效力不由登记与否决定。这一结论对于审查债务人担保行为是否有害于债权人十分关键。

三、理论证成：规范破产程序中债务人担保行为的基础

（一）价值考量：兼顾公平和效率原则

“破产撤销权是基于债权人平等原则和公平分配原则考虑所做的制度安排，也是平等保护债权人利益所必需的”②，破产撤销权的目的是保护债权人利益，尽可能地避免债权人的合法权益落空，但仅仅强调、追求保护债权人的权益，会引发另外一种不公平，这也与破产法的立法本意相悖。在破产程序中，效率与公平原则同样重要。因为如果没有便捷的制度设计，让分散的、不稳定的债权人清偿秩序问题得到解决，将会严重阻碍企业重整、和解或者破产进程，也不利于该项制度效果的发挥，所以，公平地保护债权人利益和高效地推进企业破产进程同样重要。

（二）制度考量：坚持破产程序框架下的破产撤销权

1. 破产撤销权的制度基础是破产撤销权案件归口统一由破产庭审理

目前基层法院管辖的破产案件归口由破产庭或执行裁判庭审

---

① 张玉海：《登记对抗主义下未登记抵押权在抵押人破产时的效力》，载《法律科学》2016 年第 5 期。

② 李心怡：《破产撤销权的价值取向再思考——基于可撤销行为认定视角》，载《法制与社会》2008 年第 21 期。

理，并在企业破产程序中负责指定管理人、受理债权人申报债权、召开债权人会议、企业重整、破产和解、宣告破产等事项，对企业破产程序中的相关情况较了解。根据广东省高级人民法院粤高法〔2017〕85号《关于加强破产企业案件立案受理工作若干问题的意见》第23条的规定，法院受理破产申请后，除知识产权案件、海事海商案件外，与债务人有关的民事诉讼原则上由破产审判业务部门审理。破产撤销权案件由破产庭一并审理是破产案件快速高效处理的基本制度保障。

2. 破产撤销权考虑形式审查为先、实质审查为后的二元审查模式

基于本文对破产撤销权案件裁判结果的分析，我们发现，法院判决诉讼涉及的债务人担保行为是可撤销担保行为的占比为68%，即大部分形式上符合《企业破产法》第31条所规定要件的担保行为，高概率为可撤销的担保行为。上述调研结果，实际上为设立形式审查为先，实质审查为后的二元审查制度提供了数据基础。

四、制度构建：破产程序框架下二元审查模式的路径选择

“构建破产撤销权制度，必须考虑交易成本和诉讼成本，尽量减少成本消耗，就必将能增加收益，这是一种效率增长机制”①。现行破产法体系下，管理人的破产撤销权需要提起民事诉讼行使对担保行为效力的否认权，将会大大消耗诉讼成本，降低破产程序的效率。为了兼顾债权人利益公平和破产程序效率，笔者提出一个构建思路：破产撤销权制度设计可以在破产程序框架下，借

① 祝伟荣：《破产撤销权制度的反思与重构》，《法律适用》2012年5期。

鉴现行《民事诉讼法》规定的实现担保物权[①]的形式审查模式，建立形式审查为先、实质审查为后的二元审查模式。

（一）启动程序

清算管理人为了增加债务人责任财产，纠正临界期的偏颇清偿行为，有权启动破产撤销权诉讼，故破产撤销权应以清算管理人启动为原则。

当管理人和债权人在撤销权行使上发生冲突时如何解决争议呢？应当允许债权人对管理人的决定向法院提出异议，由破产案件管辖的法院作出裁判。[②] 联合国国际贸易法委员会在其制定的《破产法立法指南》中也表达了由法院对债权人异议进行裁定的态度，其第93条规定，如果破产管理人不同意行使撤销权，债权人可以寻求法院的许可进行撤销。[③]

（二）规范债务人担保行为的审理模式

1. 审理的内容——对担保行为类型化分析的回应

二元审查模式的路径具体在下文论述。本部分暂且先处理形式审查的内容，针对破产程序下破产撤销权不需要审查债务人提供担保时是否存在主观恶意，而是对符合客观条件的债务人担保行为判决予以撤销。至于可撤销的债务人担保行为的客观要件，应从以下几方面考量[④]。

（1）担保行为发生在临界期内。我国《企业破产法》规定临

---

① 《民事诉讼法》第196条规定，申请实现担保物权作为一项特别程序，人民法院审查后认为担保物权符合条件的裁定可以向人民法院申请执行；裁定驳回申请的，当事人可以向人民法院提起诉讼。

② 王欣新：《破产撤销权研究》，载《中国法学》2007年第5期。

③ 王欣新、郭丁铭：《论我国破产管理人职责的完善》，载《政治与法律》2010年第9期。

④ 刘黎明、田鑫：《美国破产法之偏颇清偿制度及对我国的借鉴意义——兼论我国新破产法第32条及相关条款》，载《法学评论》2008年第3期。

界期为破产申请前一年。笔者认为，如果担保权人和债权人与债务人有特殊关系的，这种特殊关系依托与债务人的亲近关系或者关联关系，可以获得债务人清偿能力的更多信息，更早地了解债务人的经济状态，从而更早地得到偏颇清偿，侵害其他债权人的权利。在这种特殊关系情形下，可以参考《美国破产法》的规定，临界期适当放宽。[①] 如关系人的范围应当包括："债务人的董事、债务人的高级职员、控制债务人的人、债务人作为普通合伙人的合伙企业、合伙人、普通合伙人、董事、高级职员或者负责人的亲属。从目前我国中小企业的经营状况来看、有的企业早在破产前一至两年内，甚至更长的时间已丧失了清偿能力，因此企业破产法与债权人为关系人的临界期 18 个月为宜。"[②] 这样的安排可以解决关联企业担保的利益冲突问题。

（2）提供担保时债务人处于无力清偿状态。债务人担保行为涉及债权人和债务人双方，有些行为涉及为第三人的债务担保。对于债权人的身份法律没有特殊的要求。对于债务人，担保行为发生时债务人处于无力清偿状态，因为这时，一项财产转让或者被设定担保权才会损害其他债权人的利益。"无力清偿"意味着债务人的债务总额超过了财产总额。一般而言，采用"谁主张谁举证"的原则，破产管理人对此负有证明责任。笔者认为，债务人是否处于无力清偿的状态的判断期限应该与临界期一致，即临界期内，债务人被推定为处于无力清偿的状态，[③] 除非债务人能够证明自己具有清偿能力。

（3）担保是基于先行债务。笔者认为，该条件不必限于债务

---

① 潘琪：《美国破产法》，法律出版社 1999 年版，第 27 页。

② 刘黎明、田鑫：《美国破产法之偏颇清偿制度及对我国的借鉴意义——兼论我国新破产法第 32 条及相关条款》，载《法学评论》2008 年第 3 期。

③ 李飞编：《当代外国破产法》，中国法制出版社 2006 年版，第 557 页。

人自身的债务，为第三人的债务而担保同样适用，因为为第三人债务提供担保更无助于保障债务人的责任财产。如何确定债务是先期存在的，实践中操作方法是，首先确定债务和担保发生的时间，担保行为时间的确定需要与临界期比对。如果债务负担产生的时间在先，担保行为完成在后，即为先行债务。可见，在临界期内发生的浮动担保行为均是破产撤销权制度调整的对象。有观点认为，只有临界期以外的债务才构成先期存在的债务。[①] 但笔者认为，该观点不可取，债务人的先行债务不应严格限定在临界期内，现实中可能发生对产生在临界期的债务提供担保的行为，实际上也会产生偏颇清偿的效果。

（4）担保行为是对债权人或为了债权人的利益作出的。具体包括两种情况：一是对债权人的原来无担保的债权提供担保行为，使债权人的债权处于优先受偿地位。二是债权人本来属于顺位较低的担保权人，债务人用债权抵销了一部分顺位较高的债权，债务人的抵销行为让债权人受益，债务人的行为是为了债权人的利益作出的。比如，美国法院在一个判例中认为低位担保也是偏颇清偿。[②] “债务人的一项财产上存在两项担保利益，其中低序位担保债权人的担保利益本来没有什么价值，因为债务人财产还不足以清偿前面的高位担保利益，但后来高序位担保人通过债权抵销而把债权数额降低至低于担保物价值，这样低序位债权人享有该担保物权利益。”[③] 我们认为，债务人的债权抵销行为让部分债权

---

① 该观点认为优惠清偿的规定，目的是防止债务人在破产前夕财产发生流失。因此破产法只禁止对临界期外的债务进行清偿。如果债务发生在临界期内，这实际上是一种价值交换，不会引起债务人责任财产的减少，不应该为破产法所禁止。参见潘琪：《美国破产法》，法律出版社 1999 年版，第 156 页。

② 潘琪：《美国破产法》，法律出版社 1999 年版，第 153 页。

③ 黄建军：《论破产中个别清偿行为撤销的例外》，北京大学 2011 年硕士学位论文。

人享有优先权，构成偏颇清偿。

（5）担保行为导致偏颇性后果的发生。“偏颇性后果”指的是，“债务人的担保行为使债权人获得的清偿多于没有担保时债权人依照破产清算程序所能获得的破产财产分配”①。如何判断偏颇性后果的发生，美国《破产执业者专题》为我们提供了一套方法②，“简言之：①确定总财产数额。对可分配的债务人的财产进行评估。一般以破产申请日为准，债务人提供担保的财产应当考虑在内。②确定依法应该分配的财产数额。假设没有担保行为发生的情况下，按照破产清算程序所确定的债权人的财产分配额。③确定实际可能获得的财产数额。先确定实际提供担保的财产数额，再用提供担保的财产数额加上尚未清偿的债权依据清算程序所应获得的财产数额之和，即为实际可能获得的财产数额。在考虑尚未清偿的债权的分配时不应把提供担保的财产计算在可供分配的财产之列。④比较，即如果实际可能获得的财产数额大于依法应该分配的财产数额，则产生偏颇性后果”③。美国该模式能否作为我国的参考？笔者认为，除非债务人在破产程序中能够让债务全部得到清偿，否则债务人在临界期限内提供担保的行为，必然对无担保的债权或者无优先受偿权的普通债权构成了偏颇，即使得偏颇后果的构成要件得以满足。

2. 审理模式的路径选择

（1）建立因案而异、简案快审的审判模式。④ 如对于债权债

---

① 张宗敏：《新破产法对普通破产债权保护的不足与完善》，载《第三届中国破产法论坛论文集》2010年6月25日。

② 刘黎明、田鑫：《美国破产法之偏颇清偿制度及对我国的借鉴意义——兼论我国破产法第32条及相关条款》，载《法学评论》2008年第3期。

③ 刘黎明、田鑫：《美国破产法之偏颇清偿制度及对我国的借鉴意义——兼论我国新破产法第32条及相关条款》，载《法学评论》2008年第3期。

④ 2017年11月17日，广东省高级人民法院印发粤高法〔2017〕239号《关于推进企业破产清算案件快速审理的若干意见》，明确部分破产案件可以实行开始审理。

务关系简单，破产撤销权涉及的标的较少或者破产撤销权涉及的财产标的少于债务人负债总额1%的案件，可以确定为快速审理简单破产撤销权案件的范围。对于事实清楚、法律关系明确、担保债权金额较少的案件可以考虑采取一审终审，避免因标的较少的财产争议，导致债务人的责任财产长期处于待定状态，影响企业破产重整的效率。

（2）形式审查、外观标准的审查先行。笔者认为，人民法院在审理破产撤销权案件时，可以设立一个区别于普通破产撤销权诉讼的、对担保行为是否属于可撤销民事行为仅作形式审查的前置程序，该诉讼的目的类似实现担保物权程序，人民法院只需要审查债务人在法定临界期实施的担保行为是否符合上述五个构成要件，即可作出是否撤销担保行为、排除担保债权优先权效力的裁决。如果当事人均没有提出实际抗辩的，可认为当事人对撤销行为无异议，人民法院作出的撤销债务人担保行为的裁定书发生法律效力，当事人可依该民事裁定书执行，否定担保行为的效力。探索形式审查先行的模式，可以将一部分符合可撤销条件的担保行为的效力问题短期内予以裁决，避免所有案件一律通过诉讼处理，有利于加快结束债务人财产不确定的状态，明确债权人的债权清偿顺序，保障公平的破产秩序。

（3）实质审查和事后救济为后续。如果当事人在上述形式审查程序中提出实际抗辩并举证，法院可以针对不同情形决定是否撤销担保行为或者驳回申请，如果当事人对民事裁定不服的，可以提起普通民事诉讼即破产撤销权诉讼，这时当事人提起的破产撤销权诉讼与《企业破产法》规定无异。当然，如果债权优先权经过法院生效判决予以确认或者进入强制执行的，当事人的诉讼路径有区别，具体如图5－1所示。

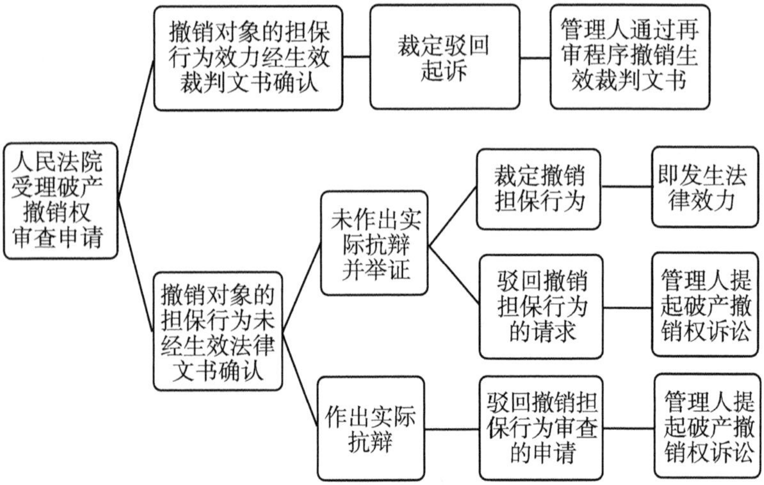

图5－1　破产撤销权审理模式设想

（三）二元审查模式下破产撤销权制度对相关权利人的救济

面对二元审查模式下的破产撤销权案件，人民法院既要追求程序效率也要坚守公平原则，其中难免存在事实认定的错误，为此应该设立相应的救济途径。笔者认为，对于形式审查阶段，当事人提出实际抗辩并举证的，人民法院应裁定驳回撤销申请，由当事人提出破产撤销权诉讼；另外，对于已经有生效裁判文书对担保行为效力予以确认的，也不宜进行形式审查，而是指引当事人或者利害关系人申请再审。笔者发现，对破产程序中债务人担保行为的规制目前仅限于事后的救济阶段，若建立健全事前预防机制和加强对侵害合法债权人权利行为的惩处，将更有利于对破产程序中对债务人实施的有害于债权人权利的行为予以纠正。

结　语

规范破产程序中债务人的担保行为旨在为破产管理人和债权人追回债务人责任财产提供快速途径。若完善的制度得以建立，则大部分存在争议的债务人责任财产可以在破产撤销权制度安排下快速而直接回归破产企业财产的范畴中。在法律制定过程中，应秉承开放的思想和利益平衡的视角，突破破产撤销权必须通过普通民事诉讼程序实现的藩篱，适当引入形式审查程序，完善相关权利人的救济程序，最大限度地平衡破产程序中的公平和效率原则。

6　破产制度与问题楼盘价值实现的契合

邢彦堂*

摘要：破产制度作为一种完善的司法化市场主体退出、重生制度，其在现代法治社会及市场经济领域，具有重要意义。中国房地产行业历经高速发展后，由于各种原因，产生了大量问题楼盘，问题楼盘的化解工作与问题楼盘企业的破产制度，在当下这个关键时点发生了历史使命与现实功能的激烈碰撞。如何发挥破产制度的功能价值以及破产制度对庭外重组和债务和解的示范效用，依托府院联动机制，规范施工建设行为、盘活存量资产、实现复工续建，实现问题楼盘价值、服务社会民生，是本文着力探索的核心主题。

关键词：破产制度　问题楼盘　价值实现

引　言

破产制度自诞生以来，作为一种市场主体退出机制，在市场经济与全球化发展进程中发挥了重要作用，后逐渐演变进化为一种司法化市场主体退出、救赎制度，其在现代法治社会及市场经济领域，特别是在当今中国经济形势面临严峻挑战的时点，更加具有重要意义。自现行《企业破产法》实施以来，我国破产审判案件数量突飞猛进，据最高人民法院发布的数据，

* 邢彦堂，郑州市中级人民法院清算与破产审判庭庭长。

2007 年至 2020 年，全国法院共受理破产案件 59 604 件，审结破产案件 48 045 件。

二十年以来，中国房地产行业飞速发展，但与此同时，因市场经济的滞后性、盲目性与事后调节性再加上部分政策原因及房地产开发商的不规范运作行为，导致房地产行业投资和运行不断出现问题，诸多在建楼盘或出现停工、烂尾情况，或出现延期交房、延期办证或不能办证的状况，同时大量债务到期不能得到清偿，企业整体资不抵债，由此引发业主群体及债权人群体维权、上访事件。[①]

作为司法化的市场退出机制，破产制度自诞生起就具备淘汰（包括重整）落后房地产开发企业、公平化解债务的功能，问题楼盘的化解，需要多方参与、多元化施策，共同担当解决。

一、问题楼盘及相关破产案件的现状

输入关键词“烂尾”进行百度信息检索，一年内（2021 年 5 月至 2022 年 5 月，下同）的网页信息有 480 000 条，新闻信息 291 条。而关于“问题楼盘”的新闻信息检索信息有 263 条，大部分为各地市的问题楼盘统筹推进会的报道，由此可见问题楼盘在全国分布的广泛性与多发性。若简要评估全国问题楼盘数目，以郑州市 2021 年的问题楼盘大致数目为参考，按照郑州市房管局的数据，截至 2021 年年末，郑州市内矛盾尖锐的问题楼盘总数在 300 个以上；洛阳市、开封市等非省会地级市各类媒体报道出的问题楼盘数目也在 100 个以上，即使考虑到各省份经济发展程度与房地产行业发展程度的差异，去除部分偏远地区的数据，由此推断全国 293 个地级市和 394 个县级市的问题

① 张侃：《问题楼盘的缘起与社会风险分析》，载《经济研究导刊》2019 年第 26 期。

楼盘总数将会非常惊人。笔者在此仅作一个推断，具体数字以有关部门公布的数据为准。从表 6－1 的数据可以宏观看出，问题楼盘这个“问题”已引发了群众满意度、幸福感下降，集体维权上访等各类群体性事件，这无疑也加剧了各类不稳定因素。如 2021 年某大型企业突然倒闭，其债务危机对房地产业务板块甚至整个房地产开发业影响巨大，其虽未进入破产程序，但亦属于问题楼盘的典型代表。问题楼盘，已到了不得不解决的地步。

表 6－1　近三年全国（及河南地区）房企破产审判状况简析

近三年房地产企业破产案件情况（2019. 5—2022. 5）				
搜索引擎：破产重整信息网	关键词：房地产		关键词：置业	
	全国	河南	全国	河南
破产相关裁判文书	4 011	64	3 379	130
破产审查案件	1 316	23	891	37
强制清算申请审查案件	251	1	129	2
强制清算案件	219	1	123	4
强制清算上诉案件	1	—	—	—
破产上诉案件	47	8	39	12
破产监督案件	2	—	1	—

通过“全国企业破产重整案件信息网”进行检索，以关键词“房地产”与“置业”分别检索，共检索出破产相关案件裁判文书 7 390 篇。其中破产审查案件共 2 207 件（包括受理、不予受理与撤回申请案件），强制清算案件 342 件。另根据“中房网”数据统计，2019 年有超 377 家房企申请破产，2020 年申请破产房企数量更是上升到了 408 家，2021 年则为 343 家，其数据来源为“人民法院公告网”，过去三年内即有 1 128 家房地产企业申请进入破产程序。综合考虑到部分未录入信息系统的案件，及以“实

业”或其他关键词为企业名称，实际涉及房地产开发的进入破产程序的企业，近三年间进入破产程序的企业的数量可能远多于已公开数字（具体数据以最高人民法院或其他有关部门公布的为准）。此外，申请进入破产程序的房地产企业呈现出地域性特点，中东部地区的省份有较多的房地产开发企业申请进入破产程序，东北、西北、北部地域则数量较少。

就河南地区而言，目前登记在“重整信息网”的未结案房地产开发企业破产案件32件，各地方法院未在该网站登记信息的案件也不在少数。房地产企业破产案件，涉及利益群体广泛，利益群体人数众多，债务人企业的负债较高，矛盾较为尖锐，本身即具有比其他类型的破产企业更高的审理、办理难度与更长的办理周期，加上河南地区已知的房企破产案件不在少数，各种复工续建问题、投资人违约问题、购房户集体上访问题与程序性障碍问题不断困扰着管理人机构与受理法院，房地产破产案件审判的现状十分严峻。

二、问题楼盘价值的发现、识别和实现

正如前文所述，问题楼盘既存在事实上的“烂尾”问题，无法完成复工续建，导致其对既存购房者的交付存在天然障碍，又在法律上存在无法完成竣工备案、各类行政许可的完善、权属证书的办理与交付等多项重大瑕疵。鉴于此，问题楼盘存在事实与法律上的重大瑕疵，导致其对购房者交付困难，更加无法发挥出其建成交付后本应具备的价值，即基础的居住价值与具商业性质的其他使用价值，因此需要我们对其进行价值的发现、识别与实现。

（一）问题楼盘价值的发现

要妥善化解问题楼盘，问题解决者的首要工作就是要在问题楼盘这一“瑕疵资产”中发现其潜在价值，并利用其潜在价值从

而充分发挥市场机能，以求驱动问题楼盘化解。房地产企业破产案件的审理法院及办理案件的破产管理人，抑或执行庭外重组、并购的有相应资质的资产管理主体、中介机构，在化解问题楼盘工作中，首要的工作即是对问题楼盘潜在价值的发现与识别，即使该问题楼盘仅具有基础的居住价值，也要通过缜密的工作与法定（意定且合法）的工作程序，通过发现与实现问题楼盘的其他潜在价值，从而使其价值“显形化”，以促进之后复工续建与交付程序甚至进一步的宣传销售。

（二）问题楼盘价值的识别角度

房地产按照功能类型可分为普通住宅地产、保障性住宅地产、商业地产、工业地产及其他房地产。商业地产又可细分为：（1）零售功能房地产（包括百货商场、商业街、超市、家居建材以及将上述多种功能于一身的大型购物中心和商业体）；（2）娱乐功能房地产（包括电影城、娱乐城、KTV，健身中心等）；（3）餐饮功能房地产（包括大型饭店、快餐小吃、冷饮店）；（4）商品批发商业地产；（5）居住以及办公用商业地产（如办公楼、酒店式公寓、产权式酒店、老年公寓等）；（6）兼具以上功能的综合性地产。不同类型的问题楼盘，其价值考量标准也不尽相同。[①]

笔者以为，问题楼盘的价值，除基础的居住价值外（保障已购房业主的物权、期待权、债权），其潜在的具有商业性质的其他使用价值还可从以下几个价值角度进行识别。

1. 品牌。从经济实力、资金储备、商誉各方面考虑，品牌对楼盘的影响甚为重要。尤其是住房市场需求端的变化决定了供给端的变化，购房者所需要的不仅是功能性需求，还有审美性和精神性需求。良好的品牌，意味着更强的综合实力、更好的产品服

---

① 吴长波、梁宵、李姿萱：《困境企业重整价值的识别》，载《菏泽学院学报》2020 年第 6 期。

务、更高的增值空间，所以也能带来更高的溢价。对于大中型房地产开发企业，其品牌价值不仅不可忽视，更可称为其核心价值。对由于市场的客观因素进入破产程序而非虚假破产的大中型房地产企业而言，市场对其商誉的认可度并不会因此大幅降低。因此其品牌价值完全可以进行作价评估。

2. 楼盘硬件。楼盘的户型、配套设施、交通、建材与配置、新工艺新材料、使用率、楼间距、创新技术、绿化率等作为楼盘硬件，是楼盘的主要卖点，也是问题楼盘价值的直观体现。尤其是普通住宅地产、保障性住宅地产，实现问题楼盘价值时其硬件设施作为基础因素直接影响资产回报率。上述楼盘的硬件设施在破产程序中反映为固定资产价值，并进一步影响问题楼盘的估价方式。

3. 区位价值。楼盘的区位将直接反映周边配套、项目周边客群结构、未来发展区位的优势、优质资源等因素，该区位的经济发展趋势、人口流动的发展趋势也直接影响楼盘价值实现。区位价值不仅是问题楼盘商业价值的重要板块，也是破产程序中引进战略投资人的重要优势。不论是普通住宅地产、保障性住宅地产，还是商业地产，其区位因素均是影响其价值的重要因素。

4. 空间价值（使用率现状）。对于商业地产楼盘，其所处地理空间关系价值实现模式，如商业地产的收益权实现与同空间、同类型楼盘的使用率息息相关。在破产程序中，根据问题楼盘类型及空间价值，估算收益（例如租金）水平。考量问题楼盘的价值上升空间是追求债权人利益最大化的重要途径。

（三）问题楼盘价值的实现

发现价值就要实现价值，这亦是物权法领域“物尽其用”原则的体现。问题楼盘的价值即使被识别，但只有“潜在价值”的问题楼盘就像镜中月、水中花，使购房者、意向投资方等主体可望而不可得。只有完成问题楼盘的复工续建与权属证书的办理、房产交付，才可以使其被识别出的价值得以实现。

三、问题楼盘价值在破产程序中的实现路径

完成了问题楼盘价值的发现与识别，那么通过何种合法路径去解决问题楼盘的复工续建与权属证书（包含各类行政许可）办理两大问题是处理这些问题楼盘价值的关键。开发问题楼盘的房地产企业往往存在资金严重短缺、矛盾尖锐、各类到期债务缠身、面临诉讼、执行危机等问题，针对这类现实问题，破产程序因其固有的特点与优势，高度契合问题楼盘各类问题的解决，故成为问题楼盘的一种重要化解途径。

破产程序在公平清理债权债务，依法维护债权人、债务人合法利益的同时，其突出功能表现在"法定中止效力"和"司法豁免效力"的制度价值上。法院裁定受理破产申请后，至少能够产生以下几点法定效力：（1）所有债权停止计息；（2）所有在诉案件、在执案件中止；（3）所有保全措施依法解除；（4）所有个别清偿停止。① 法院的破产受理裁定具有行政行为所不具备的固定债权债务状况、固定资产状态的法律效力，它为在司法状态下静态处理现实矛盾创造了条件。故破产程序下，通过管理人的强势介入，能够快速查清企业的现实资产状况，厘清债权债务关系，为后续资产处置奠定基础，故破产程序是化解问题楼盘各类矛盾、实现问题楼盘价值的优选模式。

（一）破产重整与和解——问题楼盘各类价值的实现

对于能够通过债务和解、引进新的投资人等方式，缓解矛盾、化解债务的企业，可以通过和解或重整程序持续开展经营，恢复

① 韩长印主编：《破产法学》（第2版），中国政法大学出版社2016年版，第23页。

市场主体功能。[①] 特别是那些能够通过政策性处理，完善开发、销售、办证手续的房企，在管理人的组织下，依据债权人会议审议表决通过的和解协议草案或重整计划草案，经法院审查批准实施的，往往会取得优于破产清算的法律效果和社会效果，这也体现了现代破产法的发展趋势和方向。[②]

因重整计划的拟订较为灵活，根据我国现行《企业破产法》的规定，只要该重整计划草案包含法定内容且经出资人、担保债权人、普通债权人、税款债权人等各组表决通过的，重整计划即为通过，这样就意味着重整程序在完成问题楼盘复工续建、权属证书办理甚至进一步开发、产业升级方面都大有可为（及债务人企业的经营方案），由此可谓完全契合问题楼盘价值实现的主题思想与目的。特别是对于品牌价值、区位价值较大的房地产开发企业，以重整程序进行复工续建与各类矛盾化解，其具备好似“重整程序舍我其谁”的天然契合性，利用重整计划与战略投资人、共益债务或重整对价资金，其可有效调整各类权益人的合法权益，完成复工续建及权属证书办理等程序。

（二）破产清算

根据《全国法院破产审判工作会议纪要》关于破产清算制度的归纳：破产清算作为破产制度的重要组成部分，具有淘汰落后产能、优化市场资源配置的直接作用。[③] 对于缺乏拯救价值和可能性的债务人，要及时通过破产清算程序对债权债务关系进行全面清理，重新配置社会资源，提升社会有效供给的质量和水平，增强《企业破产法》对市场经济发展的引领作用。

---

① 王卫国、郑志斌主编：《法庭外债务重组》（第 1 辑），法律出版社 2016 年版，第 26 页。

② 池伟宏：《房地产企业破产重整中的权利顺位再思考》，载《法律适用》2016 年第 3 期。

③ 最高人民法院：《全国法院破产审判工作会议纪要》，2018 年 3 月 8 日。

因此对于丧失挽救、续建价值的房企，可以通过破产清算的方式，拍卖变现资产、依法分配，直接强制性出清，进而盘活破产企业占有的土地、在建工程等破产财产，盘活、重新配置财产后，即可发挥该问题楼盘所占地块应有的各类居住与商业价值。①当然，在破产清算程序中，结合企业实际状况，在破产宣告前，管理人能通过筹集资金复工续建实现破产财产价值最大化，能够保障购房业主合法权益、实现问题楼盘基础的居住价值的，当然应大力支持。

此外，破产清算程序对于债务人企业的司法终点虽然是清算注销，但并不意味着是该楼盘价值实现的终点。在重整式清算模式中，除借助破产财产的处置变现等措施完成复工续建、房产交付以实现问题楼盘基础居住价值外，清算后破产财产的承接主体可继续挖掘、实现该楼盘的使用价值，如剩余房源的再销售、商业经营用房（特别是门面房）的销售、租赁经营等，充分实现该问题楼盘先前被发现的品牌、空间、区位等各类使用价值。

四、问题楼盘价值在非破产程序中的实现路径

（一）市场化自救，即庭外重组与债务和解

非破产程序的市场化自救模式，也可以归类为庭外重组或庭外债务和解模式。主要适用于项目符合城乡建设规划、资产与负债基本平衡或资产大于债务，但因内外部因素叠加影响、经营者决策失误，造成项目流资严重缺失，各类矛盾集聚、停工烂尾的情形。此类问题楼盘，由债务人作为责任主体，自主引进中介机构，实施清产核资、法律事务整理，借助并购重组、债务重组等市场化手段，通过调整股债结构、加强管控、资源整合、修复信用等方式，重塑管理体系，实现自我救赎。但此种路径，由于存

① 许德风：《论破产中尚未履行完毕的合同》，载《法学家》2009年第6期。

在隐性债务不易发现等潜在风险，常常影响到投资者的投资意愿。

（二）政府维稳督导模式

政府督导维稳模式主要适用于涉访涉诉问题集中的楼盘。这类问题楼盘，多存在违规行为，有的未批先建、有的擅自改变土地用途、有的违反规划超容积率建设，或者五证不全私自销售等，甚至存在非法集资或变相吸收公众存款等违法犯罪行为。政府参与督导解困的原始动力，主要是化解购房人及施工劳务人员的信访案件，从而实现区域社会和谐稳定。近几年来，此类楼盘多是由属地政府信访办联合项目所在地办事处，在问题楼盘突出问题集中化解攻坚领导小组办公室（简称问题楼盘办）的指导下，主动报请上级领导协调相关职能部门共同参与处理棘手问题。① 随着问题楼盘复工续建、竣工验收及办证问题的深度复杂化及现实需要，省政府进一步明确了住建厅及相关部门的管理责任，目前河南的省、市、县（市、区）均成立了问题楼盘处置化解工作领导小组，主要领导亲自挂帅，足见其重视程度。此种模式，能够充分调动和发挥行政机关的督导执行力量。

不论是市场化自救模式还是政府督导模式，其出发点均是化解问题楼盘，完成复工续建与交付，使老百姓住有所居，并进一步化解各类社会矛盾，实现问题楼盘具备的其他使用价值。如这两种途径合理运用、推进合法得当，可以与破产审判程序相得益彰，共同完成实现问题楼盘价值的使命。

结 语

从某种意义上讲，目前实践中的问题楼盘价值实现许多方面

---

① 郑州市住房保障和房地产管理局：《关于开展商品房违规销售行为专项整治积极化解问题楼盘的通告》，2021 年 6 月 9 日，http://zfbzj. zhengzhou. gov. cn/notice/5075472. jhtml。

还仅仅是非制度化的个案解决方式，属于过渡性措施，依赖于人与人之间以及以人为代表的机构之间的协调，能否协调解决问题则取决于具体的协调路径而非制度，具有较大的不确定性风险。必须在充分总结实践经验的基础上进一步完善问题楼盘价值的实现路径，从而最终使问题楼盘衍生的社会问题能够完全依靠法律与制度解决，真正建立起市场化、法治化、常态化的解决机制。

参考文献

［1］韩长印：《世界银行“办理破产”指标与我国的应对思路——以“破产框架力度指数”为视角》，载《法学杂志》2020 年第 7 期。

［2］韩长印：《破产法学》，中国政法大学出版社 2016 年版。

［3］王卫国、郑志斌主编：《法庭外债务重组》（第 1 辑），法律出版社 2016 年版。

［4］许德风：《破产法论：解释与功能比较的视角》，北京大学出版社 2015 年版。

［5］张钦昱：《破产优先权之限制理论研究》，法律出版社 2016 年版。

［6］王卫国：《破产法精义》，法律出版社 2020 年版。

［7］王欣新：《破产法》，中国人民大学出版社 2011 年版。

［8］王欣新：《谈破产程序中为债务人继续营业借款的清偿问题》，载《人民法院报》2020 年 5 月 21 日。

［9］陈景善：《重整融资之超级优先权模式：功能与构建》，载《政治与法律》2021 年第 918 期。

［10］郑志斌：《中国公司重整实证研究》，载《公司重整法律评论》（第 1 卷），法律出版社 2011 年版。

7 “问题楼盘”企业破产案件的风险防范与化解路径

刘鹏华　桓　旭*

摘要：从全国范围内涉房地产纠纷高发态势着手，以近年来大量涉及“问题楼盘”的房屋买卖、拆迁安置、建设工程纠纷案件进入诉讼程序为切入点，总结出涉“问题楼盘”案件有增速大、群体性纠纷多、案件敏感性强、影响范围广等特征，并且具有易引起信访、重大舆情和群体性事件、非理性维权的属性；然后通过实证化数据分析，得出法院在处理“问题楼盘”案件中，面临的当事人、市场秩序、社会稳定、司法公信力等外部风险与挑战和法院审理该类案件中，面临的信访舆情、法院首要价值等内部的风险与挑战；剖析后得出这些风险和挑战产生的主要原因是法院的特殊地位属性、作用的有限性、地位尴尬等；随后根据法院审判实际和“问题楼盘”案件的具体情况，得出法院当前迫切需要解决的问题是如何法治化、规范化处理“问题楼盘”案件，促进房地产行业的健康有序发展，保护各方当事人的合法权益，并创新性地归纳总结出“问题楼盘”处理的可行性路径选择，即处理“问题楼盘”三步法，试图厘清“问题楼盘”处理中行政权和审判权的边界，根据审判实际提出了“问题楼盘”的处理规程，构建法治化、规范化处理“问题楼盘”案件的工作模

* 刘鹏华：平顶山市中级人民法院院领导；桓旭：平顶山市中级人民法院清算与破产庭庭长兼研究室主任，四级高级法官，法学硕士。

型，以期对“问题楼盘”案件的处理有所裨益。

关键词： 问题楼盘风险防控　化解路径

引　言

近年来，法院受理的涉及房地产纠纷案件呈现出数量上升、矛盾加剧、新情况新问题频发的态势，其中大量是涉及“问题楼盘”的房屋买卖、拆迁安置、建设工程纠纷类案件，这种情况在我国不发达地区尤其突出。法院在处理该类案件时，面临着各个方面的压力和挑战，处理难度很大。如何在合理合法的范围内对涉及“问题楼盘”案件进行制度化、法治化、规范化处理显得尤为必要。

一、实证考察：“问题楼盘”企业破产案件①现状

（一）涉“问题楼盘”案件呈现暴发式增长

在H省部分取样城市问题楼盘数量增长十分明显，五个城市在2017年至2021年之间的“问题楼盘”增长率在300%至1137.5%之间，“问题楼盘”数量增长明显，如表7－1所示。

表7－1　H省部分城市问题楼盘数量

地级市	2017年“问题楼盘”数量	2022年“问题楼盘”数量
P市	32个	255个
N市	23个	245个
Z市中心城区	8个	32个
L市	17个	136个
X市	16个	182个

① 本文所指的“问题楼盘”，仅是指经相关部门确定为“问题楼盘”的情况，不作扩大解释。

（二）“问题楼盘”案件影响大、涉案人数多、敏感度高

由于房地产开发项目面对众多的购房者，且购房者在利益上相对一致，单个纠纷极易引发连锁反应，形成涉及面广、影响力大的群体性纠纷。[①] 据统计，2017 年以来，P 市涉及“问题楼盘”的群体性纠纷达 3 620 起，中心城区法院受理涉及 100 人以上的“问题楼盘”22 处 1 737 起。另外，涉“问题楼盘”的案件，既关涉民生，又关涉房地产开发企业生存发展，甚至对房地产市场乃至地方经济发展产生重大影响，社会关注度高，政府、法院在处理上稍有不慎即可能带来严重的负面后果。[②]

二、风险梳理：法院在处理“问题楼盘”案件中面临的风险与挑战

（一）外部风险与挑战

1. “问题楼盘”案件处理时间过长很大可能导致公众事件

“问题楼盘”中当事人普遍处于焦虑状态，这其中最重要的问题就是处理该类事件时间过长。民事案件一审审限一般是 6 个月，对于简易案件和疑难复杂的案件可以依据程序减少和延长，二审审限一般是三个月，加之案件的排期及各种程序上扣除审限的时间，况且“问题楼盘”案件一般比较复杂，牵涉问题较多，案件难度大，处理平均时限会达到 1 年以上，这对于公众的耐心是一种考验。过长的审理时间会让公众对案件的公平、公正产生怀疑，催生信访、舆情等一系列状况。[③] 对于公众来说，法院在审

---

① 接滨、陈娇娇、钱岑：《高水平小康建设中六线城市问题楼盘研究》，载《江苏经济报》2017 年 7 月 19 日，第 B03 版。

② 江苏省高级人民法院课题组，李玉生，潘军锋：《房地产调控背景下房地产纠纷风险防控及司法对策》，载《人民司法》2018 年 4 期。

③ 庞小菊：《审判周期构成理论引导下的审判迅速化》，载《法商研究》2018 年第 1 期。

限内结案太慢，迟迟没有判决结果的情况下是否存在利益游说的情况都是显得可疑的。在诉讼之前的持续拉锯期间，加上诉讼期限的过长，法院处理该类问题时，压力巨大。

2. “问题楼盘”的处理不当会严重影响房地产市场秩序

为了详细地了解“问题楼盘”所涉及纠纷集中度，笔者对近五年来P市受理的问题楼盘案件进行了数据分析，着重对被告、涉事企业等情况进行了统计，发现了“问题楼盘”的纠纷大多数集中于少数房地产开发企业或者项目，一个房地产开发公司出问题，涉及的往往是多个楼盘，尤其是在不发达的三、四线城市，一个开发商占有很大的市场份额是十分常见的。

由图7－1可见，“问题楼盘”案件涉及房企集中，群众涉及面广，企业解决问题的难度大，脱困难度大。甚至很多房地产企业是地方政府重点扶持的企业，出现问题后，对地方的房地产市场带来极大的负面影响，严重影响地方房地产市场秩序。

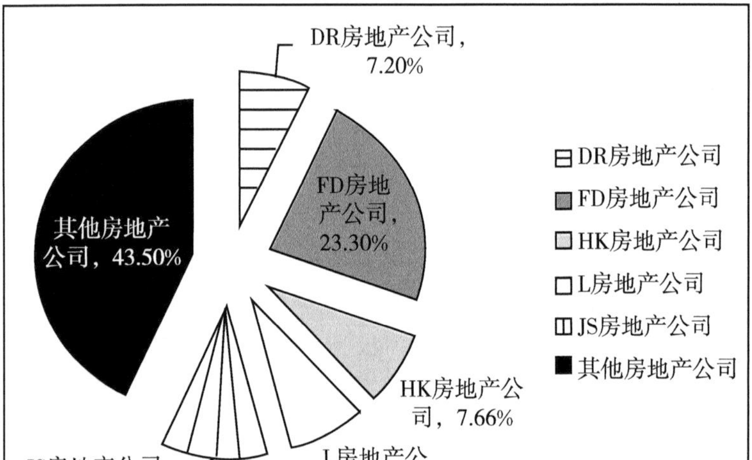

图7－1　2021年P市受理“问题楼盘”案件涉及房企统计

3. “问题楼盘”案件处理不当会严重影响社会稳定

“问题楼盘”中购房者利益相对一致，根据统计，利益受损个体倾向于抱团维权，所以“问题楼盘”案件中多数涉及群体性事件、聚集施压、非理性维权[①]等，这对于法院处理纠纷带来巨大压力，如表7－2所示。经数据统计，众多的“问题楼盘”案件涉及聚众和信访，形成过激维权。[②] 在漫长的“问题楼盘”解决过程中，当事人普遍认为个体的话语权不大，都倾向于催促案件办理进度，影响结果，争取自己的最大权益。

表7－2 “问题楼盘”涉及信访、舆情、聚众、非理性维权统计

城市	总数/个	涉及信访/个	涉及舆情/个	涉及聚众/个	涉非理性维权/个
P市	143	27	20	41	6
N市	245	43	15	182	10
S市	182	52	18	103	9
L市	197	38	12	98	4

4. “问题楼盘”处理不当会导致法律公信力受损

“问题楼盘”即使经过法院的生效判决确定了权利义务，但是因涉事企业很多都发生这样那样的困难，一些更是被担保公司、小额贷款公司受到影响，生效的法律判决在执行中很难得到执行，甚至根本执行不能，如图7－2所示。在这种情况下，案件执行不能或者不能完全执行，标准程序是经过六个月后终本结案，

① 薛亮：《问题楼盘频发：被虚假繁荣刺痛的岂止百姓》，载《中国自然资源报》2019年7月23日，第3版。

② 夏勇：《维权过激行为犯罪化评论》，载《法商研究》2016年第3期；程啸：《论异议登记的法律效力与构成要件》，载《法学家》2011年第5期。

或者经过漫长的维权，到最后没有结果，群众无疑是无法接受的。甚至有些"问题楼盘"群众在缴纳款项后，不仅不能得到退款，还没有房子，造成两边不能，甚至连异议有时都无法提出。① 如何在审判中尽可能挽回群众损失，将"问题楼盘"的影响降至最小，维护法院的公信力，是法院在处理"问题楼盘"面临的主要风险。

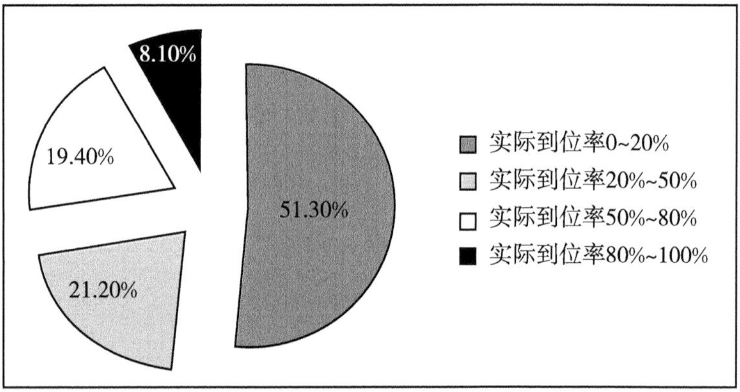

图7－2 "问题楼盘"生效判决实际执结率

（二）法院处理"问题楼盘"案件中面临的内部风险与挑战

1. 信访舆情风险：法院处理"问题楼盘"案件中面临巨大的信访舆情压力

法院审理案件，一般需要经过严密的审理和调查、开庭、质证、合议等过程，然后判决。但是在"问题楼盘"案件中，因为牵涉群众切身利益，很多案件在审理过程中即面临着非常严重的舆情压力，当事人通过集结施压、信访、网络发帖、向巡视组反映情况等种种手段来对法院、法官施压，试图影响案件的审判进

① 程啸：《论异议登记的法律效力与构成要件》，载《法学家》2011年第5期。

度和裁判结果。[①] 即使是正常合理合法的程序范围内，法官也面临着巨大的压力，鉴于以往的事件，一旦案件引起炒作，便是全国性的舆情事件，压力巨大。法院、法官在“问题楼盘”案件判决中如何平衡民意和法律，如何将舆情风险降到最低，已经成为法院和法官考量的重大问题。[②]

2. 法治风险：法院在处理“问题楼盘”中平衡行政认定与司法认定难度较大

笔者在调研中发现，因为不少“问题楼盘”涉及人数众多，社会影响恶劣，甚至引发群体性事件或者其他严重后果，政府及其相关部门为了维护社会稳定通常会先行介入，成立帮扶组，对涉事企业种种不合法、不合规的问题以会议纪要[③]等各种行政形式给予种种政策上的倾斜、手续上的补办，期望通过这种方式达到“问题楼盘”的盘活。并且只要是涉事企业没有产生严重后果、没有引发群体性事件、未影响社会的安全与稳定，司法机关一般不会主动介入立案调查，甚至对于“问题楼盘”是否涉及违法甚至刑事犯罪问题，行政机关在处理时候十分谨慎，[④] 一旦启动刑事追诉“问题楼盘”的主要负责人，一般来说“问题楼盘”将成为彻底的烂尾楼，不但无益于问题的解决，反而会使群众的矛头直指政府和相关行政部门，造成大规模的涉众事件，影响社会稳定。客观上来说，以目前“问题楼盘”案件呈现出井喷增长态势来

① 何乃华：《司法案件、司法审判与网络舆情事件研究》，载《四川警察学院学报》2017 年第 5 期。

② 孙彩虹：《网络舆情之于司法审判：冲突与优化》，载《河南大学学报》（社会科学版）2015 年第 5 期。

③ 王黎明：《政府会议纪要催生天价楼盘》，载《中国质量万里行》2010 年第 10 期。

④ 张旭、裴东波、宋伟卫：《行政认定与刑事司法认定的关系》，载《社会科学战线》2009 年第 9 期。

看，以案件的社会影响和行政认定为主要依据来对待“问题楼盘”案件具有一定的合理性。①

如何在法治轨道内平衡各方冲突和利益，贯彻好政策意图，维持好法律底线，维护好社会秩序，坚持法律审判的连续性和权威性，成为法院在解决“问题楼盘”过程中面临的巨大挑战。

三、问题解惑：法院在处理“问题楼盘”案件中面临风险和挑战的主要原因

（一）程序原因：法院是矛盾的集中地和最后的问题解决地

对于购房者来说，购买房产属大额支出，许多人为房子倾其所有，甚至长期负债，一旦所涉楼盘出现企业破产、逾期交房、严重质量问题等情况，极易出现群体性非理性维权。对于各方特别是企业和政府来说，出现信访、舆情、群体性非理性维权等涉众问题都是他们非常不想看到的，特别是这种人数众多、敏感度高的维权，会给企业和政府带来巨大压力，甚至可能造成严重的后果。在“问题楼盘”案件起诉到法院后，各方利益经过前期的沟通无法解决问题，到法院后，矛盾冲突会更加激烈，法院在处理上稍有不慎即可能带来严重后果。法院成为“问题楼盘”各种利益冲突最集中、最激烈的地方。②

为了了解公众对于法院能否解决“问题楼盘”的期望值，笔者在P市针对“问题楼盘”的当事人、公众作了问卷调查，针对三类人群发放问卷1 135份，回收1 062份，结果如表7－3所示。

---

① 罗翔：《论行政权对司法权的侵蚀——以刑事司法中行政鉴定的乱象为切入》，载《行政法学研究》2018年第1期。

② 陈刚、程丽庄：《我国民事诉讼的法律效力制度再认识》，载《法律科学》2010年第6期。

表 7－3 不同身份的公众对于法院解决“问题楼盘”的期望

期望人群	法院不能解决问题/人	法院可以解决部分问题/人	法院可以解决全部问题/人
当事人	72	133	273
公众	58	108	312
帮扶小组人员	5	182	52
总数	22	78	6

如表 7－3 所示，“问题楼盘”当事人和公众对法院能解决“问题楼盘”的期望过高，这是法院在审理类似案件压力过大的根源。但是“问题楼盘”形成的原因错综复杂，在案件起诉到法院之前，“问题楼盘”的各个相关的参与方大多数都通过各种各样的渠道和方式进行长期的沟通和努力，尝试了各种渠道和方法，在大部分“问题楼盘”案件的各项事实已经确实无法更改或者改变的难度很大的情况下，沟通和努力已经确定无果后才起诉到法院。当事人期望法院在“问题楼盘”的解决过程中担当最后的裁判者角色，一锤定乾坤，主持公道，法院压力可想而知。

（二）传统原因：法院宣传的保守性

1. 审理过程中法院基于中立者地位导致案情公开难度很大

由于审判过程中不能对外公布案情进展及法官个人对案件倾向性与群众迫切想知道案情之间不可调和的矛盾，导致了舆情和信访事件的频发。群众有知晓案件的权利，媒体有采访的权利，但是基于法院的角度，在案件的进展过程中，过多地公布案情，可能会导致法官中立裁判地位的偏移，导致法官中立、超然的裁判地位的偏移，[①] 这对于司法裁判是十分不利的。并且在世界范围对法官在审理案件过程中过多地与媒体接触都持否定态度，如在

① 孙爽、程鹏：《论网络司法公开之度》，载《天水行政学院学报》2016 年第 5 期。

美国微软拆分案的审理过程中，一审的杰克逊法官频繁地与媒体接触，公开发表对美国微软公司不利的言论，导致一审判决被撤销。上诉法院在作出一审撤销发回重审的裁定中，也明确指出了主审法官与媒体过多接触的不当行为违反了法官职业操守。

2. 司法公开度的广度与公众期望值之间的差距

法院系统整体行为准则可以用刑事法律中的一个术语——“谦抑性”来概括，即使这几年来最高人民法院逐步完善了庭审直播、“三微一端”平台、裁判文书上网、执行公开等方式的司法公开途径，让公众可以近距离地观察法院运行，但是相比较这个信息爆炸、公民权利意识高度觉醒时代的公众需求仍有很大差距。单就司法裁判的过程而言，公民期待的处理时间与法院事实处理案件的时间有较大的出入，即使案件全部在审限内结案，公众仍然认为速度太慢，一旦对裁判结果不满，便会引发对裁判过程和公正性的猜测甚至行动，引发舆情和信访。

再如，最高人民法院公布的《关于人民法院接受新闻媒体舆论监督的若干规定》明确规定：“法官对于媒体报道的回应，应当统一由人民法院的新闻宣传主管部门通过召开新闻发布会或者发布新闻稿件等多种有效的形式向新闻媒体和公众公开信息”。单就这条来说，最高人民法院力求平衡长期处于紧张状态的媒体与独立审判的关系，[①] 提升司法公开水平。不过这显然是不够的，多数媒体试图采访到当事法官，了解到更多的案件细节、裁判过程，这些关键信息显然不是仅仅依靠法院新闻发言人就能够给其提供的。

（三）本质原因：法院作用的有限性

1. 法院在解决“问题楼盘”中的价值取向的困境

“问题楼盘”在建设过程中多多少少都会涉及手续不全、监

---

① 祁建建、白小艳：《论媒体报道对刑事审判的影响机制及其规制》，载《河北法学》2014 年第 12 期。

管不严等一系列问题，这些潜在的风险在“问题楼盘”开始立项的时候已经隐藏，问题爆发后，各方利益冲突者急切期望法院用法律的手段安慰众多的利益受损者，维持稳定与秩序。但是法院在处理“问题楼盘”中普遍的难点和痛点是如何解决“问题楼盘”建设中的用地、建设规划、立项、施工中一系列的问题。

2. 法院执行工作的无果与当事人的期望之间的差距

大多数的“问题楼盘”都涉及生效裁判文书的执行，但是“问题楼盘”的被告一般来说已经无力执行，群众在拿到生效裁判文书时面临的首要问题就是执行不能，被执行人已经资不抵债，或者已经进入破产程序，或者在政府帮扶的情况下暂停执行，故群众的权益无法得到保障。在这种情况下，法院只能终结本次执行程序，案件结果就是执行不能或者终本。部分群众将执行不能的原因归结于法院的“无能”，但是对于市场经济来说，当事人风险防范能力不强、企业破产、债务违约、合同履行不能都是常态，是市场经济的自然反应，[①]“问题楼盘”也不例外，执行不能是正常的，但是中国传统的法律观念等原因却导致公众不理解。

四、道路探索：走出“问题楼盘”处理困境及路径选择

前文根据实证化数据基础，梳理出了法院在面对“问题楼盘”案件裁判时所面临的风险和挑战，并结合“问题楼盘”的前世今生，归纳总结出法院面对“问题楼盘”案件时的风险和挑战发生的原因。在全面推进依法治国新时代，探索“问题楼盘”的法治化、规划化化解路径是必经之路，笔者结合审判实际和“问题楼盘”案件的具体情况，归纳总结出“问题楼盘”处理三步

① 尹钊、韩佳菲：《信用风险模型比较及实证研究——以房地产企业为例》，载《中央财经大学学报》2015 年第 S2 期。

法。第一步：厘清“问题楼盘”所涉问题，划清权力边界；第二步：针对“问题楼盘”问题开展有针对性的工作；第三步：规范“问题楼盘”审理工作。

（一）第一步，厘清“问题楼盘”所涉问题

“问题楼盘”涉及方方面面，牵涉问题错综复杂，很多涉事群众到法院起诉的诉讼请求并不是法律问题，不属于法院的职权范围，法院无法在法律范围内进行裁判。在这种情况下，厘清问题的边界十分重要。因而要明确法院职责，明确区分开“问题楼盘”案件的问题是法律问题还是非法律问题。对法院无职权处理的案件诉讼请求，要明确告知当事人不受理的事由和法律依据，并及时通报相关部门。对于应当由法院管辖的问题，要严格办案程序，规范办案流程，把握时间节点，对符合规定的诉讼开展审理执行工作，并及时通报相关部门，如图 7 – 3 所示。

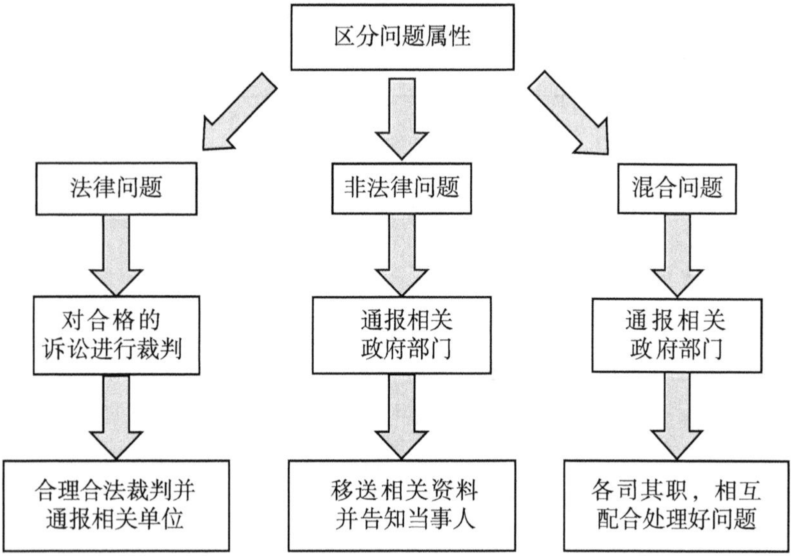

图 7 – 3 “问题楼盘”第一步处理流程

（二）第二步，针对“问题楼盘”问题开展有针对性的工作

1. 加强化解：解决“问题楼盘”存量

（1）对有意愿继续履行义务的“问题楼盘”的涉事企业的处理

在审理“问题楼盘”案件时候，要区分“问题楼盘”产生的原因，对于企业暂时困难、有意愿履行义务的或者有其他情形表明其违约是非自愿的，涉事企业也在多方努力争取早日解决问题的，要以调解为主。及时组织人员针对“问题楼盘”涉事企业，摸清问题症结，一案一策，运用背对背等多种方式有针对性地组织调解。需要开庭审理的，邀请人大代表、政协委员、群众参与庭审，将情况说明在庭上、证据质证在庭上、问题解决在庭上，做到案结事了。

（2）对没有能力或者意愿继续履行义务的“问题楼盘”的涉事企业的处理

针对部分案件中，“问题楼盘”涉事企业已经没有意愿进行履约，或者没有能力继续履约的，法院要大胆运用公开审判的方式对“问题楼盘”案件进行裁判。对可能涉及破产、已经严重资不抵债的涉事企业，要敢于沟通对接政府，查清企业真实情况，对涉事企业进行破产清算或者重组，让群众认清现实，将问题彻底解决。

（3）加强法院审理“问题楼盘”案件的公开力度

“问题楼盘”涉及的很多都是聚众性的事件，群众情绪激动。首先要让法官明确群众极易出现非理性维权的原因是对审判进度和审理时限、法院运行程序不了解，因此可以有针对性地以司法公开中的庭审直播、网上立案系统、新闻发布会等渠道，加强对涉事群众的沟通与协调；广泛邀请涉事群众参与“问题楼盘”案件的审理和监督中来，邀请当事人代表参加庭审、听证会等法定程序，尽最大努力扩大司法的公开力度和群众的参与力度，以公

开换公正、以公正促理解。

2. 风险防控：遏制“问题楼盘”增量

（1）加强司法建议函的使用

针对目前法院已经受理的“问题楼盘”案件进行梳理，总结出共性问题，如建设资金监管不严、手续不全销售、交房逾期、建设资金挪用、质量问题等“问题楼盘”发生的共性原因，及时梳理出负有监管责任的单位，有针对性地向其发送司法建议函，建议针对在建楼盘和筹建楼盘加强监督，严格管控商品房交易和工程验收，避免更多增量的出现，遏制“问题楼盘”高发的态势。

（2）加强风险防控的宣传

针对目前群众普遍对“问题楼盘”风险防控意识不强、风险了解不深、出现问题后怨天尤人的情况，联合相关部门有针对性地开展宣传，利用电视台、电台、报纸、广场大屏幕、普法宣传等渠道对群众进行普法教育，加强群众风险防范意识，曝光企业“黑名单”、遏制“问题楼盘”受害者的增量。利用本地已经爆发的“问题楼盘”的真实案例，通过“以案说法”的方式对群众展开宣传，让群众认清“问题楼盘”真相，避免问题再次发生。

3. 注重成效：巩固既有成果，关注执行结论

对已经判决生效或者调解结案的案件要建立跟踪机制，着重跟踪案件生效判决的执行情况。众多的“问题楼盘”的判决存在执行难问题，甚至有些企业徘徊在破产的边缘，法院要及时跟踪执行情况，对可以执行的，要尽快执行到位。对待可能破产的，要及时跟踪企业情况，抓住时机执行。对待政府存在帮扶企业的，要暂停执行，并向群众说明情况。对执行不能的，要对群众讲清楚原因，取得理解。

（三）第三步，构建“问题楼盘”法治化、规范化处理机制

“问题楼盘”已在成为法院审判工作的挑战和风险，具体表现为压力、风险大，审判工作法治化、规范化水平较低，信访、

舆情高发等情况，这些情况的原因在很大程度上是法院没有一套完整成熟的针对“问题楼盘”的处理机制，导致在处理很多问题上没有成熟规范的做法，很多问题处理得被动。

1. “问题楼盘”案件审理机制：公开透明、以理服人

有鉴于此，法院应当在“问题楼盘”处理中坚持加大公开力度，即回应群众关切，公开审理案件，召开听证会，网上直播案件过程等，将案件处理全过程公开，以公开、坦诚换取群众理解，以严格依法办案换取群众信任，以耐心释法明理换取群众心服口服。

2. “问题楼盘”问题处理机制：厘清边界、各司其职

在“问题楼盘”处理过程中，所涉及的问题并不仅仅是法律问题，而是各种各类的问题掺杂着法律问题的综合性社会事件，“问题楼盘”处理中法院存在诸多风险与挑战，其中最重要的原因就是没有将问题性质区分清楚。所以，区分问题本质是重要的一步。法院在处理案件时需要同相关部门加强沟通协调，厘清权力边界，分清责任主体，对标职能定位，将“问题楼盘”众多问题分门别类地区分开来，对于应当通过行政方式、行政手段处理的问题，应当交由政府和相关职能部门解决。对于应当由法院裁判的问题，主动承担起裁判任务，将问题合理合法地解决好。

3. “问题楼盘”非理性维权解决机制：合理劝说、依法打击

在“问题楼盘”中，大部分案件会涉及非理性维权，案件当事人等聚众在政府、法院等公开场所，意图造成重大社会影响，向法院施压，左右裁判结果。对于非理性维权事件，法院要正确对待：对有明确诉求的，应当由法院工作人员出面和群众面对面沟通，解答群众疑惑和问题，释法明理，道理说明，法律讲明，耐心细致。对于有违法犯罪倾向的非理性维权，对于为首者，要打击到位，对于参与者，要教育到位，维护正常的工作秩序，保证案件的正常审理。

4. “问题楼盘”信访、舆情应对机制：开诚布公、有理有据

“问题楼盘”中，大部分案件会涉及上访、舆情等情况，这种涉及上访、舆情的案件一般存在“五大情况”，影响较大、社会关注度大、上级重视度大、处理难度大、法院压力大。法院在处理此类案件中一般比较被动。因此亟待探索规范化、法治化的处理模式：对于发生信访或者舆情状况，法院在处理中首先要开诚布公，将信访、舆情反映的问题调查清楚，有理有据适时地向社会公众说清楚，讲明白。对于上访的当事人，要根据信访分级处理机制，依规依法处理。对于发生舆情的“问题楼盘”，要依法公开舆情涉及的相关情况，认真回复网民关切，打消网民疑虑。对于非法上访、执行终结后越级、缠访闹访的，造谣生事、虚构事实故意引发舆情的，要依法打击到位，维护正常的社会秩序。

结　语

“问题楼盘”案件近几年在法院审判中所占的比重和耗费的精力有目共睹，本文着重分析法院面对“问题楼盘”时面临的内部及外部风险和挑战以及问题产生的深层次原因。我们不能因为“问题楼盘”案件风险和挑战的巨大，而将此类问题就案判案、模糊处理，而应通过归纳总结，建立健全机制，总结审判经验，提高审判水平，将此类纠纷纳入法治化、规范化的处理路径，以期达到案结事了，维护社会和谐稳定的目的。

8　法院视角下“问题楼盘”重整价值的多维度考量

周志刚　武志强　柴　丽*

摘要：房地产企业通过适用破产程序来解决“问题楼盘”问题，这是当前问题楼盘的主要化解方式。问题楼盘的重整价值直接影响房地产企业破产重整案件的效果。人民法院在房地产企业破产重整申请的受理、程序内重整程序的转化、重整计划的批准、重整计划的执行变更等程序节点，应以“三效果”为导向、以重整成功为目标，重点从问题楼盘的成因、企业的资产状况、问题楼盘的商业价值、政府的支持力度等方面对问题楼盘的重整价值进行识别和判断。

关键词：问题楼盘　破产重整　重整价值

一、问题楼盘重整价值识别意义

关于重整价值，我国《企业破产法》并没有明确规定，与重整价值有关的法律条款为《企业破产法》第二条第二款的规定：“企业法人不能清偿到期债务，并且资产不足以偿还全部债务或者有明显丧失清偿能力可能的，可以依照本法规定进行重整。”笔者认为该规定系重整可量化的财务条件或者法律条件，对于问题楼

* 周志刚，许昌市中级人民法院院长；武志强，许昌市中级人民法院巡一庭法官助理，经济学硕士；柴丽，许昌学院法学院讲师，硕士研究生。

盘的复杂性而言，不能只考量该条法律规定。王欣新教授在《重整制度理论与实务新论》中谈道："重整制度的设置，就是要挽救企业的经济与社会价值，减轻社会损失。具体而言，就是要避免或减少职工失业，努力保护社会投资与事业经营，实现破产财产最大化，保障债权人的权益，避免造成企业事业与财产的严重损失，维护社会稳定。"① 此处对重整制度的论述系相对破产清算而言，也就是重整成功的后果，系重整价值识别意义之所在。法律关于重整价值的论述，见《全国法院破产审判工作会议纪要》（法〔2018〕53 号）第 14 条②，该会议纪要的指导态度很明确，适用重整程序的企业应当具有重整价值和挽救可能性。据此，重整价值的识别和判断是人民法院办理破产重整案件时必须考量的内容。问题楼盘的破产重整也不例外，其适用破产重整程序化解也需要对是否具有重整价值进行研判。

（一）有利于重整目的的实现

破产重整的终极目的是重整计划执行完毕，市场主体重新焕发活力。具体而言，问题楼盘破产重整适用的目的有二：一是破产重整程序的自身价值（保市场主体），即通过重整程序解决债务问题、恢复营运能力；二是破产重整程序的社会价值，即化解问题楼盘带来的矛盾（如信访）和纠纷。楼盘重整价值识别是对重整目标的一个预判，也是对该问题楼盘的问题能否适用破产重整制度化解的一个分析，是重整目的的起点。具有重整价值的楼盘，引入资金、盘活的可能性大，重整成功的概率高，可以提升

① 王欣新：《重整制度理论与实务新论》，载《法律适用》2012 年第 11 期。

② 《全国法院破产审判工作会议纪要》第 14 条规定：重整企业的识别审查。破产重整的对象应当是具有挽救价值和可能的困境企业；对于僵尸企业，应通过破产清算，果断实现市场出清。人民法院在审查重整申请时，根据债务人的资产状况、技术工艺、生产销售、行业前景等因素，能够认定债务人明显不具备重整价值以及拯救可能性的，应裁定不予受理。

楼盘问题的解决力度。可以说，人民法院对问题楼盘重整价值识别和判断的科学性、全面性、精准度是与重整程序的效果成正比的。

（二）有效避免资源的浪费

破产重整虽属拯救程序，但是其成本高也是一个不能回避的事实。相对于问题楼盘清算而言，由于利益主体繁多，利益冲突激烈，主体间信息不对称，重整分组表决协调等都需要更多的时间成本与财务成本。另对于重整计划的制订，所涉及的税收筹划以及获得新资金的能力评估（《破产法司法解释三》[①] 出台后共益债不能优先于之前的抵押权）等问题，需要管理人投入更多的精力来解决。

在目前房地产企业整体下滑的情形下，如不加识别地在实践中滥用重整制度，对于不具备重整价值、不具有拯救可能的问题楼盘适用重整，明知不可为而执意为之，则将会造成债务人财产的减少，徒加问题的解决成本，损害债权人的利益，反而使得问题更加复杂化，更有可能给债务人带来沉重的财务负担，同时造成社会资源、经济资源、司法资源的浪费。

（三）有助于维护多方主体利益

根据我国《企业破产法》，破产程序属于特别程序，当前的破产立法理念已由维护单纯的债权人个人利益向维护债权人、债务人及其他主体利益的多元化转变。问题楼盘更是一个权益冲突的集合体，房地产企业破产涉及银行、政府、个人购房者、职工、

① 《破产法司法解释三》第 2 条第 1 款规定：破产申请受理后，经债权人会议决议通过，或者第一次债权人会议召开前经人民法院许可，管理人或者自行管理的债务人可以为债务人继续营业而借款。提供借款的债权人主张参照企业破产法第四十二条第四项的规定优先于普通破产债权清偿的，人民法院应予支持，但其主张优先于此前已就债务人特定财产享有担保的债权清偿的，人民法院不予支持。

上下游企业等多方复杂利益主体，涉及民生及社会秩序稳定等诸多问题。[①] 对其进行重整价值识别和判断的过程就是一个对各方利益和冲突的调查、预判和平衡过程。在对企业重整价值的把诊问脉中，确定合理的程序适用，才能更好地维护各方利益。能够运用破产重整程序解决问题的楼盘，重整成功将会实现多方共赢，而对于无拯救可能性的就应当采用清算程序果断出清。

二、人民法院对问题楼盘重整价值考量的程序节点分析

破产程序归根结底仍然是解决债权债务问题的方式而已，因此破产程序的启动及程序进程充分体现私法领域的意思自治，人民法院作为司法机关的作用在于把关、引导、监督，[②] 在问题楼盘的破产化解案件中，法院同样须遵循“不缺位、不越位”的原则。依据我国《企业破产法》，人民法院在办理房地产企业破产案件时并不能以职权主动对问题楼盘的重整价值进行识别，而是在相关程序节点对相关主体的申请审查时，将重整价值作为其作出裁定的一个裁判依据。结合《企业破产法》，人民法院主要是在以下 4 个程序节点需要对问题楼盘的重整价值进行识别和判断。

（一）破产重整申请启动破产程序时

我国破产程序的启动是申请主义，问题楼盘的破产化解也需要有申请资格的主体向人民法院提出破产申请。且破产受理也非当然受理，需要人民法院从形式到内容进行全面的审查。根据《企业破产法》及《全国法院破产审判工作会议纪要》，房地产企业能否适用破产重整程序需要审查两个方面的实质内容：一是该房地产企业是否具备破产原因，事关能不能适用破产法解决楼盘

---

① 丁海湖、李欣婷：《房地产企业破产重整若干司法实务问题探讨》，载《法律适用》2016 年第 3 期。

② 郑伟华：《破产审判中法院的角色定位——基于典型案例的思考》，载《法律适用（司法案例）》2017 年第 22 期。

问题；二是该企业是否具有重整的可行性和必要性，即重整价值的判断问题，该问题涉及是否适用重整程序。笔者查阅了杭州市余杭区人民法院、河南省平顶山市中级人民法院、云南省昆明市中级人民法院出台的房地产企业破产审理操作规程，发现其中均规定了重整申请的实质审查，同时规定了坚持重整程序优先适用的原则。笔者认为，鉴于问题楼盘商品的特殊性，在受理阶段，法院的审查应当保持谦抑，原则上应当支持企业重整，只有当问题楼盘明显不具备重整价值时，才应当不予受理重整申请。经统计，许昌法院自 2016 年至 2022 年，直接受理的房地产破产案件共计 18 件（破产重整 16 件，破产清算 2 件），其中批准重整计划的为 16 件（1 件为清算转重整案件），取得了很好的社会效果与法律效果。

（二）破产程序中向破产重整程序转换时

我国《企业破产法》明确规定，在债权人提出的破产清算申请受理后直到破产宣告前，债务人及出资人享有向破产重整程序转换的申请权。但由于清算、和解、重整等程序追求的目标、程序价值存在差异，相关制度规定也有所不同，因此在向重整进行转换时，人民法院同样须对其重整价值进行识别和判断。其审查主要内容跟直接启动破产重整程序相同，但是此时还需要结合已经进行的程序状态进行综合判断，因此时管理人已经对企业进行接管和调查，对企业更为了解，重整价值判断应当结合管理人的工作结果以及意见，判断的标准是问题楼盘应当具备明显的重整价值，如新的投资人明确愿意投资并签署了相关的投资协议，或者债务人或管理人找到出资方垫资使楼盘复工建设等。

（三）重整计划草案的批准及强制裁定批准时

重整计划草案即使债权人会议顺利通过，也需要人民法院的裁定确认才能生效。同时，符合《企业破产法》规定的，人民法院还享有强制裁定批准的权力。此时一般应尊重破产法的私法自治，应当审慎使用重整计划草案强制批准权，① 避免因不当强制批准重整计划损害各方债权人合法权益，特别是有财产担保的优先权（一般为银行债权）。《企业破产法》虽然没有明确规定人民法院在对重整计划草案进行裁定确认或强制批准时要对重整价值进行识别，但是重整计划中的债务清偿方案和经营方案是否损害相关主体的权利，是否具有可行性，直接关系到重整计划的执行是否到位，如不具有可行性，② 企业将回归清算程序。因此，该节点对问题楼盘重整价值的审查也是人民法院作出裁定考量内容的应有之义。此时除了审查重整计划草案的合法性，更多的是考量重整计划的可行性。司法实践中涉问题楼盘的重整计划草案主要包括债权清偿比较（与清算相比）、债权认定与分类、重整经营方案、债权调整方案、债权清偿方案、执行期限及监督期限，即重整计划草案主要包括重整经营方案（持续经营能力）与债权清偿方案等内容，不仅应审查重整经营方案的内容，更应审查营业整合能力或债权清偿方案内容的合理性、可行性。如果没有可行的重整经营方案，重整计划草案中债权清偿将失去实现的基础，债权人的清偿利益反而会被继续经营侵占。对于重整经营方案部分不合理、不具有可操作性的重整计划草案，不应轻率地予以强制批准。

---

① 《全国法院破产审判工作会议纪要》第 18 条规定：重整计划草案强制批准的条件。人民法院应当审慎适用《企业破产法》第八十七条第二款，不得滥用强制批准权。确需强制批准重整计划草案的，重整计划草案除应当符合《企业破产法》第八十七条第二款规定外，如债权人分多组的，还应当至少有一组已经通过重整计划草案，且各表决组中反对者能够获得的清偿利益不低于依照破产清算程序所能获得的利益。

② 重整计划的可行性包括两个方面：一是债务能不能按照重整计划的安排予以清偿到位，二是企业的经营能够按照计划中的方案予以实施。经营方案的可行性直接决定着债务的清偿以及企业拯救目标的实现。

(四)重整计划执行变更时

《企业破产法》第九十三条规定，在重整计划执行期间如发生执行障碍事实，破产程序就将产生从重整执行程序转入破产清算程序的法律后果。破产实践中，重整计划无法顺利执行的原因多样，有不执行的主观因素也有执行不能的客观原因。如果“一刀切”地转换为清算程序，使得一些还有挽救价值和挽救希望的企业也被清退出市场，这与破产法的拯救理念不符，对债权人的清偿利益未必有利。我国《企业破产法》并未对重整计划变更进行明确规定，鉴于破产司法实践需求，最高人民法院通过司法解释的方式进行了指导。人民法院对是否变更进行审查和批准，以防范恶意变更、损害债权人利益等风险。从全国来看，房地产市场的疲软决定了问题楼盘重整计划执行的不确定性，重整计划变更时，人民法院也需要对问题楼盘的重整价值进行评价，如企业仍具有拯救价值和可能的，则应当允许其变更，再给企业一次重生的机会（《全国法院破产审判工作会议纪要》规定只能变更一次[①]）。若执行障碍无法排除，执行不能客观持续存在，拯救目的无法达到，就应当宣告该企业破产，以及时止损。

三、问题楼盘重整价值识别的原则

(一)以“三效果”有机统一为导向

问题楼盘矛盾集中，往往涉及民生、社会稳定，因此法院在对其重整价值进行判断时，要注重政治效果、法律效果与社会效果的有机统一，这也是问题楼盘适用破产重整程序的价值所在，以拯救企业为出发点，维护问题楼盘所涉主体利益，最终实现私

① 《全国法院破产审判工作会议纪要》第19条规定：重整计划执行中的变更条件和程序。债务人应严格执行重整计划，但因出现国家政策调整、法律修改变化等特殊情况，导致原重整计划无法执行的，债务人或管理人可以申请变更重整计划一次。

权本位与社会本位的统一协调。当前，由于重整价值及拯救可能性判定的不确定性，重整价值的识别容易出现两个极端：一是过于谨慎，导致还有挽救可能的无法重整；二是过于宽松，使得不能救不应救的适用重整，最后又清算出局，这两种态度都是需要调整的。需要指出的是，重整价值的识别原本就是对程序后续进程以及企业发展经营的一个预判，属于风险权衡事项，任何识别方式、方法、途径都只是为了尽可能地提升预判的合理性和准确性。因此，对法院重整价值的识别不应当过于苛责，也不适宜以此作为评价法院重整识别能力的标准。

（二）以重整成功为直接目标

问题楼盘破产重整的目的是拯救企业和解决楼盘问题。依据《企业破产法》，重整成功的标志是重整计划执行完毕，而该目标的实现是一个“步步惊心”的过关过程。债务人企业或管理人能否按期提交重整计划草案？重整计划草案能否得到债权人会议的认可通过？法院能够批准重整计划？批准的重整计划能否顺利执行？任何一个环节的答案为否，都将会使得债务人企业进入破产清算“死亡”程序。而这些环节顺利通关的关键其实就在于债务人企业的资产能够满足债权人及相关主体的合法诉求。债权人在破产程序中的诉求很明确，即最大的清偿率。而债务人企业在重整中的诉求也很明确，即通过重整化解债务，谋求生存。据此，重整能否成功就在于债权人的清偿利益和债务人的生存目标的契合，换个角度理解，即重整能否比清算程序更能保护债权人的利益，能否给予债务人健康存续的希望，这样才能提升债务人作为“病企”的求生积极性，增强债权人的权利预期。因此，法院对问题楼盘的重整价值进行判断的时候，需要以重整成功为目标，人民法院应当高度重视债权人的权益保障，同时衡平各债权人之间，债权人、职工等各方主体之间的利益，对重整计划制订及债权人通过的可能性及执行可行性等进行考量，兼顾法律技术和社会稳定，确保破产案件的效率和效果。

四、人民法院对问题楼盘重整价值识别的主要依据

前文已述，问题楼盘重整价值的识别在理论上是无法达到精准标准的，且对于人民法院来讲，其作为司法机关在办理破产案件中对问题楼盘重整价值的识别必然侧重于法律判断。实践中，人民法院对问题楼盘的重整价值识别考量因素主要为以下 4 个方面。

（一）问题楼盘的成因

问题楼盘的重整价值在于利用破产重整制度来挽救企业、化解楼盘问题。人民法院需要通过“望闻问切”，对问题楼盘的成因进行调查分析，以判断该楼盘能否通过破产重整救活。问题楼盘显示出的症状大同小异，停建烂尾、违规预售、延期交房最常见，但是成因各不相同，病因不同，解决方案自然有区别。在现有的法律框架下，能够运用重整解决的问题，自然是有重整价值的。比如楼盘自身优质，因资金链断裂停建，只要有资金注入即可盘活。再如楼盘项目违规，但是能够通过补正取得相关规划的。反之，企业身患“绝症”或者重整成本过高，即不具有重整价值的。

（二）涉案企业的整体资产状况

目前问题楼盘重整价值识别常用债权收益法判断，即重整状态下的债权人清偿率与清算状态下清偿率的比对，如重整清偿率高于清算清偿率，一般认为该企业是具有重整价值的。在破产受理之初，人民法院在对破产原因进行审查时，就需要对企业的资产端和负债端进行审查，一方面是判断该债务人企业是否缺乏清偿能力，具备破产原因；另一方面也是据此对企业重整价值进行判断。企业资产端与负债端的比值越小，获得新资金的能力越高，

重整的可行性也会相应提升。资产端不仅包括现有的资产，也需要结合楼盘续建增值、继续经营增值、投资资金等重整可能会增加的资产进行预估。

（三）问题楼盘的商业价值

《全国法院破产审判工作会议纪要》中的“债务人的资产状况、技术工艺、生产销售、行业前景等因素”，直接影响的是企业的运营价值，都可以作为商业判断的指标。而这些指标除资产状况是人民法院可以通过相关调查手段掌握和了解的外，其他几点一般都是法官们力所不及的，需要本行业领域内的资深人士根据企业具体情况、当前的政策、经济形势、行业发展趋势等进行综合分析。因此吴长波等①建议“引入专业的团队进行商业价值方面的判断”。

问题楼盘商业价值受政策走向、经济形势、金融政策、区域环境的影响较大，因此在进行重整价值的评价时需要多领域人员参与，② 除此之外，应对潜在投资人的意见进行了解、摸底，从投资人的角度论证楼盘的投资价值。对此，《全国法院破产审判工作会议纪要》第15条规定，最高人民法院也通过指导听证的方式进行重整价值的征询。

（四）政府的支持力度

对问题楼盘化解案例进行分析，所有成功化解的楼盘背后都有良好的府院联动的支持。问题楼盘成因的复杂性决定了单靠司法权是无法解决的，很多问题的解决，比如土地规划、证照办理、信用修复、续建融资、职工安置等都需要政府相关部门的支持和

---

① 吴长波、梁宵、李姿萱：《困境企业重整价值的识别》，载《菏泽学院学报》2020年第6期。

② 韩长印主编的《破产疑难案例研习报告》一书中，法院可选任对公司业务具有专门学识、经营经验并不具有利害关系的人为检查人，由其全权负责对企业的实质审查工作，并以报告的形式将审查结果提交给法院。

协调。破产案件中，对问题楼盘的重整价值进行判断时，人民法院还需要积极和政府部门对接，了解政府对该楼盘的政策、态度，以便于案件办理中的问题解决。重整方案事先对府院联动所涉及的问题解决应有所规划，这也是拯救可能性的重要影响因素。但是需要注意的是，实践中往往基于稳定考虑，地方政府会不当干预问题楼盘的重整，超过联动的“度”，此时，法院应当注意把控法律规则，防范行政权的过度干预。①

问题楼盘重整价值的判断贯穿重整程序全程。在破产重整程序受理审查时，人民法院只能通过债务人企业提交的资产负债表、债权清册、重整可行性分析等材料进行审查。进入程序后，涉及重整价值的审查，根据程序节点的不同，其需要提交的依据也会不断增加。总而言之，问题楼盘重整价值识别是对涉案企业拯救必要性、可能性的一个综合考量，人民法院应充分发挥主观能动性，多维度地考量，以提升重整价值识别的精准性，最终维护破产相关各方的合法权益。

▶ 参考文献

[1] 吕家城：《房地产企业破产重整价值判断研究》，内蒙古财经大学2021年硕士学位论文。

[2] 吴长波、梁宵、李姿萱：《困境企业重整价值的识别》，载《菏泽学院学报》2020年第6期。

[3] 王欣新：《〈全国法院破产审判工作会议纪要〉要点解读》，载《法治研究》2019年第5期。

[4] 韩长印：《破产疑难案例研习报告》，中国政法大学出版社2020版。

[5] 陈夏红：《房企破产清算与重整18招》，法律出版社2021版。

---

① 王欣新：《破产王道——破产法司法文件解读》，法律出版社2021年版。

9　问题楼盘破产程序检察监督之正当性分析

陈军波*

摘要：检察机关监督问题楼盘破产程序，不仅具有法理基础和法律基础，而且具有社会基础和实践价值，既合理合法，又必要可行；不仅对保护国家利益和社会公共利益、维护司法公正和法律权威具有重大的现实意义，同时对深化供给侧结构性改革、优化营商环境和资源配置、促进社会主义市场经济健康发展也具有重要且深远的影响。

关键词：检察机关　破产程序　法律监督

一、法理基础：权力制衡理论

我国实行议行合一的宪法体制，具体体现为人民代表大会制度，形成了具有中国特色的“一府一委两院”的政治构架。在这种宪法体制下，人民代表大会处于最上位，享有立法权、监督权等广泛权力。处于下位的是“一府一委两院”，即行政机关、监察机关、审判机关和检察机关，分别行使行政权、监察权、审判权、检察权。此时，检察权上升为一种独立的国家权力，与行政权、监察权、审判权形成既配合又制约的关系，并按照人民代表大会授权专司法律监督职责。我国著名的检察理论专家王桂五先

* 陈军波，河南省尉氏县人民检察院检察长，北京航空航天大学法学院博士研究生。

生指出："我国的人民检察制度，是由人民代表大会制度决定和产生的一项法律监督制度。在人民代表大会制度下，法律监督职能从其他国家职能中彻底分离与专门化，是历史的进步。不能仅仅把检察制度看作是一项诉讼制度，主要执行诉讼职能，应从国家政治制度的更高层次上加以研究，充分肯定其法律监督职能，才能看清楚检察制度的本质，从而完善人民代表大会制度下的法律监督机制。"① 正是这种按照议行合一的宪法体制构建的国家权力架构体系使得检察机关作为国家法律监督机关的设置成为必然选择。

需要明确，权力制衡不等于"三权分立"，正如有的学者所说："不能把制衡学说等同于'三权分立'。前者是由一种政治、法律思想发展而成的理论学说，后者则是运用这一理论学说所确立的国家政治体制。"② 权力制衡不仅是一种理论，还是一种原理，因为权力制衡不仅符合"马克思主义辩证法关于事物相互依存和相互制约的基本原理"③，而且还符合权力运作的规律和机理，即权力应当分开，并受到制约。与西方的"三权分立"制度不同，我国实行"议行合一"的人民代表大会制度政体，即人民代表大会统一行使国家权力，但这并不意味着我国的政治权力不需要适度分开。"国家权力的统一性决定了国家权力中的各项具体权能分离的可能性。"④

问题楼盘破产案件因其涉及的利益群体较多，各方利益诉求平衡难度较大，因此，社会影响力更大，社会关注度更高。问题楼盘破产案件中，既需要审判机关的强力主导，也需要行政机关

---

① 王桂五：《中华人民共和国检察制度研究》，法律出版社1991年版，第3页。

② 曾龙跃：《制衡学说与检察机关的法律监督职能》，载《检察理论研究》1991年第1期。

③ 石少侠：《检察权要论》，中国检察出版社2006年版，第69页。

④ 同上书，第98页。

的积极参与。英国学者阿克顿勋爵说过一句名言：“权力导致腐败，绝对的权力导致绝对的腐败。”① 在法治社会，权力必须受到制约，否则极易显露贪婪、易腐的本性而异化成侵害公民权利和社会利益的工具，这几乎成了权力制衡原理下一条不证自明的经验法则。为确保审判权和行政权不偏离法治轨道，需要检察机关进行法律监督和制约。法律监督的实质就是以权力制约权力，检察机关监督破产程序，既符合我国的政治体制，也契合权力制衡原理。

二、法律基础：宪法和法律规定

检察制度是中国特色社会制度的重要内容，但长期以来我国检察机关的职能定位一直处于争论之中，伴随着近年来国家监察体制改革的推进和各级监察委员会的组建，检察机关的反贪污贿赂、反渎职侵权、预防职务犯罪等职能划归监察委员会行使，由此引发的检察机关的宪法地位更处于热议之中，检察机关法律监督的职能定位面临着前所未有的挑战。但 2018 年修订的《中华人民共和国宪法》（以下简称《宪法》）和《中华人民共和国人民检察院组织法》（以下简称《人民检察院组织法》）并没有否定检察机关的法律监督属性。《宪法》第 134 条和《人民检察院组织法》第 2 条均明确规定检察机关是“国家的法律监督机关。”其中修订后的《人民检察院组织法》，不仅条文数量增加了近一倍，而且进一步明晰了检察机关八个方面的职权。

破产程序属于“一揽子”解决众多债权债务关系的概况性债务执行程序，属于广义上的民事诉讼程序。我国现行《企业破产法》虽然没有明确规定检察机关有权对破产案件实行法律监督，

① Dalberg - Acton，John Emerich Edward，*Essays on Freedom and Power*，The Beacon Press，1949，p. 364.

但《企业破产法》第四条规定："破产案件审理程序，本法没有规定的，适用民事诉讼法的有关规定。"而2017年修订的《民事诉讼法》第14条明确规定："人民检察院有权对民事诉讼实行法律监督。"修订后的《民事诉讼法》全面贯彻了法律监督原则，扩大了检察监督范围，丰富了检察监督方式，赋予了检察机关调查核实权，进一步强化了检察机关的法律监督效能。因此，从法律解释论和"上位法优于下位法"的法律适用原则，检察机关对破产程序实行法律监督具有宪法和法律依据。

虽然检察院和法院曾对破产裁定如何监督产生分歧，1996年最高人民法院在《关于在破产程序中当事人或人民检察院对人民法院作出的债权人优先受偿的裁定申请再审或抗诉应如何处理问题的批复》中规定，当事人不能对此裁定申请再审，亦不涉及人民检察院抗诉的问题。对于人民检察院坚持抗诉的，人民法院应通知不予受理。1997年最高人民法院在《关于对企业法人破产还债程序终结的裁定的抗诉应否受理问题的批复》中规定，检察机关对人民法院作出的企业法人破产还债程序终结的裁定提出抗诉没有法律依据。检察机关对前述裁定提出抗诉的，人民法院应当通知其不予受理。该批复仅对检察抗诉作出限制，并没有否定检察机关的法律监督权，检察机关仍然可以使用其他方式进行监督。因此，从上述法律规定分析，检察机关监督问题楼盘破产程序于法有据。

三、社会基础：解决"破产难""破产乱"问题

"破产难"问题一直是制约破产法有效实施、影响市场健康发展的"老大难"问题。据统计，从时间顺序看，2007年至2017年10年间全国法院受理的破产案件数量总体维持在2 000件至4 000件，且2007年至2013年6年间破产案件受理数量呈现逐渐递减现象。受深化供给侧结构性改革政策影响，2018年以后破产

案件受理数量才有较大幅度上升，但与全国企业注销总量相比，选择破产的企业总量依然偏少。从地域分布看，2007 年至 2020 年，东部地区破产案件数量占到全国的近 80%，浙江、江苏、广东三省约占 60%，各地破产案件受理不均衡问题异常突出。①《企业破产法》实施近 15 年来全国各级法院每年受理的破产案件数量如图 9－1 所示②。

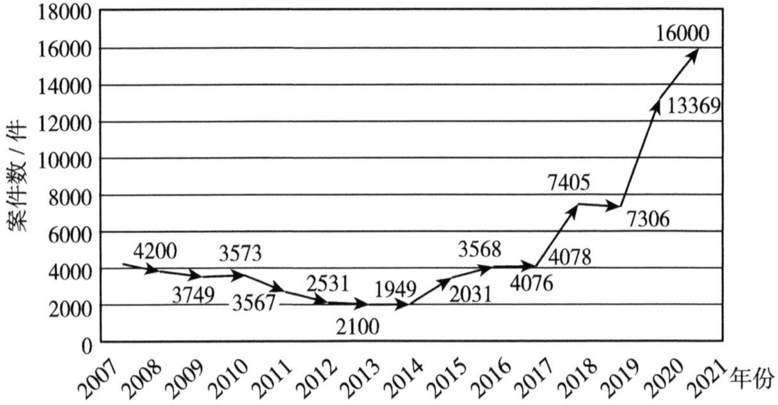

图 9－1　2007—2021 年全国法院受理的破产案件数量

当然，导致“破产难”问题的因素很多，既有破产法宣传不到位，公民法律观念滞后，导致谈“破”色变、不敢破产；也有法院内部考核评价不科学、法官审理破产案件动力不足，破产审理期限过长，导致破产成本较大、破不起产、破产功能丧失；还

① 王东明：《全国人民代表大会常务委员会执法检查组关于检查〈中华人民共和国企业破产法〉实施情况的报告——2021 年 8 月 18 日在第十三届全国人民代表大会常务委员会第三十次会议上》，载中国人大网，http://www.npc.gov.cn/npc/kgfb/202108/0cf4f41b72fe4ddeb3d536dfe3103eb3.shtml，访问日期：2022 年 6 月 11 日。

② 数据来源于最高人民法院历年工作报告和《全国人民代表大会常务委员会执法检查组关于检查〈中华人民共和国企业破产法〉实施情况的报告——2021 年 8 月 18 日在第十三届全国人民代表大会常务委员会第三十次会议上》。

有当地政府出于政绩考虑和地方保护，导致行政权干预审判权、能破产却无法破产。正如中国人民大学法学院汤维建教授在接受《检察日报》记者采访时所言，“实践表明，无论是债权人还是债务人，他们均缺乏提出破产申请的动因，也没有提出破产申请的法律责任，清算组也存在同样的问题，因而破产案件往往缺乏必要的启动主体，导致‘破产难’。检察机关通过督促申请、支持申请或在一定范围内提出破产申请，是克服破产启动难的一剂良药”①。

此外，解决“破产乱”问题也需要检察监督。破产案件不但涉及债权人利益、债务人利益，有时还涉及国家利益和社会公共利益。破产案件凸显着多方利益集团的博弈，在破产财产这一资源稀缺的前提下某些人必然利用自身的地位优势、信息优势等影响公权力行使而使案件向有利于己方的方向发展，通过损害他人的利益实现自身利益的最大化。② 司法实践中破产乱象丛生，债务人与第三人串通欺诈性破产损害债权人有之，债务人与个别债权人串通偏颇性破产损害其他债权人有之，债权人与债务人串通虚假性破产损害国家利益者有之，破产程序中职能机构相关工作人员贪污受贿、失职渎职者也有之。

问题楼盘因涉及民生问题，牵涉利益群体更多，随之而来的风险隐患更多、信访维稳压力更大，处理起来难度也更大。问题楼盘如同一个“烫手山芋”，各方接管的意愿都不甚强烈。因此，“破产难”“破产乱”现象在问题楼盘破产案件中依然存在，甚至更为突出。“破产难”“破产乱”问题既需要堵塞制度漏洞，也需要强化对破产程序的监督制约，确保破产私权不越界、破产公权不异化。因此，破解“破产难”“破产乱”难题，离不开检察机

① 刘亚：《清理“僵尸企业”需要检察监督》，载《检察日报》2022 年 3 月 5 日，第 6 版。

② 文建东：《公共选择学派》，武汉出版社 1995 年版，第 83 页。

关对破产程序的监督制约。检察机关作为法律监督机关，可以依当事人申请或依职权监督，通过履行刑事、民事、行政、公益诉讼检察职能，监督纠正问题楼盘破产程序中的违法犯罪，促使破产程序恢复到正常轨道。

四、实践基础：域外经验与国内实践

在国外，无论是大陆法系还是英美法系，通说认为，检察机关是国家利益和社会公共利益的代言人。现代检察制度源自刑事诉讼中的“控审分离”，自诞生之日起就体现了代表公共利益的特质。[①] 虽然说《企业破产法》总体属于商事法律，但因其涉及人多、牵涉面广、影响力大，且兼实体与程序于一身，从《企业破产法》立法历程看，越来越多的国家强化了对破产案件的强制干预。基于此，许多国家和地区都不同程度地赋予了检察机关或检察官参与破产案件的权力。如《法国民法典》规定，自公司解散起 3 年期限内，公司清算仍未结束，检察院有权作为主当事人行使民事起诉权，可以向法院起诉，请求法院派人进行清算。《民事诉讼法》规定，法院审理涉及破产程序、法人财产清算或重整程序案件时，应当通报检察院，检察院有权作为从当事人行使参与诉讼权。[②] 《日本破产法》规定，法院如宣告破产时，应从速将其旨意通知检察官。破产人有逃匿之虞或有隐匿、毁弃财产之虞时，法院可以命令将其管守，决定书的正本应当送达检察官，检察官命管辖破产居住地的警察署执行管守。管守无必要时，法院应根据破产人或破产管理人的申请，或依职权撤销管守决定，并将决定书送交检察官，检察官命警官或警察

① 苗生：《新时代检察权的定位、特征与发展趋向》，载《中国法学》2019 年第 6 期。

② 王学成：《民事检察制度研究》，西南政法大学 2003 年博士研究生学位论文，第 50 页。

解除管守。[①] 意大利和荷兰等国破产法也规定了检察官参与破产案件的具体情形。[②] 此外，我国澳门地区“民事诉讼法典”也规定了检察院有权以“辅助参与”的方式介入被宣告破产自然人或者企业的财产分配，监督破产管理人（一般是律师）的财产分配，以保证债权人的合法权益。[③]

虽然我国现行《企业破产法》没有明确规定检察监督制度，但司法实践中，部分检察机关已经依据《民事诉讼法》等相关法律规定对破产程序检察监督开始探索，并取得了良好的社会效果，积累了一定的成功经验。如四川省成都市检察机关利用调查核实权，监督纠正一起债务人利用 14 名职工工资债权在破产程序中优先受偿原则，通过伪造劳动合同、工资欠条等手段，骗取虚假劳动仲裁裁决的破产案件，从而保护了债权人的合法权益。[④] 江苏省泰州市姜堰区检察院针对 21 名职工被拖欠的 41 万余元工资未被破产清算组确认的情况，依法支持起诉，法院最终判决确认债权成立，21 名职工的破产债权得到了法律保护。[⑤] 江苏省灌云县检察院通过检察促和工作，促成该县南岗供销社与所有债权人达成和解，破产程序得以终结，申请破产 15 年后的供销社“起死回生”。[⑥] 吉林省检察机关把监督“僵尸企业”依法破产作为服务“供给侧结构性改革”的切入点，重点关注“僵尸企业”破产后劳动者的权益保护与妥善安置以及企业破产清算环节可能出现的

---

① 王学成：《民事检察制度研究》，西南政法大学 2003 年博士研究生学位论文，第 56 页。

② 刘辉：《破产法实施中检察权配置研究》，载《中国检察官》2008 年第3 期。

③ 林世钰：《澳门检察院的民事诉讼角色担当》，载《人民检察》2008 年第4 期。

④ 查洪南等：《识破高额年薪仲裁背后的玄机》，载《检察日报》2021 年 6 月 30 日，第 8 版。

⑤ 卢志坚等：《民事监督破解“谈破色变”困局》，载《检察日报》2021 年 3 月 24 日第 5 版。

⑥ 卢志坚等：《15 年后，供销社起死回生》，载《检察日报》2022 年 3 月 16 日第 6 版。

各类权力寻租、侵害现存企业合法权益的问题。[①] 在司法实践的基础上，部分检察院总结出台了关于检察机关监督破产程序的规范性文件，如广西壮族自治区人民检察院与广西壮族自治区高级法院联合出台了《关于破产程序法律监督工作机制的若干意见（试行）》，浙江省人民检察院出台了《关于建立破产债权申报中虚假诉讼线索移送处置工作机制的会议纪要》，长春市人民检察院与长春市中级人民法院联合出台了《关于破产程序法律监督的若干意见（试行）》。[②] 其中，江苏省人民检察院在总结前期实践经验的基础上出台了《加强破产案件检察监督工作的指导意见（试行）》，其中包含 17 条细则，涉及树立监督理念、明确监督思路、优化工作举措、全面沟通协调、强化组织保障等 5 个方面，为全省检察机关开展破产案件监督提供了指导。[③] 令人欣慰的是，在检察机关开展实践探索的同时，越来越多的专家学者和实务人士关注研究破产程序检察监督问题，2020 年 11 月 10 日，东南大学法学院、东南大学破产程序检察研究基地与江苏省人民检察院联合召开题为“《民法典》实施背景下破产案件及虚假诉讼检察监督相关问题”研讨会，四十余位专家学者、实务界人士相聚一起，共话破产监督问题，达成了思想共识。上述理论研究和司法实践，均为检察机关介入并监督问题楼盘破产程序积累了理论基础和实践经验。

结　语

各地处理问题楼盘破产案件多采取政府和法院“府院联动”

---

① 金石：《我国民事检察制度改革研究》，吉林大学 2019 年博士学位论文，第 136 页。

② 汤维建，胡守鑫：《个人破产制度构建中的理论分歧、共识与反思——基于 571 份调查问卷的实证研究》，载《中国应用法学》2021 年第 5 期。

③ 卢志坚、唐晓宇、韩文津：《民事监督破解“谈破色变”困局》，载《检察日报》2021 年 3 月 24 日，第 5 版。

模式，检察院参与较少。但鉴于检察机关天生具有保障社会公共利益的职责使命，域外较多国家和地区通过破产立法要求检察机关参与破产程序，以规制和预防各方利益主体发生侵害社会公益的行为。我国现行《企业破产法》虽然没有明确规定破产程序检察监督制度，但检察机关对问题楼盘破产程序实行法律监督，既符合权力制衡的法理，也符合我国“议行合一”的政体及宪法和相关法律的规定，同时对解决“破产难”“破产乱”这一“老大难”问题及优化资源配置、深化供给侧结构性改革、促进市场经济高质量发展具有直接的促进作用。建议立法机关明确规定检察院有权对破产程序实行法律监督，并借鉴我国澳门特区检察院参与破产程序的职能，对破产程序中检察监督的对象、范围、方式、权限、效力等作出具体规定，或者授权最高人民检察院出台专门性司法解释，对破产程序检察监督制度作出具体规定。

10　法院主导与政府参与

——以破产重整中府院联动处理问题楼盘展开

蔚泽洋*

摘要： 破产重整中面对问题楼盘等问题，法院无法单独处理，需要政府的辅助，即借助府院联动机制。府院联动机制通过个案协调或区域内的一揽子文件实现法院主导与政府参与，发挥了一定积极作用，但也存在问题。该机制的实质是破产案件中法院和政府的分工与边界。法院参与不是行政权对司法权的干预，而是法院与政府共同在国家行政功能下的分工。政府参与破产重整案件可以在破产法中实施自己的政策目标，但要符合《企业破产法》的立法目的，并据此明确政策目标范围，同时也要注意区别于在其他法律中实施的政策目标。政府参与最终需要通过将政策目标写入《企业破产法》中实现法治化和制度化。府院联动机制作为临时性制度也将完成使命，不必追求常设化和机构化。真正根治问题楼盘需要从制度前端入手，不能仅靠法院、破产程序、府院联动机制。

关键词： 问题楼盘　府院联动　法院主导　政府参与

---

* 蔚泽洋，吉林大学法学院民商法学博士研究生。本文系中国法学会2022年度部级法学研究课题一般项目“商事部门法法典化研究——以破产法为线索”［项目编号：CLS（2022）C37］和2022年吉林省人民检察院检察理论研究关注课题“指导性案例参照适用实证研究”的研究成果。

一、问题的提出

不同于传统上对破产者的惩罚和单一清算，现代破产法的发展方向更多指向了对破产者的挽救和破产重整。[①] 但在面对重整价值的商业判断和案件涉及多方利益纠葛时，有时仅靠法院会力有不逮。以破产重整中的问题楼盘[②]为例，实践中多数问题楼盘都是开发商因各种原因无力继续投资、项目资金链条断裂导致的。除资金问题外，有些楼盘还面临着更为复杂的债务问题、手续问题等。而且所涉利益主体复杂众多，不仅包括常规的金融机构、民间借贷债权人、税务机关、企业职工等，还涉及购房者、公积金中心、建设工程承包商、材料供应商、农民工等特殊主体。其债权类型多样、债务规模庞大、债权造假频发，各方利益平衡难度大，甚至有涉刑事犯罪，刑事民事交叉问题突出。因此，此类案件涉及面广、情况复杂、责任重大，有时不仅是法院内的法律问题，更是影响社会稳定、重大民生的治理问题。作为行使判断权的司法机构，法院这时候就需要政府参与进行帮助。[③] 例如，在淮安市清江浦区解决当地某问题楼盘时便指出，通过府院联动可以

---

① 原文表述为：Impulsions to punish bankrupts；wishes to organize administration of their assets so that competing creditors are treated fairly and efficiently；and the hope that the bankrupt would be allowed to rehabilitate himself. W. R. Cornish and G. de N. Clark，*Law and Society in England 1750 – 1950*，London：Sweet and Maxwell，1989，p. 231. Finch，V.，& Milman，D.，*Corporate Insolvency Law：Perspectives and Principles*（3rd ed.）. Cambridge：Cambridge University Press，2017，p. 119.

② 关于“问题楼盘”目前尚无统一概念，根据各地实践，问题楼盘基本上包含以下范围：一是不动产办证类，房屋已建成交付，但因用地、规划、施工等手续不全，导致无法办理产权证；二是配套设施不完善类，项目已建成，但因供水、供电、供热等基础设施不到位，导致无法交房入住；三是停工烂尾类，因资金链断裂等原因，导致项目长期停滞。本文在第三类意义上使用“问题楼盘”的概念，这也是破产程序所面临的情况。

③ 孙笑侠：《司法权的本质是判断权——司法权与行政权的十大区别》，载《法学》1998 年第 8 期。

“党委政府牵头、法院靠前指挥，统筹解决企业破产重整过程中的民生保障、资产处置、行政手续办理等问题”。[①] 但是作为解决企业破产衍生问题的新生机制，府院联动也受到了褒贬不一的评价。一种观点认为“这是破产法完善中的必然产物，是在法律不完备情况下统筹解决社会问题的必选机制”；另一种观点则认为破产法应当市场化、法治化，“府院联动机制极易导致政府滥用权力、干预司法，将政府重新推回‘政策性破产’的老路”。[②] 因此，面对破产重整中的现实所需，如何充分理解府院联动显得十分重要。

二、府院联动机制的演进、评价与实质

（一）府院联动机制的历史演进

早在 2009 年最高人民法院《关于正确审理企业破产案件为维护市场经济秩序提供司法保障若干问题的意见》、2012 年最高人民法院《关于上市公司破产重整案件工作座谈会纪要》等规范性文件中，我们就已经开始思考法院主导下的司法程序如何与行政程序进行衔接。在 2014 年年底，最高人民法院确定了将江山市人民法院作为改革试点，探索府院联动机制建设。在供给侧结构性改革、完善市场主体退出机制等背景下，如何探索出这样一套市场和法律发挥主导性与决定性作用、符合国情又遵循司法规律的府院联动机制，是人民法院亟须解决的难题。[③] 在 2016 年 6 月最高人民法院发布的十起“人民法院关于依法审理破产案件推进供

---

① 《我为群众办实事丨区法院扎实推进“问题楼盘”破产重整工作》，载微信公众号“今日清江浦”https://mp.weixin.qq.com/s/rb8ImvrA－a7cyyfJSgbX5g，访问日期：2021 年 12 月 22 日。

② 郭涛：《府院联动：保障企业家的权益如何彰显？——从山东大乾公司重整案中探讨破产法的市场化、法治化实施》，载《人民法治》2019 年第 1 期。

③ 陈魁伟：《构建府院联动机制 提高破产审判效能》，载《人民法院报》2017 年 8 月 24 日，第 5 版。

给侧结构性改革典型案例”中，均强调了发挥府院联动机制的功能。①

2016 年年底，浙江省高级人民法院和浙江省政府部门联合发布了《关于成立省级“僵尸企业”处置府院联动机制的通知》等系列文件，在全国范围内首先确立了府院联动机制，也成立了首个省级府院联动的平台。此后，最高人民法院 2017 年印发《关于为改善营商环境提供司法保障的若干意见》、2017 年全国法院破产审判工作会议和 2018 年《全国法院破产审判工作会议纪要》中，均明确提出在全国范围内建立“府院联动破产工作统一协调机制”。到现在，全国各地已如雨后春笋般建立起各地的府院联动机制。

从早期到现在，各地探索形式和路径也不尽相同。部分地方政府通过与法院间的个案协调，进行一事一议、一案一议，这种灵活精准的协调机制对问题的解决还是很有效果的。但是个案协调依赖于人与人之间以及以人为代表的机构之间的对接，有时能否协调解决问题则取决于人的态度而非制度。② 也有部分地区试图通过本区域内的一揽子文件建立起区域内的统一平台，达到信息共享和制度协调。③ 这样更具有体系性和制度化的做法可以说已经有了很大进步，但仍不能摆脱其地方性和局限性：超出了行政区划外仍会力有不逮，这些“一揽子”文件的效力和位阶在法律体系中也并不高。总的来看，可以说府院联动机制探索发展的过程

① 《人民法院关于依法审理破产案件推进供给侧结构性改革典型案例》，载《人民法院报》2016 年 6 月 16 日，第 3 版。

② 郭涛：《府院联动：保障企业家的权益如何彰显？——从山东大乾公司重整案中探讨破产法的市场化、法治化实施》，载《人民法治》2019 年第 1 期；陆晓燕：《“府院联动”的建构与边界——围绕后疫情时代市场化破产中的政府定位展开》，载《法律适用》2020 年第 17 期。

③ 龚家慧：《论府院联动机制的构建》，载顾功耘主编：《公司法律评论》（第 19 卷），法律出版社 2019 年版，第 194 页。

就是在破产重整中为政府行政干预寻求合理性和探索边界的过程，这也是实践问题和学术探讨的两个主题。①

（二）对府院联动机制的评价

如前所述，通过府院联动机制确实能解决单靠法院解决不了的问题，可以在破产重整案件中发挥积极作用，其也因此得到法院、政府的大力宣传和推进。② 但是机制的实际运行和设计初衷并不总能严丝合缝地契合。在有的案件中，地方领导以“维稳”为借口提前介入，干预法院司法权，导致本可实现重整自救的企业最终可能破产；所以还要防范政府不时出现的不当利益冲动。③ 这正是机制的灵活性与非制度化带来的“双刃剑”风险。

越来越多的学者关注到府院联动中政府参与的不稳定影响和“府院失衡”现象，如有学者通过对2007年6月1日至2019年12月31日的重整上市公司进行研究，发现虽然理论上《企业破产法》赋予了法院重整程序的主导权力，但是由于上市公司重整中政府公共管理身份、股东身份与管理人身份的混同致使政府对重整过度干预，直接降低了法院在公司重整中的主导地位；④ 真正发挥主导作用的实为地方政府，法院在上市公司重整中近乎成为政府的附庸。⑤ 而政府这样的干预弱化了市场对企业重整价值的判断，有时其补贴还会增加企业对政府的依附性，有违重整中的各

① 陆晓燕：《“府院联动”的建构与边界——围绕后疫情时代市场化破产中的政府定位展开》，载《法律适用》2020年第17期。

② 《我为群众办实事丨区法院扎实推进“问题楼盘”破产重整工作》，载微信公众号“今日清江浦”2021年12月22日，https://mp.weixin.qq.com/s/rb8ImvrA-a7cyyfJSgbX5g。

③ 郭涛：《府院联动：保障企业家的权益如何彰显？——从山东大乾公司重整案中探讨破产法的市场化、法治化实施》，载《人民法治》2019年第1期。

④ 王毓莹：《论我国上市公司重整中的“府院失衡现象”及其协调》，载《法学评论》2022年第2期。

⑤ 赵惠妙：《上市公司重整中政府角色的实证研究》，载《兰州学刊》2017年第12期。

方利益。

而没有政府配合法院的政府缺位情形，也会让法院在处理重整案件时感到吃力。司法权作为判断权、行政权作为管理权[①]的权力分工决定了协调工商、税务、银监、公安、经信等部门的服务职能和职工安置、社会保险等稳定职能是由政府负责，而法院在审理破产重整案件中又会涉及此类问题，所以法院也需要政府提供的帮助。总体来看，学界讨论府院联动机制的最终目标是希望能实现“政府不缺位、也不越位，法院更不让位”，让政府始终处于辅助地位。

（三）府院联动机制的实质问题

我国破产制度从建立以来，经历了从政策性破产到市场化破产的转轨，而政府介入始终存在，只不过是从行政主导转为法院主导下的行政辅助。[②] 府院联动机制就是为了解决行政辅助不畅的问题而产生，无论是行政越位还是缺位问题，都通过个案协调或“一揽子”文件制度来解决。现实有需求，但是府院联动并没有很好地解决以上问题，反而还因自身的灵活性和非制度化更加诱发、加剧了以上问题。为此，有学者提出通过市场化、法治化、制度化、常态化的方式予以处理，将协调机制确定为具体机构等。

三、破产重整案件中法院和政府的分工与边界

（一）法院和政府的分工与边界

在我国，我们是在党的领导下通力合作，从来也没有过所谓的“三权分立”。[③] 如何更好地理解我国权力分工，古德诺的观点

---

① 孙笑侠：《司法权的本质是判断权——司法权与行政权的十大区别》，载《法学》1998 年第 8 期。

② 陆晓燕：《“府院联动”的建构与边界——围绕后疫情时代市场化破产中的政府定位展开》，载《法律适用》2020 年第 17 期。

③ 周强：《亮剑错误思潮维护司法公正》，载新华网 2017 年 1 月 16 日。

提供了很大启发。

古德诺直承洛克的政治与行政二分理论，认为政治是国家意志的表达，行政是国家意志的执行，否认孟德斯鸠三权分立说，认为后者只是一种合理的政治实践而非科学的政治学说。[①] 国家只有意志的表达和执行两种功能，进而国家只有政治权、行政权，不在于实质权力机构的分立，而在于抽象上的国家功能的分离。而我们习惯上所说的司法和行政共同构成国家行政的职能。因而司法和行政从来不是截然分离的，行政或言政府不仅会具有准司法性，甚至通过授权立法具有一定立法功能。[②] 在布朗诉特纳案中，法官就申明，“权力之间有公地，要容忍其他权力的侵入”。[③]

对此，我们可以理解到我国在党领导下的立法对国家意志进行了表达，法院、政府等部门承担起了国家意志执行的行政功能。由此我们传统理解上的破产重整案件中法院和政府的分工与边界，实际上是在行政功能内的法院与政府分工，而非所谓行政权对司法权的干涉或侵入。政府对法院破产重整工作的参与也就是合理的、可以接受的。问题应当是如何参与、参与到何种程度。

（二）破产重整案件中的政府参与

政府对法院破产重整案件的参与、寻求影响破产重整结果以促进政府政策目标的情形在破产法最发达的美国也是存在的，这也被称为破产中的政府积极主义（government bankruptcy activism）。例如，在2009年克莱斯勒和通用汽车破产案中，奥

---

① 尤其不同于同样否认三权分立说的卢梭，古德诺认为司法独立不是科学的政治原理，只是在一些国家获得成功的政治实践。

② ［美］弗兰克·J. 古德诺：《政治与行政：一个对政府的研究》，王元译，复旦大学出版社2011年版。

③ See Brown v. Turner, 70 N. C. 93（N. C. 1874）.

巴马政府利用破产程序实施应对气候变化和保护工会工人的政策目标，同时帮助这两家汽车制造商解决其财务困境，为其重整提供资金。在2020年的太平洋煤气电力公司破产案中，美国加利福尼亚州州长加文·纽森（Gavin Newsom）也通过破产程序促进该州能源向清洁能源转变，以及电网安全运行和赔偿受害者所受损害。[①] 由此可以看到，法院对破产法的实施可以成为政府实施政策目标的理想工具，关键问题在于政府可以为了哪些政策目标进行参与。

关于破产法中的政策目标范围讨论是一个长久不衰的问题，可以追溯到伊丽莎白·沃伦和道格拉斯·贝尔德在1987年开启的经典辩论。[②] 早期有学者主张通过单一政策目标理解破产法，比如从债权人保护的角度认为破产法是债权人根据事先理性的商谈（bargain）进行集体清偿的机制（device），使债权人利益最大化，所以其他政策目标并不应当放在破产法内处理，而应当交予其他法律调整。[③] 但是这样的单一政策目标取向并不现实，毕竟破产法从产生来看就不是立法者完全理性、连贯一致的产物，而是社会急需、道德冲突、政治妥协下的立法。[④] 因此破产法中需要体现多

---

① Jared A. Ellias & George Triantis, Government Activism in Bankruptcy, 37 EMORY BANKR. DEV. J. 509 (2021).

② See Elizabeth Warren, Bankruptcy Policy, 54 U. CHI. L. REV. 775 (1987); Douglas G. Baird, Loss Distribution, Forum Shopping and Bankruptcy: A Reply to Warren, 54 U. CHI. L. REV. 815 (1987). 其后围绕上述两位学者观点加入论战的有学者和文章有：Donald R. Korobkin, *Rehabilitating Values: A Jurisprudence of Bankruptcy*, 91 COLUM. L. REV. 717, 719 – 20 (1997); Karen Gross, *Failure And Forgiveness: Rebalancing The B ankruptcy System 1424* (Yale Uni. Press, 1996); Elizabeth Warren & Jay L. Westbrook, *Searching for Reorganization Realities*, 72 WASH. U. L. Q. 1257, 1265 – 86 (1994); Douglas G. Baird, *Bankruptcy's Uncontested Axioms*, 103 YALE L. J. 573 (1998).

③ See Jackson, T. H., *The logic and limits of bankruptcy law.* Mass.: Harvard University Press, 1986.

④ David G. Carlson, *Philosophy in Bankruptcy*, 85 MICH. L. REV. 1341 (1987), p1389.

重政策目标。[①] 虽然这样的多种政策目标也不是完美的答案，[②] 但就现在表现来看确实是目前较好的理论选择，[③] 因而我国破产法的立法中也采取了这种多重政策目标，[④] 只是内容还不够具体。如果可以确定政府为实现哪些具体的政策目标可以参与法院破产案件，自然也就明确了破产案件中法院与政府的分工与边界。

（三）政府参与破产重整的具体政策目标

如前所述，政府可以将破产法作为政策实施的工具，同样，其他法律也可以作为政府的政策实施工具。因此对于政府来说，第一步就是要明确不同政策需要通过不同法律实施，否则难以达到效果。

市场风险可以分为具体性经济风险、系统性经济风险、具体性金融风险和系统性金融风险四种类型。经济风险的核心问题通常是公司无法再以符合生产成本的价格出售商品或服务，市场对公司产品需求下降；金融风险则是公司困于资本结构——资本中存在太多债务。风险仅发生在一家公司内的是具体性风险，此外的其他形式则是系统性风险。每种类型都有相应的应对措施：针对具体性经济风险，通常以贷款或直接付款的形式进行转移补贴，以缓解特定个人、公司或行业的经济风险；针对系统性经济风险

---

① 沃伦将其称为“dirty，complex，elastic，inter－connected view”．Elizabeth Warren，*Bankruptcy Policy*，54 U. CHI. L. REV. 775（1987），p. 811. MoreSee Elizabeth Warren，*Bankruptcy Policymaking in an Imperfect World*，92 MICH. L. REV. 336（1993）．

② 比如多重政策目标权重与排序、冲突解决等问题。这也是英国《科克报告》关切但仍未解决的问题。Finch，V.，& Milman，D.，*Corporate Insolvency Law*：*Perspectives and Principles*（3rd ed.）．Cambridge：Cambridge University Press，2017，p. 170.

③ Donald R. Korobkin，*Rehabilitating Values*：*A Jurisprudence of Bankruptcy*，91 COLUM. L. REV. 717（1991），p. 787.

④ 我国《企业破产法》第1条对立法目的这样表述：“为规范企业破产程序，公平清理债权债务，保护债权人和债务人的合法权益，维护社会主义市场经济秩序，制定本法。”第一个半句体现了程序追求，后三个半句体现了实质内容上的多重政策目标，最后应当是立法根据（依据《宪法》，但当时立法没有写明）。

的一般性刺激措施也是一种转移支付，用于广泛的市场或行业；针对系统性金融风险，最佳方案是向金融体系注入流动性，即金融救助；针对具体性金融风险，则动用破产程序。[①] 由此可见应对系统性金融风险和具体性金融风险的措施区别，也确定了“金融稳定法”和破产法的分工：前者应对系统性金融风险，后者处理具体性金融风险。当下我国正在进行《企业破产法》的修改工作和“金融稳定法”的起草工作，对于两者不同的政策目标也要予以准确区分。[②]

在区分出通过不同法律实施不同政策目标后，第二步我们就需要确定政府的哪些政策目标可以在法院破产重整案件中实施。由于在破产重整案件中政府处于辅助地位，所以政府实施的政策目标也要建立在遵循《企业破产法》的立法目的上。例如，在债权人保护上，一方面要保证债务人财产的保值增值，使得债权人能够分的“蛋糕”更大，[③] 另一方面要保障债权人获得分配的顺序上公平有序。在债务人保护上，主要是通过发掘其持续经营价值，使其得以存续。在社会公共利益保护上，为了促使破产重整高效顺利的重整成功，政府需要对新投资和借款提供支持、对税务和行政手续予以精简、对职工等特殊群体进行保护、对侵权责任预先考虑、对环境保护坚决贯彻、对刑事犯罪严厉打击等。在遵循《企业破产法》立法目的的基础上，政府可以通过实施以上几方面的政策目标对法院破产重整案件进行辅助支持。当然，以上列举仅仅是挂一漏万，在破产法中实施的政策目标确定是一项

---

① See Anthony J. Casey, *Bankruptcy & Bailouts, Subsidies & Stimulus: The Government Toolset for Responding to Market Distress*, 2021 U. CHI. LEGAL F. 63 (2021).

② 例如，最新征求意见的“金融稳定法”草案除了规定系统性金融风险外，在对金融机构发生具体性金融风险的应对上意图“采取“金融稳定法”为主而《企业破产法》为辅、行政处置前置而司法破产兜底”的模式，这可能还需要进一步考虑。

③ 齐明：《破产法中债务人财产保值增值原则》，载《清华法学》2018 年第 3 期。

有待充分研究的重要问题。

以破产重整中的问题楼盘为例，政府参与实施政策目标时，就应当以该类案件问题所需为导向。问题楼盘所处的房地产行业具有特殊性。房地产行业属于资源密集型产业，具有投资大、周期长、风险高、上下游产业链长的特点，且涉及的行政管理部门多；而住房问题是事关人民居住生存的重要民生问题，因此房地产行业本身就具有问题复杂、利益纠葛、风险高发的特点。因而这样的企业一旦进入破产程序，就会面临清核资产难度大、资产管理难度大、债权审查难度大、专业要求度高、交叉问题多的局面。为此，政府的政策目标应当集中于吸引投资或借款，分类梳理庞大规模的债权、剔除造假债权、对不同债权提供不同保护支持，对行政程序予以简化和支持。对复杂众多的利益主体，包括金融机构、民间借贷债权人、企业职工、购房者、建设工程承包商、材料供应商、农民工等，针对性地提供所需支持。

这些政府通过破产法意欲实施的具体政策目标，目前是通过府院联动机制实现的，未来应当在本次《企业破产法》修改过程中写入法中，这样实践中针对问题楼盘或者其他具体情形，可以有法可依、进一步细化工作制度，实现法治化和制度化。针对府院联动机制，有学者指出协商机制只是一种工作方法，缺乏实体性，为此，有学者建议将府院联动机制固定为具体机构，建立破产行政机构、服务机构。[①] 但实际上，政府通过破产法实施的政策目标最终需要通过入法等方式实现法治化和制度化，府院联动机制只是在上述存在缺失时采取的临时性、个案性的措施，未来随着相关法律与制度真正健全，府院联动机制也就完成了历

① 范志勇：《从单向走向互动的破产府院联动机制——以我国法院的破产能动司法为中心》，载《中国政法大学学报》2021 年第 1 期。

史使命。[①] 所以不必也不应该追求将府院联动机制机构化。即使未来作为一种监督机构也不具有常设的现实性。东部地区和中西部地区案件数量具有显著的不平衡，将其作为全国范围内的常设监督机构，不仅浪费资源而且有损其权威性。[②] 因此，作为当下法律和制度不完善的临时产物，府院联动机制未来终将会“退场”。

四、余论：如何真正解决问题楼盘？

长远来看，真正解决问题楼盘需要从制度前端入手。当前只是因为问题堆积在法院这一最后的环节暴发而已；单靠掌握判断权的法院确实难以解决，府院联动机制实质上是把未能在前端解决好问题的政府拉回来一起处理，属于不得已而为之。

引起问题楼盘的预售制度源自我国香港特区，我国内地地区现在面临的问题我国香港特区也早已面临过，并且得以解决。中国香港地区 1954 年创设“卖楼花”的预售制度，用分期付款的杠杆带动繁荣，但预售带来的烂尾在 1960 年便出现，[③] 为此当时的香港地区政府迅速反应，在 1961 年为预售制度打上“补丁”：开发商在预售前需要首先支付全部土地出让金等费用，并且需要证明自己有足够资金完成开发项目，无论是通过自有资金存款还是银行担保贷款，在所不问，否则政府不会批准开发；预售所得楼款并非直接进入开发商“口袋”，而是需要在指定律师行开设专门账户进行信托托管，开发商不能随意动用，资金使用需要得到律师许可和建筑师核准；项目完成后该笔费用也要结清银行贷款

---

① 郭涛：《府院联动：保障企业家的权益如何彰显？——从山东大乾公司重整案中探讨破产法的市场化、法治化实施》，载《人民法治》2019 年第 1 期。

② 龚家慧：《论府院联动机制的构建》，载顾功耘主编：《公司法律评论（第 19 卷）》，法律出版社 2019 年版，第 196 页。

③ 即位于大角咀的富贵大厦，是香港特区首宗“烂尾楼”。最终买了楼花的上百个业主被迫又多掏了三成房款，才使大厦继续施工。

等后才能最终返给开发商。通过这样的制度保障，我国香港地区得以在四十年间“无烂尾”。直到 2003 年，均来集团绕过层层监管险些造成开发楼盘烂尾，香港特区政府又再次修补，除了改善监管资金账户、增加透明度等，一个重要举措就是业主权利优先于银行。

在这一系列制度下，即使开发商进入清盘程序，[①] 由于预售所得楼款在律师行信托下，此时还不算开发商所有，自然不会被归入破产财产，因此清盘人仍能寻找其他开发商接管项目或自行接管，项目最终仍能完成交付，不会损害业主权利。这也体现了在破产程序对业主的延伸保护。

在房地产市场和破产制度最发达的美国也是类似。在购买新房或期房时，购房者只需预付房价 3% ~10% 的定金，且该笔款项也是流向第三方监管账户或保险公司的信托账户，而非直接流入开发商手中。楼盘封顶且外表完成、开始屋内装修时，银行才开始为购房者办理贷款和过户手续，同时银行也会聘请第三方评估机构对房屋的居住条件、安全情况进行审查后给出估价；开发商还需要安排购房者验房、政府验收检查，因此购房者实际上可以获得双重保险。购房者的按揭贷款则是从拿到房子后一个月才开始进行，这样即使开发商破产、出现问题楼盘，购房者的定金仍在第三方监管或者信托账户中，不会有损失也不会被归入破产财产，购房者可以取回；银行则因为还没有开始发放贷款，所以也还没有损失。而开发商在项目开发过程中的资金则来源于自己或第三方银行，因此银行在放贷时也会更加审慎评估，或者分阶段放贷，这也可以提高市场质量，排除掉没有实力、不优质的开发商。

---

① 清盘程序即香港特区的公司破产程序 liquidation/winding up，有关规定参见 Companies（Winding Up and Miscellaneous Provisions）Ordinance（Cap. 32）《公司（清盘及杂项条文）条例》。

自从20世纪90年代我们引进了预售制度以来，问题楼盘开始出现，各地项目“爆雷”、“停贷潮”愈演愈烈，让人触目惊心。一方面，监管银行的监管不力、使得开发商可以借各种名目支取预售所得楼款，一旦烂尾购房者钱房两空；另一方面，银行向购房者放贷的制度也存在问题，导致预售房烂尾但贷款仍需按时偿还的情况出现，严重侵害购房者利益。因此真正根治问题楼盘还须从制度前端进行完善，而非仅仅依靠最后的法院；这也是府院联动机制和政府通过破产法实施政策目标意图实现的事后弥补。

11　金融监管视角下房地产企业共益债融资研究

——基于2014年至2022年63个实证案例

范利亚　王泽钧　郝守琴*

摘要：2014年至2022年出现的63例破产房企共益债融资案表明，破产房企共益债融资存在"新增借款融资模式、新增借款附加代管代建代销、新增借款附加阶梯分担共益债模式、债权人自救下的资产证券化模式、社会募资下的资产证券化模式"五类。资金来源多为非银行类金融机构，少有商业银行；融资类型以外部投资为主，融资成本高于10%；金融监管上缺乏操作指引和监管规范。实践表明，现阶段商业银行直接发放共益债贷款，存在风险控制和审批程序两大阻力。并且，随着大型房地产集团破产案件的频繁出现，完善金融监管领域共益债投融资规则具有必要性和可行性。我国可参考域外破产法及金融监管实践的联动关系，完善《企业破产法》共益债认定规则，推动金融监管部门制定共益债投融资操作指引及监管细则，配合府院联动机制，充分突出商业银行的重要地位，构建多部门法协调下的共益债投融资制度。

关键词：共益债　融资　实证研究　类型化　房地产企业

---

* 范利亚，硕士，北京德恒律师事务所，高级合伙人，德恒企业拯救与破产委员会主任，中国政法大学破产法与企业重组研究中心研究员，研究方向：破产法、破产经济学；王泽钧，男，硕士，北京德恒律师事务所，专职律师，北京大学粤港澳大湾区知识产权发展研究院兼职研究人员，北京市破产法学会会员，研究方向：破产法、金融法、知识产权法；郝守琴，女，硕士，北京德恒律师事务所，专职律师，研究方向：破产法、经济法。

一、问题提出

过去五年，我国破产企业共益债投融资市场如火如荼。大量破产企业通过融入共益债解决企业持续经营和复工续建问题，实务中积累大量共益债投融资的创新模式。① 以房地产企业破产程序中的共益债融资为例，实践中破产企业的纾困方案多以融入共益债推动续建和销售为主，投资人多以合同约定的本息优先退出；少有投资人以长期持有项目为目的进行股权投资实现整体收购。实践中，笔者观察到，既有案例中的共益债投资人多为资产管理公司、民间资本等第三方金融机构，利率多在 10% 以上，且多要求有财产担保债权人同意共益债未来清偿的“超级优先”；很少有商业银行等原债权人为共益债投资人，投入低成本资金。笔者还发现，破产房地产企业本就负债累累，如引入年利率为 10% 甚至 15% 的共益债资金，本质上是在挤占银行类债权人、购房户债权人以及其他普通债权人的偿债资源。实践中尽管有商业银行作为金融债权人愿意追加共益债投资，但受限于金融监管、银行内部审批以及风险控制往往未能实现，只能通过过桥或者结构化安排的方式，花费一定成本，引入第三方实现资金投入。

近年来，随着经济下行，我国部分地区还开始出现大型房地产企业集团破产案件，这类案件办理周期长，存在多个项目交付压力、整体资金需求大、需要合并破产、债权人难以充分尽调，这一系列因素导致共益债融资难度激增。超大额的共益债资金投入并附加高风险对各类资本方都是挑战。在大型企业集团破产融资本就困难的情况下，最具资金能力的商业银行类债权人又因为金融监管等多重原因，难以续贷，这使得对大型企业集团的拯救

① 洪燕：《共益债务的理论重构及其实践》，载《四川理工学院学报》（社会科学版）2019 年第 34 期。

变得尤为困难。①

笔者认为，随着房地产企业破产及停贷潮的来袭以及部分大型房地产集团破产案的暴发，② 有必要从金融监管视角对破产房地产企业的共益债融资实践及规则进行研究。未来应当如何推动商业银行等金融机构更好地参与共益债投资？如何规范引导金融机构的共益债投资，并良好地控制金融风险？如何实现《企业破产法》与金融监管的有效联动？如何充分发挥府院联动机制与共益债融资规则的作用，化解政府维稳压力。这些均值得关注。

二、房地产企业重整融资的实证研究

为分析破产房地产企业共益债融资的实际情况以及人民法院对共益债融资纠纷的裁判思路，作者组织课题组通过“全国企业破产重整案件信息网”“威科先行”进行案例搜索，③ 获得 63 项有效案例。④ 其中，2014 年到 2019 年合计检索到 12 例；2020 年、2021

① 范利亚、王泽钧：《关联企业实质合并重整的实证研究——兼谈企业集团重整特殊行政规则的构建》，载北大法律信息网，https://shlx.pkulaw.com/experts/817797c7943ee65c2bd2029fd14f5ae3bdfb.html，访问日期：2022 年 6 月 30 日。

② 王静、蒋伟：《实质合并破产制度适用实证研究——以企业破产法实施以来 76 件案例为样本》，载《法律适用》2019 年第 12 期。

③ 课题组成员为：王泽钧、王秋贺、饶泽众。收集方法为首先通过全国企业破产重整案件信息网全文检索，检索关键词为“房地产”、发布日期为“2014 年 1 月至 2022 年 7 月 12 日”，访问日期为 2022 年 7 月 12 日。直接搜集到裁判文书 13 053 例，逐项查阅后去除裁定书、决定书、管理人工作文件等无关文书，结合百度、搜狗微信的新闻报道交叉比对，后又通过“北大法宝”“威科先行”的检索结果交叉比对，获得有效案例 63 件。

④ 相关案例中，比较有代表性的有三类，如 2014 年浙江省舟山中恒置业有限公司清算转重整案中，破产法院和管理人通过类资产证券化操作在浙江金融资产交易中心进行融资确定为共益债得到债权人认可。2015 年杭州怡丰城房地产公司破产重整案，唯一金融债权人杭州银行余杭支行为“东田·怡丰城”项目后续共益债融资 2.1 亿元，推动项目复工续建。2015 年在安吉丰华置业破产重整案中，通过发行 2 亿元“丰华共益”投资产品挽救了濒临破产的楼盘“倚山艺墅”。

年、2022 年分别检索到 10 例、25 例和 16 例，如表 11 -1 所示。

目前，房地产企业重整融资整体呈现如下特征：从融资方式上，共益债融资贷款与资产证券化占比各半；从融资需求上，从单个房地产企业需要重整融资，逐渐发展到房地产企业集团需要重整融资；从案件数量上，2020 年以后，共益债融资逐渐成为房地产企业纾困常用的金融工具。从融资类型上，可以分为金融债权人新增借款、其他金融机构信用借款以及资产证券化三类。从投资主体上，包括商业银行、持牌金融机构、地方城投公司以及其他金融机构。

表 11 -1 破产房地产企业共益债融资案例表（2014 年到 2022 年）

时间/年	地域	破产房地产企业全称	共益债资金金额/亿元
2014	浙江	舟山中恒置业有限公司	0.5
2015	浙江	杭州怡丰成房地产开发有限公司	2.1
2015	浙江	安吉凯承置业有限公司	2.0
2016	浙江	长兴县振宇房屋开发有限公司	1.5
2016	江苏	苏州鼎基房地产开发有限公司	0.5
2017	安徽	宁国市永丽房地产开发有限公司	4.0
2017	浙江	玉环保地国际有限公司	未知
2017	浙江	浙江亚西亚房地产开发有限公司	0.2
2017	浙江	金华市龙湾置业有限公司	未知
2019	广西	东兴鸿德房地产开发有限公司	0.9
2019	河南	尉氏县玖承房地产开发有限公司	1.5
2019	浙江	浙江中奥置业有限公司	0.8
2020	浙江	浙江林垟房地产开发有限公司	3.0
2020	湖南	湖南银基置业发展有限公司	0.08

续表

时间/年	地域	破产房地产企业全称	共益债资金金额/亿元
2020	上海	上海悦合置业有限公司	2.5
2020	天津	天津松江股份有限公司	2.6
2020	安徽	宣城市创元房地产开发有限公司	0.5
2020	湖北	武汉缤购城置业有限公司	0.2
2020	广西	苍梧县万锋房地产开发有限公司	未知
2020	河南	平顶山市华众房地产开发有限公司	0.5
2020	四川	四川通泽置业有限公司	未知
2020	浙江	浙江凯翔房地产开发有限公司	未知
2021	云南	云南沐荣欣成房地产开发有限公司	0.08
2021	湖南	湖南洪雄房地产开发有限公司	1.2
2021	广东	广州百筑房地产开发有限公司	0.8
2021	四川	德阳市荣森房地产有限公司	未知
2021	广东	深圳市华讯方舟投资有限公司	15
2021	江西	江西省东部实业有限责任公司	8
2021	河南	偃师中迈置业发展有限公司	2
2021	江西	江西浙达房地产开发有限公司	1.1
2021	浙江	新光圆成股份有限公司	1.0
2021	江苏	常州市美林江南置业有限公司	5.0
2021	重庆	重庆市大足区上坤房地产开发有限公司	0.2
2021	江苏	宿迁广历投资有限公司	0.01
2021	湖南	株洲华晨房地产开发有限责任公司	14.3
2021	河南	开封市世纪嘉源房地产开发有限公司	0.5
2021	云南	云南昆都国际房地产开发有限公司	2.3
2021	湖南	株洲华晨房地产开发有限责任公司	14.3
2021	河南	新乡市聚隆置业有限公司	0.6

续表

时间/年	地域	破产房地产企业全称	共益债资金金额/亿元
2021	山西	介休市绵山风景区开发有限责任公司	0.2
2021	河南	商丘市天龙置业有限公司	0.05
2021	河北	永清燕阳房地产开发有限公司	2.0
2021	重庆	重庆南恒置业有限公司	5.5
2021	广西	广西贺州市宫城旅游投资有限公司	0.3
2021	云南	昆明尚信房地产开发有限公司	未知
2021	江西	上饶市正和实业有限公司	1.5
2021	广东	广东华峰能源集团有限公司	4
2022	四川	四川广达置业有限公司	未知
2022	云南	曲靖恒浩置业有限公司	0.55
2022	云南	云南金鼎盛房地产开发有限公司	无
2022	云南	宣威市垠呈房地产开发有限公司	0.2
2022	河南	河南共城置业有限公司	0.6
2022	安徽	淮南金丰易居置业投资有限公司	未知
2022	安徽	安徽中旋置业有限公司	0.1
2022	云南	云南碧鸡集团房地产开发有限公司	0.6
2022	广西	河池市宜州区通达房地产开发有限公司	0.2
2022	云南	云南正林实业集团有限公司	未知
2022	河南	河南润辉置业有限公司	0.35
2022	河南	平顶山市亿利房地产开发有限公司	0.4
2022	浙江	玉环市中泷置业有限公司	0.8
2022	贵州	遵义恒志房地产开发有限责任公司	1.0
2022	山东	昌邑市新都置业有限公司	未知
2022	安徽	蒙城县鸿业立蒙房地产开发有限责任公司	0.6

（一）典型案例

关于“共益债务”的内涵①和类型，有学者认为可将银行贷款、AMC 贷款、委托贷款、政府垫资、企业资金拆借、战略投资者借款、第三方平台发行权益型产品②、供应商赊售、建筑单位垫资继建等纳入在内，但不应当过分扩张。③ 实践中，房地产企业破产程序中的融资在性质上争议较小，各方均同意破产企业通过借款、资产证券化等方式完成复工续建和交房，实现债权人的共同受益。

1. 新增借款融资模式

资本的融通性一向是融资的关键。④ 房地产企业拯救的核心在于尽快融入资金复工续建。但受限于房地产项目的商业模式，此类案件多难以再引入资本性投入，因此实务中多采用借入附带“超级优先权”的信用贷款，解决资金枯竭问题。目前，较为常见的融资模式为新增借款融资模式。

在“东田·怡丰城”项目公司破产重整案中,⑤ 项目公司自 2015 年起停工，购房债权人过千户，债务规模近 20 亿元。因该项目外部融资困难，最后于 2016 年通过杭州银行余杭支行获得共益债贷款 2.2 亿元，最终实现了项目续建。在近十年的共益债融资

① 共益债务是指破产程序进行中，为了全体债权人的利益所发生的债务和因债务人财产所发生的债务的总称。参见韩长印：《破产法学》，中国政法大学出版 2016 年版，第 183 页。

② 范利亚、王泽钧：《论服务类财产权信托中信托监察人制度的构造——以企业集团“出售式重整”为视角》，载北大法律信息网 https://article.chinalawinfo.com/ArticleFullText.aspx? ArticleId = 121291，访问日期：2022 年 2 月 23 日。

③ 丁燕：《共益债务融资的实践进路与法律保障》，载《月旦财经法杂志》2020 年 6 月号。

④ 陈景善：《重整融资之超级优先权模式：功能与构造》，载《政治与法律》2021 年第 9 期。

⑤ 吴勇：《浙江首例预重整案 两千万急救金救活负债 18 亿房企》，载浙江新闻网 https://zj.zjol.com.cn/news.html? id = 705935，访问日期：2022 年 7 月 12 日。

案例中，该案是少有的商业银行直接发放共益债贷款进行自救的案例。

在“广州新塘百晟广场项目”破产重整案中，项目公司自2019年停工，涉及3.2万平方米政府安置房，最终通过东莞资产管理有限公司、广东浙银华创资产管理有限公司引入8000万元的共益债投资，实现项目续建。与“东田·怡丰城”案不同，该案中的投资人为外部资产管理公司，这类投资主体在近年来出现的案件中最为常见。

前述案例中，一例为债权人自救下的新增借款融资；另一例为外部投资人提供的新增借款；区别在于，前者无须过分担心新增投资与有财产担保债权的清偿顺位。而后者需要与有财产担保债权人就清偿顺位上进行博弈，并且由于外部债务的进入，且融资利率高，还会挤占普通债权人的偿债资源。因此可以认为，除非破产企业能获得外部的低息贷款，否则债权人自救明显更为经济。正如李曙光教授提出：“市场化的破产实施方法需要配套的制度以降低实施成本。”① 实践证明，相较于引入外部投资人，引导债权人开展自救情况下的共益债投资，并配套相关规则更有利于破产制度的完善。

2. 新增借款融资+代管代建代销模式

在新增借款融资的基础上，近年来实务中衍生出一系列新的纾困模式。其中，最有代表性的为投资人联合体代管代建代销模式与共益债投资模式的结合版。

在“蓝城·凤起朝阳”项目公司破产重整案中，在停工7年后，破产企业于2020年获得浙江蓝城、光大金瓯资管的融资，在预重整程序中与各方达成“3亿元共益债融资+代建代销”的重

---

① 李曙光、王佐发：《中国破产法实施的法律经济分析》，载《政法论坛》2007年第1期。

整方案，实现项目续建。

在“上海悦合国际广场”项目公司破产重整案中，由于破产确认债权超百亿元，各方利益错综复杂，且涉及难以快速变现的商业地产，直接引入股权投资人十分困难。最后，管理人通过债权融资附加项目代管的方式，引入绿庭投资作为重整投资人，出借2.5亿元，年化利率12%，以及附加4年合计4200万元管理费的模式，实现项目盘活。

新增借款融资附加代管代建代销的融资方式，有效解决了传统借款融资中续建资金监管难、原施工队质量保障难、新增房源销售难的问题，代建代销方案的提出不仅能减少原开发商的失信对后续销售的影响，降低共益债资金的使用风险，还能够引入新的销售运营团队和新的经营理念提升销售率。从房地产重整实务来看，这种“共益债+代建代销”的投资模式更符合商业逻辑。

3. 新增借款融资+阶梯分担共益债模式

除了在投资方式上创新以外，实务中还存在债务承担方式上的创新。在“翰林雅苑、翰林嘉苑”项目公司[①]破产清算案中，在当地党委、政府的指示下，该案按照“先完成项目建设，再清理法律问题”的经营性破产审理思路，以破产清算程序为基础，与国有投资人达成共益债投资协议，并与投资人、受益债权人达成阶梯式分摊共益债的方案，以购房类债权人购买的楼盘、房源、是否以房抵债等因素确定共益债的分摊标准，最终实现各类债权的妥善安排。

本案中，债权人、投资人与破产企业各方在基于“谁受益，谁偿债”的原则上，自主协商确定了重整融资债权清偿的顺位和清偿方式，这种方式在符合《企业破产法》及司法解释的立法宗

---

① 《破产典型案4：江西浙达房地产开发公司破产清算案》，载江西破产重整管理人网 http://jxglr.cncourt.org/public/detail.php? id=384，访问日期：2022年7月12日。

旨基础上，创新出“阶梯分担共益债模式”，值得思考与参照。

4. 债权人自救下的资产证券化模式

在部分案件中，房地产企业因为各种原因，既难以引入股权类投资人，也难以引入债权类投资人，却急需大规模的续建资金，以实现项目续建。有法院创新性地探索出“债权人借款 + 资产证券化模式”解决破产企业融资难题。①

例如，在“莱茵河畔”项目公司重整案中，虽然资金的最终来源为债权人借款，且各方将借款的性质确定为共益债可随时清偿。但是，还是借助了资产证券化的手段，通过浙江金融资产交易中心平台和杭州阅好投资管理合伙企业实现 1.5 亿元的资金注入。该模式下虽然解决了资金安全性问题和合规审批的问题，但是否会受到商业类物业和住宅类物业限制性发行 reits 产品的监管约束，值得探讨。

5. 社会募资下的资产证券化模式

破产财产证券化是近年来金融机构设计出的新型融资产品。这类融资产品以信托为基础架构，将破产企业的未售房产和应收房款作为基础资产，发行资产收益权凭证向社会发售，投资人的购买对价作为融入资金，用于破产企业的复工续建。②

例如，在中恒·倚山艺墅项目公司破产重整案中，2014 年项目公司因资金枯竭被申请破产，但项目建设进度已接近 95%，仅需 5 000 万元建设资金即可全部完工。考虑到企业破产的原因就是工期拖延导致企业错过房地产最佳销售期，加上此前资金杠杆过高，

---

① 《长兴县振宇房屋开发有限公司、长兴绿宇房地产开发有限公司破产清算案》，载微信公众号六和律师事务所 https://mp.weixin.qq.com/s/I2xR0A6_SPeOrDkI4AjpdA，访问日期：2022 年 7 月 12 日。

② 《舟山中恒置业有限公司司法处置专题新闻发布会发布稿》，载浙江省舟山市定海区人民法院官网 http://dinghai.zjcourt.cn/art/2015/4/6/art_1220875_2157964.html，访问日期：2022 年 7 月 12 日。

最终导致企业破产。如果通过破产企业进行融资，势必需要向信托机构支付足够高的风险利率，这将降低全体债权人的清偿比例。浙江金融资产交易中心牵头设计资产支持证券，发售具有超级优先性质、可优先于担保物权和其他普通债权清偿的投资收益权证券，成功募集到了5000万元社会资金，解决了企业融资难的问题。浙江金融资产交易中心通过资产证券化发行的一系列融资产品，均值得研究，后文详叙。

（二）经验与启示

1. 共益债融资模式呈现多样化态势，以非银行类金融机构投资为主

从以上典型案例可知，房地产企业重整融资按照资金来源和融资方式划分，主要包括4类，分别为债权人自救下的新增借款融资、投资人出资下的新增借款融资、债权人自救下的资产证券化、社会募资下的资产证券化。其中，在新增借款融资中，因共益债分担方式、资金监管方式的不同，可以进一步划分为仅新增借款、新增借款附加代管代建、新增借款附加阶梯分担债务三种，如表11－2所示。

表11－2　房地产企业共益债融资模式分类

资金来源	新增借款融资模式			资产证券化模式
	新增借款	新增借款附加代管代建	新增借款附加阶梯分担	
债权人	“东田·怡丰城”项目	—	—	“莱茵河畔”项目
投资人	“广州新塘百晟广场项目”	“蓝城·凤起朝阳”项目	“翰林雅苑、翰林嘉苑”项目公司	中恒·倚山艺墅项目
备注	是否需要超级优先权取决于各方博弈			必须有超级优先权

如果按照最终的资金提供方划分，也可将共益债融资分为如下几类：

第一类，商业银行投资者（贷款行），如杭州怡丰城房地产公司破产重整案（融资 2.1 亿元，投资人为杭州银行股份有限公司）。

第二类，全国性资产管理公司，如株洲华晨房地产开发有限公司破产案（融资 14.3 亿元，投资人为华融融德资产管理有限公司）、江西省东部实业有限责任公司破产案（融资 8 亿元，投资人为信达资产有限公司江西省分公司）。

第三类，地方性城投或者资产管理公司，如广西东兴鸿德房地产开发有限公司破产案（融资 0.9 亿元，投资人为广西金控资产管理有限公司）、天津松江股份有限公司破产案（融资 2.6 亿元，投资人为天津津诚国有资本投资运营有限公司）、湖南洪雄房地产开发有限公司破产案（融资 1.2 亿元，投资人为湖南财信资产管理有限公司）。

第四类，民营投资类企业，如浙江亚西亚房地产开发有限公司破产案（融资 0.2 亿元，投资人为杭州宋都诚业投资管理有限公司）。

第五类，民营企业。曲靖恒浩置业有限公司破产案（融资 0.55 亿元，投资人为曲靖市兄弟实业有限公司）。

整体而言，国内房地产企业的共益债融资模式呈现多样化态势，共益债的投资以非银类金融机构投资为主。虽然近年来已经逐渐有商业银行直接进行共益债融资的案例，由于目前国内金融监管部门暂未出台商业银行进行共益债贷款的实施细则和监管规范，所以目前地方银行在对破产企业续贷方面存在诸多顾虑。

2. 共益债融资包括自救型与他救型，应鼓励商业银行进行自救贷款

国内房地产企业陷入破产潮的主要原因是我国各个省份城镇

化率已经趋于高点，房地产市场几乎饱和，且民营房地产企业的平均贷款利率高达 15% 以上。[①] 一旦房地产销售跟不上预期，民营房地产企业随时有破产的可能。按照融资方式划分，房地产公司进行贷款融资的平均成本高达 10% 。[②] 大部分房地产公司的贷款融资综合利率为 8% ~15% ,[③] 信托、基金类融资成本都在 10% 以上。[④] 在高额利率下，刨去成本支出后的房地产变成了微利行业。此外，根据 2021 年第七次人口普查城镇化率及发展规划，全国城镇化率高达 64.72% ,[⑤] 河南省、山东省、重庆市、四川省的城镇化率分别高达 56.45% 、63.94% 、70.32% 、57.80% 。如此高的城镇化率意味着我国家庭对房屋购买力逐渐下降。以日本和韩国为例，日本在 1996 年进入城市化中后期（城镇化率 78% ），新房规模到达顶峰，民众购买力持续下降；[⑥] 韩国在 2015 年进入城市化中后期（城镇化率 81.6% ），新房规模到达顶峰。

在这一大背景下，破产房地产企业即使能够通过新增资金完成复工续建，也基本上难以全额偿还已欠付债权，如果再融入资金成本高达 10% 的共益债，毫无疑问是在挤占普通债权和购房户债权人的利益。尽管实践表明民间共益债融资、政府平台公司共益债融资以及混合型共益债融资模式已经趋向成熟，但是一方面，这类资本均有比较高的融资利息，并且规模有限，不一定能满足

---

① 李修茹：《房地产企业融资问题及对策》，载《经贸实践》2018 年第 8 期。

② 温向来、王瀛：《中小房地产企业融资问题分析》，载《产业创新研究》2021 年第 12 期。

③ 华莎：《房地产融资方式探讨》，载《中国市场》2020 年第 1 期。

④ 孔晓、范乐乐、金文燕：《房地产企业融资困境及其对策分析》，载《现代商业》2020 年第 16 期。

⑤ 国家统计局编：《2021 中国统计年鉴》，http://www.stats.gov.cn/tjsj/ndsj/2021/indexch.htm，访问日期：2022 年 7 月 13 日。

⑥ 《日本城市更新发展经验及借鉴》，载微信公众号“拓道论道” https://mp.weixin.qq.com/s/qxXKs__tP7qyxaHlTGCFEA，访问日期：2022 年 7 月 13 日。

大型房地产集团重整共益债融资需求；另一方面，政府并未放开具有大量政策资金的商业银行共益债融资，缺乏此类融资相关指引和细则，这导致现阶段银行难以成为共益债融资的主力。正如 Myers 与 Majluf 的融资优序理论提到，“企业融资的最优融资顺序首先是通过企业的内部盈余融资，再次是通过外部债权融资，最后才是通过外部股权融资”①。未来应当进一步推进商业银行进行自救式共益债投资。

3. 金融机构的募集、投资、管理、退出缺乏监管，金融机构投资共益债需规范指引

尽管各地金融机构投资房地产企业共益债已经如火如荼，但是在立法和监管层面，均缺乏相关支持和引导。目前，理论上的相关研究主要集中在《企业破产法》第 42 条第（4）项以及司法解释关于清偿顺位的讨论，少有对金融监管的讨论。② 在金融机构投资共益债领域，国家近年来出台了不少政策性规范。如 2021 年 2 月 25 日，国家发展和改革委员会等部门联合发布《关于推动和保障管理人在破产程序中依法履职进一步优化营商环境的意见》，要求“银行业金融机构按照市场化、法治化原则，对有重整价值和可能性、符合国家产业政策方向的重整企业提供信贷支持。”同时，该意见要求“支持重整企业金融信用修复……鼓励金融机构对重整后企业的合理融资需求参照正常企业依法依规予以审批。”2022 年 3 月 16 日，国务院金融稳定发展委员会召开专题会议，“要求各部门针对危困房地产企业，提出有力有效的风险化解方

---

① 李琼：《MM 理论——优序融资理论》，载《新财经》（理论版）2011 年第 2 期。

② 王欣新教授最早于 2008 年就已经开始关注破产法中司法与行政监管之间的关系，提出应当以司法权统一裁判为原则。但未就共益债的金融监管进行过多讨论。参见王欣新、李江鸿：《破产法制中司法权与行政权关系探析》，载《政治与法律》2008 年第 9 期。

案，提出新的配套措施”。

但遗憾的是，目前金融监督管理部门并没有发布关于金融机构投资共益债贷款的操作指引，也没有对商业银行如何处理破产企业的新增贷款作出明确规定。这就导致一方面非银行类金融机构创设出共益债投资的多种模式，以期获取10%甚至是20%的超额利润，这本质上是在压缩贷款行和购房户的利益；另一方面，贷款已经进入不良状态或者遭受损失的商业银行，难以就能否继续投资共益债继续决策，容易出现谈判僵局，最后只能引入高利率的信托资金进行纾困，这本质上与顶层设计相背离。

三、金融监管视角下共益债融资制度再观察

破产企业进行融资需要兼顾各方利益。目前学界对于外国破产企业融资的研究，多集中于美国、德国等国家的破产法领域，较少关注该国金融监管制度体系对破产企业融资的影响。事实上，政府以及金融监管部门对破产融资的支持、引导、参与、监管，对破产企业融资都具有重要作用。正如有学者提出，“监管机构应做到审慎监管，预防和阻止企业破产发生”①。我国不仅需要完善企业破产法中的共益债融资规则，还需要在金融法领域构建起完善的金融监管规则。

（一）美德破产融资行政监管体系的观察

1. 美国破产融资金融监管制度

美国破产企业融资的主要依据是1978年《美国破产改革法》关于破产重整企业DIP（debtor in possession）重整融资制度②的相

① 苏洁澈：《金融监管机构在金融机构破产中的角色》，载《江汉论坛》2019年第5期。

② 张思明：《美国破产重整DIP融资制度研究》，载《商业研究》2016年第470期。

关规定。其中，DIP 融资制度的核心是“给予重整融资请求权以优先地位”，从而减轻投资人的顾虑。[①] 2020 年 3 月 27 日、12 月 27 日美国出台《冠状病毒援助、救济和经济安全法案》[②] 和《2021 年度综合拨款法案》[③]，允许在破产法庭批准下重整企业根据获得贷款的规定，申请获得 CARES Act 基金（CARES Act Funding）贷款；同时延长债务人不动产抵押赎回权，并且规定在一定期间不产生罚款或超额利息。[④] 对于 DIP 融资，美国学术界已经有较为丰富的研究成果；在立法实践中，也对担保贷款、资金注入、公司治理结构进行了详细规定。

从金融监管及行政干预的角度来看，美国破产企业融资制度具有浓厚的行政色彩。在通用公司、克莱斯勒公司等大型企业集团重整 DIP 融资案中，国家干预、政府大规模注资的特征明显，这离不开该国完善的金融监管制度。[⑤] 从部门法的角度来看，美国破产重整同时受到司法裁判和金融监管的双重影响。一方面，实务中通常结合《美国联邦破产法》第 364 条和判例对破产重整企业贷款的难易程度分类建立贷款层级优先权体系，获得贷款的难度越大，融资人的优先权越高；[⑥] 另一方面，依托于美国的金融监管框架，金融稳定监管理事会（FSOC）、金融研究办公室（OFR）等机构对破产企业 DIP 融资具有重要影响。“美国的金融监管架构

---

① 王佐发：《公司重整的契约分析》，中国政法大学 2008 年博士学位论文，第 170 页。

② See Coronavirus Aid, Relief, and Economic Security Act, CARES Act.

③ See Consolidated Appropriations Act, 2021.

④ 田季煌：《疫情下，各国如何用破产程序力挽狂澜?》，载微信公众号“破产法快讯” https://mp. weixin. qq. com/s/riiZqWFqVtiUdxUoRiDfPQ，访问日期：2021 年 1 月 29 日。

⑤ 孙建：《重整融资法律制度问题研究》，南京师范大学 2021 年博士学位论文，第 32 页。

⑥ 同上书，第 32—33 页。

是监管机构应对金融危机和金融机构创新规避监管的循环往复中形成。”① 美国的金融监管围绕功能监管的模式，以金融机构所从事的经营活动为监管核心，立法上金融部门的功能监管导向与大型企业集团破产中行政干预导向，共同解决了破产企业 DIP 融资难的问题，这一点对于我国金融监督管理部门监督金融机构共益债投资具有重要参考价值。

2. 德国破产融资金融监管制度

德国破产企业重整融资制度更为明确。德国于 1994 年首次在破产法中规定转让型重整，并允许商业银行、企业供应商和德国政府等主体为破产企业提供新增贷款。其中，商业银行能够提供新贷支持和放弃旧贷款的利息或延长收付利息、削减债务等措施，为企业提供稳定的现金流支持；德国政府可以就企业重整对银行新贷款提供担保。在《德国不能支付法》中确立了重整程序中的新借款债务构成财团债务。② 由于财团债务仍不能保证贷款的偿还不足，以激励贷款人提供贷款融资，《德国不能支付法》第 264 条确立了“贷款额度”制度，允许贷款人在信贷额度范围内的贷款在重整程序监督期内享有较高的优先权，即若监督期内转为破产，贷款人享有在债务人财产价值基础上在信贷额度范围内优先获得清偿退出的权利。③

在金融监管方面，德国金融稳定法律体系具有法典化、体系化等鲜明的大陆法系特征，主要包括《德国金融稳定监督法》

---

① 张丽平、彭一然：《美国金融监管架构变革及经验借鉴》，《中国经济时报》，2016 年 5 月 16 日。

② 德国的财团债务相当于我国的共益债，共益债的范围主要规定于《德国不能支付法》第 54 条、第 55 条、第 100 条、第 103 条、第 123 条、第 169 条，受偿顺序在普通债权人之前。

③ ［德］莱因哈德·波克：《德国破产法导论》，王艳柯译，北京大学出版社 2014 年版，第 191 页。

和《德国金融市场稳定基金法》，前者起到金融稳定监管机构体系顶层设计的作用；后者用于规范问题金融企业的救助行为。[①]这些法律共同构成德国危机救助法律体系。《德国金融市场稳定基金法》为政府向问题金融机构提供流动性保障提供了法律依据。

尽管德国金融稳定法律只是从危困金融机构流动性保障的角度进行规定，并未明确就金融机构投资破产企业共益债的金融监管问题出台法律文件，但是其金融稳定法律与企业破产法之间的联动关系值得我国借鉴。

（二）我国共益债融资规则的现状

我国的破产企业共益债融资规则经历了从无到有。中华人民共和国成立后至《企业破产法》颁布之前，我国破产企业融资均是通过国家注资的方式进行。随着经济体制的转型和金融体制的建立健全，企业融资体制从国家财政主导型、银行主导型向多元博弈型投融资体制转型。[②] 2007 年以后，《企业破产法》及《破产法司法解释三》开始倡导共益债融资，允许共益债借款并可为借款设定担保，明确了借款融资参照共益债劣后于担保债权的清偿顺位。[③] 2019 年 10 月 23 日，国务院公布了《优化营商

① 《中国金融监管报告（2022）》之“中国金融稳定法律体系的构建”。

② 王龙刚：《救赎与博弈：公司重整融资的法律制度研究》，中国政法大学 2011 年博士学位论文，第 33—34 页。

③ 《破产法司法解释三》第 2 条规定：“破产申请受理后，经债权人会议决议通过，或者第一次债权人会议召开前经人民法院许可，管理人或者自行管理的债务人可以为债务人继续营业而借款。提供借款的债权人主张参照企业破产法第 42 条第 4 项的规定优先于普通破产债权清偿的，人民法院应予支持，但其主张优先于此前已就债务人特定财产享有担保的债权清偿的，人民法院不予支持。管理人或者自行管理的债务人可以为前述借款设定抵押担保，抵押物在破产申请受理前已为其他债权人设定抵押的，债权人主张按照物权法第一百九十九条规定的顺序清偿，人民法院应予支持。”

环境条例》着力解决企业融资难、融资贵的问题。[①] 2021 年 2 月 25 日，最高人民法院等 13 个部门共同出台《关于推动和保障管理人在破产程序中依法履职 进一步优化营商环境的意见》，提出要“加强对重整企业融资支持”。但遗憾的是，金融机构投资共益债至今尚无金融监管领域的具体规定，也缺乏相关指引，这导致商业银行少有对破产企业发放共益债贷款的现况。

在理论上，我国对金融监管视角下的共益债融资研究也较少，目前的研究主要集中于融资途径的多元化、共益债基础理论以及重整融资人权益的保护等方面。如有学者提出美国 DIP 融资制度具有治理模式复杂、方式多样化等特征，我国在完善破产企业自行管理融资制度时也可以引导破产企业实现多元化融资模式。[②] 还有学者从共益债的内涵上出发，对共益债的理论进行重构，较为全面地梳理了共益债的基本逻辑，但缺乏对破产企业共益债融资问题的进一步探讨。[③] 虽然有学者早在 2008 年就关注到了金融监管对破产制度的影响，[④] 但遗憾的是，我国金融监管部门直到近年来才开始出台相关政策，探索共益债融资的金融监管。

（三）共益债规则与金融监管规则的耦合与协调

正如李曙光教授提出的，破产制度的完善需要多部门法的

---

① 《优化营商环境条例》第 26 条第 1 款规定：“国家鼓励和支持金融机构加大对民营企业、中小企业的支持力度，降低民营企业、中小企业综合融资成本”；第 27 条规定：“国家促进多层次资本市场规范健康发展，拓宽市场主体融资渠道，支持符合条件的民营企业、中小企业依法发行股票、债券以及其他融资工具，扩大直接融资规模。”

② 张思明：《美国破产重整 DIP 融资制度研究》，载《商业研究》2016 年第 6 期。

③ 洪燕：《共益债务的理论重构及其实践》，载《四川理工学院学报》（社会科学版）2019 年第 3 期。

④ 王欣新教授最早于 2008 年就已经开始关注破产法中司法与行政监管之间的关系，提出应当以司法权统一裁判为原则。但未就共益债的金融监管进行过多讨论。参见王欣新、李江鸿：《破产法制中司法权与行政权关系探析》，载《政治与法律》2008 年第 9 期。

协调。[①] 鼓励银行业金融机构对特定重整企业提供信贷支持的指导意见，一方面有必要在理论方面加深研究，比较分析和参考美日德破产融资金融监管制度的经验和教训，未来在"金融稳定法"中进行相关制度设计；另一方面应当试验性地出台相关共益债融资指引，引导金融机构规范从事共益债投融资业务。

未来，随着"金融稳定法"的制定，《企业破产法》《公司法》的修订，应当更加注重共益债规则与企业监管规则间的耦合和协调。只有解决好这两个部门法间的关系，才能更好地推动商业银行等金融机构对危困企业进行新增贷款。

四、金融机构投资共益债务监管细则的完善

（一）制定共益债投资金融监管规则，出台投融资操作指引

实践证明，商业银行作为债权人，如能够继续向破产企业投资共益债，不仅有利于解决破产企业的融资难题，快速推动项目的持续经营以及续工续建，还有利于以较低利率实现整体受益，是一项行之有效的纾困措施。域外经验表明，重整融资不仅需完善《企业破产法》及相关司法解释，也需要完善金融监管制度。

从顶层设计上看，银保监部门可以考虑制定金融机构投资破产企业共益债操作指引，用以解决商业银行以及非银行金融机构合规从事破产企业共益债业务的审批问题。现阶段可以通过指引方式，规范引导共益债投资，未来可以进一步出台相关政策规范，完善金融监管。关于操作指引，我们认为在体系设计上可以分七部分，包括总则、行业监管、审批流程、尽职调查、风险控制、投后管理、业务合规。在具体内容上，各章节按照贷款发放的基本规律展开。第一部分"总则"部分就上位法规范、定义进行解

① 李曙光、王佐发：《中国〈破产法〉实施三年的实证分析——立法预期与司法实践的差距及其解决路径》，载《中国政法大学学报》2011 年第 2 期。

释说明，同时明确银行等金融机构作为投资共益债的主体地位，明确共益债投资的基本原则；第二部分“行业监管”部分就金融监督管理部门对商业银行发放共益债类贷款资金监管方式进行说明；第三部分“审批流程”部分就金融机构投资破产房地产企业共益债的内部审批流程进行规范说明；第四部分“尽职调查”部分就金融机构委托中介机构尽职调查的相关内容进行规定；第五部分“风险控制”部分重点就金融机构投资共益债的规模、准备金进行说明，防范金融风险；第六部分“投后管理”部分就投资的资金用途、资金使用计划、项目开发及销售计划报备方式等进行规定。第七部分“投后退出”部分就共益债的资金退出顺序、退出方式等进行规定。

（二）完善共益债相关制度，允许新增融资的“超级优先权”

根据十三届全国人大常委会的立法规划，《企业破产法》已被列入2022年全国人大常委会预安排审议的法律案。无论是理论研究还是实践探索，都迫切需要立法予以回应。通过立法完善共益债融资规则，已经成为理论界的共识。如有学者①提出，应当以破产法市场化、法治化作为出发点，指出在债务人全部有效财产都被设置物权担保等情况下，程序成本如破产费用（包括管理人报酬）和共益债原则上应从担保物的变价款中支付。有学者②认为，企业重整缺乏运营资金注定不可能成功，重整融资权的制度安排有利于化解破产企业的困境。还有学者③提出，破产的上市公司融资渠道单一，应积极探索共益债权融资、资产处分等方式。

① 王欣新：《破产费用、共益债务与物权担保债权间的清偿关系》，载《人民法院报》2015年9月2日，第7版。

② 贺丹：《破产重整控制权的法律配置》，中国检察出版社2010年版，第125页。

③ 丁燕：《理论、规则与实证：上市公司破产重整计划法律问题研究》，法律出版社2014年版，第98页。

正如徐阳光教授所言，困境企业拯救需要多种程序予以实现。[①] 因此，我们建议，在《企业破产法》修订过程中，除了就预重整[②]、实质合并重整[③]、清算转重整等程序性事项予以规定外，进一步完善破产企业进行共益债务融资的相关规定，一方面解决理论上对《企业破产法》第 42 条的争议，对《破产法司法解释（三）》关于法院不支持共益债优先于有财产担保债权的规定进行调整，参照德国破产法实践，适当对保障企业恢复经营所需的共益债给予优先地位。另一方面，为各方基于意思自治达成的偿债协议和清偿顺序留下空间，推动共益债清偿的公平性和标准化，进一步完善债权人保护体系。[④] 此外，对于近年来出现的大型房地产企业集团实质合并重整案件，也应当考虑实质合并破产情况下，如何为大型企业提供无担保共益债融资的制度支撑，倡导重整投资人在战略投资的同时，为困境企业提供共益债贷款，保障大型企业集团的正常运营。

（三）增加大型房地产集团破产中的府院联动，共同推动共益债投融资

实证表明，近年来我国开始有一大批大型房地产企业集团陷入财务困境，需要通过多种手段解决资金问题。大型企业集团重整对于共益债资金的需求巨大，现阶段的金融实践仅能满足小规

---

① 徐阳光、武诗敏：《企业拯救文化与破产法律制度的发展——基于英国破产制度最新变革的分析》，载《山西大学学报》（哲学社会科学版）2021 年第 44 期。

② 范利亚、王泽钧：《关联企业预重整的实践及反思——兼谈庭外重组与司法重整的效力衔接》，载《上海法学研究》2021 年第 9 卷。

③ 关于关联企业实质合并破产的内涵、外延、判断标准以及对大型企业集团重整的影响，参见徐阳光：《论关联企业实质合并破产》，载《中外法学》2017 年第 29 期；王欣新：《关联企业实质合并破产标准研究》，载《法律适用（司法案例）》2017 年第 8 期。

④ 李曙光：《论我国〈企业破产法〉修法的理念、原则与修改重点》，载《中国法律评论》2021 年第 6 期。

模共益债资金的投入和使用，尚无金融机构对大规模房地产企业集团共益债投资的先例。在此背景下，就需要充分发挥府院联动的优势，一方面，应当灵活运用府院联动机制，推动合适的共益债投资人注入资金，先完成项目建设，帮助政府及时化解项目烂尾带来的“信访上访”等维稳问题；另一方面，应当坚持法院的主导地位，同时发挥地方政府对于地方城投、资产管理公司的管理优势，通过府院联动，让政府更好地服务于市场，[①] 通过市场引导和政策激励，推动共益债投资人参与重整案件。

此外，地方政府也可以综合运用财政拨款、设立引导基金、政府担保、协调贷款、税收优惠等方式，最大限度化解大型房地产企业集团破产带来的负面影响。在府院联动推动共益债落地方面，可以考虑参考域外政府在大型破产企业共益债务融资中的介入手段，如在通用公司和克莱斯勒公司重整案中，美国政府财政投入资金近五百亿美元进行纾困；在日本航空公司破产重整案中，日本企业再生支援机构注入约 33 亿美元财政资金进行纾困。[②] 总之，在《企业破产法》相关规则缺位的情况下，现阶段可以通过探索府院联动 + 共益债融资模式，化解各地方政府在房地产企业纾困中遇到的维稳难题。

---

① 李曙光：《最高人民法院院长为何细谈“破产”?》，载微信公众号“最高人民法院”https://mp.weixin.qq.com/s/ibP8J64y1L3gCEwUZM4t_Q，访问日期：2022 年 7 月 13 日。

② 冯辉编著：《比较破产法案例选评》，对外经济贸易大学出版社 2012 年版，第 251—253 页。

12　问题楼盘企业预重整的实践检视与规范进路

王　辉　桓　旭　刘梦飞*

摘要：由于立法的缺失，问题楼盘预重整实践中面临着各方定位不清、府院联动不力、保护机制缺失、衔接环节不畅等问题。本文以问题楼盘重整为视角，重点剖析问题楼盘预重整实践中遇到的问题以及原因，对比各地实践的不同做法，提出完善其有效运行的核心要素，以期能有效优化问题楼盘预重整实践。

关键词：问题楼盘　预重整　府院联动　衔接环节

一、求变之源：问题楼盘破产面临的司法困境

（一）案件数量急剧增长

2017 年至 2021 年，河南法院累计审结问题楼盘破产案件 117 件，问题楼盘破产案件和重整案件数量均呈不断增长趋势，法院审判压力日益加大。2021 年全省法院审结房企破产案件较 2017 年增加了 12 倍，重整案件增加了 20 倍。结合当前态势，可以预见今后将有相当数量的问题楼盘进入破产程序，案多人少的矛盾将进一步被扩大。

---

* 王辉：平顶山市中级人民法院党组书记、院长，法学博士；桓旭：平顶山市中级人民法院清算与破产庭庭长，法学硕士；刘梦飞：平顶山市中级人民法院清算与破产庭法官助理，法学硕士。

（二）审理周期冗长反复

问题楼盘破产案件审理周期普遍较长。近五年，全省法院审结问题楼盘破产案件的平均用时为 806.4 天（2.2 年），其中清算案件平均用时 1048.1 天（2.9 年），重整案件平均用时 618.5 天（1.7 年），和解案件平均用时 603.5 天（1.7 年）。该类型破产案件显然已严重拉长了破产案件的平均周期，继而影响到“办理破产”指标质效。

（三）法律关系纷繁复杂

有些房地产企业尤其是中小民营房企，一是普遍存在着股东资产与企业资金相互混同的情况，企业融资借款与房屋销售回款在财务账簿外循环的现象比较突出；二是企业之间、企业与股东之间互保情况普遍，为规避银行放贷政策，甚至通过“设立空壳公司 + 房企提供担保”的形式来获取银行贷款，由此形成了复杂的资金链关系；三是企业外部融资关系复杂，除了普遍存在的民间借贷、非法集资外，还有信托公司等非银行金融机构融资，这无疑增加了企业利益主体之间有效界定的难度。

（四）牵涉领域极为广泛

如果说破产是各种矛盾冲突集中爆发的体现，重整可以说是其中的典型。① 一方面，问题楼盘破产案件往往涉及民事、行政、刑事、执行等多个方面，尤其是企业重整程序需要土地、规划、房管、税务、市场监管、人防、金融等各职能部门的大力配合才能顺利推进。另一方面，绝大多数问题楼盘破产案件都会涉及拆迁户、购房户、施工单位、农民工、供应商、银行、融资担保公司、民间借贷出借人，甚至是非法集资参与人等群体。不同利益群体之间的利益诉求呈现出差异化，乃至是冲突化的特征，这使

---

① 许德风：《破产法论：解释与功能比较的视角》，北京大学出版社 2015 年版，第 472 页。

得重整成功的不确定性显著提高。

（五）资产处置难度很高

通过对100起①破产房企资产拍卖活动梳理得知，交易成功的只有5起，其中1起为5人竞拍，4起为1人竞拍，其余95起均因无人报名而流拍，且变现折扣率普遍低于60%。由此不难推测，如果完全不考虑继续投入资金将项目盘活而将土地、烂尾工程直接拍卖处置，不仅处置难度大，变现价值非常低，各类债权人的利益都将无法得到有效保障。

（六）社会维稳压力较大

不同于一般企业破产案件，问题楼盘破产案件涉及民生稳定、金融安全、产业转型等一系列问题，一旦债务人企业进入破产程序，各种历史遗留问题开始大量浮出水面，如表12－1所示。在债务人关注热度排行榜前40名的破产案件中，问题楼盘破产案件占了19件。② 问题楼盘破产所面临的维稳压力主要来自购房户、拆迁户、非法集资参与人和农民工等利益群体，基于房地产项目的公共属性，无论采取何种破产手段，都必须考虑好后续投资、项目续建以及最终交付的问题。

表12－1　问题楼盘破产与一般企业破产案件情况比较

类型	债权总额	债权人数	主要资产	资产处置难度	社会关注度	政策依赖性
问题楼盘破产案件	5亿~10亿元	200~500人	在建工程、土地	很大	较高	极强
一般企业破产案件	1亿元以下	100人以下	机械设备、厂房	一般	一般	一般

① 该100起拍卖系从阿里拍卖平台中设定破产、房地产等条件按最新时间筛选得出，拍卖标的为土地使用权及在建工程。

② 《全国企业破产重整案件信息网债务人热度排行榜》（EB/OL），https://pccz.court.gov.cn/pcajxxw/gzrd/rdph，访问日期：2022年6月29日。

二、探索之路：问题楼盘预重整的实践总结与问题检视

（一）河南省外的三种模式

（1）破产申请前的预重整。温州市人民政府在 2018 年召开联席会议并发布《企业金融风险处置工作府院联席会议纪要》，其规定的预重整主要程序是：由当地政府主导启动预重整程序，政府在管理人名册中选择预重整管理人并召集主要债权人成立债权人会议，债务人或管理人负责制订重整计划草案，并由债权人会议表决，表决效力亦延伸至重整程序，表决通过的，再由相关权利人申请破产，通过司法程序确定草案的司法效力。

（2）破产受理前的预重整。重庆市第五中级人民法院于 2021 年 1 月发布的《预重整工作指引（试行）》则明确预重整的类型包含破产申请前的预重整和破产申请审查阶段的预重整。破产申请前的预重整，预重整期间法院不介入；破产申请审查阶段的预重整，预重整期间法院弱介入，并行“不介入”和“弱介入”两种模式。

（3）破产申请后、法院裁定受理前的预重整。深圳市中级人民法院于 2019 年 3 月发布了包含预重整相关内容的重整案件工作指引，主要程序是：权利人向法院提出破产申请后，在法院裁定受理前，经债务人申请法院有权决定进行预重整。法院指定临时管理人接管企业，并牵头各方协商重整方案；如果各方先行表决，其法律效力延伸至重整程序。在此基础上制订重整草案并召开债权人会议表决，如果获得通过，法院才受理该重整申请。

（二）平顶山地区模式

截至目前，平顶山地区通过预重整程序转入重整程序的问题楼盘共 7 家均已重整成功，正在进行预重整工作的共计 4 家。平

顶山市中级人民法院2021年出台的《关于在房地产企业破产中进一步规范预重整工作的意见》，就房企预重整程序进行了规范，具体做法如下：

（1）构建政府主导的联动模式。平顶山地区的问题楼盘预重整坚持的是政府主导、法院指导、部门联动、协同合作的原则，即在破产申请前由政府牵头，各利益相关方开展协商，政府掌握风险控制和事项协调，在此阶段法院介入程度相对较弱。这种实践可以看作是在政府主导下协调多部门对企业资产、破产原因和重整可能进行“切脉问诊”。

（2）确立联席会议运行机制。平顶山地区问题楼盘预重整工作均以联席会议形式进行，工作指导专班和辅助机构共同组织召开联席会议，就重整价值识别、战投招募、工程续建等工作进行筹划，并协调相关部门一致行动。

（3）选任中介机构提前介入。预重整阶段邀请辅助机构提前介入，能够避免预重整至破产案件受理期间出现破产财产管理主体缺失的真空，防止债务人因一己之私或其他目的而非法处分破产财产、损害破产债权人共同利益的情况发生。

（4）实现正式程序依法衔接。债权人及各利益群体在预重整期间对预重整方案的表决意见即视为对重整计划草案的表决，预重整阶段临时债权人会议表决通过的预重整方案，在进入重整程序后，如果正式的重整计划草案与预重整方案内容无实质性变化，则表决结果继续发生效力。

（5）设计管理委员会执行模式。针对企业后续执行困境，协商成立由破产工作指导专班负责并包含债务人、债权人委员会成员、管理人、投资人在内的管理委员会来实现企业科学决策，不仅破解了债务人丧失执行能力的难题，更使各方主体统一协作，有力提升了债权人的重整信心。

（三）不同模式的对比分析

从各地出台的制度文件以及实践来看，预重整主要有以下三种方式：一是债务人高度自治，债务人、债权人自行组织庭外重组，形成偿债方案后，由司法程序予以确认和执行；二是政府主导，有关部门前期介入并主导协商，形成大部分债权人支持的偿债方案，由司法程序予以确认和执行；三是司法主导，法院受理破产案件后，选定辅助机构提前介入，搭建谈判平台，维持企业运营价值，在司法程序中完成谈判并形成和通过重整方案，如表12－2所示。实践中三种预重整方式各有特点，在运行中都取得了一定的效果，但也遇到了一些难题。由于预重整在我国立法层面较为滞后，目前各地实践大都是在无具体规则情况下的尝试，由此导致在司法实践中很多法院制定的预重整规则各不相同，实施标准不统一、不规范，需要尽快出台相关规定予以明确，以有效降低制度性成本，提高破产重整的效率。

表12－2　实践中各地预重整模式特点比较

区别＼地区	温州	深圳、北京	平顶山
启动时间	破产申请前	破产申请后、法院裁定受理前	破产申请前
主导机构	政府	法院	政府
司法介入	一般介入	主动介入	不主动介入
辅助机构	政府指定	法院指定	联席会议选任
预重整期限	通常不超过六个月，政府可决定延长三个月	三个月，合议庭可延长一个月	原则上三个月，指导专班批准后可延长二个月

（四）实践中存在的问题及原因

1. 各方职责定位不够明确

理论界对于政府和法院在预重整程序中的角色定位多持消极看法。有观点认为，无论是预重整的开始还是结束，都不需要向法院（包括政府）申请，不需要法院的受理或者批准，法院不应对预重整进行实质性干预。[①] 另有专家提出，将预重整置于法院的主导之下，反而容易导致预重整成为规避破产法关于重整计划草案提出时限的工具。[②] 但从实践来看，不论是温州模式还是深圳模式，预重整程序基本上都是由政府或法院主导进行。

2. 政府协调作用未能充分发挥

考虑到拟进入破产程序的困境房企，常常需要寻求土地、规划、税收、维稳、融资等方面的政策支持，因此政府在房企预重整程序中是不可或缺的参与者、协调者，甚至是主导者。由于上位立法缺失和市级层面权限限制，导致有关部门配合工作时亦存在较大掣肘，诸如涉税障碍、权证办理、不动产（土地、房产）处置、员工社保等现实难题往往难以通过联动协调得到解决。在平顶山法院审结的某问题楼盘破产重整一案，预重整程序用时 90 天，重整程序用时 145 天，但因手续办理多方受阻，延迟了近 9 个月才开工。

3. 普通债权人保护机制不完善

预重整实践中存在的信息不对称的问题历来饱受各方诟病，这种情况在问题楼盘预重整实践中尤为突出。从某种角度上讲，问题楼盘预重整是一场债务人企业与主要债权人之间的博弈，普通债权人可能处于相对边缘的地位。一方面是由于预重整的透明度低，明显加剧了各方信息不对称的程度；另一方面债务人更

---

① 王欣新：《预重整的制度建设与实务辨析》，载《人民司法》2021 年第 7 期。

② 徐阳光：《困境企业预重整的法律规制研究》，载《法商研究》2021 年第 3 期。

加侧重与购房户等优先权人的协商，政府层面也更加关注楼盘续建和房屋交付的问题，普通债权人的利益很容易被忽视。以上因素都可能严重影响普通债权人参与预重整程序的积极性，并可能影响到重整计划预案在正式破产重整程序经法院裁定批准后的公正性。

4. 预重整方案效力延伸环节缺失

所谓效力延伸是指预重整阶段的谈判成果如何通过法院重整程序得到转化确认，这不仅是开展预重整的主要目的，也是建立庭外重组与庭内重整衔接机制的立法意图，更是整个预重整制度构建的重中之重。效力延伸实质上包含两个层面，一个是预重整方案的审查主体和标准的问题，另一个是预重整阶段召开债权人会议形成表决的效力问题，这与现行破产立法的规定相左，理论界及实务界看法不一。

三、规范之途：问题楼盘预重整的优化思路

预重整制度为债务人企业、债权人提供了更大的空间和更多的选择，为房企重整提供了更多的可能，但实际运行中也面临着诸多尴尬局面。有观点主张，问题楼盘预重整有效运行的要素包括：充分发挥政府的协调作用；突出债权人的主体地位；确保程序的公正性。问题楼盘预重整实践面临的突出困境严重制约其功能的实现，应在全方位审视现行预重整制度运行态势的基础上，对其进行针对性的改进，使预重整制度在挽救问题楼盘方面发挥更大作用。

（一）遵循四个基本原则

问题楼盘预重整应当坚持债权人及社会利益本位的理念，注重规则设计的科学性，充分尊重各方的意思自治，政府在现有政策范围内为债务人提供保障，法院侧重进行业务指导，中介机构依约履行职责义务。

1. 坚持社会本位

破产重整制度体现的正是公权力对于私人经济的主动介入，在维护债权人权益的同时，也强调保护社会整体利益。王欣新老师将重整制度的建立视为破产法社会价值取向发展的一次突破。[1]与此同时，追求社会效果的司法理念既是法律与政策融合博弈的产物，也是新时代对于法院职能的更高要求，具体就房企预重整而言，将社会、经济和政治纳入裁量因素，以谋求决策的合理性，与债权人利益最大化并不相悖，尤其要从社会本位角度出发，进行适度的制度设计。

2. 尊重意思自治

预重整的本质属性决定了预重整必须尊重各方当事人的意思自治，是否开展预重整，如何进行预重整均是当事人的自治事项，即使预重整过程中伴随着政府、法院的审查，也是基于当事人不具备破产法律、政策专业知识，由政府协调、法院指导更有助于平衡预重整工作，不至于偏颇一方，审查的基础是各方当事人协商一致的基础上形成的共同方案，而该方案并非由权力机关独自制订。

3. 各方恪守边界

问题楼盘预重整实行政府主导、法院指导、辅助机构实施的模式，政府主导风险管控与事务协调，法院主导司法程序。各方在预重整中的职责定位应明确界定，应当立足企业的客观情况，不能以行政权、司法权干涉债权人、债务人合法权利的行使。

4. 注重协调合力

预重整是一项复杂的工程，程序的顺利运转必须由各方配合完成。法院、辖区政府、辅助机构、债务人等各方主体应根据企业实际情况，在统一的目标下，就重整价值识别、工程续建等一系列工作进行统筹策划，并协调一致行动。

---

① 王欣新：《破产法》，中国人民大学出版社 2019 年版，第 286 页。

（二）厘清四方职责定位

1. 人民法院：“指导者” + “推动者”

国内绝大多数学者都主张预重整必须坚持当事人意思自治的原则，对法院介入的必要性和合理性持否定批评的态度。市场主体意思自治与法院介入之间似乎是相互排斥不可调和的，但在问题楼盘预重整实践中并非如此，法院的作用发挥程度对预重整程序的进行有着相当的影响。完全否认司法介入无异于纸上谈兵，是不切实际的，解决问题的关键在于明确预重整程序中法院的角色定位。推行预重整主要是为了完善庭外重组与庭内重整的衔接，在当前缺乏立法依据的前提下，首先，应当明确预重整是当事人的自治事项，开展预重整无需征得法院批准，法院更不应通过立案或强制指定临时管理人进行强势主导；为便于掌握企业真实情况以及对庭外重组协议的审查批准，法院应当进行专业指导，但司法不应过度干预。其次，法院作为司法程序的关键掌控方，应当尽力推动预重整程序的进程，为重整工作打好基础。预重整中的庭外协商与协议要符合相应规则，没有了法律规则的指引与规制，就不再是法律意义上的预重整。① 预重整制度作为当事人自主协商，摆脱债务危机的解困机制，必须以成文形式确立其实施的规则和程序，法院需要对问题楼盘预重整的工作机制和原则、启动标准、工作流程、审查规则、程序衔接等事项作出具体设计，为债务人企业开展预重整工作提供指引。

2. 各级政府：“主导者” + “协调者”

市场化破产中的政府定位是“行政配套”，由行政配套解决衍生的社会问题。② 法律语境下的法庭内重整，原则上排斥行政权

---

① 王欣新：《预重整的制度建设与实务辨析》，载《人民司法》2021 年第 7 期。

② 陆晓燕：《“府院联动”的建构与边界——围绕后疫情时代市场化破产中的政府定位展开》，载《法律适用》2020 年第 17 期。

力的介入和干涉，行政机关在法庭内重整中并没有法律地位。但是预重整推行的是市场主体意思自治为主、法院介入为辅的模式，另外不同于一般企业，困境房企基本上没有自行开展预重整的能力和现实可能性，这为政府介入问题楼盘预重整提供了有效空间。其一，问题楼盘破产往往涉及土地、规划、税收、融资等事项，需要政府深度介入，全面掌控。其二，绝大多数问题楼盘都面临着员工离职，公司法定代表人或实际控制人涉及刑事犯罪被处以刑罚，企业银行账户、资产被查封冻结等情况，基本上失去正常经营管理的能力，难以推动企业预重整程序。其三，开发楼盘一旦烂尾，房企与拆迁户、购房户、农民工等债权人之间的矛盾将处于不可调和的地步，债权人对债务人的不信任也将被无限放大，单纯依靠房企去完成协商谈判工作，几乎是不可能的。实践中，很多成功的问题楼盘预重整都是在政府的主导下完成的。

3. 辅助机构："组织者" + "实施者"

选任第三方中介机构提前介入债务人预重整程序，是理论界与实务界的共识。首先，预重整辅助机构作为预重整程序中联结债务人企业、债权人、政府和法院的桥梁，其虽不具备破产法意义上破产管理人的管理职责，但在预重整程序中同样不可或缺。辅助机构要比照正式重整程序中管理人的职责开展工作，主要任务是清产核资、债权申报、审核、债权人委员会选任、监督财产和营业事务、招募投资人、制订预重整方案等，为重整计划草案的制订提供有效、客观的数据支撑。其次，辅助机构作为预重整企业的临时代管人，能够避免预重整至破产案件受理期间出现破产财产管理主体缺失的真空，防止债务人因一己之私或其他目的而非法处分破产财产、损害债权人共同利益的情况发生。最后，辅助机构的选任要根据房企及问题楼盘的具体情况设定对辅助机构综合素质的要求，不仅要有相关楼盘项目运营经验，还要有适当的融资能力。在个案指定上，强调辅助机构的业务专长与企业类型相适应，辅助机构的资质等级与案件的复杂程度相适应，避免出现因辅助机构能力不足导致预重整程序推进不力。

4. 债权主体："参与者"＋"监督者"

从本质上讲，问题楼盘预重整是债务人与债权人之间的谈判协商过程，预重整程序能否顺利推进，与债权人的权益实现息息相关。实践中债权人对于自身在破产程序中的权利行使重视不足，只关注债权申报和清偿这一头一尾，未意识到其积极参与破产程序的重要作用。而其根本原因在于掌握信息不对称，因此在预重整制度构建过程中，要通过完善信息披露体系，保障债权人的知情权，以解决预重整程序的低参与度问题，这是债权人有效行使权利的基础。预重整阶段债权人要积极进行债权预先申报、跟进投资人招募情况以及主动参与预重整方案的制订与表决过程，在维护自身合法权益的同时，推动预重整工作的开展。此外，债权人参与到预重整程序，很重要的一个功能是监督中介机构依法勤勉履职，促进预重整程序高效推进。进入预重整程序的企业的经营状况已然堪忧，房地产企业在这方面更加突出，预重整方案或重整计划草案的核心内容是针对债权人所享有的债权清偿比例、方式和时间等利益的"让渡"和"博弈"，本质上是对债权人切身利益的调整。因此，债权人在预重整阶段行使知情权和监督权，实际上也是为自身权益的公平实现而服务，目的是确保预重整程序的公开透明，防止出现因债务人、中介机构等主体的不当行为而发生个别清偿、久拖不决或影响债权人权益实现的情形，这也是预重整方案能够获得债权人同意的关键。

（三）强化四项工作机制

1. 深化府院联动机制

预重整推行的是市场主体意思自治为主、法院介入为辅的模式，这为政府介入房企预重整提供了有效空间。但若要真正推动房企预重整实践，需要不断深化、细化府院联动机制的内涵，具体包括两个层面：一个是微观层面，即政府部门参与房企预重整，应当坚持府院联动、分工负责的原则，形成属地政府主导风险控制、法院进行业务指导、辅助机构依法履职的良性互动工作机制。另一个是宏观层面，即政府部门如何提供有力支持，根据当前实践现状，建议省级层面制定出台有关制度文件，强化市级层面协同配合，推动政府各部门在重整信用修复、税收协调、不动产处置、金融风险化解等方面为房企预重整提供支持，建立真正解决问题的法治化、常态化工作机制，积极协调解决以房企为代表的企业破产的衍生问题。

2. 健全权利保护机制

我国现行立法关于信息披露的规定，并未形成一个体系化和制度化的制度。[①] 相较于正式重整程序，预重整程序中的信息披露显得更为重要。债权人对债务人预重整计划的表决和通过，应基于债权人对公司有充分的了解，而其了解的途径在于债务人的信息披露义务。[②] 目前各地出台的预重整指引规制的重点几乎都放在一味要求不合理地扩散债务人企业的财务恶化信息。问题楼盘预重整的低透明度和有限参与既是这一程序的固有问题，也是其制度优势所在，这种相对的封闭性或保密性事实上有利于维持企业商誉，降低协商谈判的难度，防止出现塌方式崩盘风险。问题楼盘预重整程序中普通债权人的保护方向，应当立足于规范信息披露的流程节点和内容，消除普通债权人尤其是未能参与预重整的债权人对于该程序的疑虑，引导各方主体支持理解问题楼盘预重整程序及破产重整程序。

---

① 王欣新、丁燕：《论破产法上信息披露制度的构建与完善》，载《政治与法律》2012 年第 2 期。

② 曹文兵、朱程斌：《预重整制度的再认识及其规范重构——从余杭预重整案谈起》，载《法律适用》2019 年第 2 期。

3. 规范信息披露机制

预重整中信息披露制度的构建应着重明晰披露的流程节点和内容：决定开展预重整时，债务人企业和相关主体要积极向已知债权人告知拟开展预重整的基本思路、主要目的；制作及表决预重整方案时，债务人或中介机构要将调查的企业的基本情况、后续工程测算情况、融资计划情况等向债权人披露；债务人向法院提出重整申请时，需梳理提供预重整期间信息披露报告，便于法院对预重整阶段的表决成果的公正性进行审查，如图 12 - 1 所示。

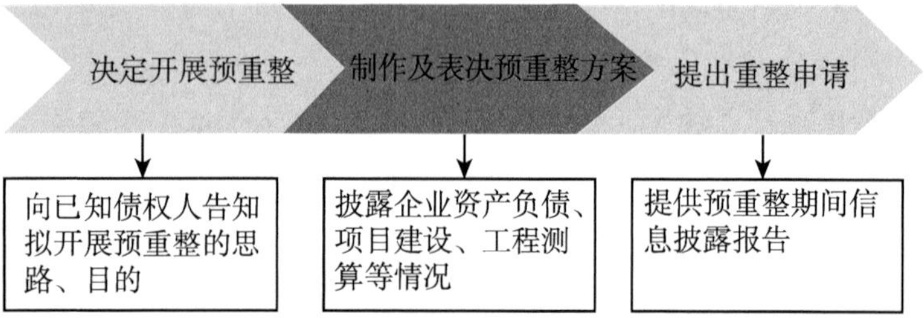

图 12 - 1　预重整程序信息披露流程节点

4. 完善重整衔接机制

为充分发挥预重整制度的优势，建议通过立法来对预重整的成果进行继受保护，不能让债务人等各方主体在经历一系列复杂程序后“竹篮打水一场空”。做好庭外重组与庭内重整的衔接，应重点从两方面入手：一是设计禁反言。预重整期间可以书面告知或者在债权人会议表决票上进行提示，相关表决意见一经作出即对其产生约束力，在进入正式重整程序后不可翻悔。二是建立效力延伸环节。预重整期间按重整程序表决规则表决通过的事项，包括以预重整方案为基础制作的重整计划草案，如表决基础及草案内容无实质性变化，进入正式重整程序后无须反复表决。

结　语

预重整作为庭外重组与庭内重整的衔接机制，体现了破产拯救的理念，为推动问题楼盘重整提供了新的思路，但也面临诸多障碍。如何破解问题楼盘预重整面临的现实困境，需要我们正确认识预重整的本质属性，立足问题楼盘破产实际，侧重从程序设计层面作出合理安排，理顺法院、政府在预重整程序中的角色定位，以不断提升预重整制度的运行质效，实现对问题楼盘的有效拯救，满足营造法治化营商环境的强烈需求。

▶ 参考文献

［1］韩长印：《破产法学》，中国政法大学出版社 2016 年版。

［2］王欣新：《破产法》，中国人民大学出版社 2019 年版。

［3］许德风：《破产法论：解释与功能比较的视角》，北京大学出版社 2015 年版。

［4］最高人民法院民事审判第二庭编著：《〈全国法院民商事审判工作会议纪要〉理解与适用》，人民法院出版社 2019 年版。

［5］王欣新：《预重整的制度建设与实务辨析》，载《人民司法》2021 年第 7 期。

［6］王欣新、丁燕：《论破产法上信息披露制度的构建与完善》，载《政治与法律》2012 年第 2 期。

［7］浙江省杭州市余杭区人民法院课题组：《房地产企业预重整的实务探索及建议》，载《人民司法》2016 年第 7 期。

［8］徐阳光：《困境企业预重整的法律规制研究》，载《法商研究》2021 年第 3 期。

［9］王欣新：《充分发挥预重整制度在企业挽救中的作用》，载《中国审判》2017 年第 33 期。

［10］张艳丽、陈俊清：《预重整：法庭外重组与法庭内重整的衔接》，载《河北法学》2021 年第 2 期。

［11］胡利玲：《论困境企业拯救的预先重整机制》，载《科技与法律》2009 年第 3 期。

［12］陆晓燕：《“府院联动”的建构与边界——围绕后疫情时代市场化破产中的政府定位展开》，载《法律适用》2020 年第 17 期。

［13］曹文兵、朱程斌：《预重整制度的再认识及其规范重构——从余杭预重整案谈起》，载《法律适用》2019 年第 2 期。

［14］陈唤忠：《预重整制度的实践与思考》，载《人民司法》2019 年第 22 期。

13 “问题楼盘”企业破产中优先权的实现与顺位

——以权利冲突为视角

高媛媛*

摘要：对符合条件的“问题楼盘”企业适用破产程序进行化解时，如何保护不同群体的优先权、解决同一标的上的权利冲突，既是破产审判和衍生诉讼中的难题，又关乎群体矛盾和社会风险的化解。本文通过对“问题楼盘”企业破产中不同优先权的梳理和相关实务问题的讨论，旨在厘清各类优先权在破产程序中的清偿顺位和实现路径，为解决“问题楼盘”破产程序中的权利冲突和疑难问题提供实务上的参考。

关键词：问题楼盘　破产优先权　权利顺位

一、拆迁安置户的绝对优先权

（一）绝对优先权的成因

最高人民法院《关于审理商品房买卖合同纠纷案件适用法律若干问题的解释》第7条第1款规定：“拆迁人与被拆迁人按照所有权调换形式订立拆迁补偿安置协议，明确约定拆迁人以位置、用途特定的房屋对被拆迁人予以补偿安置，如果拆迁人将该补偿

* 高媛媛，法律硕士，平顶山市中级人民法院清算与破产庭一级法官。

安置房屋另行出卖给第三人，被拆迁人请求优先取得补偿安置房屋的，应予支持。”《民法典》生效后该条款废止，但相关规则尚未确立。现实中，不少“问题楼盘”因项目停工致使安置房不能如约交付，在这个过渡期内被拆迁居民往往居无定所，生存居住权益得不到保障。

关于拆迁安置户的优先权性质，理论上有“物权说”和“债权说”，笔者倾向于后者，因为拆迁安置户的优先权源于拆迁安置补偿协议，本质仍是债权请求权，即请求合同相对方履行一定的给付义务——交付房屋，因合同标的是“特定房屋”，拆迁安置户在协议签订后享有对安置房的物权期待权。“所有权调换”并不意味着拆迁安置户直接取得了安置房屋的物权，因为我国采取不动产物权登记生效主义，未经登记不发生效力，所以“物权说”缺乏依据。在破产清偿顺序中拆迁安置户居于第一顺位即享有“绝对优先权”，理由归纳如下：

（1）权利取得的原始性。拆迁安置户是以“所有权调换”形式签订安置补偿协议，即以个人、家庭利益让渡在先，这是拆迁项目推进和楼盘兴建的前提条件。拆迁安置户以拆迁安置补偿协议取得对特定安置房的物权期待权，与消费者购房人同属于解决生存居住目的，但取得权利的原因不同。消费者是支付房款，拆迁安置户是“所有权调换”，以被拆迁人失去原有房屋为代价，从这个角度出发，拆迁安置户的权利顺位应排在各类优先权之前。

（2）履行合同的必然性。实践中，拆迁安置补偿协议是开发商与被拆迁人或当地村民委员会签订。继续履行合同、向拆迁户交付房屋、支付过渡期间的补偿安置费用是开发商作为合同一方应履行的义务，拆迁安置户从原住所迁出就已完成合同义务。根据《企业破产法》第 18 条的规定，管理人只能对破产申请受理前成立而债务人和对方当事人均未履行完毕的合同享有解除权，因此，在开发商企业进入破产程序、未履行完毕自身义务时，管理人应继续履行拆迁安置补偿协议。

（3）弱势群体保护的必要性。拆迁安置补偿协议不同于一般的民事主体基于双方真实意思表示签订的合同，最大的区别是拆迁安置受当地政府政策影响较大，许多安置协议是开发商与村委会作为双方签订，由村委会再行安置房分配等具体事宜。因此，作为拆迁安置主体行使意思自治的自由度不可避免地受到宏观的政策约束，拆迁户先行迁出也是牺牲了个体权益服务大局。在开发商的强势地位下，拆迁安置户是亟须保护的弱势群体，楼盘烂尾最先危及的就是拆迁安置户的生存居住权益。

（二）拆迁安置群体权利的实现方式

主要包括：（1）若拆迁安置协议指向的特定房屋已经建成，被拆迁人可直接申请办理产权变更登记手续；（2）若拆迁安置协议中用于置换的特定房屋尚未建成，被拆迁人享有选择权，可以请求管理人继续履行协议、交付房屋，也可以就特定安置房的变价所得优先受偿；（3）关于拆迁安置期间产生的租金等过渡费，是为保障生存之必须，也在安置补偿协议请求权范围内，应作为优先债权予以清偿。

（三）相关实务问题探究

（1）安置房是否属于破产财产？有学者认为：“在所有权调换形式的房屋安置中，被拆迁房的产权本属于被拆迁人所有，在产权置换协议签订后，应视为被拆迁人原房屋所有权因拆迁而转移到调换后的房屋或者相应房屋对价补偿款上。据此，拆迁安置房不属于债务人财产。”① 但实践中房企破产是多种原因造成，既有历史遗留问题也有资金链断裂的问题。历史遗留问题包括：用地手续不完善、欠缴土地出让金和相关税费、至受理破产时仍未

① 王欣新、张思明：《房地产开发企业破产中的房屋产权界定与合同履行》，载《人民司法》2016 年第 7 期。

通过建设工程规划核实、办理证照等相关手续和配套设施费存在资金缺口等问题。每一个问题都会影响到各相关群体利益的实现，拆迁安置群体也不可能“独善其身”，超脱于问题楼盘之外。安置房若界定为非破产财产，拆迁安置户基于取回权主张权利，在“问题楼盘”尚未重整成功时，该部分财产如何剥离，会带来资产处置难题。因此，笔者观点是拆迁安置房属于破产财产，应纳入破产程序中一并解决，保障拆迁安置群体的权利实现。

（2）开发商将安置房卖与第三方，第三方即买受人不得对抗拆迁安置户的优先权。在“问题楼盘”处置过程中，存在不少安置房尚未建成开发商出于抵债或其他目的将房屋又卖与第三方的情况。在这种情况下，无论第三方是否明知、是否已交付入住均不得对抗拆迁安置户的优先权。因为拆迁安置户享有的绝对优先权是基于“所有权调换”得来的，安置房屋是“特定”的即具有人身专属性。保障拆迁安置户优先权是对其生存居住基本人权的维护，也是保障政府的拆迁安置政策顺利实施。如果第三方买受人是善意的、没有与开发商恶意串通，可依据其与开发商签订的房屋买卖协议、抵债协议等向管理人申报债权。

二、消费者购房人的超级优先权

（一）“消费者购房人”的界定

当前，“消费者购房人”没有明确的法律定义，理论界和实务界对区分消费者购房人的标准还存在争议。最高人民法院《关于人民法院办理执行异议和复议案件若干问题的规定》第 29 条[①]

---

① 《最高人民法院关于人民法院办理执行异议和复议案件若干问题的规定》第 29 条规定：“金钱债权执行中，买受人对登记在被执行的房地产开发企业名下的商品房提出异议，符合下列情形且其权利能够排除执行的，人民法院应予支持：（一）在人民法院查封之前已签订合法有效的书面买卖合同；（二）所购商品房系用于居住且买受人名下无其他用于居住的房屋；（三）已支付的价款超过合同约定总价款的百分之五十。”

列举了商品房消费者能够排除强制执行的条件，从该解释内容出发，消费者购房人须同时具备以下要素：（1）主体是自然人；（2）购买房屋用于基本居住即“刚需”；（3）已经支付了全部或者大部分房款。因此，不具备生存居住价值保护的一般买受人、投资性买房人均不在消费者购房人的概念范围。另外，对于消费者购房人的甄别要结合个案情况综合考虑，这也是实务中的难点，若所购房屋不是为了解决基本生存居住需要，则自然不具备给予优先保护的前提，但实践中有特殊情形：有原来购买的是商铺但实际用于一家人居住生活的，也有购买的是住宅但实际用于商业经营的，所以不能仅仅从签订合同的名义出发一概而论。还有所购房屋是二手房的问题，有学者认为因消费者购房人的概念对应的是房地产企业，二手房不适用优先保护原则。但笔者的观点是，仍要结合个案情况，若同样是为解决基本生存和居住需要，仅因为购买的是二手房而不予保护，有违给予购房人优先保护的初衷。在原有的购房人没有主张权利的前提下，二手房买方请求给予优先保护的，应给予支持。

（二）消费者购房人权利顺位的依据

最高人民法院《关于建设工程价款优先受偿问题的批复》第1条规定：“人民法院在审理房地产纠纷案件和办理执行案件中，应当按照《中华人民共和国合同法》第二百八十六条的规定，认定建筑工程的承包人的优先受偿权优于抵押权和其他债权。”该批复第2条规定：“消费者交付购买商品房的全部或者大部分款项后，承包人就该商品房享有的工程价款优先受偿权不得对抗买受人。”按照上述规定确定的权利保护顺位，建设工程价款优先受偿权优先于抵押权、而落后于消费者购房人的权利。《民法典》实施后，该批复废止，但隐含的价值取向和权利保护顺位并未废止。最高人民法院《关于办理执行异议和复议案件若干问题的规定》第29条规定了消费者交付购买商品房的全部或者大部分款项后承包人就该商品房享有的工程款优先受偿权不得对抗买受人。最高人民法院《关于审理建设工程施工合同纠纷案件适用法律问题的解释（一）》第36条规定了承包人享有的建设工程价款优先受偿权优于抵押权和其他债权。

（三）消费者购房人权利的实现方式

根据《企业破产法》第18条规定可知，破产管理人对债务人和对方当事人均未履行完毕的商品房买卖合同或商品房预售合同可以选择解除合同或继续履行。相对应地，消费者购房人可以选择继续履行合同交付房屋或者解除合同、退回房款。选择继续履行合同的在破产程序中可以主张交付房屋并给予优先保护；而选择退回购房款的，购房款债权应优先清偿。

根据实践中购房人交付房款、申报权利的不同情况予以区分：

（1）购房人交付全部房款的，鉴于合同一方已经履行完毕自身义务，管理人不得行使合同解除权，在购房人要求继续履行合同、交付房屋时，管理人只能按照原来合同的约定内容继续履行。

（2）购房人已经支付大部分房款的，参照最高人民法院《关于办理执行异议和复议案件若干问题的规定》第29条的规定，实践中一般按照所交房款有没有达到全部房款的50%作为分界点，支付50%以上的视为大部分房款已交付。对于已经支付了大部分房款的，可以选择补齐剩余房款、要求交付房屋、办理产权登记；也可以选择请求退回所交房款。

（3）购房人已经支付少部分房款的（50%以下），实践中因观点争议有不同的处理方式。一种观点认为，对于所交房款不足50%的，根据最高人民法院《关于办理执行异议和复议案件若干问题的规定》可知，消费者不得主张交付房屋，只能解除合同、行使购房款返还请求权。笔者的观点是，对于该种情形，若消费者主张要房，且破产企业有继续履行合同交付房屋的可能，可允许消费者补交房款，再交付房屋。

（4）购房人支付少部分房款或仅支付定金，要求退款的。在破产程序中，只支付了定金或少部分房款的购房人，如果未办理预告登记手续的，要求退回所交款项，是给予优先债权保护还是普通债权保护？实践中有很大争议。笔者的观点是消费者购房人主张退回房款的，其主张作为优先债权清偿时，应予认定。购房款和定金的本金部分应作为债权优先保护，这部分款项本质上是购房款性质，基于对消费者购房人优先保护的法律规定，在作为债权清偿时，应优先于普通债权。若要求双倍返还定金，除去本金的部分，因具备惩罚违约方的性质，不能给予优先保护，与滞纳金、违约金同理，劣后处理。

（5）以房抵债者不能享有消费者购房人的优先权。归纳为以下几点：①二者基础法律关系不同。消费性购房人是基于购买房屋的真实意思表示而签订合同、支付房款从而享有物权期待权，以房抵债“名为买卖，实为抵债”，是为消灭原有的债权债务关系，债权人不符合消费者购房人的主体资格；②不符合立法保护初衷。综前所述，给予消费者购房人优先权是为保障生存、生活。消费者购房人是以生活居住为目的，以房抵债是为实现债权，若不加区分给予购房人优先权就打破了债权平等性原则，与破产法公平清偿宗旨也是背道而驰。③管理人在对“以房抵债”进行债权审核时，首先要审查是否构成破产法的个别清偿。如果是个别清偿，即使完成交付也要行使撤销权；如果不构成个别清偿，需根据基础法律关系来区分债权种类再给予相应清偿顺位。

三、建设工程价款优先受偿权

（一）建设工程价款优先受偿的法律依据

关于建设工程价款优先受偿权的权利性质，理论上有留置权说、担保物权说和法定优先权说。笔者认同法定优先权说，承包人就在建工程变价款可以优先于其他债权受偿，无须事先约定，也无须登记，由法律强制性规定，应当属于法定优先权。① 对工程价款赋予优先受偿权进行保护的规定最早见于《合同法》第 286 条（现已被《民法典》第 807 条②取代）、最高人民法院《关于建设工程价款优先受偿权问题的批复》（已废止）。后来，《民法典》第 807 条、最高人民法院《关于审理建设工程施工合同纠纷案件适用法律问题的解释（一）》第 36 条③再次明确对工程价款进行优先保护。

（二）破产程序中的实现困境

建设工程价款优先受偿权在破产程序中有其实现困境，主要表现在以下方面：一是建筑工程合同无效的情况下，实际施工人是否能够主张优先权；二是在问题楼盘处置时，经常会有债权转让现象，对于转让建设工程债权的，优先受偿权是否随之转让？

（三）相关实务问题探究

（1）实际施工人应在优先受偿权保护范围内。①实际施工人是直接提供劳动、投入资金、材料等物化于建筑物中，或者说建设工程本身就是实际施工人的劳动成果，不能因为没有直接与发包人签订合同而将实际施工人排除在优先受偿权的主体之外。②设立建设工程优先受偿权的初衷不仅是保护承包人先期投入的经营利益，更是从我国国情出发，遏制拖欠农民工工资、劳动报酬的行为。鉴于我国建筑市场非法转包、违法分包、借用资质、

---

① 马天、蒋瑜：《论房地产企业破产案件中抵押权的实现顺位——以优先权冲突为视角》，载《太原学院学报》（社会科学版）2019 年第 1 期。

② 《民法典》第 807 条规定：“发包人未按照约定支付价款的，承包人可以催告发包人在合理期限内支付价款。发包人逾期不支付的，除根据建设工程的性质不宜折价、拍卖外，承包人可以与发包人协议将该工程折价，也可以请求人民法院将该工程依法拍卖。建设工程的价款就该工程折价或者拍卖的价款优先受偿。”

③ 最高人民法院《关于审理建设工程施工合同纠纷案件适用法律问题的解释（一）》第 36 条规定：“承包人根据民法典第八百零七条规定享有的建设工程价款优先受偿权优于抵押权和其他债权。”

层层转包现象大量存在，如果不给予实际施工人优先受偿权，农民工的劳动报酬肯定不能及时得到清偿。③法律赋予了实际施工人的权利救济途径。2020 年 12 月 25 日通过的最高人民法院《关于审理建设工程施工合同纠纷案件适用法律问题的解释（一）》第 44 条规定了在承包人怠于行使权利、影响到期债权实现时，实际施工人可提起代位权诉讼来主张权利。该解释第 42 条规定了发包人与承包人约定放弃或者限制建设工程价款优先受偿权的条件——“不得损害建筑工人利益”。实践中虽然存在适用标准不统一的问题，但笔者认为，提起代位权诉讼解决了实际施工人向发包人主张的权利性质，也可以代承包人向发包人主张优先受偿权。④当承包人和实际施工人就同一工程项目申报债权、同时主张建设工程价款优先权的，管理人在审查债权时要遵循三个原则，一是债权不得重复申报，一个工程项目对应的建设工程价款优先受偿权的权利主体不能既有承包人又有实际施工人；二是尊重承包人和实际施工人的意思自治，允许双方协商由谁来主张优先受偿；三是在双方都主张优先受偿又协商不成的情况下，应以建设工程合同相对方即承包人为准，毕竟此时承包人并未怠于行使权利，实际施工人的代位权没有行使的前提条件。

（2）转让建设工程债权的，受让方不直接享有优先受偿权。《江苏省高级人民法院关于审理建设工程施工合同纠纷案件若干问题的解答》认为：“建设工程价款优先受偿权依附于工程款债权，承包人将建设工程价款债权转让的，建设工程价款优先受偿权随之转让。受让人是否实际享有建设工程价款优先受偿权，仍应进行实体审查。”笔者认为有待商榷。首先，设立建设工程价款优先受偿权是给特殊群体——承包人和实际施工人予以保护，该优先受偿权具备一定的专属性，也是基于建设工程项目产生的债权，法律所保护的是对楼盘工程建设所投入各项资金、劳动、材料的主体，工程款债权的受让方并不符合。其次，基于债的平等性原则，债权的受让方并不能因债的转让改变原有债权债务关系和债权性质，对受让方债权的审查仍应回归到原来的债权性质作出认定。如果承认优先权可以附随转让，为何还要审查受让方是否实际享有优先权呢？逻辑上解释不通，也不符合建设工程价款优先受偿权的立法初衷。除此之外，如果优先受偿权可以随债权转让，会增加债权转让的任意性，无异于个别清偿，背离破产法公平清偿、集体清偿宗旨。

四、抵押权的优先受偿

（一）抵押权优先受偿的法律依据

在房企这种资金密集型企业中，抵押权是最重要的担保类型，其价值功能在于被担保债权的优先受偿性。《民法典》第 394 条规定了抵押权的定义："为担保债务的履行，债务人或者第三人不转移财产的占有，将该财产抵押给债权人的，债务人不履行到期债务或者发生当事人约定的实现抵押权的情形，债权人有权就该财产优先受偿。"抵押权本质上是担保物权，《民法典》第 386 条规定了担保财产的优先受偿性："担保权人在债务人不履行到期债务或发生当事人约定的实现担保物权的情形，依法享有就担保财产优先受偿的权利，但是法律另有规定的除外。"最高人民法院《关于适用〈中华人民共和国企业破产法〉若干问题的规定（二）》第 3 条规定："债务人已依法设定担保物权的特定财产，人民法院应当认定为债务人财产。"从上述规定可知，在破产程序中，担保财产本质上仍属于破产财产。债务人破产时，抵押权人享有别除权，可以就抵押财产卖得的价金优先受偿。

（二）权利冲突时的解决规则

（1）抵押权之间的冲突。根据《民法典》第 414 条规定可知，同一财产上有数个抵押权的，已登记的优先于未登记的，如果都登记的，登记在先清偿在先，抵押权已登记的按照债权比例清偿。若设有留置权、质权、抵押权的，则按《民法典》第 415 条规定“同一财产既设立抵押权又设立质权的，拍卖、变卖该财产所得的价款按照登记、交付的时间先后确定清偿顺序”。

（2）抵押权与消费者购房人的权利冲突。《全国民商事审判会议纪要理解与适用》指出，购房人的权利是否优先于抵押权，取决于是不是消费者购房人，购买房屋是否为保障生存、居住需要。所购房屋是否取得商品房预售许可证、出售在前还是抵押在前、消费者是否对存在抵押明知，均不影响其权利的优先，这是从保障公民生存居住权的角度出发。但笔者认为，如果有证据表明购房人明知所购房屋抵押在前且已经办理了抵押登记，在这种情况下，购房人并不存在信息不对称且对潜在风险也是可以预见的，关键是抵押权人并不存在任何过错，若不加以区分，一概认定购房人权利优先，会动摇抵押权优先性的基本原则，抵押登记公示公信也形同虚设。另外，实务中需要注意的是对消费者购房人的身份甄别，如前所述，“以房抵债”的权利人不同于消费者购房人，本质是清偿原有债权债务关系，只能按照所抵债权性质决定清偿顺位，并不当然优先于抵押权受偿。

（3）在建工程抵押权与建设工程价款优先受偿权的冲突。为实现融资，“问题楼盘”的开发商经常将在建工程抵押给银行等金融机构获得贷款，楼盘烂尾后，在建工程不能如期完成，承包人建设工程款项得不到清偿、银行抵押权客观上无法实现，造成抵押权与建设工程价款优先受偿权冲突。最高人民法院《关于审理建设工程施工合同纠纷案件适用法律问题的解释（一）》第 36 条规定了建设工程价款优先受偿权优于抵押权和其他债权。其中的价值取向是：赋予建设工程价款优先受偿权是为了降低承包人先行投入的风险，使垫付的材料费用和工人报酬能够优先受偿，保障的是农民工等建筑工人的生存权益，抵押权保障的是经营权益，对于生存权益的保障应优先于经营权益的保障。在衍生诉讼个案的审理中，需要紧紧围绕这一理念，从严审查，防止开发商与承包人恶意串通导致建设工程价款优先受偿权滥用，影响银行等金融机构抵押权的实现，防范金融风险。

结 语

综上，在“问题楼盘”企业破产程序中，涉及群体范围广、利益诉求多元化导致同一标的上存在多种复杂的法律关系，成为法院和管理人实务工作的难点。一是生存权与经营权的比较，拆迁安置户、消费者购房人是为解决基本居住需求，“居者有其屋”是民生问题，建设工程价款优先受偿权是保护实际施工人的劳务所得不被拖欠，这三类群体优先权均涉及生存权益，抵押权的本质是经营权益，生存权益自然要排在经营权益之前。二是从抵御风险能力和社会影响方面比较，拆迁动员往往有当地政府参与，若不能兑现安置政策，无异于“失信于民”。期房交易性质决定了买房人履行付款义务在先，房价的高昂使得大多数普通家庭还贷压力剧增，“问题楼盘”不但使得购房人的房屋交付不能如约实现，银行贷款合同的履行也受到影响，会引发连锁纠纷。三是从先期投入和付出的时间顺序来看，先有拆迁安置户“所有权调换”，楼盘才有开发的前提基础，买房人履行了付款义务，开发商才得以回笼资金，再次是承包人的建设工程成本投入。当上述权利产生冲突时，在当前优先权的规则体系不明确的情况下，一是要在立法层面加以弥补，不仅明确优先权的法律基础，还要完善权利行使规则，二是在立法层面完善之前，仍应当从现有的规定出发，深刻领会不同权益保护时的价值取向，从维护社会稳定和经济发展的大局综合考虑，给予其权利保护顺位。因篇幅有限，加之司法实践中的情形非常复杂，本文对实务中很多问题没有深入展开探讨，谨以此抛砖引玉，希望对部分实务难题的解决有所裨益。

▶ 参考文献

［1］王欣新：《论破产程序中税收债权与担保物权的清偿顺位》，载《人民法院报》2021年11月18日，第7版。

［2］王欣新、张思明：《房地产开发企业破产中的房屋产权界定与合同履行》，载《人民司法》2016年第7期。

［3］马天、蒋瑜：《论房地产企业破产案件中抵押权的实现顺位——以优先权冲突为视角》，载《太原学院学报》（社会科学版）2019年第1期。

14　房地产开发企业预重整制度检视与探析

赵星宇*

摘要：我国房地产企业负债经营模式的弊病日益显现，甚至大量房企面临破产困境，预重整兼具庭外重组的效率及庭内重整的效力，是化解房地产企业经营困境的优策。房地产企业的预重整应当以自动启动为原则，但需要当事人向法院进行备案。不宜以预重整制度作为所有困境房企的挽救方式，应当从企业自身的“壳价值”以及优质项目数量等方面衡量房企的预重整价值。法院不应指定预重整管理人，但需要当事人聘请中介机构担任“辅助管理人”。房企应当采取召集听证会的方式向债权人披露充分且真实的信息。为了解决钳制问题，可以将有利害关系的债权人分组并由各组分别进行表决。完善房企预重整与重整的衔接，对于符合条件的预重整方案应赋予其“禁反言”的效力。完善预重整融资保障制度，确认预重整融资债权的优先性，并且确认房企为融资债权提供担保行为的有效性，有利于激发主要债权人（银行）继续投资的信心与热情。

关键词：房地产开发企业　预重整价值识别　预重整制度实施

* 赵星宇，华中师范大学法学2021级法律（法学）专业硕士研究生。

一、房地产开发企业的破产风险及破产路径抉择

(一) 房地产开发企业的经营困境和现实风险

房地产开发企业是我国市场经济主体的重要组成部分，其体量大、杠杆高与受众主体广泛的特点决定着房地产开发企业的经营状况的波动和恶化不仅影响社会整体经济的运行秩序，更关乎广大老百姓“居有其所”的基本民生。我国房地产行业经历了十余年“黄金时期”，截至2020年中国建筑业企业为116 722家，建筑业总产值高达263 947.39亿元，2020年建筑业总产值比2010年建筑业总产值增长了174.9%。[①] 然而，在我国房地产行业十余年的高速发展与野蛮生长后，众多房地产企业的问题日益显露。首当其冲的是房地产企业的基本经营模式——负债经营模式，甚至一些大型房企的资产负债率常年维持在60%以上。[②] 负债经营模式使得大多数房地产企业特别是中小房企的抗风险能力极其脆弱，面对政策调控、经济下行压力增大与疫情冲击等多种负面因素的叠加，众多房地产企业不得不“断腕求生”，甚至面临破产之困境。

然而房地产企业破产案件不同于普通破产案件，房地产企业破产不仅会破坏金融秩序的稳定，还会损害广大的购房者的切身利益，进而影响社会的和谐稳定。[③] 具体而言：首先，房地产行业是一个典型的资金密集型行业，从竞标土地到开工建设再到市场销售整体开发环节都需要房企投入巨额资金并经历漫长的生产周期，单凭企业自己的财力无法满足如此严苛的资金要求，因此我

① 国家统计局：《中国统计年鉴——2021》，载国家统计局官网，http://www.stats.gov.cn/tjsj/ndsj/2021/indexch.htm，2022年4月20日访问。

② 张思明：《房地产开发企业企业破产重整利益平衡实务分析》，载《河南师范大学学报（哲学社会科学版）》2014年第3期。

③ 同上。

国房地产企业大多采用负债经营模式。房地产企业的资金大多来源银行贷款，故其经营风险与银行的资金安全互相绑定，一旦房地产企业发生经营风险将极大威胁银行的资金安全，产生大量的不良资产，造成金融系统震荡。其次，购房者购买期房后，一旦房地产企业进入破产程序，待建项目会因资金链断裂而停工甚至成为“烂尾楼盘”，致使购房者无房可住。纵使房屋已经建成，也会因为破产情形的发生而导致开发商无法及时足额缴纳税费并办理相关手续，购房者将因此无法获得房屋所有权证和土地使用权证，不能依法办理房屋转让手续，致使房屋价值极大地贬损。最后，在房价高企的大背景下，对于绝大多数老百姓而言，房屋是其安身立命之本，也可能是其终身的积蓄。[①] 一旦发生上述情形，购房者不但需要继续偿还购房贷款，还可能面临“钱房两失”的下场，这将会影响他们对未来生活的预期。因此，如何妥善解决房地产企业之破产困境值得深入探讨。

（二）实行预重整制度是化解房企破产困境的良策

2021 年全国各级人民法院共发布了 376 份房地产企业的破产公告，[②] 其中主要包含破产清算与破产重整两种破产模式，而破产和解案件极少，因此破产和解模式不在本文中详述。在房地产企业面临破产威胁时，究竟适用何种破产模式有利于最大限度地保护债权人以及购房者的权益，需要根据破产制度的宗旨以及房企的经营特点进行抉择。

预重整制度兼具庭外重组与庭内重整的灵活性与强制性，在处理房地产企业破产案件时宜优先适用预重整程序。所谓预重整，就是指在正式申请重整之前，债务人就已经协商制订了重整计划，

① 王利明：《住宅建设用地使用权自动续期规则》，载《清华法学》2017 年第 2 期。

② 《破产公告》，载人民法院公告网 https://rmfygg.court.gov.cn/，访问日期：2022 年 5 月 1 日。

并就重整计划完成了主要债权人的意见征集，向法院提交重整申请只是为了取得法院对重整计划的批准，从而使其具有对异议债权人的约束力。①

（1）预重整程序比破产清算程序更有利于兼顾债权人与债务人双方的利益。以比较法的视角来看，《法国重整法》与《日本重整法（更生法）》于第 1 条开门见山地指出了破产重整的目的在于拯救企业。② 我国《企业破产法》也规定了破产制度实施理念，即不仅应公平清理债权债务，亦要保护债权人和债务人的合法权益。③ 由此可见，在处理破产案件时，债权人与债务人的利益保护应当并重，切忌在破产程序中实施“杀鸡取卵”的短视行为。相较而言，预重整制度比破产清算更契合于房企破产时债权人与债务人利益的兼顾，预重整不仅能保留处于经营困境的房企的“壳价值”，而且还有利于其在建工程的处置。④ 首先，房地产企业的价值不仅体现在其所有的资金、在建楼盘等物权资产，还体现于企业自身的建筑资质，该资质依附于企业而存在，不得转让。若采用破产清算程序，必然导致房地产企业主体资格的消亡，其享有的建筑资质亦随之灭失，这无疑变相减少了债权清偿率，也不利于房企自救行动的开展。其次，虽然破产清算制度可以将破产企业的剩余财产转化为破产财产分配给投资者、购房者等普通债权人，看似比破产重整制度之适用风险小，分配财产周期短，但是事实往往并非如此。如前所述，房地产企业的资金密集型特征，注定其在房地产开发过程中需要巨额资金且采取负债经营模式，银行等金融机构在提供贷款时必然要求企业以在建楼盘、建

① 张亚楠：《完善我国破产保护制度的若干思考》，载《政治与法律》2015 年第 2 期。

② 李永军：《破产法——理论与规范研究》，中国政法大学出版社 2013 年版。

③ 《企业破产法》第 1 条。

④ 徐阳光、叶希希：《论建筑业企业破产重整的特性与模式选择——兼评“分离式处置”模式》，载《法律适用》2016 年第 3 期。

设用地使用权等财产提供抵押担保，因此房企破产时银行等金融机构对其绝大部分财产享有别除权，待担保债权优先清偿后，可供普通债权人清偿的财产则少之又少。即使债务人进入了破产清算程序，往往因为破产清算过程持续时间较长，且耗时费力，债权人的债权也往往难以得到保证。[①] 若适用预重整程序，既可以给予有复苏希望的房企一个“起死回生”的机会，也可以提高普通债权人的清偿率，因此选择破产重整制度实为更好地权衡债权人与债务人合法权益的良策。最后，选择预重整程序，保留企业的建筑资质与优质资产，有利于引入外来资金，激活在建工程，实现购房者“交房入住”的愿望。

（2）较破产重整程序而言，预重整程序更具自愿性与效率性，有利于企业自救的成功。一则，一旦房地产企业进入破产程序，将会严重打击债权人与购房者的信心，致使债权人极力催促企业偿还贷款，并且购房者亦会要求企业退还购房款或者立即交房，而房企希冀通过吸引新的投资或者继续预售商品房的途径缓解资金紧张的经营策略更无望实现，进而导致房企的资金状况进入恶性循环。二则，进入破产重整程序将暂停债权人行使对债务人特定财产享有的担保权。此规定无疑会增加担保债权人的风险，若重整失败，将会造成企业财产的进一步减损，甚至会降低担保物的价值，因此会对担保债权人形成潜在威胁。三则，破产重整期间，房地产企业在与注资方谈判时往往处于劣势地位，注资方有可能利用破产房企急需资金的紧迫情形鲸吞破产房企的优质资产，这对后续重整工作的开展无疑是釜底抽薪式的打击。并且房地产企业的资产大部分为在建工程或已经取得的土地使用权，资

① 黄晓岚、房桃峻：《预包装破产重组在我国应用的探讨》，载《财会月刊》2006 年第 33 期。

产价值受政策、市场等因素影响较大。[①] 若就重整计划、注资方抉择等事项长期商讨不定，有可能会丧失商业机会，导致房地产企业资产的贬损。因此，就当事人利益保护、房企经营困境的破解而言，预重整程序更适合于房地产企业破产模式之抉择。

二、房地产开发企业预重整程序的启动

（一）房地产企业预重整价值的识别标准

目前无论是域外法律还是国内关于预重整制度的规定与司法文件，大多缺乏困境企业是否契合预重整制度的衡量标准，即使有规定也过于宽泛，无法为法律实践提供明确、充分的指导。如重庆市第五中级人民法院印发的《预重整工作指引（试行）》规定，“具有挽救可能，有能力与主要债权人开展自主谈判的企业法人，可以进行预重整”，然而如何判断“具有挽救可能”？何谓“有能力开展自主谈判”？这些都没有详细的规定，难免会在实务工作中造成困扰。

预重整更适合发生债务困境后及早寻求法律挽救且具有较多挽救资源与营运价值的企业。[②] 判断房地产企业是否契合预重整制度这一挽救手段主要应当从以下几个方面进行考虑。

（1）衡量陷入经营困境的房企自身的“壳价值”。前文已述，建筑资质是房地产企业的一项重要的隐形资产，每一级的资质标准都会对企业资产、注册建造师等企业主要人员、企业近五年工程业绩等提出非常高的要求。[③] 因此，当陷入经营困境房企自身拥

---

① 丁海湖、李欣婷：《房地产企业破产重整若干司法实务问题探讨》，载《法律适用》2016 年第 3 期。

② 王欣新：《预重整规则与实务辨析》，载微信公众号“中国破产法论坛”https://mp.weixin.qq.com/s/3aVgLtwJHNFr1KIZ3tkVRg，访问日期：2020 年 10 月 28 日。

③ 徐阳光，叶希希：《论建筑业企业破产重整的特性与模式选择——兼评“分离式处置”模式》，载《法律适用》2016 年第 3 期，第 10 页。

有较高等级的建筑资质时，应当首先考虑采取保留企业法人资格的挽救手段，尽早开启预重整程序。

（2）衡量陷入经营困境的房企是否拥有优质项目。重整制度的根本价值在于挽救企业，恢复企业生产经营与持续营利能力，提高债权人的破产债权清偿率，维护企业的经济价值与社会价值，减少破产清算造成的不良影响。[①] 因此在判断房地产企业是否适合预重整制度时，应当聘请专业的评估机构就该企业的在建工程、土地使用权等项目进行评估，计算项目续建费用、项目完工后的预期收益等内容。如果该房企的在建项目预期收益较高（优质项目）则优先考虑采取预重整制度进行挽救。

（3）衡量房地产企业的债权人规模、债权债务关系复杂程度以及该企业在房地产行业或区域经济的影响程度，评估直接启动破产清算或重整程序可能引发的一系列社会影响。并非所有的房地产企业都采取负债经营模式，不排除个别企业采取稳健的经营策略，因此仍然需要评估房企直接启动破产清算或重整程序的沉没成本，并对启动预重整程序的成本加以比较。

（二）房地产企业预重整价值的审查主体

目前我国的相关规定与司法文件仍然给予法院“强势地位”，即赋予法院审查困境企业的预重整价值并且决定预重整程序的开始与否。如2021年资阳市中级人民法院颁布的《关于审理企业预重整案件工作指引（试行）》第3条明确规定，申请人提交预重整义务的书面承诺书以及10万元的预重整启动费用后，法院决定债务人预重整程序的开始。但是，预重整程序的启动是否应当以法院批准为前提，笔者认为值得商榷。

王欣新教授认为，预重整是当事人之间的庭外谈判与重组，

---

① 丁海湖，李欣婷：《房地产企业破产重整若干司法实务问题探讨》，载《法律适用》2016年第3期，第4页。

是否进行预重整是当事人决定的事情，无论是预重整的开始还是结束，都不需要向法院（包括政府）申请，不需要法院的受理或者批准。[①] 赵万一教授认为根据《美国破产法》第 1102 条（b）款至第 1126 条的规定：所谓的简易破产程序是指其破产重整程序的适用基本上不要求法院介入，而是主要基于所涉各方当事人的协议所进行的非正式自愿重组谈判的重组形式。[②] 联合国国际贸易法委员会《破产法立法指南》中就该问题也提供了一定的建议：如需法院审查，审查的时间似乎应尽可能短一些，这特别是因为申请是建立在谈判达成的协议基础上的，拖延时间将不仅不利于债务人的业务，也不利于计划的执行。[③] 虽然，《破产法立法指南》并未明确预重整程序究竟是自动启动还是需要法院审查，但是其建议的宗旨仍可窥探：纵使需要法院进行审查，也应当保证审查的高效性，不能让审查程序成为预重整制度适用的阻碍。

笔者认为，房地产企业适用预重整程序时，应当以自动启动为原则，但需要当事人向法院进行备案，以便于法院进行监督。首先，预重整制度突出强调庭外重组阶段双方当事人达成协议的自愿性，自愿性的减损将会损害当事人适用预重整程序的动力。其次，房地产企业的经营情况异常复杂，不仅其债权债务关系与在建项目价值评估繁杂，而且涉及的主体数量大范围广，法官未必比当事人更精通房地产企业的经营模式，因此将该制度的启动权交给市场进行自主调节更为适宜。再次，《破产法立法指南》强调了法院审查的高效性，但是我国法院普遍面临案件数量大、

---

① 王欣新：《预重整规则与实务辨析》，载微信公众号“中国破产法论坛”https://mp.weixin.qq.com/s/3aVgLtwJHNFr1KIZ3tkVRg，访问日期：2020 年 10 月 28 日。

② 赵万一：《我国市场要素型破产法的立法目标及其制度构造》，载《浙江工商大学学报》2018 年第 6 期。

③ 联合国国际贸易法委员会：《贸易法委员会破产法立法指南》（第一和第二部分），2004 年纽约，第 216 页。

入额法官人数较少的情况，并且破产法庭设立的数量与规模尚不完善，在此种大环境下法院能否高效地审批预重整申请，能否深入考察企业实际经营情况是值得怀疑的。最后，扭转法院的“强势地位”并未完全排斥法院的干预与监督。房地产企业启动预重整程序失败后不仅浪费了大量的资源与时间，还可能导致抵押权人的担保财产因重整程序而贬损其价值，造成担保权人财产的损失。由此可见，预重整程序的启动亦不能儿戏，应当充分发挥法院的监督作用：债权人与债务人就预重整意愿达成一致后，双方应当聘请专业的评估机构鉴定企业的资产价值，并且向法院提供一份预重整程序的可行性报告，法院进行登记备案，并且监督预重整的实施情况。

三、房地产开发企业预重整的实施要义

（一）房地产企业预重整“协助管理人”的选任

我国《企业破产法》明确规定了管理人应当由人民法院指定以及更换。然而，预重整制度是否应当参照《企业破产法》的规定设立（临时）管理人以及赋予法院（临时）管理人选任的决定权呢？关于此问题，目前有两种较为主流的观点：观点一，在预重整程序中，债务人不仅是重组谈判和决策的主体，而且仍是企业生产经营的管理者，法院不应也无权在法庭之外的债务人自行协商与持续经营中，指定所谓临时管理人取代债务人接管企业。[①] 该观点认为设立（临时）管理人与庭外重组的本质发挥冲突，即管理人应当接管企业的生产经营工作，而庭外重组主要由当事人自我协商、自我管理，不应当设立预重整程序的（临时）管理人。观点二，即使反对预重整管理人的学者也认可在这个阶段是需要一个中介机构来开展相应工作，且这些中介

① 王欣新：《建立市场化法治化的预重整制度》，载《政法论丛》2021 年第 6 期。

机构以在册的管理人居多，他们的工作与重整管理人的工作有不少类似之处，给予他们管理人的名号也有助于其获得各方当事人的信任。[①] 该观点主要从实务角度出发，认为预重整程序中协助管理的中介机构与重整管理人有相似性，且预重整阶段选任的中介机构往往可以延续到重整程序继续工作。

笔者认为，上述两种观点皆有其合理性，可以采取“折中主义”互取精华。房地产企业适用预重整程序时可以借鉴重庆市第五中级人民法院印发的《预重整工作指引》第3条的规定。具体而言：（1）维持债务人对企业的经营控制权。在庭外重组阶段，应当充分尊重当事人的自治性，由于债务人最熟悉企业的经营模式，了解企业现存的弊病，因此允许债务人继续控制企业的生产经营活动较为合理，不应当由法院决定管理人接管企业。（2）给予中介机构“协助管理人”的名号。预重整程序启动后，优先选任在管理人名册中登记的中介机构担任“协助管理人”，这些中介机构不仅具有专业的技能，还可以转化为正式的重整管理人，以便于节约重整资源、提高重整效率。

（二）房地产企业预重整信息披露与债权人表决之设定

1. 信息披露的要求

债权人作出符合自身利益的决策必然是建立在了解企业实际经营情况的基础之上，若债务人违规披露虚假信息不仅应当承担相应的法律责任，而且债权人据此作出的预重整方案也随之丧失法律效力。

《美国联邦破产法》第1125条（b）要求每个可能给计划投票的人都有权获得计划内容或者计划摘要并附有法院同意的提供充分信息（adequate information）的披露声明。《美国联邦破产法》

---

① 王静：《我国预重整模式的实证分析》，载微信公众号“中国破产法论坛”2020年11月2日，https://mp.weixin.qq.com/s/RWWlAk6ZQnOf2OnZfNAoNA。

关于信息披露的规定可以作为我国房地产企业预重整制度的他山之石。房地产企业应当向债权人披露“充分信息”，例如，公司资产变动的历史与现状；营业事务的管理模式；协助管理人的基本情况（机构名称、负责人和团队成员的职责与联系方式等）；可期待性的融资方式、融资渠道；优质项目评估报告；适用预重整程序与直接启动重整程序、破产清算程序的对比分析报告，等等。房地产企业适用预重整程序的社会影响较大，利害关系人较多，应当采取召集听证会的方式向债权人披露信息。

2. 债权人表决模式

基于充分的信息披露的基础，债权人需要就预重整方案开展协商并进行表决，以期达成一份公认的预重整计划。在庭外重组阶段，主要凭借当事人的自愿性开展私人协商，然而协商结果需要全体当事人，尤其是债权人的同意才能达成共识并产生拘束力，这难免会产生“钳制问题”（holdout problem）[①]。笔者认为，若希冀破解“钳制问题”可以借鉴我国《企业破产法》关于重整计划批准的规定。首先明确的是，预重整不要求所有债权人都必须参与，那些权益不受影响的债权人可以不参与，且因其利益不受影响，故对他人拟订的重整计划也不会持否定态度。[②] 对于权益受到影响的债权人应当按照债权种类的差异将他们进行分组（享有担保债权人组；职工债权人组；税款债权人组；普通债权人组），而后由债务人与协助管理人根据不同债权类别制订相应的预重整计划草案，并分别交由各组债权人审阅、表决。预重整计划草案经出席会议的同一表决组的债权人过半数同意，并且其所代表的债权额占该组债权总额的三分之二以上的，即为该组通过预重整计划草案。当各表决组均通过预重整计划草案时，预重整计

---

① 王佐发：《预重整制度的法律经济分析》，载《政法论坛》2009 年第 2 期。

② 王欣新：《以破产法的改革完善应对新冠疫情、提升营商环境》，载《法律适用》2020 年第 15 期。

划即为通过。

（三）预重整程序与重整程序的衔接

预重整程序的本质是将法庭外的债务重组向后延伸至司法程序，同时也将传统重整程序中的核心步骤移至正式的司法程序开始之前。[①] 继续完善庭外重组与庭内重整的衔接机制，降低制度性成本，提高破产制度效率是预重整的应有之意。最高人民法院发布的《全国法院民商事审判工作会议纪要》第115条肯定了庭外重组协议在重整阶段的效力。《浙江省高级人民法院关于企业破产案件简易审若干问题的纪要》第9条也有相应的规定。不难发现，我国现行关于预重整制度的相关规定与司法文件都肯定庭外重组协议延展至重整程序的效力，给当事人施以“禁反言”的限制。即申请重整前债权人与债务人已经达成共识的重整计划经法院加以确认，赋予其强制性法律效力。

在房地产企业预重整中，原则上预重整计划都应实现“禁反言”的效果，但是必须符合“无修改、无变化、无隐瞒”的要求。[②] 根据民法的诚实信用原则，债务人应当按时、如实、详尽地披露公司的经营信息，保证后续重整活动都是建立在真实的信息基础上完成的，否则违规披露信息的主体要对预重整程序的失败承担相应的责任。

（四）房地产企业预重整的融资渠道

在预重整程序中，成功融资与否直接关系到预重整目的能否实现，如果没有后续资金注入，预重整方案便会随之流产。因此，在房地产企业预重整中，必须采取相应的措施保障后续融资人的

---

① 季奎明：《论困境企业的预先重整》，载《上海财经大学学报》2013年第4期。

② 王静：《我国预重整模式的实证分析》，载微信公众号“中国破产法论坛”https://mp.weixin.qq.com/s/RWWlAk6ZQnOf2OnZfNAoNA，访问日期：2020年11月2日。

利益，以便增加融资的可能性。预重整融资法律制度适用的核心规则主要集中在以下两个方面：一是为预重整融资债权提供的新担保有效且不能被撤销；二是无资产可供担保的情况下，应赋予预重整融资债权以优先性。[①] 承认预重整期间债务人为了融资而设定担保的行为的合法性，如果债务人系为了获取新的资金而设定的担保债权，且所担保的债权产生于破产情形发生之后，则不能适用《企业破产法》第 31 条规定的破产撤销制度；如果没有财产可供担保，第三人愿意继续提供资金用于预重整程序的，该笔资金亦可视为共益债获得优先受偿权。上述规定看似可能损害债权人的利益，实则相反，该规定对债权人只有益处：房地产企业虽然以自己的财产设定担保，可能造成现有资产贬损，但是该项担保却可以换来一笔基本等价的资金，该笔资金已经与担保债务的风险对冲了。而且，新的融资系为了挽救企业，用于企业的后续生产经营活动，有助于激发企业的活力，提高债权人的债权清偿率。

投资人可以优先从主要债权人——银行之中寻找。在浙江余杭怡丰成公司预重整案件中，某银行既是怡丰成公司的最大债权人同时也是唯一资产抵押权人，该银行与怡丰成公司协商确定以该银行为主导，通过政府融资平台为“东田·怡丰城”项目后续融资 2.1 亿元且该笔复工续建所融资金作为共益债优先受偿。[②] 在房地产企业预重整中，作为最大的债权人银行往往更愿意提供资金用于后续复工续建工作，因为若进入庭内重整或破产程序后，其债权清偿率一般非常低，将造成银行资产的大量流失，故主要债权人银行对于预重整具有更大的热情与动力；后续所融资金即

---

① 丁燕：《预重整融资法律制度的立法价值与规则构建》，载《东方论坛》2021 年第 4 期。

② 浙江省杭州市余杭区人民法院课题组：《房地产企业预重整的实务探索及建议》，载《人民司法（应用）》2016 年第 7 期。

使没有担保，也可以作为公益债优先受偿，其资金风险较低。综上所述，对于银行而言，为房地产企业预重整提供复工续建资金利大于弊，因此房地产企业可以优先与最大债权人银行商谈融资事项，提高融资效率与融资规模。

结　语

诚然，我国立法关于预重整的规定仍处于相对空白的状态，即使部分人民法院发布了相关规定与司法文件，但是这些规定标准不一，而且一些内容显然不符合预重整制度的基本法理。《美国联邦破产法》以及《破产法立法指南》的相关规定可以作为我国房地产企业预重整制度的他山之石，为我们提供一些国际化且较为成熟的思路。笔者主要从预重整价值的识别标准与审查主体、信息披露与债权人表决的规则等五个方面提出针对房地产企业预重整的一些建议，希冀为当前房地产行业的发展贡献一份力量。

15　我国房企破产府院联动机制问题及完善路径

黄健超*

摘要：虽然“府院联动”机制在破产司法实践中成功化解了众多破产疑难衍生问题，但我们应当清楚地认识到，由于其仍处于“个案协调”的单向联动状态下，“府院联动”机制有其固有的体制性缺陷，致使各地现有的破产“府院联动”经验难以有效得到复制与推广。通过比对域外处置企业破产的联动机制，反思我国现有“府院联动”机制的不足。虽然域外“破产联动”机制实务效果斐然，但基于我国当前司法国情，循序渐进构建体系化、制度化、规范化的“破产联动”机制才是我国日后“府院联动”机制变革的应然之路。

关键词：房企破产　府院联动　破产联动

引　言

近年来，从恒大集团的资金链断裂到融创中国的债务危机，我国房地产企业因受宏观调控政策及房地产市场周期性变化的影响，已相继步入“寒冬”。自2018年以来，我国房企破产案件数量一直处于较高水平，房企所面临的形势较为严峻。房地产企业因牵涉利益主体众多、衍生问题突出，如何妥善处置房企危机已

---

* 黄健超，西北政法大学硕士研究生。

成当下热点议题。在我国破产市场化、法治化的进程中，为妥善解决破产案件附带的衍生问题，政府与法院联动协调机制（以下简称府院联动机制）被逐步应用于各地企业的破产司法实践中（见图 15－1）。

本文将结合房地产企业本身的特有属性以及府院联动机制的法理基础，在比对域外先进国家的破产联动机制下，分析我国当前府院联动机制存在的不足并提出相应的建议，为我国今后府院联动机制的改革提供借鉴。

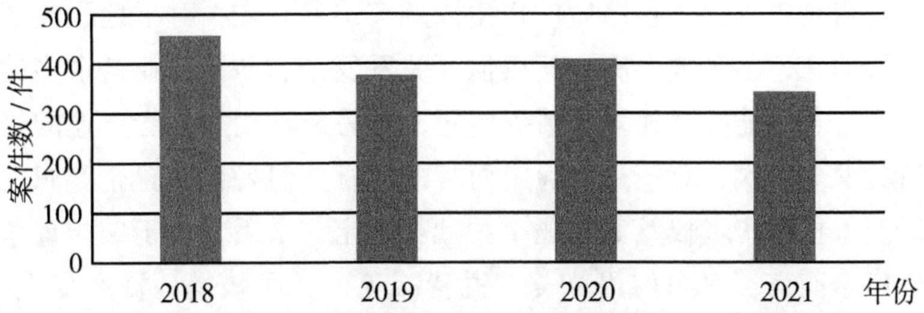

图 15－1　全国法院 2018—2021 年房企破产案件受理数[①]

一、房企破产府院联动机制的理论基础证成

（一）房企行业的特殊性

1. 资金构成单一

作为消费市场与金融衍生品市场交织的房地产业，其资金构成主要由自有资金、金融贷款、商品房预售或出售款项等三大部分组成，房地产企业投入自有资金比例较低，融资渠道单一。[②] 根据《2021 年金融机构贷款投向统计报告》显示，截至 2021 年年

① 数据来源：人民法院公告网 https://rmfygg. court. gov. cn，访问日期：2022 年 5 月 18 日。

② 丁海湖、李欣婷：《房地产企业破产重整若干司法实务问题探讨》，载《法律适用》2016 年第 3 期。

末，人民币房地产贷款余额 52.17 万亿元，在全年金融机构人民币各项贷款余额中占比高达 27% 。[①] 并且根据学者统计，我国部分省份破产案件银行债权占比较高，房地产信贷风险伴随房地产信贷规模的增大而不断累积。[②] 若房地产开发企业一旦出现资金链断裂的情形，不仅我国金融行业将承担房地产贷款难以收回的巨大风险，而且我国人数众多的个人购房者的合法权益也将受到不良影响，甚至会破坏地区稳定向好的经济发展趋势。

2. 衍生社会问题突出

房企进入破产程序后的衍生问题突出。首先，对于地区经济发展而言，基于破产房企债权债务关系复杂、涉及产业链众多的特点，若不能妥善处置其债务问题，容易影响相关配套产业的经营状况。其次，对于社会稳定而言，政府如何妥善安置企业职工以及维护购房者权益等问题事关社会稳定。最后，对于破产重整的房企而言，房企信用修复、税费减免、坏账核销、资产变现、招商融资、产权过户等一系列衍生问题需要政府与法院进行协调。[③]

3. 重整续建难度较大

破产房企在建工程处置妥当与否直接关系破产案件处置的成败。对于处于破产阶段的房企而言，在面临企业信用评级下调、税务催收、职工安置等一系列困境之下，其不仅难以获得社会融

---

① 2021 年年末，人民币房地产贷款余额 52.17 万亿元，其中房地产开发贷款余额 12.01 万亿元，个人住房贷款余额 38.32 万亿元。参见《2021 年金融机构贷款投向统计报告》，载中央政府门户网站 http://www.gov.cn/xinwen/2022-01/31/5671459/files/1c1fddd768634d98935e97f2549fefe6.pdf，访问日期：2022 年 4 月 28 日。

② 丁海湖、李欣婷：《房地产企业破产重整若干司法实务问题探讨》，载《法律适用》2016 年第 3 期。

③ 檀木林、付祖珍：《破产重整中府院联动机制的运用及其提升》，载福州市破产管理人协会官网 https://mp.weixin.qq.com/s/6XXifZDF9Jm7 mQy2cCZtAg，访问日期：2022 年 5 月 30 日。

资，而且还难以获得在政府采购、招标投标、行政审批、政府扶持、市场准入、资质认定等方面的资格。[①] 对于我国现阶段的破产配套制度而言，由于缺乏体系化的破产联动机制，重整房企能否再次获得参与市场竞争的基础能力依旧存疑，若不能使重整房企恢复其市场竞争力，则破产重整程序的终结将成为重整房企开启破产清算程序的“导火索”。

（二）破产“府院联动”机制的法理基础

1. 破产社会本位的转变

从现代各国破产立法发展来看，企业破产目标经历了由以债权人利益保护为主的“私人本位理念”向强调保护社会公共利益的“社会本位理念”多元化目标的转变，[②] 这一点在英国 1982 年的《科克报告》中就有所体现。[③] 对于房地产开发企业而言，其涉及职工、购房者、金融机构、上下游配套企业等多方利益主体，涉及民生、金融、社会秩序等一系列涉稳涉众问题。而府院联动机制作为我国在破产审判工作中为解决企业破产衍生的社会问题而探索出的一种新生机制，其能有效平衡并保障社会各方利益。对于破产房企而言，府院联动机制的介入，不仅能平衡与保障各方主体的利益，而且还能解决社会涉稳涉众问题，最终也会促成社会利益的最大化，该机制与现代企业破产的“社会本位理念”是相符的。

---

① 范志勇：《破产联动共识及其法治化进路》，载《扬州大学学报》（人文社会科学版）2021 年第 3 期。

② 韩长印：《企业破产立法目标的争论及其评价》，载《中国法学》2004 年第 5 期。

③ See Vanessa Finch, *The Measures of Insolvency Law*, Oxford Journal of Legal Studies v 17 Summer 1997. pp. 227 – 251. 肯尼斯·科克认为现代破产法的目标是：第一，承认破产所产生的影响并不局限在破产者与其债权人之间的私权利益范围内，他对社会及其他社会组织也将产生较大的影响，因而对这些利益也应给予承认和保护；第二，为保存那些能够为国家的经济发展做出贡献且有盈利能力的企业提供法律上的措施。

2. 宏观调控的现实需求

从世界经济的发展历程来看，经济运行模式经历了由“自由主义理念”到“国家干预理念”的转变。由于商人的本质是逐利，这也导致在商人参与下的市场经济具有盲目性、自发性和滞后性等缺陷，其需要在行政权的干预下理性运行。正如亚当·斯密所言，“商人具有源自本性上的缺陷，无力成为国家的护卫者。如果法律不能给予很好的安置，他们的流动性和逐利性便会产生破坏性的后果，法律应展现主权者和国家的意志，利用并引导商人之天性，使其成为法律之仆人，以实现公共之利益”。[①] 具体到房企破产维度，由于“市场失灵”带来的一系列涉稳定涉众的问题，需要行政机关采取宏观调控手段遏制并矫正房地产行业的盲目扩张，以实现社会利益的最大化。

3. 行政权与司法权的可协调性

行政权与司法权在以维护社会公共利益与促进社会经济发展时，具有可协调性。孙笑侠教授认为，司法权的本质是判断，而行政权的本质在于管理，行政权在无争端的情况下也可履行协调、警示、劝阻等职责。[②] 所以在行政权与司法权相互分立的基础上，为提升各自权力的施行效果，应建立良好的相互合作机制。[③] 具体到房企破产维度，为应对破产房企带来的社会公共利益与经济利益的不良影响，建立行政机关与法院相互合作的府院联动机制具有正当性。

---

① ［英］亚当·斯密：《国富论》，孙善春、李春长等译，河南大学出版社 2020 年版，第 476 页。

② 孙笑侠：《司法权的本质是判断权——司法权与行政权的十大区别》，载《法学》1998 年第 8 期。

③ 范志勇：《从单向走向互动的破产府院联动机制——以我国法院的破产能动司法为中心》，载《中国政法大学学报》2021 年第 1 期。

二、房企破产府院联动的余杭经验

杭州市余杭区作为我国改革开放的前沿阵地，民营经济规模在地区经济总量中占有绝对比重。但因受地理位置、产业结构、经济发展水平等因素的影响，余杭区的产业结构主要侧重于第三产业中的房地产业，其房地产企业数量、商品房库存总量、土地供应规模等指标常年居杭州市各区县首位。①

自2013年以来，受宏观经济形势及房地产市场周期性变化的影响，余杭地区部分房地产企业相继陷入经营困境，房企破产导致的涉众涉稳问题比较突出。余杭区法院在处置房企破产案件中，逐步探索出“府院联动”机制的新路径。② 在“府院联动”机制新路径的指导下，余杭法院在处置房企破产重整中，对涉案房企在建工程的续建，先后探索出政府垫资模式、市场融资模式以及组合融资模式等多元融资方案，③ 其处置的“怡丰成房开公司破产重整案”④ 还入选浙江法院2015年十大破产典型案例。面对严峻的经济形势，余杭法院在房企破产审判工作中形成的以下“余杭经验”值得我们借鉴与反思。

---

① 《商品房当前状态统计信息（杭州）》，载杭州市人民政府官网 https://data. hangzhou. gov. cn/dop/tpl/dataOpen/dataDetail. html? source_id = 7226&source_type = DATA&source_type_str = A&version = 1&source_code = FN3mq/20210420183239573196，访问日期：2022年5月20日。

② 《余杭法院企业破产审判状况白皮书（2014年—2020年）》，载杭州市余杭区人民法院网 http://yuhang. zjcourt. cn/col/col1352023/index. html，访问日期：2022年5月22日。

③ 浙江省杭州市余杭区人民法院课题组：《涉房破产企业在建工程续建的困境与解决方法的探索》，载《法律适用》2016年第3期。

④ （2015）杭余商破字第12号。怡丰成房地产开发有限公司因资金链出现严重问题，其开发的房产自2015年3月以来处于停工状态，涉案业主债权人高达1200余户。在法院与政府的协调下，该案合理利用市场资源，通过市场化融资方式盘活烂尾楼盘，“怡丰城”项目资产价值大幅提升，普通债权清偿率由破产清算条件下的零清偿率提升至重整条件下的9.81%左右。

（一）府院联动机制的新路径

根据余杭法院发布的企业破产审判状况白皮书（2014—2020年），余杭府院联动机制的发展主要经历了三个阶段。[①] 第一阶段为个案协调阶段，自2012年以来，针对涉众涉稳型破产企业，成立专案领导小组，牵头协调破产处置过程中的相关事宜；第二阶段为协调工作常态化阶段，根据2014年出台的《余杭区企业资金链风险防范和化解工作领导小组办公室工作方案》，余杭区成立具体负责“两链”风险企业的监测预警、协调化解和善后处置工作的工作组；第三阶段为综合处置机制形成阶段，根据2015年出台的《关于专题研究企业破产综合处置工作的府院联席会议纪要》，明确建立企业破产综合处置工作机制，设立破产援助专项资金与破产审判庭。明确法院在企业破产审理工作的主导地位，并发挥政府在维稳、财政支持、职工保障、税收优惠、打击恶意逃废债、便捷行政审批等方面的优势地位。

（二）府院联动机制的新配套

在企业破产综合处置机制大框架下，余杭地区相应建立了四大配套机制。[②] 一是破产案件包案领导制度，对涉众涉稳型破产案件由区领导负责协调案件的风险处置工作。二是风险预警监测机制，通过将风险企业信息情况及时报送给区防化处置办，以便统筹防控处置风险。三是重大信息通报制度，对案件审理过程中发现的潜在风险点，及时通报给党委政府。四是破产援助专项资金制度，2016年出台《杭州市余杭区企业破产援助专项资金管理和

① 《余杭法院企业破产审判状况白皮书（2014—2020年）》，载杭州市余杭区人民法院网 http://yuhang.zjcourt.cn/col/col1352023/index.html，访问日期：2022年5月22日。

② 同上。

使用暂行办法》，明确设立每年200万元的破产援助专项资金，并规范了资金使用流程。

（三）小结

余杭作为我国房企破产府院联动机制探索的先行者，其在房企破产司法实践中，不仅完成了从“个案协调”到“综合处置”的体系化机制的转变，而且还形成了相对完善的房企破产配套机制。“余杭经验”不仅标志着我国房企府院联动迈入现代化，同时也是我国破产法市场化与法治化应有之意的体现。虽然我国房企破产府院联动机制仍存种种不足，但“余杭经验”仍值得我们推广与借鉴。

三、比较法研究下当前我国“府院联动”机制之不足与反思

（一）域外破产联动机制之浅析

1. 英国

英国的破产制度经历了较长时期的历史演变和实践发展，破产市场以及债务清理市场中的行政管理、公私合作、执业机构及其行业自治，都已经非常成熟。[①] 在破产实践中，英国建立起一套科学完备的破产联动机制，该机制由内阁大臣、破产服务局、官方接管人、金融行为监管局等机构组成，主要履行风险预警、行业监管、破产调查以及官方接管等职能，下文将对典型机构进行论述。

内阁大臣（Secretary of State）是英国破产立法中地位和作用都十分明确的重要角色。内阁大臣在破产法实施过程中，其作用主要体现在三大方面：其一是与大法官负有共同制定破产规则的

① 徐阳光：《英国个人破产与债务清理制度》，法律出版社2020年版，第58页。

权责；其二是在破产清算中的核心作用；[1] 其三是负责破产服务局的账户管理。

英国破产服务局（Insolvency Service）作为英国政府的执行机构，通过支持那些陷入财务困境的人和实现债权人利益最大化，来帮助提振经济信心。[2] 在公司破产中，破产服务局以公共利益为目的来清算公司，限制公司破产阶段存在的不当行为，[3] 其在破产程序中主要履行行业监管、官方接管以及破产调查等职责。

官方接管人（Official Receiver Service）是破产服务局的组成部门，但由于其地位突出且独立性较强，所以单独予以介绍。官方接管人在破产程序中，主要履行调查破产人在破产之前以及破产程序中的财务情况等职责，对于破产人的不当行为，其有与法院沟通协调的机制，[4] 并且官方接管人也可协调与其他政府机构的工作。

2. 美国

美国实行了联邦破产托管人（USTP）与破产法官相互独立的分权机制，使得在破产案件的审理过程中，法官无须任命将争议带入破产审理的管理人，同时由于联邦破产托管人对案件处理结果本身无利害关系，可以确保其独一无二的中立地位。[5] 美国联邦

---

① 在破产清算程序中，内阁大臣可以在必要时履行下列职责：（1）召集委任首位破产管理人的债权人会议未能作出此项任命，或者破产管理人职位出现空缺的时候，内阁大臣可以作出委任破产管理人的决定，或者根据官方接管人的请求拒绝任命管理人。（2）在任命破产管理人之后，可以下令取消之前的任命。（3）在未成立债权人委员会或者官方接管人担任破产管理人的案件中，内阁大臣行使债权人委员会的职责。（4）保持对破产从业者及其账户、文件记录情况的监督。（5）官方接管人担任破产管理人，其认为职务履行完毕，或者大部分债权人决定反对解除管理人职务的时候，由内阁大臣决定解除破产管理人职务的时间。

② 徐阳光：《个人破产立法的英国经验与启示》，载《法学杂志》2020 年第7 期。

③ 徐阳光：《英国个人破产与债务清理制度》，法律出版社 2020 年版，第 64 页。

④ 同上书，第 66 页。

⑤ See United States Country Report to The IAIR Singapore，p. 1.

破产托管人（USTP）与破产法官相互独立的分权机制，不仅使公共权力机关承担了其理应承担的行政职能，而且还使司法权回归司法裁判者。[①]

对于申请破产重整的房企而言，如何融资并开展复工复建是重整计划能否获得成功的关键。《美国破产法》为激励放贷人在第11章重整程序中继续提供融资，或为经管债务人的继续营业提供授信，提供了充分的激励手段。[②] 对于潜在债权人或放贷人，赋予新债权的管理费用优先顺位，即第二优先顺位。[③] 甚至可以赋予放贷人“超级优先顺位”，即优先于其他所有管理费用的顺位。[④] 此外，经管债务人还可用破产财团的无负担财产或财产的剩余价值上为放贷人设立担保权，以担保其第11章贷款。虽然对于重整融资债务的顺位在理论上仍存争议，但美国激励放贷人提供融资的体系化理念仍值得我国借鉴。

（二）当前我国“府院联动”机制的实践困境

当前，我国房企破产府院联动机制发展迅速且取得了明显成效。我们在肯定房企破产府院联动机制成功化解破产衍生问题的同时，也不应忽视该机制在司法实践中凸显的种种不足。

1. 政府职责定位不明

在市场化破产的背景下，政府定位应为“行政配套”。[⑤] 在房企破产中，在司法主导破产程序的前提下，由行政机关解决破产

① 周馨、陈豪：《供给侧结构性改革中“府院联动”机制的不足与完善》，载王欣新、郑志斌等主编：《破产法论坛（第十八辑）》，法律出版社2020年版，第460页。

② 查尔斯·J. 泰步：《美国破产法新论》，韩长印等译，中国政法大学出版社2017年版，第1171页。

③ See § 11. 10. a.

④ See § 11. 10. b.

⑤ 陆晓燕：《“府院联动”的建构与边界——围绕后疫情时代市场化破产中的政府定位展开》，载《法律适用》2020年第17期。

衍生问题是府院联动机制的最佳模式。本应在房企破产程序中发挥关键作用的政府部门，因权责模糊、定位不清，难以持续稳定发挥作用。[①] 根据2021年王东明副委员长在十三届人大常委会第三十次会议上作《全国人民代表大会常务委员会执法检查组关于检查〈中华人民共和国企业破产法〉实施情况的报告》，[②] 我国府院联动机制关于政府职责定位的问题大致可总结为以下几点。

其一，政府对破产行政事务统筹不够。首先，对于处于破产重整阶段或是已完成破产程序的房企而言，在企业税务、企业档案保管甚至是企业注销方面仍需行政机关履行相应的行政职能。[③] 在部分房企破产案件中，仍存在税务机关以税款未得到全部清偿为由拒绝出具清税文书的情况。其次，对于涉及的债权债务关系复杂的房企破产案件，行政机关与法院在处理资产保全解除、资金账户解封、消费限制解除、债权补报等事项时缺乏协调统筹。

其二，少数案件存在行政的不当干预。随着经济体制改革不断深化和社会保障制度日益健全，破产工作逐步从政策性破产向市场化破产转变，资源配置从行政干预转向市场主导。而房企破产案件往往涉及资产处置、管理人选任、重整计划制订等问题，但个别政府部门基于维稳以及自身政绩的考量，违背市场化法治化原则，对房企破产案件不当干预。[④] 这使得部分有重整价值的房企得不到支持，而对本该清算的房企作无意义的抢救，这最终造

---

① 项红、黄中梓、王元、伍宏武：《关于“府院联动”机制的调研报告》，载王欣新、郑志斌等主编：《破产法论坛（第十九辑）》，法律出版社2020年版，第1299页。

② 《全国人民代表大会常务委员会执法检查组关于检查〈中华人民共和国企业破产法〉实施情况的报告》，载中国人大网 http://www.npc.gov.cn/npc/kgfb/202108/0cf4f41b72fe4ddeb3d536dfe3103eb3.shtml，访问日期：2022年5月26日。

③ 范志勇：《破产联动共识及其法治化进路》，载《扬州大学学报》（人文社会科学版）2021年第3期。

④ 《全国人民代表大会常务委员会执法检查组关于检查〈中华人民共和国企业破产法〉实施情况的报告》，载中国人大网 http://www.npc.gov.cn/npc/kgfb/202108/0cf4f41b72fe4ddeb3d536dfe3103eb3.shtml，访问日期：2022年5月26日。

成了社会资源和司法资源的浪费。

2. 缺乏体系化破产联动机制

虽然我国府院联动机制在各地的破产司法实践中取得良好的社会效果，但是多数地区的府院联动机制仍处于“个案协调”的单向联动状态，[①] 未形成体系化、制度化、规范化的破产联动机制。首先，这种依赖人与人之间的沟通与协调，能否解决破产疑难问题取决于人治而非法治，具有较大的不确定性及不稳定性风险。[②] 其次，由于体系化破产联动机制的缺乏，我国现阶段难以形成破产机制的有效配套。比如说对于通过破产重整程序刚获得重生的房地产企业而言，其在“后重整时代”的经营状况能否进一步改善的关键因素在于能否获得政府的税费支持以及能否完成企业信用的修复。对于我国现阶段破产配套而言，由于缺乏体系化的破产联动机制，重整房企能否再次获得参与市场竞争的基础能力依旧存疑，若不能使重整房企恢复其市场竞争力，则破产重整程序的终结将成为重整房企开启破产清算程序的“导火索”。

3. 缺乏破产预警机制

房地产企业的财务、税务、融资担保、质量效益等各项数据指标，不仅能准确反映出房企自身的真实状况，而且用于评估房企未来的经营状况具有较高价值。但是掌握房企数据的相关政府部门，因为缺乏对房企数据的整合分析与运用，导致对房企运行状态和可能衍生的社会问题缺乏足够的研判和及时预警。并且对存在借贷危机、资金异动等情况的高风险房企，因政府部门未能及时评估其存在的相关风险并采取相应的处置措施，最终导致错过了因企施策、化解房企风险的最好时期，由此丧失处置房企破

① 范志勇：《破产联动共识及其法治化进路》，载《扬州大学学报》（人文社会科学版）2021 年第 3 期。

② 王欣新：《府院联动机制于破产案件审理》，载《人民法院报》2018 年版。

产中相关问题的先机。[①]

（三）小结

虽然域外“破产联动”机制在处置破产企业衍生的社会问题上取得不错的社会效果，但我们仍应理性分析“破产联动”机制实践成功的社会背景。我国《企业破产法》十多年的司法实践告诉我们，厘清破产程序中法院与相关政府部门的关系、在现行府院联动机制的经验基础之上将与破产制度不兼容的相关法律法规进行联动修改，这是比设立破产事务管理部门更为紧迫也必将更见成效的制度途径。

四、我国府院联动机制构建的应然之路

（一）政府层面：准确定位+配套完善

1. “行政配套”的政府应然定位

“府院联动”机制适用的目标，是使政府在破产审判之外更好地发挥其社会调整作用。鉴于司法权具有被动与中立等特性，法院在介入房企经营风险的处置中往往具有滞后性，这也使得法院在事实上不具备防范房企风险与处置破产房企衍生问题的能力。而行政机关作为规制市场主体的适格公权力主体，虽然其在稳定金融市场与处置破产涉稳涉众具有天然优势，但其因权责模糊、定位不清，难以在破产司法实践中发挥其应有作用。比如部分行政机关基于维稳以及自身政绩的考量，违背市场化法治化原则，对房企破产案件不当干预，[②] 最终使得有重整价值的房企得不到支

① 项红、黄中梓、王元、伍宏武：《关于“府院联动”机制的调研报告》，载王欣新、郑志斌等主编：《破产法论坛（第十九辑）》，法律出版社2020年版，第1300页。

② 《全国人民代表大会常务委员会执法检查组关于检查〈中华人民共和国企业破产法〉实施情况的报告》，载中国人大网 http://www.npc.gov.cn/npc/kgfb/202108/0cf4f41b72fe4ddeb3d536dfe3103eb3.shtml，访问日期：2022年5月26日。

持，而无重整价值的房企得到无意义的抢救，这也最终造成了社会资源和司法资源的浪费。

具体而言，在房企破产案件中，应在法院司法权主导的前提下，充分发挥政府“行政配套”的协调处置作用。在房企破产案件中，行政机关应站在优化社会资源配置的全局角度，既要积极防范与处置破产衍生的涉稳涉众问题，又要防范行政权力过分干预司法活动，造成“政策性破产”主导局面的重现。在破产府院联动机制下，行政机关应给予法院司法权足够的尊重，并应坚持必要性和不干涉原则，对其权力进行必要限定，防止政府权力挤压社会公众利益，最终为推动产业结构转型升级和实现市场主体有序退出提供有力保障。

2. 破产配套制度的完善

（1）事前预警研判。对于房地产企业而言，其财务、税务、质量效益等各项数据指标能较为准确地反映出房企自身的真实状况。但由于我国目前缺乏破产预警机制，加之掌握房企关键数据指标的政府部门缺乏沟通以及数据的分析运用，使得对房企运行状态和潜在衍生的社会问题缺乏足够的研判和及时预警，最终丧失化解房企风险的最好时期。因此在未来的破产府院联动机制的改革中，我们有必要构建动态危困企业名录与市场预警机制以防范房企破产衍生风险。

（2）事中联动协调。房地产企业破产因涉及的群体庞大，法律关系复杂，在目前破产法律制度尚不健全的情况下，单纯依靠司法程序难以解决房地产企业破产清算或重整程序中面临的复杂问题，而在此之下“府院联动”多元协调体系因其构建就显得尤为重要。

对于破产房企而言，能否完成案涉在建工程的复工续建往往是处置房企破产案件成功与否的关键。故行政机关在房企破产程序中，通过设立常态化、规范化的联动机制，积极与法院沟通协调，共同化解破产房企的职工安置、社会保险、金融债权、财产处置、信用修复、招商融资等一系列涉稳涉众问题。在对破产房企在建工程的信用修复与招商融资的破产联动上，我国余杭区法院还先后成功探索出“政府垫资模式”“市场融资模式”“多元化融资模式”等一系列成功方案，[①] 这是我国府院联动机制协调处置的可行之策。

（3）事后积极处置。优化资源配置，促进市场经济发展是当代破产法的核心理念之一。对于破产房企而言，若其确无重整价值并符合破产条件的，在破产程序终结后快速退出市场才是与现代破产理念相符的。对于司法实践中存在的破产企业注销不够顺畅以及税务注销存在障碍等情况，各地行政机关需打破固有思维，避免府院联动机制被“束之高阁”。具体而言，各地行政机关在遵守法律法规的前提下，为更好优化资源配置以及维护市场经济活动的正常秩序，可尝试建立协助办理企业注销以及税务清出的一站式服务体系，而这正是我国行政机关贯彻服务型政府理念的应然路径。

3. 域外借鉴 + 机构创新

我国府院联动机制的改革虽应遵循循序渐进的原则，但专业化破产监督机构的设立，仍是我国实现“府院联动”机制真正常态化、规范化的可为路径。现如今，我国府院联动机制变革的核心在于如何完成“府院联动”的单向联动状态到“破产联动”的体系化、制度化互动状态的转变。他山之石，可以攻玉。虽然我国目前仍欠缺域外破产监督机构设立的立法职责界分和法院高度司法权威等基本条件，但不可否认的是，域外破产监督机构在司法实践中准确界分行政职责以及处置破产衍生

① 浙江省杭州市余杭区人民法院课题组：《涉房破产企业在建工程续建的困境与解决方法的探索》，载《法律适用》2016 年第 3 期。

等问题上取得的良好效果符合我国破产法市场化、法治化实施的应有之义。

目前，我国深圳地区已有设立破产事务管理署的初步尝试，虽然其仅在个人破产维度承担相应府院协助职能，① 但其规范化、体系化的府院联动理念仍值得我国日后建立全国破产事务管理署借鉴。日后我国可通过设立体系化的破产事务管理部门，发挥其在保障各方权益、打击逃废债、处置破产衍生问题等方面的协助便利与专业优势。

（二）法院层面：精准识别＋法律衔接

1. 准确厘清破产适用程序

破产清算与破产重整程序各存不同的价值理念。破产清算程序侧重对债务人破产财产的公平分配，体现债权人利益本位理念。而破产重整程序侧重社会整体利益的考量，在合理平衡债权人与债务人利益的同时也减少了债务人因破产而给社会带来的额外负担。具体到房企的破产司法实践中，司法机关需在明晰破产程序制度价值的基础上，通过完善破产清算和重整的识别审查，促使破产程序的社会效益最大化，避免造成社会资源和司法资源的浪费。具体而言，对于尚未达到破产条件的困难企业，应依法支持行政机关采取的重组措施，协助行政机关协调职工安置、购房者权益、金融机构、上下游企业等多方权益主体的利益，并保障房企早日恢复正常经营。对于确已符合破产条件的，司法机关应引

① 深圳破产事务管理署负责确定个人破产管理人资质，建立管理人名册；依法提出管理人人选；管理、监督管理人履行职责；拟订管理人的任用、履职和报酬管理具体办法。组织实施破产信息登记和信息公开制度，及时登记并公开破产申请、行为限制决定、财产申报、债权申报及分配方案、重整计划、和解协议、免责考察等信息。协助调查破产欺诈和相关违法行为。提供破产事务咨询和援助服务。建立完善政府各相关部门办理破产事务的协调机制。配合人民法院开展与破产程序有关的其他工作；完成上级部门交办的其他任务。参见深圳破产事务管理署官网 http://sf.sz.gov.cn/gkmlpt/content/9/9073/post_9073989.html#2707，访问日期：2022 年 6 月 8 日。

导涉案房企及时进入破产程序，在综合考量破产房企的资产状况、生产销售、行业前景等相关因素下，积极与行政机关协调并合理设定破产财产处置方案，以公平保障债权人的利益。

2. 注重体系解释与法律衔接

由于我国企业破产法与民法、劳动合同法、社会保障法、税收征管法等法律法规有着不同的立法价值，所以在处理房企破产案件时，难免出现法律适用上的冲突。需要明确的是在破产程序中破产法作为特别法必须具有排他性的优先适用效力。具体而言，在房企破产的司法实践中，法院应占据主导地位，并且在适用法律时，应注重法律的体系解释，正确处理法律衔接与适用冲突。[①] 对于破产受理、宣告债务人破产、批准重整计划、终止重整等重大程序性节点，法院应综合各利益关联方的意见，加强与行政机关的沟通协调并依法作出裁判，防止出现与企业破产法立法目标不一致的判定。

结　语

通过借鉴域外先进“破产联动”机制经验以及立足我国当下的国情现状，采用循序渐进构建体系化、制度化、规范化的“破产联动”机制才是我国日后“府院联动”机制变革的应然之路。通过准确定位政府角色、强化以司法权为主导的破产程序适用及相关法律衔接，并在近期先构建体系化的事前预警研判、事中联动协调、事后积极处置等制度化的“府院联动”机制，而在远期逐步构建体系化“破产事务管理署”等多项举措，做到救济破产房企的同时，实现各方权利保障与促进经济发展相兼顾的立法目的。

① 单卫东、张帆：《优化府院联动机制合力推进破产审判——浙江绍兴中院关于破产审判府院联动机制的调研报告》，载《人民法院报》2018 年版。

16 问题楼盘企业重整中投资人权益保护

李璇璇*

摘要：疫情的突袭导致大量问题楼盘的出现，引进重整投资人是盘活"问题楼盘"的良药。然而，重整投资人一方面面临着知情权受损、重整失败、逾期债权清偿的风险，另一方面前期投资人利益、利息收益、新旧担保债权等权益未获得立法的应有关注，尚处于立法空白状态。针对重整投资人面临的双重困境，有必要通过强化重整企业信息披露义务、设定重整投资人更换保护规则，以保障重整投资人利息收益、赋予重整投资人"超级优先权"等举措完善重整投资人权益保护的规则制度，从而激发重整投资人的投资意愿、实现重整投资人对"问题楼盘"的造血功能。

关键词：问题楼盘　重整投资人　破产重整　权益保护

一、问题楼盘现状

安土重迁，黎民之性。① 中国人民安土重迁，是国人的天性。毋庸置疑，房地产是关系着国计民生的重要行业。自新冠疫情暴发以来，房地产产业整体下滑，不少房地产企业因此陷入困境，其所开发的楼盘也随之成为问题楼盘。以全国范围为例，根据"中国裁判文书网"显示，从2012年至2022年，涉及"问题楼盘"的各类案件（包括刑事案件、民事案件、行政案件、管辖案

---

* 李璇璇，河南大学法学院2021级硕士研究生。

① 《汉书·纪·元帝纪》。

件、执行案件等）的司法文书共计 5 406 件。[①] 根据“人民法院公告网”显示，从 2020 年 8 月 16 日至 2022 年 6 月 9 日，全国已有 750 家房地产企业申请破产，平均每天就有一家房地产企业申请破产。而房地产企业申请破产也就意味着问题楼盘的出现，有多少家房地产企业申请破产也就意味着有多少问题楼盘的出现。[②] 根据人民网“领导留言板”显示，近十年来，与“烂尾”有关的投诉共计 7 478 件，涉及的楼盘超过 3 188 座，其中至少有 429 条留言主提及自身或者他人正居住在烂尾楼中。[③]

再以河南省为例，河南省住房和城市建设厅经过初步的摸底排查发现：河南省目前有问题楼盘项目共计 433 个；省公安部门初步统计河南省大概由 698 个问题楼盘；省信访部门排查，在所有的信访案件中，涉及问题楼盘的案件有 1 210 个；河南全省的信访部门在 2018 年收到的关于“问题楼盘”的信访事项占房地产领域的 62. 7% ，其中由“问题楼盘”所引发的聚集性上访大概占总量的 40% 。[④] 由此可见，“问题楼盘”已经严重危及社会稳定。

“问题楼盘”的背后交织着复杂烦冗的债权债务关系，涉及投资者、施工单位、金融机构、普通购房户、民间资本等多方群体的利益。由此可见，“问题楼盘”的成因和关系具有多样化和复杂性的特征，其处理成本高昂、阻力较大。而破产重整制度的引入可以有效地解决问题楼盘的相关难题，在重整程序中，通过引入投资人对“问题楼盘”进行输血，从而实现“问题楼盘”的续建。

---

① 《中国裁判文书网》，文书列表（court. gov. cn）。

② 《人民法院公告网》，https://rmfygg. court. gov. cn/web/rmfyportal/noticeinfo。

③ 《人民网——领导留言板》，领导留言板（people. com. cn）。

④ 张侃：《问题楼盘的缘起与社会风险分析》，载《经济研究导刊》2019 年第 29 期。

二、重整投资人面临的潜在风险

（一）知情权受损风险

破产重整中，重整投资人的知情权是指重整投资人对与重整有关的信息及时知晓的权利，其贯彻整个破产重整程序直至重整结束。一般来说，重整投资人进入破产程序的时间较晚，其是在管理人梳理完毕债务人企业的资产负债情况之后才进入。而往往这个时候企业的破产债权已经申报完毕，管理人出于保密义务的考虑，因此重整投资人从管理人处所获得的信息并不会是100%完全披露。[①]

信息披露制度是整个破产重整程序得以运行的关键制度，只有在相关信息及时公开的情况下，才能有效地防止破产欺诈等情况的发生，而对重整投资人的知情权的保护正依赖于信息披露制度的完善。[②] 信息披露制度在《企业破产法》中并不是独立成章的方式出现，而是以散点状的形式分布。[③] 在对相关法条分析的过程中，可以发现现行法律并未对信息披露的内容和程度作出一个较为明确的规定，除此之外，接受信息披露的主体主要是法院、债权人以及债权人委员会等主体，而重整投资人作为重整程序的重要参与者，并未受到应有的关注。

（二）重整失败风险

在十三届全国人大四次会议上，时任最高人民法院院长周强做最高人民法院工作报告，其指出：2020 年最高人民法院审结破

① 赵瑜：《浅谈破产重整投资人保护制度》，载《第十二届中部崛起法治论坛征文》。

② 周长：《论破产重整中战略投资人的权益保护》，载《中国集体经济》2019 年第 26 期。

③ 第 8 条、第 15 条、第 23 条、第 68 条、第 69 条、第 79 条、第 84 条、第 90 条、第 98 条、第 126 条、第 131 条等条款。

产案件10 132件，涉及债权 1.2 万亿元，其中审结破产重整案件728 件，盘活资产 4 708 亿元，让 532 家有发展前景的企业重获新生，帮助 48.6 万名员工稳住就业。① 破产重整制度是盘活企业资产、挽救困境企业、解决债务风险的市场化、法治化的路径，但是目前我国的重整制度已经明显落后于实践的发展、重整效率较低。② 由此可见，我国破产重整的失败率相对较高，作为重整投资人，其在破产企业进入重整阶段之后向破产企业投入资金的同时获得破产企业的股权，此时，重整投资人就成为破产企业的新股东。③ 一旦重整失败，困境企业就转入破产清算程序，按照《企业破产法》的规定，重整投资人的出资就沦为劣后债权。

虽然最高人民法院《关于适用〈中华人民共和国企业破产法〉若干问题的规定（三）》［以下简称（《破产法司法解释（三）》］第 2 条④被视为是对“出资人的保护条款”。但是，该条主要针对在破产申请受理后，债务人企业为债务人继续营业而借款，此借款享有劣后与担保债权的优先权，该条仅仅规定了债权人为债务人企业继续营业而提供借款时受保护。在破产重整案件中，虽然重整投资人在重整计划被批准前为企业所出的资金可以被设定为借款，但是在重整计划被法院批准执行之后，重整投资

① 周强：《最高人民法院工作报告》。

② 据不完全统计，我国的重整案件占破产清算案件的比例不超过 10%。

③ 高博仑：《浅析破产重整中投资人风险与权益保护》，载《青年与社会》2019 年第 29 期。

④ 《最高人民法院关于适用〈中华人民共和国企业破产法〉若干问题的规定（三）》第 2 条规定：“破产申请受理后，经债权人会议决议通过，或者第一次债权人会议召开前经人民法院许可，管理人或者自行管理的债务人可以为债务人继续营业而借款。提供借款的债权人主张参照企业破产法第四十二条第四项的规定优先于普通破产债权清偿的，人民法院应予支持，但其主张优先于此前已就债务人特定财产享有担保的债权清偿的，人民法院不予支持。管理人或者自行管理的债务人可以为前述借款设定抵押担保，抵押物在破产申请受理前已为其他债权人设定抵押的，债权人主张按照物权法第一百九十九条规定的顺序清偿，人民法院应予支持。”

人的前期投资一般就会被转换成股款。如果破产重整失败即将转入破产清算，那么已经转换成股款的“前期借款”还是否能回归最原始的“借款”状态而适用《破产法司法解释三》第2条呢？目前该问题在理论界以及实务界都存在较大的争议。因此，就当前立法现状而言，就算有所谓的“出资人保护条款”的存在，重整投资人依旧面临着很大的重整失败的风险。

（三）逾期债权风险

按照《企业破产法》第92条第2款[①]的规定：“债权人未依法申报债权的，在重整计划执行完毕后，可以按照重整计划规定的同类债权的清偿条件行使权利。”这就意味着“申报顺延”，即无论何种债权、何种原因未依法申报的，在重整计划执行完毕后自动顺延。[②] 虽然该条公平合理地保护了债权人的权益，也与重整计划执行完毕后“债务人继续合法存续”的法律事实相匹配，但是其存在诸多问题，如：

（1）加重重整投资人的负担。首先，由于该规定的存在，有大部分债权人可能选择不在申报期间申报债权，这导致重整投资人无法知晓破产企业的真实债权债务情况，影响其作出正确的投资判决；[③] 其次，因为清偿率已经确定，如果存在大量的债权未进行申报，此时债权总额的增加就意味着投资人的负担的增加，无形之中损害了重整投资人的权益。[④]

（2）与破产重整制度的目的相冲突。目前破产重整制度被世

---

① 《企业破产法》第92条第2款规定：“债权人未依照本法规定申报债权的，在重整计划执行期间不得行使权利；在重整计划执行完毕后，可以按照重整计划规定的同类债权的清偿条件行使权利。”

② 张善斌、翟宇翔：《破产重整程序中未按期申报债权处理方式的选择与构建》，载《河南财经政法大学学报》2020年第4期。

③ 同上。

④ 徐根才：《破产法实践指南》，法律出版社2017年版，第115页。

界各国视为防范破产、挽救企业的有效法律制度。[①] 通过破产重整程序，让企业获得重生、恢复正常的经营状态，但《企业破产法》却允许债权人将未及时申报的债权在重整计划执行完毕后继续要求债务人企业清偿，这一举措将使债务人企业面临相当大的压力和负担。[②] 除此之外，在实践中，还存在个别债权人为了提高清偿比例，恶意不全额申报或不申报，利用该规定在重整计划执行完毕之后要求清偿，严重损害了债务人的权益。[③]

（3）损害正常申报的债权人利益。如在 ST 宏盛破产重整案件中，债务人企业预留了 8000 万元用于应对未按期申报债权所造成的将来可能存在的清偿问题。如若此笔资金不预留而用于现时的分配，无疑会大大提高重整计划中债权的受偿比例。[④]

三、重整投资人权益保护的立法现状及问题分析

1. 前期投资人利益未保护

人民法院受理破产重整申请之前的预重整中，无论采取公开或者不公开的方式引进重整投资人，都存在在法院受理重整程序之后重新选定重整投资人的可能性，这就出现了更换重整投资人时如何保障前期投资人利益的问题。[⑤] 但遗憾的是如果管理人依据《企业破产法》第 18 条的规定作出解除合同的决定，此时前期重整投资人只能获得违约责任的赔偿。此举并不能有效防止投资人之间的不公平竞争。

---

① 王欣新：《重整制度理论与实务新论》，载《法律适用》2012 年第 11 期。

② 周长：《论破产重整中战略投资人的权益保护》，载《中国集体经济》2019 年第 26 期。

③ 王欣新：《论破产程序中的债权申报》，载《人民法院报》2010 年 8 月 4 日。

④ 郗伟明：《论破产重整中未按期申报债权之处置》，载《法商研究》2012 年第 6 期。

⑤ 池伟宏：《困境企业拯救的破产重整路径效率优化》，载《中国政法大学学报》2021 年第 4 期。

2. 利息收益未保障

重整投资人提供融资的目的最终是营利，但是目前《企业破产法》却并未规定重整投资人是否可以取得利息及其收益；如深圳市亿商通进出口有限公司与东莞市清溪金沃牛实业有限公司破产债权确认纠纷一案中，二审法院确认了东莞市清溪金沃牛实业有限公司欠深圳市亿商通进出口有限公司的100万元借款，该借款为东莞市清溪金沃牛实业有限公司的破产共益债，由其依据《企业破产法》第43条进行清偿。但二审法院驳回了深圳市亿商通进出口有限公司主张借款利息的请求。①

3. 新旧担保债权优先顺序未明确

《企业破产法》第75条第2款规定："在重整期间，债务人或者管理人为继续营业而借款的，可以为该借款设定担保。"但是对于新旧担保权人之间债权的清偿顺序却并未作出明确的规定。

除此之外，还有《企业破产法》第42条第4款规定："在人民法院受理破产申请后为债务人继续营业而应支付的劳动报酬和社会保险费用以及由此产生的其他债务为共益债务。"但是该条却并未规定在受理破产申请之后取得融资所形成的债务为共益债。《企业破产法》第69条规定："管理人实施借款行为，应当及时报告债权人委员会。未设立债权人委员会的，管理人实施前款规定的行为应当及时报告人民法院。"该条款并未明确借款的目的以及借款的性质和清偿顺序。

通过对以上问题以及条款的分析可得知，《企业破产法》及《破产法司法解释（三）》对于重整投资人权益的规则要么较为简略要么处于立法空白、尚未规定。对于重整投资人的选任程序和标准、前期投资人的利益、重整投资人利息收益以及新旧担保债权等问题，都需要在破产法律框架内予以完善。

---

① 广东省高级人民法院（2014）粤高法民二破终字第2号民事判决书。

四、完善重整投资人权益保护的举措

（一）强化重整企业信息披露义务

1. 信息披露的内容和程度

我国《企业破产法》第 79 条和第 84 条[①]对重整程序的信息披露内容作出了相应规定。在对以上法条进行分析的基础上，可以发现我国破产重整规定的披露的内容的范围过于狭窄且过于原则性，不具有实际操作的可能性。理论上，凡是与债权人利益相关的内容均属披露内容，因此，披露内容理应具体化。

我国《企业破产法》在重整程序中，没有对信息披露内容的程度作出相对较为明确的规定。德国将“真实、准确、完整”作为其信息披露的标准，但若不予以细化，将会形同虚设；而美国将“充分”作为其信息披露的标准，将“债权人利益最大化”作为判断标准，相较之下更具有借鉴意义。[②] 笔者建议，合两者之优势之所在，建立以“真实、准确、完整、充分 + 债权人利益最大化 + 重整投资人利益”为标准的破产重整信息披露制度，来保障重整程序中相关利害关系人的知情权。

2. 接受信息披露的主体

我国《企业破产法》第 79 条和第 84 条规定的接受信息披露

---

① 《企业破产法》第 79 条规定：“债务人或者管理人应当自人民法院裁定债务人重整之日起六个月内，同时向人民法院和债权人会议提交重整计划草案。前款规定的期限届满，经债务人或者管理人请求，有正当理由的，人民法院可以裁定延期三个月。债务人或者管理人未按期提出重整计划草案的，人民法院应当裁定终止重整程序，并宣告债务人破产。”《企业破产法》第 84 条：“人民法院应当自收到重整计划草案之日起三十日内召开债权人会议，对重整计划草案进行表决。出席会议的同一表决组的债权人过半数同意重整计划草案，并且其所代表的债权额占该组债权总额的三分之二以上的，即为该组通过重整计划草案。债务人或者管理人应当向债权人会议就重整计划草案作出说明，并回答询问。”

② 王欣新、丁燕：《论破产法上信息披露制度的构建与完善》，载《政治与法律》2012 年第 2 期。

的主体主要是法院、债权人会议，而重整投资人作为重整程序的造血者，现行法律并未保障其破产企业相关信息的知情权。笔者建议，将重整投资人也纳入接受信息披露的主体范围之内，充分保护重整投资人的知情权。

（二）设定重整投资人更换保护规则

笔者建议，可以借鉴《美国破产法典》第三章第 363 条规定“出售和假马竞标规则”。[①] 在破产法的语境之下，“假马”指的是与债务人企业达成投资协议的潜在投标人，并且基于双方所签订的协议从而引出出价更高的竞标人，为债权人的债权清偿带来更大比例的清偿。在某种意义上，“假马”的存在是为了吸引“真马”的出现。通过引入假马竞标规则，一方面，假马竞标人可以在尽职调查的基础上获取到充分的信息，并在此基础上形成有关资产的初步报价，其他意向投资人可以参考假马竞标人所出具的尽职调查结果以及意向报价，从而正确评估债务人企业的资产价值，防止债务人企业的资产被贱卖。其出现为其他潜在意向投资人提供了搭便车的机会、最大化实现了债务人财产处置的效益。另一方面，分手费制度和优先购买权制度，在增强其他潜在投资人的投资意向的同时还有效地保障了假马竞标人的合法权益。[②] 假马竞标规则能够在破产重整程序中起到兜底保障的效果，能够有效地提升债务人企业、管理人、全体债权人以及重整投资人对重整计划实施的效果预期，极大地提高了“问题楼盘”重整成功的可能性。

（三）保障重整投资人利息收益

《企业破产法》第 46 条规定：“附利息的债权自破产申请受

---

① 王之洲：《美国破产程序中的“假马竞价”》，载微信公众号“破纪录”https://mp.weixin.qq.com/s/CTgNeMDiouGMVb_aDlp3dQ，访问日期：2018 年 3 月 12 日。

② 郗伟明：《论破产重整中未按期申报债权之处置》，载《法商研究》2012 年第 6 期。

理时起停止计息。”① 目前我国重整投资人引入较难、“问题楼盘”对重整投资人的吸引力较弱。为增强重整投资人的投资意愿，笔者建议，将《企业破产法》第46条的内容作限缩解释，即将此债权限缩为问题楼盘企业进入破产重整之前的债权，进入破产重整之后的债权不纳入该条款的调整范围，将进入破产重整之后的债权作为共益债，并可以收取相应的利息。除此之外，还应当遵循意思自治原则，只要不违背法律法规的强制性规定，均可由双方当事人意思自治、自行规定相应的利息金额。只有通过这种方式，才能最大化鼓励重整投资人进行投资、保障资金稳步投入，进而进入破产重整程序之中。

（四）赋予重整投资人“超级优先权”

基于《民法典》物权编的一般原则②，原则上新设立的担保债权不能优先于既存的担保债权。但是如果存在不给予超级优先权，重整投资人不愿投资、困境企业无法取得融资的情况时，在具备实质要件和程序要件的情况下，可以审慎使用、突破该基本原则。笔者赞同丁燕教授关于赋予重整投资人担保权以“超级优先权”的相关立法建议，即如果现有的担保债权人不同意的话，法院可允许其担保权优先于先前所存在的担保权，但需满足特定条件。条件包括：第一，给予现有担保权人向法院陈述的机会。第二，债务人企业或者管理人可以证明除此之外没有任何其他方式取得融资。第三，现有担保债权人的相关利益得到一定的保护。③

① 《企业破产法》第46条规定：“未到期的债权，在破产申请受理时视为到期。附利息的债权自破产申请受理时起停止计息”。

② 已经登记的，按照登记的时间先后确定清偿顺序；已经登记的先于未登记的受偿；未登记的，按照债权比例清偿。

③ 丁燕：《论破产重整融资中债权的优先性》，载《法学论坛》2019年第3期。

结 语

目前我国关于重整投资人权益保护的规则制度尚未形成完善的运行体系，重整投资人在投资时仍面临着一系列的风险。这大大限制了投资人的投资积极性和“问题楼盘”企业的重整成功性。因此，通过强化重整企业信息披露义务、保护前期投资人的权利、保障重整投资人的利息收益及赋予重整投资人“超级优先权”等措施，形成完善的重整投资人权益保护体系，是充分调动重整投资人积极性，激发市场活力，优化市场资源配置、促进经济平稳发展的主要途径。

17 房地产开发企业重整中“回迁安置债权”相关问题研究

刘培峰①

摘要：破产房地产开发企业涉及的债权人种类繁多，关系到国计民生和社会稳定，而破产重整程序是解决目前房地产开发企业困境的最佳选择。相当一部分房地产开发企业破产重整案件中都会涉及回迁户的回迁安置问题。作为房地产开发企业和当地政府最为关注的问题，处理“回迁安置债权”问题时，要从促使重整计划草案顺利通过的整体战略角度出发，考虑到所有债权人的合法权利，做到着眼大局、重视细节，在《企业破产法》及相关法律法规的立法目的和精神框架内，切实平等保障各方利益，促进社会和谐稳定。

关键词：房地产　回迁安置债权　破产重整

一、“回迁安置债权”的概述

（一）回迁安置费用的产生

回迁安置费用系市、县级人民政府在依法征收国有土地上单位、个人的房屋过程中所产生的、对被征收人给予的补偿费用。依据2011年国务院颁布的《国有土地上房屋征收与补偿条例》（以下简称《征补条例》）的规定，确定了负责征收补偿的主体、

① 刘培峰，北京市中伦文德律师事务所合伙人。

范围和方式，如表17－1所示。

表17－1　《征补条例》征收补偿具体内容

类别	具体内容	《征补条例》中的法律依据
补偿责任主体	市、县级人民政府负责本行政区域的房屋征收与补偿工作	第4条第1款
补偿实施主体	市、县级人民政府确定的房屋征收部门组织实施本行政区域的房屋征收与补偿工作	第4条第2款
	房屋征收部门可以委托房屋征收实施单位，承担房屋征收与补偿的具体工作。房屋征收实施单位不得以营利为目的	第5条第1款
补偿费用范围	1. 被征收房屋价值的补偿 2. 因征收房屋造成的搬迁、临时安置的补偿 3. 因征收房屋造成的停产停业损失的补偿	第17条第1款
补偿方式	被征收人可以选择货币补偿，也可以选择房屋产权调换	第21条第1款

回迁安置费用所具有的价值可以分为两个层面：一是表现在个体价值层面上，它属于对被征收人的公平补偿；二是彰显在社会价值层面上，它属于为了公共利益，稳定社会安宁秩序、确保被征收人住有所居的重要物质保障。

（二）回迁安置费用的债之关系

依据《征补条例》的规定，回迁安置费用的支付与领取仅存在于市、县级人民政府（或房屋征收部门和受委托的实施单位）

与被征收人之间，本不应包括以营利为目的的房地产开发企业。[①]然而，在《征补条例》施行之前，根据已失效的《城市房屋拆迁管理条例》（2001）中的规定，房地产开发企业可以作为征收人与被征收人签订房屋拆迁安置补偿合同。基于对法律法规和过往实践的生活惯性以及各地实施的拆迁政策的不同，在《征补条例》生效之后，仍有以房地产开发企业作为拆迁主体的现象存在，抑或征收人、被征收人和房地产开发企业签署三方协议，并在拆迁补偿协议中约定由房地产开发企业作为征收人委托的补偿单位，由其承担回迁安置费用。

基于上述情形，笔者认为，在房地产开发企业破产重整司法实践中，由于房屋征收补偿协议的签订主体和具体约定的不同，关于回迁安置费用存在以下两组债权债务关系：

（1）仅存在于房地产开发企业与被征收人的债之关系。这种情况系《征补条例》生效之后的少数情形，主要由于《城市房屋拆迁管理条例》（2001）和房地产开发领域当中的实践惯性所致。房屋征收补偿协议的签署双方系民事主体，必须是在公平、公正的基础上，根据双方意思自治达成的平等协议。回迁安置费用的支付与收取亦具有相对性，债权债务关系亦只存在于房地产开发企业与被征收人之间。

（2）存在于房地产开发企业与征收人、被征收人三方之间的债之关系。房地产开发企业作为第三方民事主体，部分地区在拆迁过程中所签署的房屋征收补偿协议里同样规定了房地产开发企业的责任与义务，例如，协议中约定在超过拆迁安置过渡期间，由于房地产开发企业的原因，导致迟迟未能交房的，由房地产开发

---

① 诸如在某些地方立法中，明确规定开发企业是以营利为目的，从事房地产开发经营的公司或者其他企业法人（《山东省城市房地产开发经营管理条例》第8条）。

企业承担逾期回迁安置费用等此类约定。既如此，就存在一个关键问题，即此类与房地产开发企业的相关条款是约束其与被征收人之间的权利义务，还是约束其与征收人之间的权利义务？如果从房屋征收补偿协议自身的法律属性中审视，最高人民法院《关于审理行政协议案件若干问题的规定》（法释〔2019〕17 号）第 1 条第 1 款第 2 项规定：“公民、法人或者其他组织就下列行政协议提起行政诉讼的，人民法院应当依法受理：（二）土地、房屋等征收征用补偿协议。”上述条文表明，房屋征收补偿协议属于行政协议，是行政机关为了实现行政管理或者公共服务目标，与公民、法人或者其他组织协商订立的具有行政法上权利义务内容的协议。但房屋征收补偿协议所约定的与房地产开发企业相关的条款是否具有行政性还需进一步讨论，笔者认为，从行政协议须具有行政优益权的角度出发进行认定，即行政机关为了公共利益，可以单方变更、解除，不必经过双方的意思一致。显然，房屋征收补偿协议所约定的与房地产开发企业的相关条款并不具备公共利益属性，行政机关不能单方面要求房地产开发企业承担义务，只能在公平公正的基础上协商约定。另外，《征补条例》第 5 条第 1 款中所规定的“房屋征收实施单位不得以营利为目的”属于管理性强制性规定，而非效力性强制性规定，此类房屋征收补偿协议所约定的与房地产开发企业的相关条款应属于行政协议中合法有效的民事条款。债权债务关系根据三方的书面约定，存在于征收人、被征收人（债权人）、房地产开发企业（债务人）之间。

（三）“回迁安置债权”的概念界定

根据上述回迁安置费用的产生以及房屋征收补偿协议中存在的债权债务关系分析，可以对“回迁安置债权”有一个较为直白清晰的界定。即房地产开发企业破产重整案件中，“回迁安置债权”一般是存在于征收人、被征收人与房地产开发企业之间①，基于回迁安置费用产生的由被征收人所享有的要求征收人或房地产开发企业履行支付义务的债权。

二、“回迁安置债权”的种类及性质

（一）“回迁安置债权”的法律分类和具象表现

根据《征补条例》第21条第1款规定，被征收人可以选择货币补偿，也可以选择房屋产权调换，这也是“回迁安置债权”的两种分类。因此在实践中，征收人通常根据上述两种分类分别与被征收人签署货币补偿协议或产权调换协议，如表17－2所示。

表17－2　回迁安置债权分类

<table>
<tr><th>“回迁安置债权”类别</th><th>法定内容
（《征补条例》第17条）</th><th>其他内容
（通常根据当地政策来约定）</th></tr>
<tr><td>货币补偿</td><td rowspan="2">被征收房屋价值的补偿、搬迁费、临时安置费、停产停业损失、补助和奖励</td><td rowspan="2">附属物补偿费、装饰装修补偿费等</td></tr>
<tr><td>产权调换</td></tr>
</table>

其中，被征收房屋价值的补偿有两种表现形式：一是货币补偿，一般根据专业机构出具的房地产征收补偿评估报告确定房屋价值，然后由征收人或者房地产开发企业直接进行货币补偿，为了尽快推进房屋拆迁及项目开发，征收人或者房地产开发企业一般会一次性全额支付本部分费用。此类被征收人因为已经拿到货币补偿，一般不会成为房地产开发企业破产重整程序中的“回迁

① 回迁安置补偿单位在此类案件中通常系房地产开发企业本身，但也不排除有其他第三方民事主体与行政机关和被征收人之间在公平公正、平等协商的基础上签署相关安置补偿协议的情况。

安置债权”债权人。二是房屋产权调换，即根据房地产征收补偿评估报告确定被征收人房屋价值，然后确定将来可置换房屋的回迁面积。此类被征收人也被称为“回迁户”，因房地产开发企业资金不足及内部管理混乱等原因，导致其无法正常进行房屋开发建设，也未能如期向回迁户交房，通过何种手段保护回迁户群体的利益，是平衡各方利益群体的重中之重，是房地产开发企业破产重整案件中最为棘手的问题，也是本文着重讨论的问题。

基于以上分析，下文中我们讨论的“回迁安置债权”系特指产权调换类“回迁安置债权”。

（二）“回迁安置债权”的法律性质

我国现行法律并没有直接规定“回迁安置债权”，但在最高人民法院《关于审理商品房买卖合同纠纷案件适用法律若干问题的解释》（以下简称《商品房买卖合同司法解释》）中有相关规定，该司法解释第7条第1款规定：“拆迁人与被拆迁人按照所有权调换形式订立拆迁补偿安置协议，明确约定拆迁人以位置、用途特定的房屋对被拆迁人予以补偿安置，如果拆迁人将该补偿安置房屋另行出卖给第三人，被拆迁人请求优先取得补偿安置房屋的，应予支持。”对“回迁安置债权”的法律性质，实务界及学界存在不同观点。

1. “回迁安置债权”系特种债权优先权

江苏省高级人民法院2015年7月2日发布的《执行异议之诉案件审理指南》第17条规定：“根据最高人民法院《商品房买卖合同司法解释》第7条的规定，在拆迁人作为被执行人的案件中，对尚未办理房屋产权登记手续的拆迁安置房进行强制执行的，已经签订了拆迁补偿安置协议的被拆迁人（案外人）在执行异议被驳回后，可以提起执行异议之诉。经审理确认拆迁人与被拆迁人在人民法院查封之前已经签订合法有效的拆迁补偿安置协议，并且在拆迁补偿安置协议中明确约定了拆迁用房的具体位置、用途，能够明确指向执行标的的，因其已享有足以对抗第三人的特殊债权，对被拆迁人停止执行的诉讼请求应当予以支持。”该地方性司法文件对回迁安置债权认定为足以对抗第三人的特殊债权。

2. “回迁安置债权”属于担保物权

有学者认为《商品房买卖合同司法解释》第 7 条的规定并非将被拆迁人对特定房屋的债权转化为物权，而只是对这一特定债权设定了一种履行担保，以优先权这一担保物权的方式来确保被拆迁人对拆迁人享有的这一特定债权的实现。①

3. “回迁安置债权”属于一种债权物权化的特殊权利

最高人民法院在成都国权锦城房地产开发有限公司、成都市青羊区房产管理局物权确认纠纷一案中认为：“以产权调换为补偿方式的拆迁补偿安置协议本质为以物易物的互易合同。《拆迁补偿安置协议》对房屋的补偿方式、安置房屋面积、过渡期限等一般内容进行了约定，而且对协议的标的物即安置用房的位置、用途也作了明确、特别约定的情况下，该标的物具有了特定性。结合拆迁补偿安置协议的特殊性，按照对被拆迁人利益的侧重保护原则，《商品房买卖合同司法解释》将此种情况下被拆迁人对该特定房屋的债权视为一种特种债权，赋予物权的优先效力，称为特种债权优先权，也就是债权物权化。根据物权法理论，被拆迁人对拆迁补偿安置房屋所享有的物权优先效力可自由处分，即被拆迁人有权按照其意愿和实际情况，既可请求行使优先权，也可放弃该权利。”最高人民法院在上述案例当中认为回迁安置债权属于被物权化的特殊权利，因此被赋予物权化的优先效力。

---

① 陈业业：《论拆迁补偿安置房屋优先权》，载《亚太经济》2004 年第 6 期。

综合上述观点，结合在从事破产管理人实务中的切身体会，笔者更倾向于认为“回迁安置债权”属于一种债权物权化的特殊权利。首先，将“回迁安置债权”作为一种可以对抗抵押权人的特殊债权，有违“物权优先于债权”的一般权利冲突适用原则。其次，将“回迁安置债权”认定为担保物权违反现行法律体系所确定的物权法定原则，《民法典》第116条规定：“物权的种类和内容，由法律规定。”因此，将回迁安置债权认定为担保物权，与现有法律规定不符。最后，征收人与回迁户按照产权调换形式所订立的拆迁安置补偿协议，本质上是征收人与回迁户之间的以物易物合同，系征收人以未来新建房屋作为对价交付给回迁户并换取回迁户的被拆迁房屋，回迁户取得的就是拆迁补偿安置的房屋。该拆迁补偿安置房屋的位置、用途特定化后，即具备物权客体的特定性，可以成为回迁户行使物权优先权的对象。因此，笔者倾向于认为将回迁安置债权理解为一种债权物权化的特殊权利。

三、“回迁安置债权”在破产重整程序中的清偿顺位

（一）法律法规规定及实践中债权分类

根据《企业破产法》第82条[①]的规定，重整计划草案分组表决，在实践中，重整计划草案一般将法律规定各分组按顺序依次命名为有财产担保债权、职工债权、税收债权、普通债权。根据最高人民法院《关于适用〈中华人民共和国企业破产法〉若干问

① 《企业破产法》第82条规定：“下列各类债权的债权人参加讨论重整计划草案的债权人会议，依照下列债权分类，分组对重整计划草案进行表决：（一）对债务人的特定财产享有担保权的债权；（二）债务人所欠职工的工资和医疗、伤残补助、抚恤费用，所欠的应当划入职工个人账户的基本养老保险、基本医疗保险费用，以及法律、行政法规规定应当支付给职工的补偿金；（三）债务人所欠税款；（四）普通债权。人民法院在必要时可以决定在普通债权组中设小额债权组对重整计划草案进行表决。”

题的规定（三）》（2020 年修正）第 11 条①规定，权益因重整计划草案受到调整或者影响的债权人，有权参加表决。因此，在房地产开发企业破产重整案件中，除了上述分组，根据案件实际情况和维护债权人利益的需要，管理人会选择酌情增加回迁安置债权、消费型购房人债权、工程款优先债权等表决小组，根据债权重要程度其清偿顺序一般为回迁安置债权、消费型购房人债权、工程款优先债权、有财产担保债权、职工债权、税收债权、普通债权、劣后债权等。

（二）“回迁安置债权”的法理优先性

根据过往的司法实践，房地产开发企业破产重整案件中，“回迁安置债权”享有优先性的法律依据是 2003 年最高人民法院出台的《关于审理商品房买卖合同纠纷案件适用法律若干问题的解释》（法释〔2003〕7 号，现已失效）第 7 条“拆迁人与被拆迁人按照所有权调换形式订立拆迁补偿安置协议，明确约定拆迁人以位置、用途特定的房屋对被拆迁人予以补偿安置，如果拆迁人将该补偿安置房屋另行出卖给第三人，被拆迁人请求优先取得补偿安置房屋的，应予支持”，该条文被解读为回迁户享有回迁安置优先权。笔者认为，这是在当前破产法律制度供给较为匮乏且破产案件日益疑难复杂的现实困境下而产生的扩大解读，并不完全符合该条文本身意旨。理由如下：

（1）该司法解释是规范和指导商品房买卖合同纠纷案件，而

---

① 《破产法司法解释三》第 11 条规定：“债权人会议的决议除现场表决外，可以由管理人事先将相关决议事项告知债权人，采取通信、网络投票等非现场方式进行表决。采取非现场方式进行表决的，管理人应当在债权人会议召开后的三日内，以信函、电子邮件、公告等方式将表决结果告知参与表决的债权人。”

《企业破产法》第 82 条规定：“对重整计划草案进行分组表决时，权益因重整计划草案受到调整或者影响的债权人或者股东，有权参加表决；权益未受到调整或者影响的债权人或者股东，参照企业破产法第八十三条的规定，不参加重整计划草案的表决。”

“回迁安置债权”是基于房屋产权调换协议而产生的，并不属于商品房买卖的范畴。

（2）即便进行扩大解释得以在房地产开发企业破产重整案件中适用，补偿安置房屋也必须特定（面积、位置、用途特定）才能具有优先性。如果仅在产权调换协议中约定回迁面积，并没有明确位置与用途，其优先性存疑。更何况在2020年修改过程中，该法条已被删除，至此“回迁安置债权”优先性的“最后一根稻草”也已消失。

但这并不意味着“回迁安置债权”在法理层面上丧失了优先性，有学术人员从“生存权”的角度出发，认为“房地产企业进入破产程序后，拆迁安置人与破产企业员工应当享有类似的‘优先’待遇。但建设工程优先权中因包含职工工资，因此应当更优先于回迁安置优先权。不过，如果法院与政府部门共同认定维护社会稳定更重要时，则回迁安置权更优先”①。江苏省高级人民法院的法官认为“应当赋予被征收人的权利以绝对的优先性，作为第一顺位保护。立法论上的依据包括：一是拆迁房屋是被征收人赖以生存和生产的基本物质条件；二是房屋拆迁涉及社会公共利益，被征收人服从公益理应获得特别保护；三是被征收人与房地产开发企业签订安置补偿协议，早于土地使用权抵押或在建工程抵押，物保债权人通过审查及相应安排，完全可以防控被征收人权利优先性带来的信用风险。”②

笔者对此认为，应当从立法本身意旨中探求，《征补条例》第1、2条明确规定，应当保障被征收房屋所有权人的合法权益并对被征收房屋所有权人给予公平补偿。《企业破产法》第1条亦明

---

① 韩晨光：《论房地产“僵尸企业”破产债权清偿顺位》，载《中国房地产》2021年第12期。

② 夏正芳、李荐：《房地产开发企业破产债权的清偿顺序》，载《人民司法（应用）》2016年第7期。

确立法目的在于公平清理债权债务，保护债权人和债务人的合法权益，维护社会主义市场经济秩序。“公平”不仅是《征补条例》和《企业破产法》的追求，更是整个中国特色社会主义法律制度的应有之义。我们应当注意到，在我国社会主义市场经济发展初期，房地产开发是过往数十年市场经济发展的主旋律，也是国家重要的经济支柱。房屋征收与拆迁更是在主旋律中扮演前奏的角色，而在房屋征收与拆迁的过程中，受影响最大、最首当其冲、最直接的就是被征收人的利益，在房地产开发企业破产重整程序中，回迁户的利益更应得到足够的重视。因此，房地产开发企业破产重整案件中包含着两方面的公平，一是房屋征收补偿公平，二是保障债权公平。但二者都有一个共同的先决条件，即优先保障现有受影响最大的群体——回迁户的利益。“回迁安置债权”的优先性不是体现在法条之内，而是蕴含于《企业破产法》和《征补条例》的立法目的和理念本身当中。

（三）实践中“回迁安置债权”的清偿顺位

当前对于“回迁安置债权”的清偿顺位，在司法实践中普遍认同其具有优先性的效力，但相比较其他优先权，具体权利之间的顺位关系主要有以下三种观点。

（1）“回迁安置债权”优先于担保物权。甘肃省高级人民法院在判决书中认为“拆迁补偿安置协议，其性质为互易合同，被征收人享有的拆迁安置优先权，实质上是对其已被拆迁房屋所有权保护的一种延伸，具有优先于担保物权的效力。”① 该案虽然没有明确“回迁安置债权”是否优先于工程款优先债权和消费型购房人债权，但“回迁安置债权”的生存属性必定是高于担保物权的财产属性。因此“回迁安置债权”优先于担保物权这一点为大

① （2015）甘民二终字第74号中国农业银行股份有限公司永登县支行与狄某生、永登连生房地产开发有限责任公司、永登宏达拆迁有限公司、何某生第三人撤销之诉案。

多数人所认同。

(2)“回迁安置债权”近同于消费型购房人优先权。有具体参与房地产开发企业破产重整案件的律师则认为“被拆迁人签订《产权调换协议》，以互易的方式取得安置房屋的交付权，且通常在协议签订时已就房屋面积进行了结算补差，回迁户相当于支付了全部或绝大部分的房款。”[①] 此时，回迁户的地位与已支付全部房款的购房人最为类似。依照“消费者购买商品房后其对于商品房所主张的权利优先于工程价款优先受偿权、抵押权和其他债权”[②] 这一逻辑，“回迁安置债权”的清偿顺位理应不低于消费型购房人债权。这意味着“回迁安置债权”优先于工程款优先债权，但相比较于消费型购房人债权并没有给出明确是否优先或次于其的意见。

(3)“回迁安置债权”属于一种债权物权化的特殊权利，具有第一优先性。地方法院就房地产开发企业破产案件出台专门的指导意见，其中明确“回迁安置债权”的第一优先顺位，如昆明市中级人民法院《关于规范全市法院房地产企业破产案件审理相关问题的指引（试行)》第28条确立了“被拆迁人和被征收安置人的债权请求权”作为第一清偿顺位。辽宁省高级人民法院《关于审理房地产开发企业破产案件有关问题的若干意见（试行)》第14条规定了“以所有权调换形式安置的被拆迁人和被征收安置人，其对调换的房屋所享有的优先权高于房屋的买受人，包括消费购房者。”在当前司法解释将消费型购房人债权作为超级优先权

---

① 龙勇：《浅析房地产企业破产重整程序中被拆迁人债权的优先受偿》，载微信公众号“凌云律师” https://mp. weixin. qq. com/s/RMMWGay_Zwl - aylej7dtLg，访问日期：2022年3月31日。

② 王成蛟、李佳新、穆耸：《“拆迁安置优先权”你不可不知的法律问题》，载威科先行 https://law. wkinfo. com. cn/professional - articles/detail/NjA wMDAwMzIzNDA，访问日期：2022年4月2日。

的基础上，地方立法赋予“回迁安置债权”优于消费型购房人债权的地位，是一项开拓性的创新。同样在审判实践中，重庆某区法院在判决亦是认定“拆迁人的权利在破产程序中应当予以特别保护，其债权在破产债权范围内享有优先受偿的权利，优先于其他各种债权，包括建设工程款债权和抵押债权。”① 河南省高级人民法院认为：“拆迁人让渡其房屋权利而换取的拆迁安置补偿房屋属于房屋产权调换，根据对被拆迁人侧重保护原则，被拆迁人对该特定房屋享有的债权应视为特种债权，具有优先效力，其权利的实现优先于一般商品房购买人。”②

综上所述，结合前文中对于“回迁安置债权”法律性质的分析结论，笔者更认同第三种实践处理方案，原因在于，回迁安置问题无论在房地产开发企业进入破产重整程序之前还是之后，往往都是亟待解决的首要问题；“回迁安置债权”的清偿顺位问题，不仅关乎回迁户的个体利益，还对当地的社会稳定和经济发展具有重要影响。另外，“回迁安置债权”的优先性是《征补条例》和《企业破产法》的立法目的本身所蕴含，虽然没有为具体法条所体现，但具有在法理上的优先性。在司法实践中，地方法院出台的先行先试的指导意见指引着当地房地产开发企业破产重整的有序进行，这代表着“回迁安置债权”在该地区作为第一顺位优先清偿的方式被广泛认可。因此，不仅是法理上，还是在实务操作上，“回迁安置债权”作为一种债权物权化的特殊权利，绝对优先清偿的处理方案具备合理性和可行性。

---

① （2016）渝 0118 民初 8224 号黄某芸、刘某勇与重庆永祥房地产开发有限公司普通破产债权确认纠纷案。

② （2020）豫民终 16 号邱某婷、郭某民房屋拆迁安置补偿合同纠纷案。

四、房地产开发企业进入破产重整程序之前政府代为垫付的“临时安置费”的清偿顺位问题

临时安置费是指征收补偿主体支付给回迁户或者房屋承租人在过渡期可能发生费用的补助。临时安置费具有强烈的基础保障属性，是回迁户在失去原有房屋之后，安置房屋建成之前所维持必要物质条件和居住条件的经济依托。申言之，临时安置费攸关回迁户在过渡期间的生存。因此，如何处理好临时安置费的发放问题不仅关乎回迁户的利益，也关乎当地的社会稳定。

（一）政府具有不可推卸的落实安置补偿的法定职责

以历史发展的眼光看，尤其是纵观《征补条例》的修法历程，就能理解国家把安置补偿责任严格压实在当地政府之上的必要性，明白房屋征收与补偿立法规划过程中的用意和初心。

（1）在《征补条例》出台前，《城市房屋拆迁管理条例》（2001）仍在实施之时，该法第4条规定：“拆迁人应当依照本条例的规定，对被拆迁人给予补偿、安置。拆迁人，是指取得房屋拆迁许可证的单位。”这导致了拆迁单位在整个房屋征收与补偿过程中容易出现暴力强拆、克扣补偿、开发商圈钱跑路等情况，激发社会的强烈矛盾。对此，2003年国务院办公厅出台的《关于认真做好城镇房屋拆迁工作维护社会稳定的紧急通知》（国办发明电〔2003〕42号，现行有效，以下简称42号通知）当中提到，对因房地产开发企业没有能力完成建设项目导致拆迁补偿资金不落实、安置用房不到位的问题，地方政府要采取有效措施，督促开发企业抓紧落实；或先行解决拆迁补偿安置问题，再根据法律法规和拆迁合同约定，追究开发企业的责任。这才在一定程度上督促当地政府监督房地产开发企业规范拆迁行为、落实补偿责任，否则将由政府先行负责安置与补偿。此项规定，直接形成了当地政府与房地产开发企业之间的责任捆绑。

（2）汲取过往房屋征收过程中的教训和经验，如今《征补条例》第 17 条所规定的，将补偿责任结结实实地压在作出房屋征收决定的市、县级人民政府之上，而不是如之前一般只是将当地政府与房地产开发企业之间进行责任共担，恰恰彰显了房屋征收与补偿必须由政府及其部门来主导。正是通过惨痛的经验教训的总结，才认识到，房屋征收与拆迁的过程不仅仅是要科学地城市规划管理——遵守既定的征收程序——严格落实补偿与安置的行政与法律问题，还是社会问题、政府公信力问题和民心问题。即便《征补条例》赋予房屋征收部门和房屋征收实施单位承担组织实施和落实房屋征收与补偿的具体工作，但当地政府有必要、有义务、有责任监督并妥善处理好回迁户的安置与补偿。

（二）政府垫付“临时安置费”的性质与清偿顺位

准确定位房地产开发企业进入破产重整程序之前政府代为垫付的“临时安置费”的清偿顺序，必须厘清其垫付行为的性质及背后所蕴含的法律关系。对于政府垫付临时安置费行为之定性，目前主要有以下两种观点。

（1）政府垫付行为系无因管理。政府代房地产开发企业向回迁户支付临时安置费的行为系无因管理，理由是政府管理他人事务，使对方受益。因此，政府所垫付的“临时安置费”属于无因管理之债。由于该债权的产生系为房地产开发企业进入破产重整程序之前，因此应归为普通债权。

对上述观点笔者不予认同，从《民法典》第 979 条关于无因管理的定义中探析，无因管理须符合的前提条件是“管理人没有法定的或者约定的义务。”但根据前文所述，政府具有支付临时安置费的法定责任，即便政府、回迁户与房地产开发企业所签订三方协议中约定“由房地产开发企业支付超期临时安置费”的内容，但该内容属于民事条款，不能突破《征补条例》中的法律规定，违背 42 号通知的精神，从而免去当地政府的补偿责任。政府有义务在房地产开发企业履行不能时，向被征收人支付相应的补偿费用。因此，政府垫付临时安置费的行为不属于无因管理。

（2）政府垫付行为系代位清偿。政府作为房屋征收的利害关系人，有义务在房地产开发企业不履行债务时，向回迁户代为履行支付临时安置费。同时，回迁户享有的对房地产开发企业的“回迁安置债权”移转给政府。因此，垫付行为的本质还是“回迁安置债权”，具有绝对优先性，应第一顺位清偿。

笔者认为，从代位清偿的角度出发，能够更好地明晰政府垫付临时安置费的行为与回迁户、房地产开发企业之间的债权债务关系。根据《民法典》第524条第1款之规定“债务人不履行债务，第三人对履行该债务具有合法利益的，第三人有权向债权人代为履行”，政府毋庸置疑承担着向被征收人支付临时安置费的法定责任，有权在房地产开发企业履行不能时，代为支付相应费用。同时，《民法典》第524条第2款规定：“债权人接受第三人履行后，其对债务人的债权转让给第三人，但是债务人和第三人另有约定的除外。”因此，政府代替原协议所约定的房地产开发企业向被征收人支付临时安置费之时，回迁户对房地产开发企业所拥有的“回迁安置债权”已经依法转移给政府。

从司法实践的角度看，通过最高人民法院破产工作会议文件以及其他判例中法院对第三方垫付职工债权的优先性认定，可以窥探司法实践的认定思路。《全国法院破产审判工作会议纪要》第27条规定：“由第三方垫付的职工债权，原则上按照垫付的职工债权性质进行清偿。”现有裁判案例中，广州市中级人民法院的法官认为“破产程序启动前垫付的工资，并非用于公司日常经营，而是为了解决原公司退出后退休人员基本医疗保障及社会化管理服务等问题，不同于一般普通债权，属于垫付的职工债权性质。”① 由是

① （2021）粤01民终16346号广东省广业轻化工业集团有限公司、广东省日用工业总公司普通破产债权确认纠纷案。

观之，法院在认定第三方垫付行为之时，也是着重关注债权本身的法律属性，其关注焦点并不在于支付主体和支付行为，而是判断该债权原有的性质是否就是优先债权。同理，政府垫付临时安置费的行为，也并非帮助企业用于日常经营，而是为了保障被征收人的基本生存权益和维护社会稳定的安宁秩序。因此，必须透过现象看本质，回归债权人与债务人之间原本固有的债权债务关系，才能准确界定政府垫付临时安置费的法律属性。

综上所述，房地产开发企业进入破产重整程序之前政府代为垫付的“临时安置费”依旧属于“回迁安置债权”。在房地产开发企业出现履行不能情况之时，政府基于公共利益的需要，向回迁户代位清偿，回迁户与房地产开发企业之间的债权债务关系也随之移转至政府，但债权的本质属性并未发生改变，依旧享有绝对优先性，应第一顺位清偿。

▶ 参考文献

［1］韩晨光：《论房地产“僵尸企业”破产债权清偿顺位》，载《中国房地产》2021 年第 12 期。

［2］夏正芳、李荐：《房地产开发企业破产债权的清偿顺序》，载《人民司法（应用）》2016 年 7 期。

［3］陈业业：《论拆迁补偿安置房屋优先权》，载《亚太经济》2004 年第 6 期。

［4］龙勇：《浅析房地产企业破产重整程序中被拆迁人债权的优先受偿》，载微信公众号“凌云律师”https://mp. weixin. qq. com/s/RMMWGay_Zwl - aylej7dtLg，访问日期：2021 年 8 月 9 日。

［5］王成蛟、李佳新、穆耸：《“拆迁安置优先权”你不可不知的法律问题》，载威科先行 https://law. wkinfo. com. cn/professional - articles/detail/NjAwMDAwMzIzNDA，访问日期：2018 年 5 月 24 日。

18　困境房地产企业重整价值研究

赵艳青*

摘要：在经济高速发展的形势下，大部分房地产企业存在盲目扩张的情况，使企业陷入资金链断裂的危机。房地产企业可能会涉及多方利益主体，关乎民生，影响社会秩序稳定，若房地产企业具有重整价值，可给予重生机会，能够更好地保护各方利害关系人的合法权益。目前，许多房地产企业通过重整程序焕发了新生，并获得了良好的社会效果。要注意的是，房地产企业是否适用重整程序应当根据实际情况来认定，盲目进行重整不仅达不到预期目的，反而会损害各方利害关系人的权益。因此对房地产企业重整价值判断是一件非常重要的事情。

关键词：房地产企业　破产重整　重整价值　府院联动

一、房地产企业侧重重整的必要性

房地产企业破产不同于一般的企业破产，所需要着重考量的因素也不同于一般的破产案件，从重整价值分析角度而言，应当具备以下特点。

维稳压力巨大。房地产企业涉及方方面面的利益群体，涉及对拆迁安置户、购房户、建设方农民工的权益保护，同时还可能涉及供货商、民间借贷、银行、担保公司等多个主体之间的利益。

---

* 赵艳青，河南翔极破产清算事务管理咨询有限公司项目经理。

因此在房地产企业破产案件中，经常会遇到购房户、农民工等群体信访事件，大规模长时间的信访，会严重影响当地的社会秩序。平顶山市耐材股份有限公司“宏冠佳苑”棚改房项目（以下简称宏冠佳苑），因 2015 年银行收贷导致资金链断裂停产，停产后公司欠缴“三金”、欠发职工工资，因公司挪用部分建房集资款使用到生产经营上，公司资金链断裂后导致“宏冠佳苑”项目断断续续施工，导致职工多次上访，增加了社会的不稳定性，导致政府维稳压力巨大。

无财产担保的债权人清算状态下受偿比例低。房地产企业广泛的经营模式，是以土地的使用权向银行贷款，来对项目进行开发续建。因此，在房地产企业破产案件中，若房屋已大量预售、工程款债权较多，则普通债权人的清偿比例可能会极低。

房企破产重整价值较清算高。在实务中，房企破产一般更侧重于适用重整程序。若房企破产清算，只能对企业的现有资产以拍卖、变卖等方式进行处置，但是，标的资产是否能拍卖成交、何时能成交、成交额度最终能否达到预估数额均存在很大的不确定性。因此，清算状态不仅会使资产价值贬损，拆迁户、购房户的基本生存权也可能得不到保障，债权人的利益也会遭受一定程序的损失。所以，政府、法院以及管理人在办理房地产企业破产重整案件的时候侧重于使用重整程序。在耐材公司宏冠佳苑项目中，经管理人核查，债务人有效资产价值 19 803.76 万元，负债 483 75.01 万元，清算状态下只能清偿到税款债权，且仅能清偿 75% 左右，普通债权人得不到清偿；而重整状态中，耐材重整收入预测 35 336.91 万元，扣除重整费用 13 924.94 万元，普通债权人清偿比例约为 46% 。因此，通过重整程序，资产价值大幅增加，不仅使企业能够复工复产、问题楼盘疑难问题能够化解，保障职工购房户的基本生存权，而且也能化解因债务清偿、职工住房而诱发的社会问题。

二、房地产企业重整价值认定

（一）重整价值的理论基础

综观破产重整制度的发展与实践过程，其产生和发展有着坚实的理论基础，主要体现在营运价值论、利益与共论、社会政策论以及委托代理理论这四个方面。[①]

1. 营运价值论

房企破产后，若通过重整程序来恢复继续经营的状态，就是营运价值。若通过清算程序以拍卖、变卖等方式来实现资产的回收，则是清算价值。因此，在对房企重整制度进行研究时，必须首先确定重整价值和清算价值，从理论上来讲，重整价值应大于清算价值。

2. 利益与共论

重整企业的各方利害关系人，都可以从持续经营企业的营运价值中受益。如果企业持续经营的营运价值不能使各方主体获益，那么法院可能会更倾向于选择破产清算。因此，要以债权人利益为中心发展到统筹兼顾债务人、出资人、债权人等利益相关者的多方利益。

3. 社会政策论

重整制度的产生和发展，不仅要从企业自身利益出发；也要从社会整体利益出发。只要开始实行重整程序，不但禁止个别清偿，也对担保权人实现权利进行了限制，体现了对于社会价值的认可与保护。重整制度不仅保存了企业的营运价值，而且创造了就业机会，实现了现代社会的秩序、公平、效率。

（二）实践下房地产企业重整价值认定的因素考量

房企破产案件的数量近年来不断的上升。对房企重整价值的

---

① 李乐：《ST 舜船破产重整案例探讨》，江西财经大学 2019 年硕士学位论文。

判断不仅要从法律角度判断，还要从市场行情、经济价值等方面判断。要看企业是否具有营运价值、是否具有资质价值、是否具有公共价值、战略投资者有无重整成功后的退出通道。[①] 个人认为，可以从以下几个方面来进行对企业重整价值的判断。

1. 债务人企业自身资产债务状况

对房企是否具有重整价值进行判断的时候，若该企业资产仅剩余在建工程，在建工程又存在抵押且负债数额较大，优先债权都存在无法全额清偿的可能，房屋销售完毕或销售情况不理想，达到交付条件的成本费用较高。对于这种类型的房企，无论是债务人自救或招募意向投资人进行重整，难度都较大，可能适用出售式重整或清算程序。

2. 时间成本价值预估

房企重整的案件，最核心的就是对未完工的项目完成续建，达到交房条件。因此，房企的重整计划执行期限往往会较长，期间可能会存在不确定性，所以，重整程序时间跨度短的企业与重整程序时间跨度长的企业相比，重整价值可能更高。

3. 破产重整费用预估

破产费用在房企重整价值中，也是要重点考虑的一个因素。破产费用、资金成本、销售费用等，可能会随着重整程序时间的推移导致费用的增加，也可能会影响重整价值。

4. 重整状态下的清偿测算

一个重整案件，在制订重整计划的过程中，各方利害关系人都有权提出意见，他们对企业持续经营的关注，主要在于清偿的比例。在实践中，一般普通债权人对清偿比例是关注最深的，所以对企业重整价值进行判断需要管理人要分别对重整和清算状态，

① 林安源、秦跃龙：《“具有破产重整价值”及其判断标准》，载《福建质量管理》2020 年第 3 期。

对债权的清偿比例进行测算。若重整程序的清偿比例与清算的清算比例的差异较小，那么很难言这个企业具有重整价值。

5. 社会效益评价

尽管企业是依法成立的法人组织，其属于市场的组成部分之一，属于市场自由调节的范围之内。但是在实务中，大部分企业不仅涉及自身及职工等多方利益群体，还可能会涉及社会秩序的问题。对房企而言，会涉及拆迁安置户、购房户、工程款或农民工的切身利益，不仅关乎拆迁户、购房户的基本生存权，还有其他权利人的债权权益。因此，与清算程序相比，重整程序不仅符合社会利益本位价值，还具有维护社会稳定、行业稳定的功能。所以在房企破产中，往往更侧重适用重整程序。

6. 综合考量下的价值评判

最后，我们需要的是对于所有因素的综合考量——利益平衡判断，通过分析各个对于重整价值影响的因素，对于利弊进行充分的分析，考虑各个权益主体的利益，寻求各个利益主体之间的平衡点，最终才能判断出一个房企的重整价值。我们不能仅仅着眼于其中的一个因素，而认为其适合重整程序。简单判断只会导致资源的浪费，又不能达到我们所想要的结果。当然针对不同的案件，我们所需要侧重考虑的因素也是不同的。在房地产企业破产中，我们应当侧重考量社会因素，辅之对其他因素加以综合判断。

三、房地产企业重整成功的核心要素

（一）人民法院主导是重整成功的关键因素

房企的重整价值是从市场行情、经济价值等多方面综合考量的，法院囿于专业及审判力量的局限，在重整价值的判断上无力投入多余精力，花费更多的时间，而是把较多注意力放在司法程序和审判全局的把控上，着力构建府院联动机制和选聘合格的管理人。法院在破产重整的全过程始终发挥着主导作用，特别是在引导各方当事人选择何种破产程序来拯救当前的困境企业方面，具有释明和引导的关键作用。尤其是对管理人的工作进行指导和监督，直接决定了重整的进程和方向，对重整成功与否发挥着主导作用。[①] 近年来，随着预重整制度的逐步推广，在挽救危困企业的制度安排方面已经迈出重要一步，各地法院通过预重整制度成功办结了多起房地产企业破产重整案。法院积极地探索创设预重整制度，加快预重整制度的实施，对挽救更多的有重整价值的房地产企业无疑是一个福音。

（二）府院联动机制是重整成功的重要保障[②]

不同于一般的破产清算案件，具有重整价值的房地产企业，在烂尾楼复工和恢复经营上，往往离不开地方政府的支持和配合，地方政府也往往对企业的重整价值判断及推动重整有更多的话语权，起着不可替代的作用。在预重整和重整程序中，管理人在法院的指导下，根据《企业破产法》规定，全面接管破产财产，履行管理人职责，充分借助相关部门的职能优势，妥善做好楼盘化解中涉及的土地规划、建设等领域的资金落实、政府扶持等工作，实现了“政府主导风险管控与事务协调，法院主导司法程序”，强化了府院联动的理念。

结　语

房企破产案件属于较为疑难复杂的案件，涉及利益主体众多，且对于许多问题法律尚未有明确的规定，这就在实际操作过程中给人民法院、管理人带来了许多的困扰。正是在众多的破产从业

---

① 付世立：《破产重整制度价值目标及其实现机制研究》，河北大学 2011 年硕士学位论文。

② 赵林：《我国破产重整制度中府院联动机制研究》，西南政法大学 2019 年硕士学位论文。

人员不断探索的情况下，创新了许多新的破产模式，对于我国破产事务的发展起到了巨大的推进作用。在破产事务不断发展的情况下，房地产企业破产也将化繁为简，形成规范的、体系的操作模式。

▶ 参考文献

[1] 李乐:《ST 舜船破产重整案例探讨》，江西财经大学2019 年硕士学位论文。

[2] 林安源、秦跃龙:《“具有破产重整价值”及其判断标准》，载《福建质量管理》2020 年第 3 期。

[3] 赵林:《我国破产重整制度中府院联动机制研究》，西南政法大学2019 年硕士学位论文。

[4] 赵林:《我国破产重整制度中府院联动机制研究》，西南政法大学2019 年硕士学位论文。

[5]《全国法院破产审判工作会议纪要》(法〔2018〕53 号)。

[6] 深圳市中级人民法院《关于印发〈审理企业重整案件的工作指引(试行)〉的通知》，(深中法发〔2019〕3 号)。

[7] 苏州市吴江区人民法院《关于印发〈苏州市吴江区人民法院审理预重整案件的若干规定〉的通知》，(吴法〔2020〕15 号)。

19　浅析问题楼盘破产程序中非法集资债权的处理

金东升　郑凯歌*

摘要： 随着我国城镇化进程不断加快，与之相应的房地产开发项目也是如火如荼地同步进行，但是由于市场变化以及疫情影响，部分房地产企业资金困难，深陷债务危局，导致缺乏建设资金的楼盘直接停工“烂尾”，成为问题楼盘，不少房地产企业也因此进入破产程序。在这些问题楼盘中，大部分房地产企业由于难以获取正常的银行贷款，经常涉及非法集资类犯罪。对于破产程序中的集资款刑事追缴或退赔问题应如何处理？刑事追缴或退赔是否具有优先性，是否属于破产债权？我国《企业破产法》未作具体规定，破产实践中亦有诸多争议。本文从破产管理人视角对此问题进行分析，以资为管理人合理处置此类债权提供借鉴。

关键词： 问题楼盘　破产程序　非法集资　利益冲突　破产财产

一、问题楼盘破产程序与非法集资刑事追缴程序并行冲突

（一）问题楼盘与非法集资的关联

1. 本文中非法集资的性质

“非法集资”不是立法意义上的概念，《刑法》分则中并没有

* 金东升，河南金年华律师事务所主任，法学硕士；郑凯歌，河南金年华律师事务所合伙人，法学学士。

出现“非法集资”的明文表述，但“非法集资”一词被广泛运用于司法实践中，是某一类罪名的统称。

1996 年最高人民法院颁布的《关于审理诈骗案件具体应用法律的若干问题的解释》（已失效）第 3 条第 3 款[①]首次对非法集资作出定义。2021 年 1 月 26 日，《防范和处置非法集资条例》第 2 条[②]作出了更为详细的定义。广义上的非法集资行为，既包括违反行政法规的集资行为，也包括违反刑事法律构成犯罪的集资行为。本文所讨论的非法集资行为，仅指问题楼盘开发企业违反刑事法律构成犯罪的集资行为。

2. 问题楼盘中非法集资的成因分析

由于我国普通民众的投资渠道主要有银行储蓄及理财产品、国债、股票、基金、保险、房地产等，由于房地产行业在我国城镇化进程中的快速发展，房地产行业普遍被认为是收益高而风险较小的投资渠道，普通民众出于逐利的投机心理愿意将闲置的资金投入房地产企业。同时，房地产企业资金需求量大，所以，当房地产企业在资金紧张时，常常会把融资的目光投向民间闲散资金，一旦资金链断裂，开发项目极易成为问题楼盘，并涉嫌非法集资类犯罪。

2010 年最高人民法院发布的《关于审理非法集资刑事案件具体应用法律若干问题的解释》（以下简称《2010 年非法集资解释》）第 2 条根据实践中非法集资犯罪案件的高发领域对非法集资犯罪的类型进行了归纳概括，对房地产企业而言，主要存在“不具有房产销售的真实内容或者不以房产销售为主要目的，以返本销售、

① 《关于审理诈骗案件具体应用法律的若干问题的解释》（已失效）第 3 条第 3 款规定：“‘非法集资’是指法人、其他组织或者个人，未经有权机关批准，向社会公众募集资金的行为。”

② 《防范和处置非法集资条例》第 2 条规定：“本条例所称非法集资人，是指发起、主导或者组织实施非法集资的单位和个人；所称非法集资协助人，是指明知是非法集资而为其提供帮助并获取经济利益的单位和个人。”

售后包租、约定回购、销售房产份额等方式非法吸收资金”等情形，房地产企业往往将非法吸收的款项用于房地产楼盘的工程建设中，通常以非法吸收公众存款罪定罪处罚。

（二）问题楼盘破产程序与非法集资刑事程序的利益冲突

我国《中华人民共和国刑法》（以下简称《刑法》）第64条①、《中华人民共和国刑事诉讼法》（以下简称《刑事诉讼法》）第245条第4款②、最高人民法院《关于适用〈中华人民共和国刑事诉讼法〉的解释》第438条③等，均对被害人财产的追缴和退赔作出了明确规定，最高人民法院《关于刑事裁判涉财产部分执行的若干规定》第13条还规定了刑事案件中受害人的优先受偿权。从以上条文来看，刑事追缴的意旨在于保障受害人的权益，即将属于受害人的财产通过公权力回转到受害人自己手中。

刑事程序将被害人被侵害的合法财产通过刑事追缴的方式得以救济，认为赃款赃物属于被害人的合法财产，将其排除在破产企业破产财产之外，而债权人公平受到清偿，是我国《企业破产法》所确立的基本原则。刑事追缴程序一旦与破产程序交叉，追缴破产企业的财产返还受害人以挽回受害人的损失，则会对其他债权人造成严重的不公平，违背了破产法平等和集中清偿债权的基本功能，产生破产程序与刑事程序的冲突。对同一破产企业的

① 《刑法》第64条规定：“犯罪分子违法所得的一切财物，应当予以追缴或者责令退赔；对被害人的合法财产，应当及时返还；违禁品和供犯罪所用的本人财物，应当予以没收。没收的财物和罚金，一律上缴国库，不得挪用和自行处理。”

② 《刑事诉讼法》第245条第4款规定：“人民法院作出的判决生效以后，有关机关应当根据判决对查封、扣押、冻结的财物及其孳息进行处理。对查封、扣押、冻结的赃款赃物及其孳息，除依法返还被害人的以外，一律上缴国库。”

③ 最高人民法院《关于适用〈中华人民共和国刑事诉讼法〉的解释》第438条规定：“对被害人的合法财产，权属明确的，应当依法及时返还，但须经拍照、鉴定、估价，并在案卷中注明返还的理由，将原物照片、清单和被害人的领取手续附卷备查；权属不明的，应当在人民法院判决、裁定生效后，按比例返还被害人，但已获退赔的部分应予扣除。”

其他没有被纳入非法集资案件审查范围内的债权人也极不公平，势必引发新的矛盾冲突。因此，如何在破产程序中处理非法集资问题，是摆在我们管理人面前的一个重要课题。

二、非法集资案涉问题楼盘处置的破产法思维

（一）非法集资案涉财产处置的困难

1. 我国当前对非法集资案涉财产的处置模式

在当前我国非法集资案例中，案涉财产处置是消化陈案的关键所在。我国非法集资案涉财产处置的一般程序是：成立了一个非法集资案涉财产处置小组，全权负责对非法集资案涉财产的追缴、保管和处置，最后按照处置变现的金额，结合登记的债权人的总债权数量按比例进行清偿，以尽量挽回或减少投资者的损失。

2. 当前处置模式面临的主要困难

（1）房地产企业资产可能被严重低估。目前，非法集资类案件主要依靠公安机关查封、扣押、冻结等手段，以及法院判决后执行阶段的拍卖等方式进行追赃挽损，往往将案涉问题楼盘资产简单地一卖了之，无法对项目进行招商盘活实现案涉楼盘的价值最大化。再者，案件进入侦查阶段后，房地产企业主要负责人通常都被采取拘留、逮捕等强制措施，公司运营处于停滞阶段，对于该公司享有的合法债权，无人能够代表公司进行催收或者提起民事诉讼。

（2）非法集资案件工作量大、专业性强。按照《企业破产法》，企业破产需要律师事务所、会计师事务所、资产评估机构等多方中介机构的参与。非法集资资产处置亦同，有受害者登记、资产清点、资产权属核实、资产逐一处置等大量工作要处理，处置难度高、处置周期长，公安机关的现有人手配备难以单独承担如此复杂的处置工作。另外，对于问题楼盘普遍存在的重复抵押、拖欠工人工资、拆迁户及购房户利益保护等问题都影响着资产的

处置，受害人只要没能收到退赔款，就会经年累月地找办案机关或其他政府部门讨要说法，司法机关和行政机关维稳压力巨大。

（3）法律依据不足，群众质疑声多。由于我国现有非法集资资产的处置缺乏法律层面指引，尤其在刑民交叉、多头执法等问题上存在立法滞后的情况，加之各种人为因素的干扰，各部门普遍感到无法可依，难以担当，资产处置效率不高，受害人及其他利害关系人提出较多质疑。

（二）以破产程序处置非法集资案涉楼盘的优势

由于无法将非法集资的款项特定化，不能将其从破产财产中分离，借鉴破产财产分配制度，受害人通过类似破产债权人申报债权的程序向破产管理人申报其受损金额，将非法集资款项的分配纳入破产程序的适用范畴，一者，通过破产程序可以对企业全部利益纠纷进行彻底清算了结，最大限度地对所有债权人的债权作出公平的清偿；二者，可以充分发挥破产管理人处置资产的专业能力，提高楼盘资产变现价值或房地产企业清偿能力；三者，问题楼盘一般会被破产重整，在实现楼盘价值最大化的同时，救活了问题楼盘，能够有效化解拆迁户、购房户等群体与破产企业的矛盾。

（三）把非法集资赃款归入房地产企业破产财产的理论支持

一种观点认为：企业的破产财产是指该企业在经营过程中合法取得的所有财产，而非法集资款是企业通过犯罪行为所获取的赃款，该财产本质上不属于企业的财产，而由受害人享有所有权。按此推理，企业通过犯罪行为获得的财产不属于企业财产，理应返还给受害人。①

另一种观点认为：根据《企业破产法》第38条规定，“人民

① 马更新：《破产程序与刑事程序适用顺位辨析》，载《北京联合大学学报》（人文社会科学版）2020年第1期。

法院受理破产申请后，债务人占有的不属于债务人的财产，该财产的权利人可以通过管理人取回。但是，本法另有规定的除外”①。如果债务人占有的财产属于特定物，未发生混同、灭失等情形，则该财产不属于债务人的财产，不应被归入破产财产，权利人行使取回权理所应当。但如果债务人占有的财产无法特定化，如本案中的集资款项，由于货币属于特殊种类物，“占有即所有”，因此非法集资款项一经交付即归房地产企业所有，除非相关款项通过专门账户保管等特定方式进行区分，否则，在房地产企业进入破产程序后应属于破产财产。

笔者认为，应区分情况看待非法集资赃款能否归入房地产企业的破产财产。对于能够特定化的赃款，应允许受害人取回；对于已经转化为楼盘一部分的赃款，则应归入破产财产。这与河南省高级人民法院清算与破产庭庭长李红芬在破产法与宪法的对话专题研讨会上所作主题演讲《涉非法集资企业破产案件中刑事追赃问题》中认为“如破产企业的财产符合以下条件，应认定为赃款赃物，不属于破产财产，可以通过刑事追赃程序收缴，不产生刑事与破产程序的交叉：一是系犯罪所得或由犯罪所得转化而成；二是非善意取得；三是能够特定化”的观点也相一致。具体理由如下：

一者，已经转化为楼盘一部分的非法集资资金不能够特定化，且在实践中，管理人一般不能够确定这些资金的清晰流向，无法将其从楼盘中剥离出来；二者，问题楼盘一般处于在建工程阶段，一般无法取得和区分建筑物上的所有权，也就不能对非法集资资金物化的建筑物特定化；三者，因非法集资的资金是与房地产企业的自有资金、银行贷款资金、民间借贷资金、施工单位垫付资金等合法资金共同用于楼盘建设，特别是民间借贷资金与非法集

① 该条规定了破产程序中财产权利人的取回权。

资资金本质上都是平等主体之间的资金借贷关系，若只是因公权力介入干预而区别对待，将致使同等利益严重失衡；四者，非法集资受害人作为非法金融活动的受害者，其本身存在一定的过错，其不应比其他债权人多获得清偿金额，如2021年国务院颁布的《防范和处置非法集资条例》第25条第3款就规定了“因参与非法集资受到的损失，由集资参与人自行承担”。最后，非法集资资产的变现，其实相当于一个特殊的破产程序，追赃的主要目的是挽回非法集资被害人的损失，破产程序的功能与刑事追赃退赔受害人的目的是一致的，且能够解决非法集资案涉财产处置中的困难，将非法集资资金归入房地产企业破产财产由全体债权人统一平等受偿更有利于矛盾的化解。所以，在非法集资赃款与房地产合法财产无法特定化区分的情况下，应归入破产财产统一处理。

（四）将非法集资资金归入企业破产财产，由受害人在破产程序中申报债权的实证依据

虽然我国现行《企业破产法》及其司法解释未对非法集资类刑事案件资产处置程序作出任何规定，但是，最高人民法院《关于依法审理和执行被风险处置证券公司相关案件的通知》（法发〔2009〕35号）第5条[①]规定，证券公司进入破产程序后，人民法院作出的刑事附带民事赔偿或者涉及追缴赃款赃物的判决应当中止执行，由相关权利人在破产程序中以申报债权等方式行使权利。该模式对问题楼盘中非法集资款项的处理有着一定的借鉴意义。一些地方也出台了相关规定，例如，浙江省高级人民法院在2013年颁布的《关于服务金融改革大局依法妥善审理民间借贷纠纷案

① 最高人民法院《关于依法审理和执行被风险处置证券公司相关案件的通知》第5条规定：“证券公司进入破产程序后，人民法院作出的刑事附带民事赔偿或者涉及追缴赃款赃物的判决应当中止执行，由相关权利人在破产程序中以申报债权等方式行使权利；刑事判决中罚金、没收财产等处罚，应当在破产程序债权人获得全额清偿后的剩余财产中执行。”

件的若干意见》第4条第2款规定："受理前述企业破产申请后，应根据法律和有关司法政策的要求，妥善处理民间借贷纠纷和非法集资活动交织的相关问题，可由有关职能部门对涉嫌非法集资等犯罪活动先行查处，再通过破产程序平台，集中解决民间借贷纠纷，公平清偿民间借贷债务。民间借贷纠纷和涉嫌非法集资等犯罪活动可以分别处理的，在做好相关协调工作的前提下，分别依照《企业破产法》的规定集中解决民间借贷纠纷和查处涉嫌非法集资活动。"四川省高级人民法院《关于审理破产案件若干问题的解答》中债权申报与审查部分第13条问答①也对此作出了明确指导。

三、关于管理人在问题楼盘破产程序中有效处理非法集资类债权的建议

（一）可由办案机关代表非法集资受害人申报债权

问题楼盘中涉及的非法集资受害人一般人数较多，若由其单独申报债权，将会给管理人增加极大的申报接收、债权数额认定、会议通知等各项负担，一旦处理不慎还极易产生群体事件。而办

① 四川省高级人民法院《关于审理破产案件若干问题的解答》中债权申报与审查部分第13条规定："在破产案件中，债务人或相关人员因涉嫌非法集资类刑事犯罪，相关刑事案件的被害人能否在破产程序中主张权利？答：破产程序中涉及非法集资类犯罪问题时，首先应把刑事案件的涉案财产与破产财产进行区分。对于应返还给刑事案件被害人的特定财产，不属于破产财产，应通过在刑事程序中退赔等方式返还给受害人；对于已无法区分或者无区分必要的财产，则应当纳入破产财产在破产程序中一并处理。鉴于非法集资与民间借贷，均是以借款合同为基础而形成的法律关系，只是前者因人数、情节、影响达到了需要刑事法律调整的范围而受到刑法的否定性评价，为公平保护刑事被害人的权利，应允许刑事被害人在破产程序中以申报债权的方式行使权利。在债权数额认定上，相较于因与债务人正常交易而产生债权的债权人，刑事案件被害人作为非法金融活动的参与者，其往往本身也具有一定的过错，其享有的权利依法不能优于合法的普通民事债权人，对其债权通常按民间借贷规则进行调整。"

案机关前期已经接收过受害者登记的资料，甚至已经委托会计师事务所进行过审计，若由办案机关申报债权，将极大节省管理人的办案时间，提高结案效率。依据最高人民法院、最高人民检察院、公安部《关于办理非法集资刑事案件若干问题的意见》第8条的规定，办案机关应依职权进行追赃挽损、资产处置。当房地产企业进入破产程序后，办案机关为了众多非法集资受害人的利益申报债权，当然也是职责所在。

（二）加强与非法集资办案机关的沟通协调

管理人进入破产程序后，需要就下列问题与非法集资办案机关进行沟通协调：一是办案机关为了尽可能追回赃款赃物，一般已将房地产企业的所有资产列为涉案财产并且采取查封、扣押等强制措施，管理人需要及时与破产法院、办案机关进行沟通，依据《企业破产法》第19条①及最高人民法院《全国法院民商事审判工作会议纪要》第109条第2款②的规定，协调将办案机关为追赃而采取的刑事保全措施予以解除；二是及时与非法集资的办案机关进行沟通合作，对破产财产与非法集资资金是否高度混同进行判断，并将未混同的破产财产与非法集资资金进行区分，对于能够特定化的非法集资资金由受害人向破产管理人主张取回；三是对于不能够特定化的办案机关已追缴资金，协调办案机关将其及时交予管理人，由破产管理人向受害人进行公平的集体分配。

---

① 《企业破产法》第19条规定："人民法院受理破产申请后，有关债务人财产的保全措施应当解除，执行程序应当中止。"

② 《全国法院民商事审判工作会议纪要》第109条第2款规定："人民法院审理企业破产案件时，有关债务人财产被其他具有强制执行权力的国家行政机关，包括税务机关、公安机关、海关等采取保全措施或者执行程序的，人民法院应当积极与上述机关进行协调和沟通，取得有关机关的配合，参照上述具体操作规程，解除有关保全措施，中止有关执行程序，以便保障破产程序顺利进行。"

（三）破产程序中非法集资资金按照普通债权的顺位予以清偿，对受害人进行有区别的优先清偿

公平受偿是破产法的基本原则及精神，在非法集资资金转化为问题楼盘一部分无法特定化的情况下，受害人与普通债权人应按同一顺位受偿。若非法集资受害人的财产能够特定化，则受害人可以通过刑事退赔程序得到优先受偿，因特定化的财产属于因犯罪行为非法占有的财产，在能够直接剥离的前提下应由权利人取回，由受害人优先受偿。

结　语

在办理问题楼盘的破产案件中，常常会伴随非法集资类犯罪，面对破产债权清偿顺序与刑事追缴或退赔程序的利益产生冲突时，如何协调推动破产程序与刑事程序的并进，平衡非法集资受害人与破产债权人的财产利益，是管理人高效推进破产工作、有效化解社会矛盾的重要环节。本文以将非法集资资金的追缴或退赔置于破产程序中解决为思路，坚持破产法的公平与效率办案原则，保持与非法集资办案机关之间的沟通协调，以期确保债权人利益得到最大化公平保障的同时高效推进破产进程，进而促使管理人在优化营商环境中发挥应有的社会作用，公平对待同等性质的债权人，维护社会稳定。

▶ 参考文献

[1] 翟呈群：《非法集资犯罪研究与律师实务》，法律出版社2021年版。

[2] 许德风：《破产法论——解释与功能比较的视角》，北京大学出版社2015年版。

[3] 王欣新、郑志斌：《破产法论坛（第十二辑）》，法律出版社2016年版。

20　问题楼盘企业破产程序中以房抵债事项研究

李亚雄*

摘要： 本文尝试在梳理问题楼盘企业破产程序中以房抵债事项下的权利冲突问题，以及既有之裁判规则对问题楼盘企业破产程序可能产生的影响，就问题楼盘以房抵债事项从以房抵债协议性质、受抵一方的购房目的、问题楼盘企业交付抵债商品房义务的性质、以房抵债协议继续履行的法律效果、以房抵债项下旧债和新债并存的问题入手，进行具体分析，以期对管理人审核问题楼盘企业以房抵债事项提供一些思考和建议。

关键词： 问题楼盘企业　以房抵债　抵债商品房　购房目的　取回权别除权　商品房消费者

一、问题楼盘企业破产程序中以房抵债事项下的权利冲突问题

（一）受抵一方与问题楼盘企业的权利冲突

1. 受抵一方向问题楼盘企业主张取回权或别除权时的权利冲突

受抵一方同时为实际购房人的，在问题楼盘企业进入破产程序时，实践中一般受抵一方已经签署商品房买卖合同，完成了合

* 李亚雄，天津允公律师事务所律师。

同备案登记或者预告登记。那么，对于受抵一方已经办理的抵债商品房销售合同备案或预告登记是否能够产生物权效力，直接关系到债权人取回权或别除权的行使。

比如，董某庚、廊坊市某房地产开发有限公司取回权纠纷民事再审纠纷[①]中，受抵一方主张抵债商品房属于特定物，最高人民法院《关于适用〈中华人民共和国企业破产法〉若干问题的规定（二）》（以下简称《破产法司法解释二》）第2条规定的情形并未否定《破产案件若干问题规定》第71条第（5）项规定，据此就抵债商品房主张取回权。

此外，受抵一方根据最高人民法院《关于人民法院办理执行异议和复议案件若干问题的规定》第29条规定，以商品方消费者身份向问题楼盘企业主张抵债商品房上的别除权。受抵一方同意由问题楼盘企业通过返还实际购房人支付的抵债商品房购房款的方式清偿债务的，受抵一方基于定向清偿担保向问题楼盘企业主张抵债商品房购房款上的别除权。

2. 受抵一方指定第三方作为实际购房人的，受抵一方、指定第三方向逾期交付抵债商品房的问题楼盘企业主张违约责任的权利冲突？

受抵一方为有效实现其旧债清偿，往往要求问题楼盘企业与其指定的第三方签署抵债商品房买卖合同，同时要求第三方直接将抵债商品房购房款返支付给受抵一方，或者基于受抵一方与其指定第三方的债权债务关系，将受抵一方认购及取得抵债商品房的权利直接转让给指定第三方，指定第三方无须向问题楼盘企业支付购房款，且问题楼盘企业需向指定第三方开具购房款收据。此时，在问题楼盘企业逾期交付抵债商品房时，是受抵一方基于以房抵债协议向问题楼盘企业主张违约责任？还是指定第三方依

① （2021）最高法民申9号民事裁定书。

据抵债商品房买卖合同向问题楼盘企业主张违约责任？

如广东省江门市中级人民法院审理的系列购房人与开平某房地产开发有限公司普通破产债权确认纠纷案件[①]中，法院裁判思路为开平某房地产开发有限公司将抵债商品房销售给受抵一方指定的第三方，属于按照约定向第三人履行债务的行为，而非向指定第三方直接销售商品房的行为，因此，针对该公司逾期交付抵债商品房的行为，只能由抵债一方依据以房抵债协议向该公司主张违约责任，指定第三方并非适格债权人。

（二）受抵一方与实际购房人的权利冲突

由问题楼盘企业实际销售抵债商品房后向受抵一方返还购房款的，受抵一方要求返还房款清偿债权的权利，与实际购房人要求交付商品房实现商品房消费者居住的权利发生冲突。

受抵一方与问题楼盘企业签署抵债商品房认购协议后，委托问题楼盘企业代理销售，出现实际购房人时，由受抵一方、实际购房人签署交易协议并办理认购更名手续后，实际购房人与问题楼盘企业签署抵债商品房买卖合同并支付购房款，问题楼盘企业收讫放款后将相应款项返还至受抵一方。如上海市某工程集团有限公司与上海某建设工程有限公司（以下简称某建设公司）、上海某房地产发展有限公司（以下简称某房产公司）建设工程合同纠纷一案中，原告及被告某房产公司签订了《工程款抵扣购房款协议》，约定将被告某房产公司抵债商品房出售给实际购房人，将其中 10 830 489 元购房款用于抵扣被告某建设公司应付未付的工程款。

那么，在问题楼盘企业收讫实际购房人支付的购房款后，未能足额返还给受抵一方，也未能按时向实际购房人交付抵债商品房的，受抵一方要求返还房款清偿债权的权利，与实际购房人要

① （2020）粤 07 民终 1612 号民事判决书。

求交付商品房实现商品房消费者居住的权利发生冲突。

（三）受抵一方与其他债权人公平受偿的权利冲突

以房抵债事项涉及问题楼盘企业无偿转让资产、抵偿债权金额与抵债商品房售价不对等的、抵偿债权未到期的，则在问题楼盘企业进入破产程序后，受抵一方要求继续履行抵债商品房的销售合同并交付抵债商品房的，将直接导致问题楼盘企业的资产减损，受抵一方获得个别清偿，此时，以房抵债协议的继续履行直接影响其他债权人的公平受偿权。

（四）抵偿的旧债与抵债商品房交付的新债的冲突

当事人于债务清偿期届满后达成的以房抵债协议，可能构成债的更改，即成立新债务，同时消灭旧债务；亦可能属于新债清偿，即成立新债务，与旧债务并存。如通州建总集团有限公司（以下简称通州建总）与内蒙古某房地产有限责任公司（以下简称某公司）建设工程施工合同纠纷一案中，案涉《房屋抵顶工程款协议书》签订后，抵债房屋的所有权并未登记至受抵一方通州建总名下，亦未交付受抵一方通州建总实际占有使用，债务人某公司并未履行《房屋抵顶工程款协议书》约定的义务。故通州建总拟抵偿的债权并未实现。

在新债与旧债并存时，受抵一方一般需要通过主张新债抑或旧债务履行以实现债权。此时，存在抵偿的旧债与抵债商品房交付的新债的冲突，受抵一方是否有权就新债、旧债择一主张问题楼盘企业予以给付？

二、以房抵债事项之既有裁判规则

（一）以房抵债协议的效力

《民法典》第215条规定："当事人之间订立有关设立、变更、转让和消灭不动产物权的合同，除法律另有规定或者当事人另有约定外，自合同成立时生效；未办理物权登记的，不影响合同效力。”

最高人民法院《关于印发〈全国法院民商事审判工作会议纪要〉的通知》（法〔2019〕254 号）第 44 条规定：“当事人在债务履行期限届满后达成以物抵债协议，抵债物尚未交付债权人，债权人请求债务人交付的，人民法院要着重审查以物抵债协议是否存在恶意损害第三人合法权益等情形，避免虚假诉讼的发生。经审查，不存在以上情况，且无其他无效事由的，人民法院依法予以支持。”

但是，在问题楼盘企业进入破产程序后，不同于广大问题楼盘的商品房消费者以实现居住为目的的商品房交付请求，受抵一方要求交付抵债商品房的，将产生受抵一方实现个别债权清偿的问题，直接影响其他债权人的公平受偿权。同时，破产程序中的问题楼盘往往处于烂尾状态，尚未竣工验收，不具备实际交付条件。此外还考虑到具备重整价值的问题楼盘企业的重整进度，同意交付抵债商品房可能对重整计划产生不利影响。

（二）以房抵债协议的解除或撤销

破产撤销权系指对于债务人在破产受理前的一定期限内，与他人进行的侵害债权人利益或者损害对全体债权人公平清偿的行为，管理人有请求法院予以撤销的权利，以实现破产财产的最大化。《企业破产法》第 31 条、第 32 条列举了管理人有权撤销的行为，上述规定则使得以房抵债协议面临被撤销的境地。

《企业破产法》第 18 条赋予了管理人对双方当事人均未履行完毕的合同的解除权，以保障全体债权人利益。房地产企业作为典型的高杠杆型企业，资金需求量大，在债务履行期限届满前，甚至是借款之日即有可能与债权人签订《房屋买卖合同》并进行预告登记或过户；在债务履行期限届满之后，可能因现金流的问题与供应商或建设工程施工人等主体签订《房屋买卖合同》，若债务人所欠付的款项不足以支付房屋价款，则存在待履行合同的问题。

管理人若解除上述属于双方当事人均未履行完毕的合同，将产生合同自始无效的法律效果，即债权人仅得以普通债权的顺位受偿，债权人往往难以接受其在破产程序中的清偿顺序，极易造成现实冲突，阻碍破产程序的进程。因此，梳理分析以房抵债事项下的层层抵债关系、购房目的、问题楼盘企业交付抵债商品房义务的性质，审慎审核以房抵债协议继续履行的法律效果、以房抵债项下旧债和新债并存等问题，夯实管理人认定依据和理由尤为关键。

三、问题楼盘企业以房抵债事项的分析

（一）以房抵债协议的合同性质

我国司法实践中，大部分合同为诺成性合同，诺成性合同，即“一诺即成”，指合同一经双方达成合意，意思表示一致，合同即成立，无须实际履行。实践性合同，除了需要双方达成合意，还需双方付诸一定的行为合同才可成立，如定金合同、自然人之间的借款合同、保管合同、借用合同。在诺成性合同中，合同自双方达成合意生效，不交付标的物即构成违约；而在实践性合同中，合同自交付标的物生效，不交付标的物并不构成违约。

当事人于债务清偿期届满后签订的以房抵债协议，是因为债务人无法在一定期限内进行金钱给付，尤其是对问题楼盘企业而言，能直接予以处置的资产主要是取得销售许可的商品房，以商品房抵偿债务，能够最大限度地减缓问题楼盘企业的资金周转压力和成本，对于受抵一方而言商品房相对来说是比较优质的偿债资产，能够最大限度地保障债权清偿利益的实现。但是，绝大多数接受房屋抵债的债权人最终的偿债诉求在于资产变现或清偿其他负债，其并不一定以实际取得商品房所有权为目的，甚至于在

建设工程业务领域内，开发商及施工单位默示给予工抵房以类似票据的流通性，俗称为“房票”①。此外，对于问题楼盘企业而言，抵债房屋潜在的市场价值可能高于拟抵偿债务的金额，其更希望以等额的购房回款抵偿欠付债务，因此，往往出现问题楼盘企业代受抵一方销售抵债商品房，受抵一方与实际购房人不一致的情形。

综上分析，以物抵债，系债务清偿的方式之一，是当事人之间对于如何清偿债务作出的安排，故对以物抵债协议的效力、履行等问题的认定，应以尊重当事人的意思自治为基本原则。一般而言，除当事人明确约定外，当事人于债务清偿期届满后签订的以物抵债协议，并不以债权人现实地受领抵债物，或取得抵债物所有权、使用权等财产权利，为成立或生效要件。只要以房抵债协议内容不违反法律、行政法规的强制性规定，基于以房抵债当事人双方的实质诉求和抵债目的，以房抵债协议自达成一致意思表示即对当事人双方产生法律约束力。任何一方违反约定，致使没有完成他种给付的，将导致旧债和新债并存，更符合以房抵债项下新债清偿的特征。我国当前司法实践中针对以房抵债司法裁判规则也确认了在以房抵债协议没有无效的情形下，抵债商品房未交付时的协议效力，实质上也是确认了以房抵债协议的诺成性合同性质。

（二）以房抵债协议项下的购房目的

根据最高人民法院《关于建设工程价款优先受偿权问题的批复》第2条、最高人民法院《关于人民法院办理执行异议和复议案件若干问题的规定》第29条的规定，消费性购房者应是以生活居住为目的的购房人。以房抵债事项下，受抵一方基于与问题楼

① （2022）黑03民终126号、（2022）苏02民终550号、（2022）皖1622民初1246号。

盘企业之前存在债权债务关系，在问题楼盘企业无力以现金方式清偿债务的情况下，方才与受抵一方达成以房抵债协议。

当然，实务中经常涉及层层抵债的债权债务关系，受抵一方很可能与问题楼盘企业并非直接的债权债务关系，即便经过层层抵债安排。但是，除了问题楼盘企业直接以返还不特定实际购房人购房款方式向受抵一方清偿债务之外，受抵一方或其指定的购房人往往都是以债权抵顶方式向问题楼盘企业支付抵债商品房购房款，并没有按照抵债商品房买卖合同的约定为实际支付、收取购房款的行为。因此，实际上抵偿的债权债务、与以房抵债协议、抵债商品房买卖合同，相互关联、密不可分①，买卖抵债商品房的交易实质是实现以物抵债的债权清偿目的，而非用于居住的购房目的。

如在威海广信房地产开发有限责任公司系列破产债权确认纠纷案件②中，“丁某芳基于广信公司与于某芳的以房抵债行为而形成购房事实，在其已知广信公司将涉案房产抵顶给于某芳、利用于某芳的借款本息交纳购房款等具体情形下，才与广信公司签订了《商品房买卖合同（预售）》，丁某芳与广信公司之间不存在消费者与开发商之间典型的房屋买卖关系，其只是于某芳与广信公司之间以房抵债协议的履行对象，购房目的在于帮助于某芳实现债权”。

（三）问题楼盘企业交付抵债商品房义务的性质

1. 代物清偿

《民法典》第 543 条规定，“当事人协商一致，可以变更合

---

① （2021）最高法民申 969 号民事裁定书。

② （2020）最高法民申 3340 号、（2020）最高法民申 3619 号、（2020）最高法民申 2969 号、（2020）最高法民申 3810 号、（2001）最高法民申 1407 号、（2020）最高法民申 3763 号民事裁定书等。

同”。为解除问题楼盘企业的资金匮乏不足以清偿金钱债务的困境，也为及时有效实现债权人的清偿利益，双方可以就原债权债务合同项下的金钱给付协商一致变更为，问题楼盘企业向受抵一方直接交付抵债商品房（此处分析情形为受抵一方直接为购房人，受抵一方指定第三方为购房人、问题楼盘企业自行出售抵债商品房时的不特定购房人下文分别论述）。代物清偿的本质是为了使债权人获得满足，他种替代给付不仅可以使债务人从债之关系中解脱出来，更重要的是这种给付是经债权人同意的给付，在实质上充足了债权人的意愿。

然而，以房抵债实务中，给付抵债商品房往往需要在先签署抵债商品房买卖合同，抵债商品房买卖合同中的出售与替代物给付合一，代物清偿可以理解为以抵债商品房的出售抵销债务。但以房抵债事项下抵债商品房买卖合同并非独立的法律关系，抵债商品房买卖合同项下交付抵债商品房的义务并非基于买卖合意，而是源于以房抵债项下拟抵偿的旧债债因，或层层抵债安排后的层层旧债债因。因此，以房抵债项下问题楼盘企业交付抵债商品房义务的性质为代物清偿。

2. 向第三人履行债务

在问题楼盘企业将抵债商品房按照受抵一方要求登记至指定第三方名下时，问题楼盘企业履行债务的方式是以房抵债，并按约定向第三人履行。根据《民法典》第522条第1款之规定，“当事人约定由债务人向第三人履行债务，债务人未向第三人履行债务或者履行债务不符合约定的，应当向债权人承担违约责任”。

问题楼盘企业与指定第三人签署抵债商品房买卖合同、交付抵债商品房、办理产权登记的行为，实质上属于按照约定向第三人履行债务的行为。在广东省江门市中级人民法院审理的系列购房人与开平富琳裕邦房地产开发有限公司普通破产债权确认纠纷案件[①]中，广东省江门市人民法院认为，“某甲公司与富琳公司约定以房抵债属于履行债务的一种方式，而富琳公司与某甲公司及其11名股东签订《广东省商品房买卖合同》是富琳公司按约定向第三人履行债务的履行方式”。在广东省江门市人民法院认为富琳公司交付抵债商品房属于向第三人履行债务的情况下，广东省江门市中级人民法院依据原《合同法》第64条“当事人约定由债务人向第三人履行债务的，债务人未向第三人履行债务或者履行债务不符合约定，应当向债权人承担违约责任”的规定，认为富琳公司没有向第三人履行债务，其应当向债权人承担违约责任，即应向某甲公司承担相应的民事责任。

但是，在《民法典》生效实施后，根据《民法典》第522条第2款的规定，“法律规定或者当事人约定第三人可以直接请求债务人向其履行债务，第三人未在合理期限内明确拒绝，债务人未向第三人履行债务或者履行债务不符合约定的，第三人可以请求债务人承担违约责任；债务人对债权人的抗辩，可以向第三人主张”。那么，基于此条规定，受抵一方及其指定的第三方均有权向问题楼盘企业主张违约责任。

3. 履行商品房买卖合同项下的交付义务

在问题楼盘企业与受抵一方达成合意，由问题楼盘企业自行对外销售抵债商品房，并将实际收到的购房款比照旧债金额等额返还给问题楼盘企业，受抵一方对抵债商品房的购房人不作任何限制、不实质参与购房款项的收取等销售环节的，对于最终的实际购房人而言，其购买的抵债商品房与问题楼盘企业的其他商品房别无二致，且实际购房人就抵债商品房与问题楼盘企业达成了真实的买卖合意。那么根据《民法典》第601条之规定，“出卖

---

① 广东省江门市中级人民法院于2020年6月30日作出的（2020）粤07民终1612号民事判决书。

人应当履行向买受人交付标的物或者交付提取标的物的单证，并转移标的物所有权的义务”。

（四）以房抵债协议继续履行的法律效果

在签订以物抵债协议的问题楼盘企业被法院裁定受理破产申请后，管理人经核查确认抵偿债权与抵债商品房售价等额，问题楼盘企业与受抵一方已经签署商品房买卖合同，且已出具抵债商品房购房款收据的情况下，在问题楼盘企业未能交付抵债商品房时，一般认为，受抵一方在抵债商品房买卖合同项下的义务已经履行完毕，该等抵债商品房买卖合同并不符合《企业破产法》第18条规定之管理人可主动解除或视为解除的未履行完毕的合同。

但是在以房抵债协议下，受抵一方的购房目的在于实现债权，如果一旦管理人同意继续履行抵债商品房买卖合同，由问题楼盘企业向受抵一方交付抵债房屋，则受抵一方基于合同的履行享有物权，则无异于使该受抵一方享有了物权性质的权利，实现个别受偿，不符合破产程序公平受偿的原则①；其次，一般抵债商品房在问题楼盘企业进入破产程序时，尚未竣工验收，实际上不具备交付并办理产权过户手续的条件，即便在受抵一方已经办理了抵债商品房预告登记的情况下，未竣工验收的抵债商品房也不具备转为该登记的条件；最后，在问题楼盘企业具有重整价值且在推进破产程序过程中，如果继续履行以房抵债协议交付抵债商品房，将对整个破产重整计划的实施产生重大不利影响。

破产程序的目的在于集中公平清理破产企业的债权债务关系，债务人进入破产程序后，除非法律规定或者管理人根据《企业破产法》第18条规定决定继续履行合同之外，债权人对债务人根据合同享有的履行请求权，应当统一转化为金钱债权，由债权人通

① （2021）最高法民申9号民事裁定书。

过申报债权并根据法定顺位获得清偿。[①] 因此，即便受抵一方请求继续履行抵债商品房买卖合同，从破产程序中各债权人集中公平受偿的原则衡量，受抵一方的继续履行请求权应该转化为金钱之债，进而通过破产程序公平受偿。

（五）以房抵债项下旧债和新债并存的问题

基于保护债权的理念，债的更改一般需有当事人明确消灭旧债的合意，否则，当事人于债务清偿期届满后达成的以物抵债协议，性质一般应为新债清偿。换言之，债务清偿期届满后，债权人与债务人所签订的以房抵债协议，如未约定消灭原有的金钱给付债务，应认定系双方当事人另行增加一种代物清偿债务的履行方式，而非原金钱给付债务的消灭。以房抵债协议中对抵偿之旧债是否因抵债商品房买卖合同的成立、生效而归于消灭进行明确约定时，抵偿之旧债并未消灭，且与抵债商品房交付之债在旧债清偿完毕之前并存。[②] 受抵一方可选择向问题楼盘企业主张清偿借债或交付抵债商品房。

四、管理人就以房抵债事项审核之建议

（一）确认抵偿债权的真实性和债权金额

根据《全国法院民商事审判工作纪要》第 44 条，以及《企业破产法》第 31 条等的规定，在以房抵债事项中，首先要核查抵偿债权的清偿期限是否已经届满，是否真实存在，并且比对抵偿债权金额及抵债商品房售价，以确定受抵一方是否有权向问题楼盘企业主张交付抵债商品房。如债权人无法提供证明其在接受以房抵债之前存在与抵债商品房售价等额的已届清偿期债权的证据，管理人不得支持以房抵债协议项下抵债商品房买卖合同的继续

① （2021）最高法民申 969 号民事裁定书。

② （2016）最高法民终字第 484 号民事判决书。

履行。

（二）判断抵债商品房上是否成立别除权或取回权

商品房预售合同备案登记系房地产管理部门对商品房买卖合同的一种行政管理措施，不具有《民法典》第 221 条规定的预告登记的效力。① 抵债商品房买卖合同的备案登记与不动产预告登记不同，不具有准物权效力。② 因此，尚未办理预告登记的实际购房人向问题楼盘企业就抵债商品房主张的取回权不成立。同时，即便实际购买人已经就抵债商品房办理了预告登记，但是抵债商品房在问题楼盘企业进入破产重整程序之时尚未竣工验收，也不符合实际交付并办理产权过户手续的条件的，预告登记的抵债商品房并不具备转为该登记的条件，此时的受抵一方或实际购房人就抵债商品房主张的取回权亦不成立。但是，在实际购房人支付房款金额超过合同约定总价款的 50% 的情况下，可能因具备商品房消费者资格而对抵债商品房享有别除权。

（三）核查实际购房人是否享有商品房消费者优先权

受抵一方并非实际购房人，受抵一方与实际购房人之前不存在债权债务关系，且在实际购房人为自然人，购房用于居住且名下无其他用于居住的房屋，已经与问题楼盘企业已经签署抵债商品房买卖合同，已支付的购房款超过合同约定总价款的 50% 的，以房抵债项下的实际购房人属于商品房消费者，对抵债商品房享有法定优先权。

除此之外的实际购房人，以房抵债行为而形成购房事实，购房目的在于实现债权，③ 并非为生活、居住需要，不属于商品房消费者，在抵债商品房交付之前，对抵债商品房不享有法定优先权。

---

① （2021）最高法民申 4620 号民事裁定书。

② （2021）最高法民申 9 号民事裁定书。

③ （2020）最高法民申 3303 号民事裁定书。

（四）分析新债旧债是否并存

所谓清偿[①]，是指依照债之本旨实现债务内容的给付行为，其本意在于按约履行。若问题楼盘企业未实际履行以物抵债协议，则受抵一方与问题楼盘企业之间的旧债并未消灭。也就是说，旧债于新债履行之前不消灭，旧债和新债处于衔接并存的状态；在新债合法有效并得以履行完毕后，因完成了债务清偿义务，旧债才归于消灭。若新债届期不履行，致使以物抵债协议目的不能实现的，债权人有权请求债务人履行旧债；而且，该请求权的行使，并不以以物抵债协议无效、被撤销或者被解除为前提。

（五）综合判断管理人撤销权或解除权的行使情形

在购房人为受抵一方或受抵一方指定的第三方的，签署以房抵债协议、抵债商品房买卖合同，以及开具发票、办理网签、预告登记均属于受抵一方旧债清偿的其中一个环节，因此，管理人应当首先核查各清偿环节的发生时间，如若任何一个环节的实际履行时间节点落入问题楼盘企业被裁定受理破产之日前六个月内的，则涉嫌个别清偿，管理人可依据《企业破产法》第 32 条依法行使撤销权，受抵一方只得以旧债向管理人申报债权。

若在以房抵债协议签订后一年内，法院裁定受理了问题楼盘企业破产申请，此时，管理人需要审核以房抵债项下，层层抵偿债权是否存在、拟抵偿债权金额与抵债商品房价格相较之是否存在过高或过低问题，[②] 管理人可依据《企业破产法》第 31 条依法行使撤销权，或依据第 18 条行使解除权。

经审核均不存在以上撤销、解除情形的，管理人需要综合考虑

---

① （2016）最高法民终字第 484 号。

② 最高人民法院《关于印发〈全国法院贯彻实施民法典工作会议纪要〉的通知》［法〔2021〕94 号］第 9 条规定，转让价格达不到交易时交易地指导价或市场价的 70%，或高于交易时交易地指导价或者市场交易价 30% 的，一般可以视为明显不合理的低价或高价。

同意问题楼盘企业向受抵一方交付抵债商品房，是否涉嫌损害全体债权人的公平受偿权，是否影响破产进度，从而判断是否将受抵一方或其指定第三方关于抵债商品房的交付请求权转化为金钱债权。

结　论

以房抵债项下受抵一方及其指定的第三方（无须向问题楼盘企业支付购房款）关于抵债商品房的购买目的在于既存旧债受偿，往往不具备真实的商品房买卖合意，不具备商品房消费者资格，无权对抵债商品房主张别除权。且即便在抵债一方及其指定的第三方已经就抵债商品房办理合同网签备案、预告登记情形下，在问题楼盘未竣工验收情况下，抵债商品房不具备实际交付条件，从维护广大债权人公平受偿权及破产重整需要的角度考虑，不予支持受抵一方对抵债商品房主张的取回权。

受抵一方同时为实际购房人时，抵债协议约定之旧债消灭情形尚未成就时，新债与旧债并存，受抵一方可择一行使权利。受抵一方选择根据抵债商品房买卖合同主张权利的，对抵债商品房不享有别除权，为普通债权人。同时存在受抵一方及实际购房人时，如实际购房人具备商品房消费者资格，则受抵一方仅能按照旧债向管理人申报债权。

21　问题楼盘企业重整融资激励机制探析

范世伟*

摘要：受疫情与经济下行影响，我国众多城市的楼盘问题不断凸显。这些日益增多的问题楼盘给社会民生和市场经济等诸多方面带来了不利影响，而这些问题楼盘企业得以盘活的关键就在于重整融资的救济。为有效激励融资进入，有必要结合我国问题楼盘企业重整融资的实践，建立起正向的融资激励制度。建议从保障投资人个人权益角度出发，构建层级优先权以保障融资资金安全和赋予投资人合理的参与权限；从融资制度宏观角度出发，培育完善的破产重整融资市场，采取多元化融资模式，建设重整融资中的府院联动机制，从根源上解决问题楼盘企业的融资困境。

关键词：问题楼盘　破产重整　融资激励

一、问题楼盘企业重整融资困境及成因

问题楼盘企业融资困境的根源在于两点：（1）从投资人个人角度来看，不仅融资借款只能作为共益债进行清偿，对融资的保护力度非常有限，另外投资人对破产重整根本没有参与和治理权限，投资人的利益根本无法得到有效保障，自然也就缺乏提供资金的动力。（2）从融资制度宏观角度来看，目前我国破产重整融资市场发育不成熟，企业能够选择的重整融资手段非常单一，在

* 范世伟，河南正臻律师事务所专职律师，西南政法大学民商法硕士。

融资中发挥重要政策支持作用的府院联动机制依然缺乏边界的构建。因此，本文在结合域内外立法经验以及学术界的相关理论研究和我国实践需求的基础上，从保障投资人权益的微观视角和建立规范化融资制度的宏观角度出发，希望为我国建立相应的融资激励机制提供一些建议。

二、充分保障融资债权人利益

鉴于房地产企业债务额庞大，问题楼盘企业需要的重整融资金额一般也较多。如果不为融资人提供充分的债权利益保障制度，那么问题楼盘能够获得融资的概率比较小。保障融资债权的首要就是构建全面的融资层级优先权，对融资债权的保护可以有效地激励投资人提供资金。其次，赋予重整投资人对重整计划的适当参与权亦是增加投资人热情的有效举措。充分保障融资债权人利益是激励融资进入的前提，对构建融资激励制度来说至关重要。

（一）构建融资层级优先权

我国目前虽然在《企业破产法司法解释三》明确了破产受理后为债务人继续营业的借款参照共益债的规定进行处理，赋予了融资借款优先于一般债权的优先权，实现了融资激励制度的一大进步。但是该条法规只是对融资共益债权制度的碎片化移植，并不能满足实践中问题楼盘大量的融资需求。对于与融资共益债有共同受偿权地位的其他共益债之间的受偿顺序和关系，我国法律法规体系并没有明确的规定。而且根据我国破产法的法律规定，破产费用优先于共益债受偿，因此实践中还出现过将融资借款用以清偿管理人费用的情况。显然，这样的制度设计是无法保障重整目标实现的。虽然该条法规还规定，融资借款可以设定担保，但是新旧担保人之间的利益分配依然按照《民法典》第414条的规定进行处理。房地产企业一般都是在穷尽所有可救济的路径后才会走向破产，资产基本都已经被设立了担保。如果仍有资产可供担保，根据法律规定，融资借款设立的担保权依然劣后于既存的担保权。这样共益的债权模式对融资借款的保护依然是相对有限的，问题楼盘企业重整也难以获得可以维持运营的融资。因此，为了盘活问题楼盘，破产法律必须赋予投资者以足够的融资借款优先权。

具有一个发达破产融资市场的美国，已经在破产法中明确了层级优先权制度。根据融资的难易程度，《美国联邦破产法》第364条规定了四种情形下的融资等级优先权。其中（a）款规定对债务人在正常经营范围内的贷款享有与管理费用同样的受偿地位（美国法律规定的管理费用与我国的共益债类似）。（b）款规定，典型的非正常业务担保，在经过了通知听证程序和法院的批准之后，也将会享有管理费用的优先权地位。（c）款规定，债务人无法通过以上两种方式获得资金的情形时，在经过了通知听证程序和法院的批准之后，贷款可以优先于其他的管理费用受偿；在没有设立担保费用的财产上，融资人可以获得担保权益；在已经有担保负担的财产上，融资人可以选择获得劣后于原担保债权人的担保权益。（d）款是最高级别的贷款优先权。获得该贷款的条件是DIP不能通过其他方式获得融资，并且其他债权人的利益已有充分保护并将劣后于该新担保债权人的利益。[①]（美国的DIP融资是指债务人从外部获得的独立于债务人财产之外的资金融资模式）在履行了通知和听证程序之后，法院可以授权给融资人平行甚至更高级别的融资担保，融资债权人可以享有和原有担保权人相同顺位或者优先于原先担保人受偿的担保权益。（d）款被称为超级优先权。《美国破产法》第364条较为全面地规范了重整融资的层级优先制度，融资人的债权得以充分保护。对融资人权益的全面

---

① ［美］大卫·G. 爱泼斯坦等：《美国破产法》，韩长印等译，中国政法大学出版社2003年版，第202—203页。

保护最大化地激励了融资贷款的进入，为重整企业注入了一线生机。不同情形下层级的优先权制度设计不仅符合利益平衡原则，合理平衡了各方债权人的利益，还满足了实践中复杂的商事活动需求，得以最终实现破产重整可持续经营的价值追求。

日本与韩国也将融资债权定义为共益债，但是从破产制度和司法实践来看，仅仅将融资借款定义为共益债是完全不能实现重建企业的初衷的，并没有实现保障融资债权的目的。与此同时，韩国破产法向前迈进了一步，认可了融资债权优先于其他共益债权和破产费用清偿。鉴于我国实践中问题楼盘破产重整融资的需要，我们可以借鉴美国的层级融资优先权制度，在兼顾利益均衡原则的基础上最大化地为重整企业吸引融资。

（二）赋予融资债权人适度参与权

在问题楼盘企业遭受破产困境时，融资人往往都在承受更大的风险。一旦重整失败转入破产清算程序融资人也会遭受到实际损失。除此之外，融资人还要承受债务人管理层恶意套资的风险。因此，赋予融资人对债务人企业适度的参与权是非常有必要的。融资人的参与权主要在于两个方面，一个是对重整计划的参与权，另外一个是对公司治理的参与权。参与对债务人公司整个重整计划和实施管理是保障债权人利益的有效手段，也是融资激励制度的重要一环。

1. 重整计划制订的参与权

我国《企业破产法》第 80 条规定，债务人或者管理人谁负责管理财产和营业事务的，就由谁负责制作重整计划草案。由此可见，我国目前的破产制度只赋予了债务人和管理人制订重整计划的权利。重整程序中的新投资人既没有制订重整计划的资格，也没有可以参与制订重整计划的权利。目前学术界存在两种观点，一种观点认为，为了更好地实现各方利益，增加重整成功率，《企业破产法》应当允许债权人、股东甚至新出资人制订重整计划。[①]目前美国和日本的破产法规都赋予了融资人制订重整计划的权利。另外一种观点则认为，不应赋予重整投资人单独的重整计划制订权。但是，重整投资人应当对重整计划制订享有建议权和参与权。[②] 笔者在这里赞同第二种观点。破产重整中利益主体复杂，让融资债权人在破产重整中享有重整计划制订权，会导致融资人在利益分割中占据有利地位，不仅会阻碍到其他债权人的利益，还会挫伤债务人的积极性，不利于重整计划的推进。但是出于保护社会整体利益的要求以及实践中利益平衡的需要，一般法律在赋予债务人或管理人制订重整计划的职责时，也应赋予其他利益主体在一定条件下参与计划制订的权利。这一方面对债务人或管理人是一种制约，另一方面也有利于各主体间的沟通与协商，从而使得最终的重整计划能顺利通过表决。[③]

2. 公司治理的参与权

通过让融资债权人适度参与债务人公司的治理，既可以使得债权人明确资金动向，提升资金安全保障，还可以起到监督债务人管理层的作用，为企业重整出谋划策。对于企业管理和控制方式方面，由于实践中重整价值不断波动难以估计，并且商事交易极具复杂性，采取固定法律条文的方式进行约束显然是不合适的，因此赋予债务人与融资债权人以一定的自治权是非常必要的。双方可以自行磋商、谈判，通过签订重整融资协议的方式来实现融资人对债务人公司的部分治理参与权的让渡。但是，有必要对这种“意思自治”加以限制，否则很容易导致融资债权人利用债务

① 王欣新：《破产法理论与实务疑难问题研究》，中国法制出版社 2011 年版，第 342 页。

② 池伟宏：《论重整计划的制定》，载《交大法学》2017 年第 3 期。

③ 李雨松：《我国上市公司破产重整计划研究》，西南政法大学 2011 年博士学位论文，第 96 页。

人企业处于危困状态的情形，借机损害债务人和其他债权人的利益。在我国，可以通过程序上必须经过法院批准方式的来对这种部分控制权的转移加以限制。

三、推动融资制度规范化建设

虽然上述对融资人权益的保障措施有利于激励融资的进入，但是从宏观角度出发，一个完善的融资制度才是保证融资激励制度得以实现的根本解决之道。一套具体完备和稳定规范的破产规则是发挥出市场决定性作用的前提。市场化的融资制度可以为问题楼盘企业的再生和资源重新配置提供一个自由、平等、可持续发展的竞争环境。一个发挥自动调节作用的重整融资市场是发展融资制度的前提，多元化的重整融资模式和府院联动机制是融资制度得以实现的重要路径和有效的政策保障手段。

（一）发展重整融资市场

破产问题本质上是金融问题，一方面是破产制度内生于金融基础设施建设之中，另一方面则表现为金融工具可以服务和推动破产制度的实施。[①] 美国具有发达的破产融资金融交易市场，投资人可以相对便捷地通过风险投资、夹层投资和并购投资等投资方式实现高收益。这样高度市场化的企业融资方式不仅可以为债务人提供大量的投资模式可供选择，还为投资者提供了一个良好的风险分散机制，保障了融资人投资资金的安全性。

随着实践中大量问题楼盘企业重整融资的需求，我们有必要大力推进我国重整融资市场的培育。完善的融资资本市场是破产融资可以良性循环的前提，市场化自动调节的机制可以实现形式多样的融资金融产品灵活运作和畅通退出。我国的多元化资本市

---

① 徐阳光：《依法推进市场化破产重整程序的有效实施》，载《人民法治》2017年第11期。

场只是初具雏形，仍然存在许多亟须完善的问题。为了进一步推进融资交易模式多元化，应当进一步完善我国融资资本体系建设，加强破产企业职业共同体建设，增加交易品种，壮大专业机构投资者，完善退市制度，为问题楼盘企业融资建立起一个有力的市场保障。与此同时，对于陷入困境的问题楼盘企业来说，有必要建立起一个完善的融资债权交易制度。实践中关于融资的大量供求必将需要一个完备的破产债权交易市场。但是我国在融资债权和衍生品交易的制度方面依然缺乏相关规定，市场上自发形成的债权交易也仅有雏形，尚未形成规模化。因此，我国有必要借鉴域外破产融资债权交易转让制度，为债权交易建立起规范的法律制度，放宽债权交易的准入门槛，引导和规范更多的投资者参与困境企业重整，推进破产融资债权交易市场的发展。

（二）探索多元化融资模式

融资模式直接关系到重整企业能否获得足够的融资额度，是企业可以恢复经营的重中之重。目前企业重整融资模式主要包括资产融资、债权融资和股权融资三种类型。在司法实践中，最为常见的就是通过调整资本结构、出售资产和获得新借款来获得资金。但是我国目前的法律规范只将重整期间的新借款规定为共益债，对于其他方式的融资模式规定则十分模糊。法律规范的缺失必然导致我国重整融资模式的不明确性。并且在我国的融资实践中，问题楼盘企业一般采取的融资方式都非常单一，没有根据企业的资产特点和实际需求制订合理化和多元化的融资方案。

为了让企业在重整融资模式的选用上做到有法可依，我们有必要进一步完善重整融资中的立法规定。现行关于企业重整融资问题的规范多为政策性文件，内容单一，不具有衔接性，实践中可适用性也比较低。我国在立法上有必要明确企业破产重整中可以采取的融资模式，建立起一个全面的重整融资规范体系，为企业融资提供更多可供选择的模式。

企业的融资方式与企业的治理结构、业务范围、业务对象等因素紧密相关，并受经济发展水平及财政政策等因素的影响。[①] 对于需要重整的问题楼盘企业来说，要结合企业自身的资产状况和经营状况，以及问题楼盘的可估值情况，结合各种融资模式的特点，为可持续经营采取合适的融资模式或者组合融资模式。鉴于问题楼盘的特殊性，在重整期间，应当坚持“一楼一策”原则，针对不同企业问题楼盘的情况，制订不同的融资计划，采用多元化融资模式，实现最终盘活问题楼盘的目的。

为了保障重整融资的顺利进行，既要对现有破产法规定的单一化的融资模式进行补充和完善，又要在实践中重整企业根据问题楼盘企业的不同资产状况和楼盘价值采取多元化融资模式，实现问题楼盘的重生。

（三）重整融资中的府院联动机制

破产制度兼具私人性与公共性，尤其是在问题楼盘的破产重整中，其中涉及的许多利益问题都关系到民生问题，具备较强的社会性特点，如果处理不当就会带来严重的社会问题。因此，需要政府“有形之手”的干预与协调。融资是整个问题楼盘企业重整制度的核心，各个利益主体之间的博弈也更加多元繁杂，此时要求政府和法院起到中立性和权威性的监督作用非常有必要。

府院联动是我国破产制度实践中特有的处理机制。从概念上来说，府院联动具体指的是在坚守司法权力程序引导的前提下，由行政权力配套解决破产衍生的社会问题，协调破产程序与外部环境之间隔离、缺失、冲突的生态关系，保障《企业破产法》的市场化实施，依法为实施市场化破产程序创造条件。[②] 但是在我国

---

① 王福强：《破产重整中的营业保护机制研究》，法律出版社2015年版，第76页。

② 陆晓燕：《市场化破产的法治内蕴》，南京师范大学2019年博士学位论文，第117页。

破产实践中，鉴于行政绩效与司法目标之间的差异，政府有时会对破产审判施以过度干预，导致市场力量的空间被挤压，破产法实施的效果被扭曲，“受到损害的不仅是破产法，而且是整个市场健康发展的基础”[①]。因此，目前有必要对破产制度中的府院联动机制的边界加以厘清，明确行政职权的治理范围。

明确府院联动边界须以法治化为前提，以市场化为导向。任何形式的调控政策和规制措施都必须具备充分的法治基础。[②] 规范化的法律制度是预防行政权力过分干预破产制度的前提。破产制度实质上是市场行为，构建府院联动机制应当坚持以市场为导向，发挥市场自发的配置作用，进而校正行政职能的定位。

除了外部的宏观设计之外，府院联动机制还需要理顺政府与法院之间的权限和职责范围，这是关于明确府院联动机制界限的内部要求。联动机制应当要坚持以法院为主导，政府配套的原则。政府在企业重整中要给予司法权的主导地位予以充分尊重。对于重整中的法律问题，应当由法院发挥裁判作用，赋予融资计划以相应的法律效力。政府应当尊重破产规则自发性的市场规律，发挥配套作用，避免行政职权过多干预破产决策。在重整融资中，政府的职责主要在于通过融资政策支持和垫资拨款等方式为企业提供保障。

结　语

问题楼盘能够得以盘活的核心就在于重整融资。我国破产法律制度与司法实践都存在一定程度的缺失，问题楼盘企业破产融资难的问题亟须解决。据此，本文也期望通过关于重整融资机制

---

① 李曙光、王佐发：《中国破产法实施三年的实证分析——立法预期与司法实践的差距及其解决路径》，载《中国政法大学学报》2011 年第 2 期。

② 李长友、吴文平：《政府干预经济行为法治化之探究》，载《吉首大学学报》（社会科学版）2014 年第 4 期。

的探讨为问题楼盘重整融资困境解决做出合理的贡献。从投资人个人视角来看，保障融资优先安全性和适当赋予融资债权人参与权是保障融资人利益的前提和有效举措，有利于激励问题楼盘融资的投入。从长远角度来看，除了微观视角上债权人利益保障的激励举措，构建市场化的融资制度才是问题楼盘企业融资难题得以解决的根本。问题楼盘一直都是关乎社会民生的大问题，司法实践中依然还存在许多问题楼盘融资的问题有待进一步探究，为此应倡导我国重整融资激励机制的进一步构建，为实现问题楼盘的重整目标而努力。

22　浅析破产法语境下问题楼盘化解处置中几种特别优先权的行使

王玉凤*

摘要：房企破产相比较其他行业企业破产有其特殊性和复杂性，房企破产中几种特别优先权的认定和处理是破产实务中的难点，也影响到社会稳定大局，本文就房企破产中几种特别优先权的认定及受偿顺序进行探析。

关键词：问题楼盘　消费者购房人　预告登记　工程款债权

一、房企破产中的特别优先权

（一）消费者购房、预告登记购房两类购房人的不动产债权

1. 购房人债权概览

购房人债权大致可以分为两种情况：一是在购房人主张按照房屋买卖合同约定请求交付房屋的不动产债权，并请求瑕疵赔偿的金钱债权。二是购房者主张解除房屋买卖合同，请求退还购房款同时赔偿损失的金钱债权。

2. 购房人债权成为特别优先权的条件有两个

一是系不动产债权。二是系消费者购房、预告登记购房两类购房人的不动产债权。金钱债权是普通债权，只要是主张金钱给

---

* 王玉凤，杞县人民法院民一庭庭长。

付的均为普通债权。

对于消费性购房者的期待权保护，其存在的基础是为了保护公民的生存权，且消费性购房者的多是“弱势群体”，其经济收入决定其不能再购买另一套房屋，买一套房往往要掏空“六个钱包”，几代人的积蓄。对消费性购房者，最高人民法院《关于人民法院办理执行异议和复议案件若干问题规定》第 29 条规定了具体的条件：一是签订的房屋买卖合同是书面合同，且合法有效；二是付款超过 50%；三是购房者名下没有其他用于居住的房屋并且本次所购房屋系用于居住。购买房屋是普通人家的大型消费，有的消费者毕其一生，甚至几代人的收入，才购得一房，安身立命；付款金额超过总房款的 50%，足够让购房者合理期待获得房屋。故在破产案件的具体审理过程中，要对消费者购房的人群进行区分，根据具体情况进行相应的安置。

“房屋买卖合同已经预告登记”的购房人有物权期待权。从法律角度来看，现行法律对于期房的产权性质应是准物权，并不属于物权。我国《民法典》物权编第 209 条规定了不动产物权的设立、变更、转让和消灭发生效力的条件。由法条规定可见，必须依法进行登记，才能取得不动产物权。购房者购买的房屋虽在建设过程中，并未完全形成，但购房者往往已经为其在建房屋付出了大部分，甚至全部的价款。从购房者的角度看，自己为一个尚未建成的房屋已支付出建成后的成本，故其有合理的信赖利益认为自己能享有该房应有的权益。

在分期付款购房合同中，如果当事人对于房屋的所有权归属没有约定，购房者没有付清全款时，商品房的所有权人为破产企业，此时管理人能否任意处置？笔者认为此问题最早出现在《城市商品房预售管理办法》的规定中，立法目的是防止开发商违反诚实信用原则，进行销售欺诈，一房多卖，确保购房民众的根本利益。而预告登记制度的出现晚于《城市商品房预售管理办法》

的实施，其目的也是保护购房者的权益，未经预告登记的购房者同意，第三方无法善意取得该房屋。由此得出结论：已经登记备案的商品房，破产管理人未经预售购买人的同意而处分的行为应认定为无效。

3. 两类购房人的不动产债权的标的财产

购房人所购房屋在破产受理时会存在两种情况：（1）如果房屋现状具备了办证条件，应该由购房人承担办证费用，破产管理人为其办证，办证费用列入普通债权。（2）如果房屋现状不具备办证条件，房屋买卖合同的标的财产还是在建工程的一部分，当购房者选择瑕疵交付时，购房者与他人共有在建工程。当购房者选择解除合同进而要求赔偿时，应将其要求退房的房款和要求赔偿的金额一并列为普通债权，因消费者购房保护的是其居住权。

（二）工程款债权优先权

1. 工程款债权优先权的性质界定

工程款债权优先权也称工程价款优先受偿权。按照《民法典》合同编第 807 条规定，其基本保留了原《中华人民共和国合同法》（以下简称原《合同法》）的相关规定，只是将原《合同法》中的“按照”改为“根据”；将“不宜折价、拍卖的以外”改为“不宜折价、拍卖外”；将“申请”改为“请求”。原《合同法》的实施意味着我国工程款债权优先权的制度的确立。但因该权利的性质一直未被最高人民法院明确，在理论上仍存在诸多争议。

除了《民法典》合同编中规定的优先权外，我国目前法律规定的优先权还有以下几种：船舶优先权、航空器优先权、知识产权法中的优先权等。如根据《中华人民共和国海商法》第 25 条规定，三者的优先受偿顺序为：船舶优先权、船舶留置权、船舶抵押权，优先权的概念与留置权、抵押权同时在该法条中出现，表明在我国法系中优先权作为一个独立概念存在。也有部分学者认为，工程款债权优先权的性质属于留置权，笔者不予认同。《民法典》物权编第447条对留置权的定义作了说明，留置权的客体应是“已经合法占有的债务人的动产”。而工程款债权优先权指向的对象是不动产，不以占有作为成就该权利的条件。因此，将工程款债权优先权的性质认定为留置权，违反物权法定原则。但是，工程款债权优先权具有留置权的“魂”。工程款债权优先权和抵押权也有着本质的区别。工程款债权优先权与其标的对象同时产生，无须办理登记手续。而抵押权的标的物必须早于抵押权存在，以当事人意定为前提，满足法定条件而成立。参照国际上其他国家的相关立法，《法国民法典》《日本民法典》《意大利民法典》都有优先权的相关规定，虽然名称不同，但都是法律赋予部分特殊债权或其他权利的一种优先效力，以保障该项权利能较同类其他权利而优先实现。

我国工程款债权优先权是法律赋予了特定优先性的债权，是为了追求实质公平而赋予工程承包人就工程价款请求权优先保护效力的法律制度。

2. 工程款债权优先权在房地产开发企业破产案件中受偿的排列顺位

首先是优先于抵押债权。其次是优先于“房屋买卖合同已经预告登记”的购房人的不动产债权，劣后消费者购房人的不动产债权。

关于破产债权的清偿顺位的规定分布在《企业破产法》及其司法解释、最高人民法院的批复中，规定较为分散，没有集中的专门规定，在破产案件审理过程中对审判法官业务水平、综合能力提出了较大的挑战。根据最高人民法院2018年3月4日印发的《全国法院破产审判工作会议纪要》第28条的规定，对于企业破产时不同性质的债权的清偿顺序作了原则性规定。

房地产开发企业破产案件涉及的债权结构比较混乱，法律关系错综复杂，债权范围相当广泛，应当审慎依据相关法律法规的立法目的和精神，辨析各类债权所代表的利益，确定其排列顺序。建设工程债权背后往往代表着众多建筑工人的利益，如不能得到合理偿付，可能会引发群体性信访事件，甚至危及社会的稳定。对各类债权的优先性在确定具体顺位时必须平衡各方的利益，坚守公平、审慎原则。

笔者认为按照现行规定，房地产开发企业破产债权在同一标的物上别除权清偿顺序如下：拆迁户债权、消费型购房者请求权、建设工程价款优先权、对特定财产有担保的债权。建设工程价款优先权之所以要优先于对特定财产有担保的债权和其他债权，一方面是因为建设工程款涉及大量农民工的利益，建设工程价款优先权的主张人是承包人，而大部分的承包人自身抗风险能力较弱，如果不考虑现实情况，将建设工程价款优先权的顺位劣后于有担保的债权，承包人也将破产，最终无法支付农民工工资。

另一方面，破产房地产企业主要的资产就是开发的建筑物，而建筑物的建成主要就是承包人所付出的劳动。房地产企业在破产时在该建筑物上设立了抵押权，但该抵押权之所以存在也是因为抵押物存在，如果抵押物消灭，存在建筑物上面的抵押权也将消灭。建筑物的价值凝聚着承包人的劳动，且先于抵押权的设立，按照“先来后到”的规则，建设工程价款优先权的清偿顺位也应当优先于对特定财产有担保的债权。

3. 实务中特殊问题的思考

工程款债权的标的财产是指建筑商建造出的在建工程，不包括在建工程项下的土地。

（1）特别情况下建设工程价款优先权的行使。案例：丙公司开发的同一个房产项目共 5 栋楼房，分别发包给甲公司、乙公司承建，甲公司所建项目为拆迁安置楼 2 栋，乙公司所建项目为商品房 3 栋。丙公司破产后，甲公司的工程款债权优先权的范围能否扩大到其他建筑物。

甲公司承建的项目是拆迁安置房，被拆迁的居民不用支付房款，此时如果承包人只对所承建的房屋享有优先权，那承包人的债权将无法得到实现，对承包人并不公平。笔者认为应当将甲公司的优先受偿权的范围扩大到其他建筑物上。理由如下：一方面，丙公司的项目是建立在被拆迁人原有土地上的，对应在开发后的所有工程，被拆迁人的绝对优先权应对丙公司的所有新建项目都享有利益。而承包人所承建的安置房屋，则体现着被拆迁人的具体利益。在破产案件中如果不让承包人的建设价款优先受偿权的范围扩大到其他建筑物上，承包人将不会继续建造工程，进而损害被拆迁人的利益。另一方面，安置房屋之所以会集中在一幢楼上，是开发商的变通安排，是抽象权利转化的具体体现。实质被拆迁人对所有的项目的土地都有一定的权益。承包人建设拆迁安置项目，也对整个工程项目增益。

基于以上分析，根据应然性，在破产案件的处理当中，管理人进行债权分配时，也可以对补偿安置合同进行适当变更，调整房屋的位置以保证建设工程款优先权的实现。

（2）建设工程价款优先权实现方法的具体操作。工程款优先权所指向的行使标的是建筑商所承建的工程，不及于土地的价值和后续再建工程价值。虽然按照“房地一体”原则，在处置房产时需要将房地一体拍卖，但在具体拍卖款分割过程中，需要将建设用地使用权的价值和建筑物的价值区分开来，工程款债权优先权只对建筑物拍卖的价款享有优先受偿权，对建设用地使用权拍卖的价款不享有优先受偿权。承包人所付出的劳动转化为建筑物，对建设用地使用权的取得并没有付出，如果把建设价款优先受偿的范围扩及建设用地使用权上，对其他债权人是不公平的。因此在破产案件当中，应当将建设工程价款优先受偿的范围限于建筑物本身，建筑物的价值不足以清偿债权的，剩余的债权应当作为普通债权进行清偿。

建设工程价款优先权行使时原则上区分到户，即需要将整个在建工程项下的工程款债权，细分成每套房屋对应的在建工程份额项下的工程款债权，再与该套房屋上所承载的更为优先的债权相对抗、比较，判断建设工程价款是否享有优先受偿权，或是转为普通债权。但实务中应根据破产时工程完成程度，考虑区分成本大小和全体债权人的利益，选择整体操作或实物折抵（可以区分到户分套进行）的方式实现建设工程价款优先权。

（3）工程款债权优先权在破产案件中优先顺位能否放弃。建设工程价款优先权的规定在《民法典》第 807 条，从条文上来看，建设工程价款优先权属于法定权利，同时依照民法法理，民事主体处分自己的权利，只要不违反法律规定和公序良俗，法律就应当支持。因此承包人自愿放弃工程款债权优先权的顺位，只要不违反法律的禁止性规定与公序良俗，就应当认定其行为是有效的。但从立法宗旨来看，《民法典》第 807 条是为了保护农民工的利益。虽然《民法典》第 807 条将建设工程价款优先权主张的权利给予了承包人，但承包人是否主张此权利却间接影响着农民工的利益，并且承包人与农民工之间多为劳务关系，承包人是否能够得到足额的工程款，将直接影响农民工的工资。在破产案件中，房地产开发企业破产是因为资不抵债，如果承包人放弃了建设工程价款优先受偿的顺位，那么其债权将作为普通债权受偿，受偿比例就会很低。目前我国大部分承包人的抗风险能力都很低，承包人如果得不到足额的受偿，承包人也将面临破产，从而农民工的工资也难得到保障，将会引发一系列的社会问题。

2020 年 12 月 25 日通过的最高人民法院《关于审理建设工程施工合同纠纷案件适用法律问题的解释（一）》第 42 条规定，承包人是否放弃建设工程价款优先权，应当受农民工利益的限制。

因此承包人在破产案件中能否放弃优先受偿权的顺位，应当结合具体的案情，由法院进行判断，如果其放弃工程款债权优先权的顺位，会损害农民工的利益，则不应准许。如果承包人放弃该权利不会影响农民工的利益，则应尊重其意思表示，确认其行为有效。

笔者观点应以破产案件受理时间为分界区别对待。破产案件受理后，对建设工程价款优先权的放弃，以无效为原则，有效为例外。破产案件受理前建筑商对建设工程价款优先权的放弃，在破产程序中不予认定其效力。理由如下：第一，从意思表示的真实性方面来谈，对“放弃”的意思表示进行剖析，建筑商放弃的本意只是放弃优先受偿的权利，绝不是对债权的放弃。而一旦房企破产，前面论述到房企破产中优先权较多，工程款放弃优先权后作为普通债权受偿率很低，甚至得不到受偿。放弃优先权的结果实为放弃债权，不符合其最初的真实意思，在破产程序里如果确认该放弃，有违“当事人意思自治原则”。第二，从“放弃”目的来谈，建筑商之所以放弃优先权无外乎是为了房产开发商融资需要或售房需要，总之是为了帮助开发商进行经营，实现其房产开发的商业目的。可以理解为其是有一定的公益性，当一个民事主体为公益性作出的牺牲导致其自身极为严重的损失时，司法过程中应对其有一定的救济措施，不应机械死板地照搬法条，否则将导致对其不公平。而从“资金出借”的目的来讲，这一行为是为了谋取利润。而建设工程价款优先权，是法定优先权，二者的法益价值不在同一位阶。第三，“破产”作为企业经营过程的一个极端恶化的结果，决不是经营结果的常态。破产程序是一个特别程序，在这种程序中考量、评价、认定一般民事行为的效力，除依据一般民事法律规定外，或应适当考虑当事者的承受能力，产生的后果等诸多因素，不能造成连锁破产。

（三）抵押债权

1. 抵押债权的标的财产

这是指抵押登记的土地或在建工程。需要特别说明的是土地抵押不包括抵押登记时尚未建造的地上物；在建工程抵押不包括破产受理时尚未建造的地上物。

2. 抵押债权的优先顺位

（1）劣后于工程款债权；

（2）优先于在抵押债权后预告登记的购房人的不动产债权；

（3）劣后于消费者购房人、在先预告登记的购房人的不动产债权。

实际操作中主管部门在商品房启动预售时，对抵押债权“大证换小证”并要求商品房预售网签以“小证”解押为前提。

3. 抵押债权的受偿前提

抵押债权在指向的同一标的（每套房屋对应的土地或在建工程份额）上，更为优先的其他债权已获清理结算才能受偿。因此，实务操作中需要将作为抵押物的整个土地或在建工程项下的整体抵押债权，分解成每套房屋对应的土地或在建工程份额项下的细分抵押债权，用以与两类购房人的不动产债权进行对抗。付款超过 50% 的消费者购房人及在先预告登记的购房人的不动产债权的优先标的，对应的在建工程份额项下的抵押债权，不再优先受偿。

债权人对房地产开发企业享有抵押权，并不依赖破产程序行使抵押权而享有优先受偿权。但如果法院裁定受理房企破产重整申请的，则其程序与清算就有所不同。在破产重整期间，如果允许债权人行使担保物权，如将房地产开发企业用于抵押的土地、在建房地产工程、在建商品房等财产进行拍卖、变卖，破产重整就无法进行。《企业破产法》第 75 条规定里的“暂停”是临时限制债权人行使担保物权，并不剥夺债权人的抵押权，也不减弱抵押权的效力，抵押债权在破产重整期间仍应得以适当保护，管理人在重整计划中应当有处置抵押物和抵押债务的方案，如管理人以投资人注入的资金清偿抵押债权、另行提供担保涤除抵押权等。

二、房企破产中几种特别优先权的总体受偿排序

在房企破产实务操作中，根据有关法律精神，考量到深层的法理价值，对本文中论述到的几种优先权受偿顺序排列为：消费性购房者债权，建设工程款债权，预告登记购房者债权与抵押债权以登记在先优先为原则。

消费性购房者债权排序在先是基于对生存权的保护；建设工程款债权，兼具了留置权的精神内核与生存权（一般涉及农民工工资）的性质，上文已经述及，不再赘述。预告登记购房者债权与抵押债权进行价值比较后，确定以登记在先为原则，符合法理精神。

结　语

房企破产，涉及主体广泛，利益冲突较为激烈。几种优先权的设定，有其深厚的社会基础，是基于不同权利所处价值位阶不同所设定的保护制度。处理破案案件过程中要妥善处理、平衡各方利益主体的权益，正确理解和运用优先权制度。

参考文献

［1］李云婷：《房地产企业破产案件审理中府院协作机制研究》，石河子大学2021年硕士学位论文。

［2］盛泽：《房地产开发企业破产背景下的购房人权益保障研究》，暨南财经大学2014年硕士学位论文。

［3］张会召：《房地产开发企业重整法律问题研究——以兴昌达博房地产开发公司等重整案为例》，河北经贸大学2016年硕士学位论文。

[4] 朱红、李思潼:《房地产企业破产重整“府院联动”模式的构建》,载《法制博览(律师理论与实务)》2020年第12期。

[5] 肖永明、谭明、任正正:《地主AMC参与盘活烂尾楼模式研究——以JX资产公司参与盘活某酒店烂尾项目为例》,载《中国产经(产经论坛)》2021年第20期。

[6] 童晓宁、张永颖:《多元化纠纷解决机制改革实证研究——以“烂尾楼”纠纷处置为视角》,载《人民司法(司法论坛)》2019年第10期。

[7] 黄耀、周蕾、邱斌:《房地产企业破产重整实务问题研究(一)——以JFY房地产开发有限公司破产重整案件为例》,载《企业管理》2017年第10期。

[8] 张思明:《房地产开发企业破产重整利益平衡实务分析》,载《河南师范大学党报》(哲学社会科学版)2014年第5期。

23 破产程序中在建工程续建融资的法律风险及保障措施

刘 明*

摘要：受经济下行和疫情的影响，房地产企业破产数量日渐增多。“烂尾楼”的危害涉及经济、环境、社会等多方面，进入破产程序后，复工续建有助于盘活房地产破产企业以及最大限度保障债权人权益，有利于优化营商环境。而在建工程复工续建首先需解决融资问题，本文对续建融资债权的法律性质、清偿顺位及法律风险等进行详尽分析，并提出保障续建融资债权优先性的措施，期望助推营造稳定公平透明、可预期的法治化营商环境。

关键词：房地产开发企业　破产　续建融资　优先性

一、续建融资债权的法律性质及清偿顺位

（一）法律性质

司法实践中，将复工续建的融资作为共益债（从债权人的角度看，也可称为共益债权）处置，是吸引资金投入、保障复工续建的常见做法。如浙江金融资产交易中心于2015年设计“共益债权收益权”产品的融资方式参与破产重整，为在建工程复工续建进行融资。依据最高人民法院《关于适用〈中华人民共和国企业破产法〉若干问题的规定（三）》（以下简称《破产法司法解释

* 刘明，男，莆田市城厢区人民法院一级法官。

三》）第 2 条及《企业破产法》第 42 条的规定，续建融资属于“为债务人继续营业而借款”的行为，由此形成的债权应当参照共益债的顺位清偿。根据相关法律规定，续建融资债权参照共益债的顺位清偿应当满足以下条件：

第一，债权发生的时间要件。一旦破产程序启动即意味着债务人当然具有了破产原因，丧失了能够维系日常信用交易的商业信用。如果不允许新债获得随时足额的清偿，将没有债权人愿意与债务人进行交易，债务人的经济状况就很有可能加速恶化，从而丧失破产挽救的可能。故以破产程序开始为界限来划分债务人所负担债务的性质，发生在破产申请受理后的续建融资债权参照共益债清偿。

第二，债权发生的程序条件。借款的发生对于各债权人能否产生所期待的利益尚不可知，需要债权人自身作出选择判断。融资必然会导致债务人负债的增加，若未产生所期待的利益，可能会使原有债权人的受偿比例下降，影响债权人债权的实现。故《破产法司法解释三》第 2 条规定，融资行为实施之前必须“经债权人会议决议通过，或者第一次债权人会议召开前经人民法院许可”。

第三，债权发生的目的要件。融资债权限定为经营性借款，即借款的目的是让债务人继续营业，通常是用于支撑企业运营的支出和相关费用。如果融资债权的内容是以垫付职工债权等为目的，而不是为企业持续经营发生的借款，不应参照共益债清偿。

基于“借款”含义本身所具有的内在张力，司法实践的共益债融资范围应当包括但不限于银行贷款、政府垫资、投资者借款、第三方平台发行权益型产品、施工单位垫资续建等。但应当明确的是，此处的“借款”，专指单纯借贷法律关系形成的借款，不包括重整计划中约定的投资者主要用于具有投资、还债等其他目的的借款。有些投资款可能具有借款的名义和外观形式，但并非简单的借款关系，而是有其他利益作为目的和对价，如取得企业控制股权等。这些投资款的法律性质和清偿顺位应当根据重整计划的谈判和约定确定。[①] 由于文章篇幅限制，此处探讨的续建融资债权仅限于单纯借贷法律关系形成的借款。

（二）清偿顺位

根据文义解释，《破产法司法解释三》第 2 条没有明确将为债务人继续营业而发生的借款列为共益债的类型之一，而是“参照”共益债的规定优先于普通破产债权、劣后于既存担保债权清偿。换言之，上述规定没有认定借款的性质属于共益债，只是解决清偿顺位的问题。由于规定没有确定借款的法律性质，也没有明确与职工债权、税收债权、社会保险费用债权之间清偿顺序，导致学者对“优先于普通破产债权清偿”的理解产生歧义。

有观点认为，此处的普通破产债权不包括职工债权、税收债权和社会保险费用债权。应将破产程序启动后的融资这一市场化行为后果留给破产参与人谈判协商，由债权人会议和贷款人自行决定。将贷款人的受偿顺位置劣后于职工债权、税收债权和社会保险费用债权，从而降低顺位在先债权人的决策风险，就可能提高债权人会议通过的可能性。如果贷款人自愿劣后于职工债权、税收债权、社会保险费用债权清偿，就没有必要规定更为优先的清偿顺位。[②]

有观点认为，此处的普通破产债权是对应“对破产人的特定财产享有担保权”的债权而言的。债权的普通与特别的区别是有无特定财产担保，是否就该特定财产享有优先受偿权。[③] 职工债权、税收债权和社会保险费用债权因不享有对债务人特定财产的优先受偿权，故均属于普通破产债权的范畴。之所以规定借款“参照”共益债清偿，不是因为其与职工债权、税收债权的清偿顺位不

① 王欣新：《破产王道 · 破产法司法文件解读》，法律出版社 2021 年版，第 11 页。

② 樊星：《共益债务及破产法司法解释三的法律适用》，载《法律适用》2019 年第 12 期。

③ 王欣新：《破产王道 · 破产法司法文件解读》，法律出版社 2021 年版，第 9 页。

明，而是因为《企业破产法》对借款的清偿法律地位无明文规定。

二、续建融资涉及的法律风险

某项债权涉及的法律风险是多方面的，我们应当基于具体的目的限缩需要探讨的风险。本文的目的是探讨如何保障续建融资债权的优先性，基于该目的，续建融资涉及的法律风险主要包括共益债认定风险和清偿顺位风险，具体表现在续建融资债权认定为共益债缺乏法律依据，且无法优先于既存担保债权得到清偿。

（一）共益债认定风险

《破产法司法解释三》第2条规定的经营性借款债权必须是破产申请受理后产生的债权，但由于我国启动破产程序还存在一定的流程，故在破产案件受理前，就会有政府为维持社会稳定介入的现象。如笔者所在的P市法院处置Y房开企业“烂尾楼”的案例中，该法院协调国有企业在强制执行程序中以借款形式投入资金，推动在建工程复工续建。融资债权回收的风险与投资人投资续建的意愿呈现反比的关系。因破产程序启动前产生的续建融资债权无法参照共益债的顺位随时清偿，也不属于职工债权、税收债权或者社会保险费用债权等能够获得相对优先的清偿顺位，只能与其他普通破产债权一起按照比例受偿。增加的融资债权稀释了破产债权的受偿比例，其能够获得清偿的风险增加，必然导致投资人投资续建的意愿下降。

即使续建融资发生在破产申请受理后，也存在因融资债权人与其他债权人就融资债权能否认定为共益债存在争议，进而引发诉讼的风险。为了吸引复工续建资金，司法实践常见的做法是直接将续建融资债权认定为共益债，如安吉某置业有限公司合并破产清算转重整案，破产企业向第三方平台公司进行融资，融资债权作为共益债优先于其他类别债权人获得清偿。但续建融资债权依据法律规定应“参照”共益债清偿，并不是“按照”共益债清偿，实践中其能否直接认定为共益债会产生争议，债权的法律性质不明为权利冲突引发诉讼埋下隐患。

（二）清偿顺位风险

依照《破产法司法解释三》第 2 条的规定，续建融资债权“参照企业破产法第 42 条第（4）项的规定优先于普通破产债权”清偿，但对“普通破产债权”的范围存在不同的理解。若采用较为保守的观点，“普通破产债权”不包括职工债权、税收债权和社会保险费用债权。续建融资债权能否“按照”共益债清偿，必须由投资人与债权人在设定融资债权时通过市场化的途径进行协商处理。按照该观点，因续建融资债权参照共益债优先于普通破产债权清偿，共益债优先于职工债权、税收债权和社会保险费用债权清偿，故续建融资债权要等同于共益债的顺位清偿，必须获得清偿顺位劣后于共益债、但优先于普通破产债权的债权人支持。换言之，融资债权能否“按照”共益债清偿，取决于投资人与职工债权人、税收债权人和社会保险费用债权人博弈的结果。

部分国家的破产法允许为债务人提供融资的债权人优先于既存担保债权人受偿，最具代表性的是美国联邦破产法所确立的超级优先权。债务人处置已构成担保物的财产，必须证明：尽管担保债权人原来所享有的高级优先权被降至次级而劣后于新融资债权人，但其权益仍然能够获得充分保护，比如债务人说服法院超级优先权贷款能够提高资产的价值，且价值增幅超过超级优先权对债权人财产利益所造成的贬值。[①] 我国破产法没有确立相应的超级优先权，而是规定经营性借款债权劣后于既存担保债权清偿。

① 丁燕：《共益债务融资的实践进路与法律保障》，载微信公众号“破产法实务”https://mp.weixin.qq.com/s/TQUFFC8dIx1vE2urCpa-bg，访问日期：2022 年 3 月 25 日。

具备破产原因的房地产企业进入破产程序前，往往已经将现有的全部或者绝大部分财产设定物权担保。在几乎没有无担保财产或者担保财产价值很小的情况下，融资续建后的财产价值能否覆盖担保债权、破产费用、共益债及参照共益债清偿的债权充满不确定性。投资人考虑到利润收益难以保障，资金回收难度较大，往往不愿意投资续建，除非它甘冒无担保或者不足额担保贷款的风险。

三、保障续建融资债权优先性的措施

在建工程续建融资的障碍是融资债权优先性未得到充分的法律保障，缺乏有效的投资激励。为吸引投资人为复工续建注入资金，管理人进行了积极有益的探索。司法实践中，大多数房地产企业缺乏优质资产为续建融资提供安全保障，有的管理人会选择以共益债融资的方式吸引投资，将融资债权认定为共益债。有的管理人说服既存担保债权人放弃顺位利益，使融资债权享有优先于既存担保债权受偿的“超级优先权”地位。由于企业的股权架构、经营状况、负债结构等千差万别，应当允许管理人根据具体情况选择其他有利于引进投资人的融资方式。笔者在此主要围绕共益债融资和超级优先权的适用展开论述，这是实践中常见的保障续建融资债权优先性的措施。

（一）共益债融资

司法实践中，最为常见的保障续建融资债权优先性的措施是共益债融资。如重庆市涪陵区润物房地产开发有限公司破产重整案，重整计划中“复建融资计划及复建工作承担”部分约定，项目拟融入财务投资 1 650 万元，该笔融资的本金及实际产生利息费用列为共益债。将续建融资债权认定为共益债的法律依据是《企业破产法》第 42 第（4）项“为债务人继续营业而应支付的劳动报酬和社会保险费用以及由此产生的其他债务”。实务中对该规定“由此产生的其他债务”存在不同的看法，有观点认为应采扩张解释方法，“其他债务”包括借款产生的债务。[①] 有观点认为，第42条第（4）项应当仅指劳动报酬、社会保险费用以及由此产生的职工医疗费用、伤残补助等此类债务。[②] 若采用后一种观点，则融资债权无法直接认定为共益债，只能依据《破产法司法解释三》第2条的规定参照共益债清偿。因为重整计划不得改变法律规定的破产债权清偿顺序，除非权益受到损害的权利人自愿放弃顺位利益。所以，有管理人考虑到参照共益债的清偿顺位是否优先于职工债权、税收债权和社会保险费用债权存在争议，为避免该争议可能引发的诉讼风险，融资债权在征得顺位利益受到影响的债权人同意后认定为共益债。如浙江金融资产交易中心使用“共益债权”发行“中恒共益”投资收益权产品前，管理人在征得债权人一致同意后，才将融资债权列为共益债。

检视司法实践，部分地方法院扩大了共益债的类型范围。如杭州怡丰成房地产开发有限公司破产案，管理人在预重整程序中通过政府融资平台为工程项目融资2.1亿元，该部分融资作为共益债优先受偿。部分地方法院出台的预重整工作指引规则，赋予预重整融资债权以优先性。如苏州市吴江区人民法院于2020年2月19日发布的《苏州市吴江区人民法院审理预重整案件的若干规定》第7条规定，预重整期间的经营性借款可以参照《企业破产法》第42条第（4）项的规定清偿。上述案例及规定突破了现有规则的限制，将破产程序启动前的债权认定为共益债或者参照共益债清偿，有法院自行立法的嫌疑。韩长印教授运用法律解释的方法突破共益债时间要件的限制，以扩充共益债类型的观点值得参考。若某项债务发生于破产程序启动前，但其影响或结果发生

① 丁燕：《论破产重整融资中债权的优先性》，载《法学论坛》2019年第3期。

② 樊星：《共益债务及破产法司法解释三的法律适用》，载《法律适用》2019年第12期。

于破产程序之中，可视作符合共益债的时间要件。如此既可以避免将破产程序启动前发生的债权直接认定为共益债的合法性质疑，也免于因为忽视共益性本质而不当剥夺其优先受偿地位。①

（二）超级优先权的适用

在舟山市定海区人民法院审理的舟山中恒置业有限公司破产案中，既存担保债权人认为续建增值后的债务人资产能够覆盖自己的债权，自愿签署同意劣后于共益债融资受偿的承诺书。虽然《破产法司法解释三》第2条明确规定经营性借款债权劣后于既存担保债权清偿，但并没有排斥和否定债权人对清偿顺位的自愿安排。既存担保债权人可以基于利益衡量，自愿放弃全部或部分权益，让位阶在后的经营性借款债权获得更为优先的清偿顺位。该做法已在一系列房地产企业破产重整案中适用并获得成功，有学者称为“中国式超级优先权”②。

有学者提出按照“谁受益、谁清偿”原则，根据担保财产和无担保财产的受益情况合理分配破产费用和共益债的清偿比例。若完全由担保财产受益，则破产费用和共益债应当全部由担保财产清偿；若完全由无担保财产受益，则应当由无担保财产清偿；若无法确定受益情况，则按照担保财产和无担保财产的清偿比例来确定清偿份额。③ 实践中可以参照上述做法，按照“谁受益、谁清偿”原则，分类处理续建融资债权与既存担保债权的关系。就理论而言，续建融资债权的设定大致分为三类：第一类是有利

---

① 韩长印主编：《破产疑难案例研习报告（2020年卷）》2020年版，第243—244页。

② 丁燕：《共益债务融资的实践进路与法律保障》，载微信公众号“破产法实务”https://mp.weixin.qq.com/s/TQUFFC8dIx1vE2urCpa-bg，访问日期：2022年3月25日。

③ 胡余嘉、覃灵：《破产程序中担保财产清偿破产费用和共益债务的原理及路径》，载《辽宁师范大学学报》（社会科学版）2018年第4期。

于担保财产升值的债权；第二类是有利于无担保财产升值的债权；第三类是有利于债务人整体资产保值增值的债权。就第一类续建融资债权，可在担保财产受益范围内获得优先于担保债权的清偿。有学者从受益说的维度论证融资债权优先于既存担保债权清偿的正当性与合法性。根据共益判断标准，新筹集的资金应有利于全体债权人、债务人和股东，此时既存担保债权人会要求债务人或管理人向法院提交自己也会受益的证据，此乃受益说。受益说的本质与美国联邦破产法确立的超级优先权适用要件“充分保护”中的覆盖、增值等理论逻辑基本相同。① 就第二类债权，在无担保财产受益范围内，没有涉及与既存担保债权的清偿排序问题。就第三类债权，若难以区分受益情况，可以考虑按照担保财产和无担保财产变现价值的比例合理确定各自的清偿份额。

实践中还可以采取为续建融资债权设定担保权、投资人收购担保债权等做法，为融资债权争取有利的清偿顺位。囿于文章篇幅限制，此处不对此展开论述。无论是共益债融资，还是探索超级优先权的适用，抑或者其他争取有利清偿顺位的措施，目的是保障融资债权的优先性，保证续建资金的安全性。只有解决资金安全回收保障不足的后顾之忧，才能够吸引更多投资人注入资金，助力在建工程复工续建。

结　语

在房开企业破产案件中，对在建工程进行复工续建，有利于债务人财产增值、实现更大比例的债权清偿，于社会多方面都是最优选。复工续建首先要解决后续资金投入的问题。但因续建融资债权认定为共益债缺乏法律依据，且无法优先于既存担保债权

---

① 丁燕：《共益债务融资的实践进路与法律保障》，载微信公众号“破产法实务”https://mp.weixin.qq.com/s/TQUFFC8dIx1vE2urCpa-bg，访问日期：2022年3月25日。

清偿，续建资金安全回收的保障不足。实践中通过保障融资债权优先性，保证续建资金安全性的常见措施有：通过共益债融资方式，将融资债权认定为共益债；通过协商谈判或者适用“谁受益、谁清偿”的原则，使融资债权优先于既存担保债权受偿。从长远来看，立法应当完善续建融资债权优先性保障规则及其他投资激励措施，为服务优化营商环境注入司法动能。但应当注意，续建融资是商业判断的行为，充分体现市场主体的博弈结果，法律在介入并予以规制时应当有所节制。

24 破产制度在问题楼盘化解工作中的价值和实现路径

刘建章 裴海天*

摘要： 随着房地产行业内部调控与投资环境变化，“问题楼盘”问题日渐突出，当下实务中府院联动机制是问题楼盘化解的主流选择。但是问题楼盘出现的本质原因是房地产企业的经营问题，行政力量在处理该类问题时会面临何种难题，如何将府院联动机制和破产制度有效结合，是实务中亟待解决的问题。

关键词： 问题楼盘 府院联动 破产制度 刑民交叉

一、问题的提出

在经济形势面临巨大下行压力的今天，居民消费意愿不断下降，城镇人口增速放缓，房地产行业步入凛冬时代，这使得问题楼盘的数量不断增长，问题楼盘的相关内容逐渐成为社会热点话题。但是问题楼盘的化解应该采取何种模式，如果才能快速地让问题房企顺利交付楼盘，一直是实务界争论的话题。现阶段问题楼盘化解的主流模式是依托府院联动机制，通过行政力量推动问题房企克服种种困难，解决其自身问题，最终实现楼盘的交付，但是该种模式在实践过程中存在些许问题。破产制度作为企业市

---

* 刘建章，焦作市中级人民法院研究室主任；裴海天，中南财经政法大学法学博士，河南明天律师事务所律师，研究领域为法学理论，公司法、破产法。

场化退出的主要手段，是否沿用到房地产领域仍存在些许争议。本文通过探讨问题楼盘的特点与现实困境、府院联动机制的利与弊和破产制度的优势以论证破产制度在问题楼盘化解工作中所起到的重要作用，并最终结合实务现状在路径设计方面提出使用“破产制度为主、府院联动为辅”的工作模式，以达到指引实践的作用。

二、问题楼盘的特点与现实困境

何为问题楼盘？笔者通过归纳总结后将“问题楼盘”概念界定为：在规划审批、建设施工、交易出售、交付使用等阶段出现了资不抵债、债务纠纷集中爆发、迟延交付、停工烂尾、无法办证等各式问题，极易诱发如涉众信访、集体诉讼等社会矛盾。问题楼盘中存在着两种矛盾，房企和债权人之间的到期债权无法清偿的矛盾，和房企与购房者之间的房屋无法交付的矛盾，两种矛盾集中爆发。问题楼盘的出现本质上是因为房地产行业已进入转型期，部分房企出现经营危机，企业内部失去了流动性，这其中既包含了资源分配调整的市场化因素，也存在着前十年大基建时期监管不严、违法犯罪滋生等特殊状况。①

其他类型企业陷入经营危机，发生资不抵债状况时往往会使用破产程序助力企业重生。房地产企业身为法人主体，其市场退出机制理应也是破产制度，但一个无法交付的问题楼盘背后隐含着千百个购房者家庭的心酸血泪，是极易诱发群体性事件的矛盾点。同时，房地产行业具有财政贡献大、产业链拉动力强、社会融资比重大、杠杆高等特点，多重因素叠加使得问题楼盘的积压和房企的经营危机不单是涉及债权受偿、债务人重生的法律问题，更是关乎政府财政税收、产业链生存、金融稳定、千万百姓安居

---

① 韩长印：《破产法学》，中国政法大学出版社2016年版，第75页。

的重大民生问题。问题楼盘仅凭借法律程序和法院的力量无法有效化解，需要各类社会主体充分调动多方资源才能妥善处理。这使得实务中各地对于问题楼盘化解工作是否沿用破产制度持观望态度，实务中很多房企满足破产条件、已经递交破产申请，但仍未进入破产程序。

三、行政权主导下的府院联动机制的利与弊

因问题楼盘的民生属性，各地政府责无旁贷，纷纷成立问题楼盘处理小组，出面协调解决问题楼盘。经过各地政府的不断摸索，当下解决问题楼盘的主流模式是“行政权主导下的府院联动机制”。该机制在实务中从法律制约、行政决策、行业管理等多角度对问题楼盘形成合力，其决策依据大多为地方政府出台的行政决定、会议纪要、指导意见等“红头文件”。政府各部门在领导小组行政驱动下，积极使用“证缴分离”“缴办分离”“容缺办理”等一系列办法，定点爆破，实质性化解了一大批问题楼盘，使得停工房企复工建设，老百姓得以“持证住房”。但是在取得实际效果的同时，我们要清楚地看到，在处理债权人数较少、问题类型单一的楼盘时，该种机制可以凭借行政强制力、多部门协同执行而高效解决现有问题。如不动产权证困难类的问题楼盘，因为不动产权证的办理极其依赖相关职能部门的政策支持，该类问题楼盘涉及的法律纠纷较少，所以府院联动机制可以起到奇效，能快速化解相关问题。但当非法集资、债务纠纷、手续不全、查封抵押、群体信访等多重问题交织时，该种机制则往往力不从心。[①]

究其根本是行政力量主导下的府院联动机制存在着先天缺陷，

---

① 陆晓燕：《“府院联动”的建构与边界——围绕后疫情时代市场化破产中的政府定位展开》，载《法律适用》2020 年第 17 期。

第一，行政力量无法化解司法问题，无法查清问题房企的资产状况，尤其是多重法律障碍叠加时，领导决策无法强行干预司法制度，不能排除实务阻力。如领导决策无法让债权人自愿解封已查封冻结的相关资产，无法区分债权的优先性，不能合法地进行债务豁免，等等。第二，过度关注购房者与房企的矛盾。如前文提及，问题楼盘中蕴含着两股矛盾，即房企和债权人之间的到期债权无法清偿的矛盾和房企与购房者之间的房屋无法交付的矛盾，二者相互交织，任一矛盾点爆发都会导致问题楼盘化解工作陷入困境。但是问题楼盘处理小组因其政府属性，为维护社会稳定，更多关注的是如何保障广大业主的居住权，这使得其工作重点往往聚焦在如何办理不动产权证、如何快速让开发商复工建设、及时交付等上，而部分忽略了房企和债权人之间债权债务纠纷。不动产权证的办理问题可以使用“证缴分离”“缴办分离”“容缺办理”等手段在资金困难时先行解决，但楼盘复工建设则需要“真金白银”予以支持，问题房企的债务纠纷不梳理明白、资产状况不盘点清楚，资金流动性就无法恢复，外部投资人也就无法入局，这使得问题楼盘处理小组在实践中往往陷入两难境地。

四、问题楼盘化解工作难点归纳

问题楼盘化解工作中存在的难点除了上文提及的府院联动机制的先天缺陷外，实务中仍存在其他方面的问题，二者汇总后归纳主要为以下几点。

（一）缺乏职业化的专业团队

问题楼盘化解工作中的难点之一就是缺乏职业化的专业团队，问题楼盘工作小组的成员均抽调自各职能部门，大都是第一次实际办理与房地产企业相关的法律事务。同时由于临时组建，各成员之间尚未建立工作默契，专业化程度、经验积累度均稍显欠缺，这客观上制约了问题楼盘化解工作的推进。[①]

（二）问题房企自身的债务认定难度大

问题楼盘化解工作中的难点之二就是问题房企自身的债务认定难度大。在房市火热时，不少房企盲目逐利，争相上马新项目，开工新楼盘。为快速填补资金缺口，不少房企暗中采取高息集资、重复抵押、借新还旧、以房抵债等手段，这使得问题房企的债务纠纷具有涉众面广、金额巨大、法律关系复杂、民刑交叉等特征。因该类问题法律专业性强，实务中问题楼盘处理小组往往借助公检法部门和银行等金融机构的力量，从中抽调司法干警与金融人员集中研判。

但是该种模式存在四个缺陷：第一，当债权人人数过多时，债权认定的司法、行政成本巨大，花费大量人力物力；第二，无法有效地防范虚假债权，对于债权真实性无法确定；第三，面对争议债权，行政力量无法强制定性，争议的解决仍需采用诉讼方式，让司法程序解决；第四，无法确定债权清偿顺序，无法进行债务豁免，问题楼盘房企大多处于资不抵债的困境，无法足额全部清偿所有债权，所以为了集中资源盘活楼盘，一定要区分不同债权的受偿顺序，优先偿还关键债权，如让工程款、抵押债权等放在第一顺位受偿。同时要减少债务规模，进行债务豁免，如优先清偿本金，减扣减免各类利息、迟延履行金、滞纳金等，这样可以阻止债务雪球越滚越大，最终让问题楼盘轻装上阵，加快复工。但问题楼盘处理小组本质为行政力量，不具有该项职能。[②]

（三）实务障碍无法跨越、资产核查无法进行

问题楼盘化解工作中的难点之三就是问题楼盘处理小组实务

---

① 陆晓燕：《“府院联动”的建构与边界——围绕后疫情时代市场化破产中的政府定位展开》，载《法律适用》2020 年第 17 期。

② 晋一巍：《问题楼盘中业主自救相关法律问题研究——以 Z 市 Z 置业公司问题楼盘真实案例为视角研究》，载《现代商贸工业》2022 年第 12 期。

障碍无法跨越、资产核查无法进行，即行政力量无法化解司法问题。这让处理小组在实际工作中面临多重约束，使得政策效果大打折扣。具体体现在以下几方面：

第一，司法查封、保全、冻结措施无法解除。问题房企由于债务危机集中爆发，其大部分财产均已被债权人通过司法程序查封、保全、冻结。查封、保全、冻结措施属于民事主体的意思自治行为，领导小组作为地方政府机构，无法依据行政强制力要求民事主体放弃维护自身权利，无法协调各地法院解除保全措施。

第二，问题房企资产无法界定，自身权益无法维护。问题房企资金紧张时应及时扩大资金储备，做到“开源节流”。“开源”主要表现资产清收，合规处理不良资产，要求股东及时补缴出资款，要求债务人偿还公司到期、未到期债权等。同时行使撤销权、追回抽逃出资、阴阳合同等侵害债权人、购房者利益的行为等也属于“开源”的类型，该类行为在重重外部表象的包装下往往较为隐蔽，需要多重线索拼凑才可捕获，而问题楼盘处理小组短期内所获知的信息量有限，同时因为业务压力无暇专职调查，这使得实务中该类行为无法统一撤销。而“节流”则是上文提及的债务豁免工作，债务的豁免可以使得问题房企丢掉包袱。但问题楼盘处理小组由于无法排除实务中的司法障碍，无法接管问题房企财务体系，使得问题房企的资产始终处于难以确定的状态，难以兼顾多项职务而将保障问题房企的权益工作逐步搁置，最终导致问题房企的资产状况不断恶化，应收资产变为呆账、烂账。

第三，无法界定实际购房者。问题房企销售过程中会出现很多不规范的销售行为，主要表现为一房多卖、仅签订预约合同、定金比例标准不一等状况，这使得实务中存在许多争议。例如，一房多卖时如何界定实际购房者；仅签订预约合同的房屋是应当续签买卖合同还是应当解除预约合同；如要补缴税费，支付了20%、50%、全部的购房款的购房者在认定过程中是否存在不同的补缴标准等，该类问题的解决需要大量的法律理论支撑，处理小组成员则因其非法律从业者而难以应对。

（四）政策决定缺乏相应支撑

问题楼盘化解工作中的难点之四就是工作组的政策决定主要依据行政力量单方面推动，不具有司法强制力。政策决定往往是工作组结合实际状况而作出的具体决策，该决定从内容角度讲可能符合相应法律和政策规定，具有实质正义，但是从程序上讲，具有瑕疵风险。因为该政策决定是由行政力量单方推动的，未经过听证、表决、判决等程序，没有相应的制度支撑，公众对于该政策决定的服从大多源于对政府公信力的认可，往往忽略了程序正义。在公众积极性较高、解决问题期望值较大时，该政策决定可以得到公众的拥护，但是一旦实践中该政策决定的执行效果差强人意或者衍生出任何法律纠纷，其自身的合法性效力就会受到公众质疑，进而将实务中的失败归咎于政策决定本身，使得程序性瑕疵集中爆发，所以行政力量推动的政策决定本身具有执行风险，需要十分谨慎。①

五、问题楼盘化解工作中破产制度优势诠释

破产制度作为化解债权债务纠纷的制度，可以有效化解上述难点问题，具有制度优势。所以在问题楼盘化解工作中，应引入破产制度，以弥补行政权缺陷，以应对上述实务难点，在问题楼盘化解工作中破产制度主要有以下几点优势。

（一）破产制度优势之管理人制度

管理人制度是破解缺乏专业团队难点的有效手段。管理人是贯穿于破产程序中处理破产实务的重要角色，时刻处于矛盾中心，

---

① 刘晓晔：《破产审判府院联动机制研究》，载《广西质量监督导报》2021 年第 4 期。

承担着维护多方利益主体合法权利的责任与义务，是化解社会矛盾纠纷的关键。其法律地位与权利义务主要来源《企业破产法》的相关规定，主要由专业能力过硬的律师事务所、会计师事务所、资产管理公司等专业机构担任，负责处理破产案件的日常事务。问题房企进入破产程序后，高素质的管理人可以保障问题楼盘化解工作公正、高效、顺利进行。管理人制度是破产制度在问题楼盘化解工作中的优势具体表现为以下几方面。

首先，问题楼盘的本质是市场化纠纷，管理人是私法主体，由其处理市场化纠纷具有合理性。从法律角度看，地方政府作为行政机关，具有公法性质，以强制性为主，强令服从，否认自治，注重权力运作，具有不平等性。而问题房企债权债务的管理、变价、分配等工作却为私法上的事务，高度强调意思自治，注重权利的保护，因而不宜由政府来主导处理，此时需要管理人等市场主体的介入，帮助问题房企合法有效地行使权利，在保障债权人、购房人的同时，也保障其自身利益。同时很多问题楼盘企业存在实际控制人跑路、犯罪等情况，管理人通过破产程序的启动可以实际介入企业内部，全面合法地接手所有工作，为后续工作提供便利。

其次，管理人的参与可以极大节约行政与司法成本，分担公权力机关负担，提升工作效率。问题楼盘的化解工作沉重繁杂，会过多挤占公职人员的工作时间，大量的法律事务与专业性、技术性较强的非法律事务相掺杂，远非政府和法院的人力、物力所能胜任。管理人作为专业化破产法律服务机构，破产事务的处理是其本职工作，自身拥有丰富的经验与成熟的团队，可以高效化解问题楼盘工作。同时，如果想要进一步缩短工作时效，就要使用市场手段，引入激励机制，在破产程序中，管理人在成功办结问题楼盘破产案件后可以获得相应的管理人报酬，这足以激励管理人高效工作。

再次，通过法院选任的管理人，专业化素养过硬，足以胜任问题楼盘化解工作。根据《企业破产法》及其相关法律的规定，在破产案件受理后，法院负责招募和指定管理人。[①] 想要被指定为管理人的社会机构必须拥有管理人资质，实务中的具体做法是各省高级人民法院会对申请资质的社会机构进行考核筛选，审核通过后则将其纳入管理人名册，名册内的机构可参与破产案件管理人的选任，该名册会根据实际情况的需要不断更新。同时名册内的管理人被分类为一级或二级资质，一级资质大于二级资质，很多债务构成复杂、债权人数众多的破产案件，法院仅允许一级管理人报名。为保障问题楼盘工作顺利化解，在该房企进入破产程序后，法院可以提高选任标准，优中选优，多选任口碑好，能力好，业绩好的“三好”管理人推进问题楼盘工作，以保障后续的工作质量。

最后，管理人可以有效平衡问题楼盘内部的两种矛盾，兼顾购房者和债权人的两种利益。管理人身为法院选任的第三方机构，与问题房企没有利益纠葛，从维护社会公共利益、尊重契约精神的角度出发，管理人可以平衡维护债权人、购房者、房企自身的三重利益。在实际工作中，身为法律从业者，管理人会注重程序正义和优化工作方式方法，让资产盘查、债权梳理、房企复工等各类工作公平、公正、公开地进行。

（二）破产制度优势之债权认定制度

破产债权认定是破产制度的核心事项，我国《企业破产法》第 56 条、第 57 条、第 58 条规定了破产债权申报与确认的相关事宜，包含债权申报、审查与确认这三个环节，通过《企业破产法

---

① 《企业破产法》第 22 条规定：“管理人由人民法院指定。债权人会议认为管理人不能依法、公正执行职务或者有其他不能胜任职务情形的，可以申请人民法院予以更换。指定管理人和确定管理人报酬的办法，由最高人民法院规定。”

司法解释三》第6条、第8条、第9条的进一步细化，公平清理债权债务的前提是做好债权的认定梳理工作。当问题楼盘企业进入破产程序之后，首先，管理人会约谈各类债权人，共同商讨债务豁免可行性、豁免比例等事宜，最大限度地集中优势资源盘活问题楼盘。同时，行使《企业破产法》赋予的审查认定权，做好债权认定工作，确定破产债权人的范围、破产债权的性质和数额，梳理债权清偿顺序，对每一笔债权出具认定意见。当债务豁免可行性较大时，管理人会在认定每笔债权时向债权人解释债务豁免的必要性与可行性，力争得到每一位债权人的支持。其次，面对争议债权时，管理人会结合破产法及其相关法律，制订认定标准，运用法律思维作出最优判断，并且有债权人会议表决、法院强行裁定等方式兜底，以确保做到定纷止争。最后，管理人会对债权的性质进行分类，确定优先债权、普通债权、劣后债权，制订相应的清偿顺位与流程，该顺序与债务豁免情况会被法院用民事裁定书的方式赋予强制力，具有法律效力。至此，问题楼盘企业的债权债务情况就会被基本梳理清晰。

（三）破产制度优势之实务难题正当性化解和资产盘查

破产制度的一系列配套规定可以有效化解各类实务障碍、全面排查问题房企的资产。首先，关于资产盘查，管理人在入驻问题房企时会全面接手其所有财务资料，使用查账、评估等手段迅速理清其资产状况，为后续的债务清偿打好基础。其次，关于解封问题，根据《企业破产法》第19条的规定，破产受理后就应当解除对问题房企的保全措施，停止执行程序。[①] 这为下一步问题房企集中资源复工复产扫除了障碍。再次，关于维护问题房企自身

① 《企业破产法》第19条规定：人民法院受理破产申请后，有关债务人财产的保全措施应当解除，执行程序应当中止。

的权益问题，本质上是对于问题房企现有资产的维护，我国《企业破产法》提供了完善的制度设计，其第四章“债务人财产”为维护破产债务人自身权益提供了法律支撑，第31条至第40条对于管理人如何行使撤销权、如何追回资产、如何要求股东补缴出资、如何追究董监高的非正常收入和侵占房企资产的责任、如何债务相互抵消等事项均有细致的规定，管理人依据上述法律履行职权即可。最后，关于合同履行问题，管理人有权自主决定是否继续履行，有权使用共益债手段来解决急迫的资金开销问题，这有利于问题楼盘化解工作的推进。

（四）破产制度优势之债权人会议提供决策支撑

债权人会议是全体债权人参加破产程序进行权利自治的临时机构，是为了以保障债权人共同利益为目的，为实现债权人的破产程序参与权，讨论决定有关破产事宜，表达债权人意志，协调债权人行为，“实现债权人破产程序参与权的机构”，其权利范围和行使方式均由法律直接规定。管理人的任何决定和意思表示均可交由债权人会议表决，表决结果贯彻少数服从多数原则，这使得债权人会议可以为破产管理人的任何实践行为提供决策支撑，保障管理人的任何履职行为均有据可查。

六、司法行政合力下问题楼盘化解的路径设计

破产制度是处理问题楼盘相关事务的最有效机制，但是房地产行业的民生特性和现有的成功经验提示我们，问题楼盘的化解一定要借助府院联动机制才能得以实现。行政权主导下的府院联动机制虽然存在些许缺陷，但是其破局利刃的特性可以为问题房企的破产之路保驾护航，有助于较为高效地解决实际问题。在未来工作中，要采取“破产制度为主、府院联动为辅”的工作模式，司法和行政两手抓，做到优势互补。具体路径设计如下。

（一）破产制度提供宏观框架，府院联动提供微观配套

在“破产制度为主、府院联动为辅”的工作模式中，司法制度占据主导，行政力量变成配套支撑。具体表现为，由破产管理人替代问题楼盘处理小组，成为问题楼盘化解工作主力军，负责资产盘查、债权认定等方面的具体事务，并将工作进展向政府和法院定点汇报；问题楼盘处理小组应继续保留，虽然不负责债权债务工作，但与法院一同负责统筹监督，确保化解工作平稳进行，同时为管理人提供公权力信任背书，降低管理人与各方主体的沟通成本，提升工作效率；虽然政府在该模式中居于辅助地位，但是在关键问题的处理上仍然起到决定性作用。所以政府不能因其主导角色的改变而消极怠工，不能将问题楼盘化解工作全部压给法院和管理人。政府一定要主动担当，为管理人排忧解难，在遇到如税费减免、政策规定不明、部门协同难度大等实际困难时，问题楼盘处理小组作为行政配套，及时启用府院联动机制打通政策障碍，调配社会资源，协助管理人决策落地。

（二）加强虚假破产的防范

虚假破产，虚假申报，虚假履职是问题楼盘化解工作中急需注意的问题，任何的虚假行为都会减损问题房企的剩余资产、扩大债务规模。关于虚假履职，管理人作为工作主体，杜绝虚假履职行为，首先要摆正身位，勤勉尽责，认真履职，保障自身工作合法合规。政府和法院应积极监管，确保管理人全程“阳光办公”，力求做到公平、公正、公开，给购房人一份满意的答卷。关于虚假破产、虚假申报等行为，管理人在工作中应保持高度警觉，问题楼盘内部矛盾重重，暗流涌动，任何虚假行为都是矛盾的导火索，要坚决杜绝任何人通过破产程序侵害债权人、购房者的合法权益，确保购房人不会因问题楼盘化解工作

而受到二次伤害。

（三）注重民刑交叉问题

导致问题楼盘出现的重要原因之一就是房企领导层在房企经营过程中违法违规，涉及刑事犯罪问题。在“破产制度为主、府院联动为辅”的工作模式中，管理人和法院应对民刑交叉问题高度关注，认真解决刑事与民事程序的处理顺序、刑事判决罚金是否属于债权申报范围、非法集资类债权的审查等方面问题。

首先，关于刑事与民事程序的处理顺序，实务中的处理原则为“先刑后民”，破产程序属于民事案件，所以当刑事案件出现后，破产程序应予以停止，但是在紧迫的问题楼盘化解工作中，机械沿用“先刑后民”原则会加大时间成本与工作难度，所以笔者认为对于刑事案件应按照不同的犯罪类型分类对待。即当虚假破产罪等破产欺诈类犯罪出现时，应贯彻“先刑后民”原则，因该类犯罪触及了破产程序的根本；而当破产欺诈类犯罪以外的其他罪名出现时，应贯彻“民刑并举”原则，此时应将时效性放在首位。[①]

其次，关于刑事判决罚金是否属于债权申报范围，实务中不少学者认为由相应的国家机关应将刑事判决罚金作为破产债权申报，但是债的定义是根据法律规定或者当事人之间的约定，存在于平等主体之间的权利义务关系，刑事判决中的罚金是国家机关作出的对债务人的惩罚，其在本质上不属于债的范畴，因此不属于破产案件中债权申报的范围。同时罚金的确认，会进一步加重问题房企的债务包袱，不利于后续集中优势资源助力问题楼盘复工建设。

最后，关于非法集资类债权的审查，笔者认为在贯彻“民刑

① 卫嘉：《问题楼盘破产案件中的刑民交叉问题研究》，载《公民与法：综合版》2021 年 4 期。

并举”原则的同时，该类债权应由管理人按照民间借贷的相应计算标准审查认定，审查债权合法性，将支付高息冲抵本金的行为，按照法律规定认定为“砍头息”“利滚利”等。债权确认到实际受偿之间仍有较长等待期间，可以在此阶段等待刑事判决结果。如果判决结果与管理人确认金额有出入，则进行程序回转，这是实践中较为稳妥的办法。

结　语

问题楼盘化解工作困难重重，先前的行政权主导的府院联动机制已经取得好的成绩和效果，实质性化解了一大批问题楼盘，这为后续破产制度的加入奠定了良好的基础。我们应该认识到，行政力量的推动是不具有常态化的，复制和推广成本过高，所以破产制度的加入势在必行。在后续工作中，“破产制度为主、府院联动为辅”的工作模式可以很好地发挥司法和行政力量的各自优势，助力问题楼盘化解工作高效进行。

▶ 参考文献

［1］韩长印：《破产法学》，北京：中国政法大学出版社 2016 年版，第 75 页。

［2］陆晓燕：《“府院联动”的建构与边界——围绕后疫情时代市场化破产中的政府定位展开》，载《法律适用》2020 年第 17 期。

［3］晋一巍：《问题楼盘中业主自救相关法律问题研究——以 Z 市 Z 置业公司问题楼盘真实案例为视角研究》，载《现代商贸工业》2022 年第 12 期。

［4］刘晓晔：《破产审判府院联动机制研究》载《广西质量监督导报》2021 年第 4 期。

［5］许昌中院课题组 朱建英，李锐，等：《涉诉“问题楼盘”房企的特征？风险和防范——以许昌市涉诉“问题楼盘”18 个房地

产企业为样本》，载《公民与法：审判版》2019 年。

［6］付康生，张雅娟：《有为不越位：经济不发达地区问题楼盘处理风险与路径选择》，载《公民与法：审判版》2020 年。

［7］卫嘉：《问题楼盘破产案件中的刑民交叉问题研究》，载《公民与法：综合版》2021 年 4 期。

25 问题楼盘企业破产程序中以房抵债协议的性质与效力

——以H省Z市中级人民法院的审判实践为例

关 杨*

摘要：以房抵债协议长期存在于房地产行业中。在问题楼盘企业进入破产程序后，以房抵债协议的性质与效力认定就成为亟须解决的问题。但是人民法院内部对此问题上却存在不同观点，以房抵债协议涉及民法典、破产法等众多部门法，案件事实如协议签订时间、房产是否过户等又直接影响协议性质与效力认定，因此学术界和实务界对以房抵债协议的相关讨论较少。本文通过整理H省Z市中级人民法院审判的以房抵债协议相关案件，将以房抵债协议分为四类进行相应探讨，并就破产程序中以房抵债协议涉及的管理人解除权和债权人别除权相关问题开展讨论，以期为以房抵债协议相关案件的审判提供参考。

关键词：破产　问题楼盘　以房抵债　让与担保　诺成合同

引 言

房地产开发企业以房产清偿债务的现象在房地产行业普遍存在。在问题楼盘企业进入破产程序后，其名下房产作为重要资产

* 关杨，河南省郑州市中级人民法院法官助理，伦敦大学学院法学硕士。

被纳入破产财产予以处置，以房抵债协议的性质与效力认定就成为亟须解决的问题。虽然以物抵债协议在符合《民法典》第143条的规定，且不存在导致合同无效情形时应属有效，但实践中一方面以房抵债协议所涉标的物价值较高且可能违反物权法上禁止流押的规定，有可能存在损害债务人合法权益的情形；另一方面最高人民法院相关司法解释对以房抵债协议的效力认定较为零散，以房抵债协议的性质与效力需要厘清。在法信网以“民事案件”“以房抵债”“H省Z市”“中级法院”“2021年”为关键词进行案件检索，共检索到43件案件。本文以该43件案例为样本，通过分析H省Z市中级人民法院（以下简称Z市中院）2021年涉及以房抵债协议的相关裁判，归纳和总结该市对以房抵债协议的审理思路，并在此基础上结合相关法律和最高人民法院司法解释对以房抵债协议的性质与效力进行探讨。

一、涉以房抵债协议案件的案由分布

根据检索到的案件可知，涉及以房抵债协议的案件案由颇为繁杂，包括建设工程施工合同、装饰装修合同、买卖合同、中介合同、债权人撤销权等众多案由（见图25－1)。具体案由分布方面，执行异议之诉占比27.9%，民间借贷纠纷占比14%，建设工程施工合同纠纷占比11.6%，房屋买卖合同纠纷占比11.6%，装饰装修合同纠纷和中介合同纠纷总计占比6.9%，后三者均与房地产开发企业具有紧密联系，占总案件量的近30%，凸显出房地产开发企业以房抵债问题的多发性。

虽然仅从案由分布难以对以房抵债协议的性质与效力进行判定，但仍可初窥Z市中院在审理以房抵债协议案件时当事人的争议焦点：（1）以房抵债协议是否具有合同效力；（2）以房抵债协议是否具有物权变动效力；（3）以房抵债协议的债权人是否可以排除第三人对标的物的强制执行。上述争议焦点仍需回归以房抵债协议的性质与效力的问题。

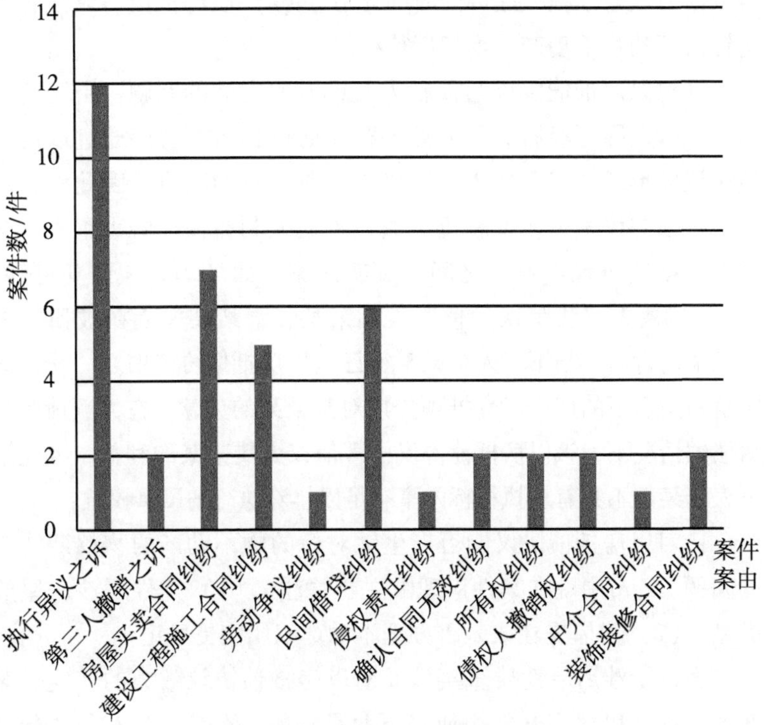

图 25－1　Z 市中院 2021 年裁判案件中涉及以房抵债协议案件案由及数量分布

二、Z 市中院对不同类型以房抵债协议案件的审理观点

（一）执行异议之诉案件的审理观点

由于执行异议之诉系二审及再审程序，因此 Z 市中院受理的执行异议之诉案件占比最大。对相关案件的案件内容进行分析，可知 12 件执行异议之诉案件中，与以房抵债协议实质相关的案件共 9 件，其余 3 件案件未在审判中实质涉及以房抵债协议。

案件审理过程中，Z 市中院法官关注的主要问题包括：（1）以房抵债协议与债权人起诉的时间先后；（2）以房抵债协议能否产生针对标的物不动产的物权期待权。

针对以房抵债协议与债权人起诉时间先后的问题，由于此时债务履行期限已经届满，债务人存在通过将名下房产通过以房抵债协议的形式转移至他人名下借以逃避执行的动机，因此法官对以房抵债协议是否涉及恶意串通损害他人利益往往着重审查，探求以房抵债协议当事人之间的真实意图。如（2021）豫 01 民终 866 号判决中，法院认为债务人韩某某、董某某夫妻在被债权人樊某某起诉后，与第三人李某某签订《以房抵债协议书》一份，约定将两人名下的房产一套抵顶先期对李某某的欠款，在大额债务未清偿的情况下，该以房抵债协议损害债权人樊某某的利益，因此第三人李某某不具有对执行标的享有足以排除执行的民事权益。

针对以房抵债协议能否产生针对标的物不动产的物权期待权的问题，Z 市中院在案件审理中主要关注：（1）案件所涉房屋的类型；（2）房屋受让人是否办理不动产权属变更登记。

案件所涉房屋性质直接涉及对以房抵债协议效力的认定。对案涉房屋系房地产开发企业名下商品房的，Z 市中院依据《最高人民法院关于人民法院办理执行异议和复议案件若干问题的规定》（以下简称《办理执行异议和复议案件若干问题的规定》）第 29 条规定的购房人优先权进行审理。[①] 如（2021）豫 01 民终 1566 号判决中，Z 市中院认为：（1）债权人卢某某与债务人某公司签订的预约协议书中确定了商品房买卖合同的主要内容，且某公司作

---

① 《办理执行异议和复议案件若干问题的规定》第 29 条规定，金钱债权执行中，买受人对登记在被执行的房地产开发企业名下的商品房提出异议，符合下列情形且其权利能够排除执行的，人民法院应予支持：（一）在人民法院查封之前已签订合法有效的书面买卖合同；（二）所购商品房系用于居住且买受人名下无其他用于居住的房屋；（三）已支付的价款超过合同约定总价款的 50%。

为出卖方以抵工程款的形式收受了购房款，故在法院查封之前卢某某、某公司已签订合法有效的书面合同；（2）此房屋已交付卢某某，根据新郑市房地产综合管理系统查询结果，卢某某名下现无其他用于居住的房屋；（3）卢某某在涉案房屋被查封前已支付的房款超过合同约定总价款的50%。故卢某某作为案外人对执行标的享有足以排除强制执行的民事权益。对案涉房屋系自然人持有的，法院依据《民法典》物权编第209条第1款进行审理，[①]认为房产的交付仅是以房抵债的实际履行方式，拟受让房屋的受让人在完成不动产法定登记之前并不足以形成优先于一般债权的利益；对案涉房产系房地产开发企业名下安置房的，法院认为村集体与房地产开发企业签订的以房抵债协议所涉房屋实质系对村民承包地的安置补偿，村民对房屋享有的权益应当优先于其他债权人对房地产开发企业享有的一般债权。

综上所述，Z市中院认为债务履行期届满后签订的以房抵债协议本质属于以物抵债，在不具有法定无效事由的情况下应属有效，但协议本身不产生物权效力，在完成不动产权属变更登记前不能产生优先于一般债权的利益。

（二）房屋买卖合同案件的审理观点

案由为房屋买卖合同纠纷的案件共7件，与以房抵债协议实质相关的案件共3件，其他案件或仅系一方当事人主张，法院未予认定，或庭审未实质涉及以房抵债协议。与以房抵债协议相关的案件中，Z市中院均认可届满后签订的以房抵债协议系双方当事人真实意思表示。如（2021）豫01民终5695号判决中，Z市中院明确以房抵债协议系当事人意思自治范畴，在不违反法律强制性规定的前提下合法有效。但在（2021）豫01民终9144号判

① 《民法典》第209条第1款规定："不动产物权的设立、变更、转让和消灭，经依法登记，发生效力；未经登记，不发生效力，但是法律另有规定的除外。"

决中法官指出：原被告之间的法律关系为“以房抵债”关系，不属于房屋买卖关系，因此不具有强制物权变动的权利义务内容，也不能产生优先于一般债权的利益。

（三）民间借贷纠纷案件的审理观点

案由为民间借贷纠纷案件共6件，其中2件与以房抵债协议实质相关。由于该两件案件中以房抵债协议均系于借款期限届满前签订，（2021）豫01民终3732号判决书中Z市中院认为，原被告签订的购房协议系以房抵债，属于对借款的担保，且所抵债的房屋为安置房，故协议因违反法律规定而无效；（2021）豫01民终1413号判决书认为原被告双方签订的以房抵债协议违反原《物权法》第186条和原《担保法》第40条之禁止流押规定而归于无效。

（四）其他案由案件的审理观点

除上述执行异议之诉、房屋买卖合同纠纷、民间借贷纠纷外，尚有建设工程施工合同纠纷、装饰装修合同纠纷、债权人撤销权纠纷、确认合同无效纠纷等案件，Z市中院对该等案件所涉及的以房抵债协议性质与效力的审理观点并未超出上文三类案件审理观点的范围。案由为建设工程施工合同纠纷的5件案件虽数量较多，但案情多为将以房抵债作为冲抵欠付工程施工款项债务的一种方式。值得注意的是，如债务人已将约定用以抵债的房产售予他人，将导致以房抵债协议目的无法实现，债权人有权请求解除合同。

三、Z市中院司法审判观点总结

Z市中院2021年全部以房抵债协议相关案件中，对以房抵债协议的性质和效力进行实质分析的案件共计21件，其中债务履行届满后订立的以房抵债协议的案件共19件，仅有2件案件中的以房抵债协议系在债务履行届满前订立。案件数量上的偏差原因可能在于关键词的选取，生活语境中债务人和债权人可能在债务到期后以其他合同名义签订以房抵债协议，但笔者又难以将案情符合以房抵债但不包含相关关键字的案件逐个筛选，故在案件样本的选取上可能存在误差。

归纳 Z 市中院对以房抵债协议的性质和效力的所有裁判，共有以下几类审判观点。

债务履行届满后签订的以房抵债协议相关案件共计 19 件（见图 25 -2），其中 4 起案件的法官明确以房抵债协议在性质上属于房屋买卖合同关系；10 起案件的法官认为以房抵债协议在性质上

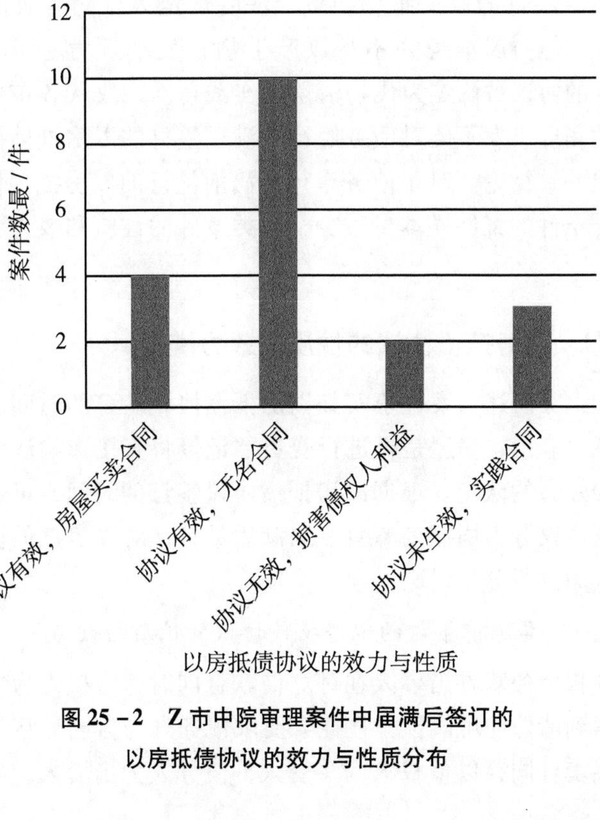

图 25 -2　Z 市中院审理案件中届满后签订的以房抵债协议的效力与性质分布

属无名合同而非买卖合同，其中8起系当事人用以清偿债务的形式，2起系房地产开发企业与村集体约定对被征地村民的征地补偿；2起案件中的以房抵债协议被判决无效，均系因债务人与第三人恶意串通损害债权人利益而无效；3起案件被判决未生效，法官认为以房抵债协议属代物清偿的实践合同，而案涉房产因各种原因未能交付债权人导致合同未能生效。

届满前签订以房抵债协议的案件共2件，Z市中院均认定协议系名为房屋买卖实为流押或借款合同的担保而无效。

总结Z市中院对于以房抵债协议的审理观点，可以发现Z市中院内部对以房抵债协议的性质和效力存在不同认识。对债务履行届满后签订的以房抵债协议，法院认定为合同有效的比例达73.6%，但协议本身并不足以产生物权变动效力。同时，尚有15.7%的协议被认定为代物清偿的实践合同，故从Z市中院司法实践的角度出发不能对债务履行届满后签订的以房抵债协议的性质作出一致结论。对于债务履行届满前签订的以房抵债协议，由于符合条件的案件样本量过少，该类案件的性质和效力将在后文讨论。

四、以房抵债协议的性质与效力辨析

如上文所述，案件事实如以房抵债协议签订的时间、当事人真实意思表示、房屋是否进行变更登记等将直接影响法院对协议性质与效力的认定。根据以房抵债协议签订的时间，可通过将以房抵债协议分为届满前签订、届满后签订，对以房抵债协议的性质和效力进行分类讨论。

（一）届满前签订的以房抵债协议的性质与效力

债权债务双方当事人在订立借款合同时，债权人为增加债权按期得到清偿的可能性，往往会要求债务人与自己另行订立一份房屋买卖合同，以债权人为买受人，债务人为出卖人，约定如债务人不能按期偿还债务则以房抵债，由此签订的以房抵债协议即为届满前签订的以房抵债协议。

根据最高人民法院相关司法实践，对此类纠纷或依照原《中华人民共和国物权法》第186条禁止流押之规定认定以房抵债协议无效，或认为出于维护当事人意思自治的考量应当认可以房抵债协议的效力，性质上属于让与担保。2015年颁布的《最高人民法院关于审理民间借贷案件适用法律若干问题的规定》（以下简称《民间借贷案件若干规定》）第23条第1款规定："当事人以订立买卖合同作为民间借贷合同的担保，借款到期后借款人不能还款，出借人请求履行买卖合同的，人民法院应当按照民间借贷法律关系审理。"该条虽未明确以房抵债协议的性质，但该规定第23条第2款对当事人订立的买卖合同的法律后果作出限制，对不履行生效判决确定的金钱债务的借款人，出借人可以申请拍卖买卖合同标的物以偿还债务。2019年《全国法院民商事审判工作会议纪要》（以下简称《九民纪要》）第71条则将履行期限届满前的以物抵债协议性质明确为让与担保，并在法律后果上与《民间借贷案件若干规定》保持一致，即债务人未清偿到期债务时，债权人不得请求确认财产归其所有，仅能请求对财产拍卖、变卖、折价以偿还其债权。《民法典》第401条同样采上述立场，在未明文禁止当事人间就流押作出约定的同时，坚持了强制清算义务原则，避免了流押条款损害债务人利益的可能。

由于将履行期限届满前的以房抵债协议性质认定为让与担保，抵债房产是否完成公示就显得尤为重要。如抵债房产未进行权属变更，则应依据《九民纪要》第45条、《民间借贷案件若干规定》第23条进行审理：一是将以房抵债协议作为借贷合同的担保，按照民间借贷案件审理；二是坚持强制清算义务原则，出借人只能请求将抵债房产变价，不能取得不动产权证；三是抵债房产未完成公示，不具有物权变动效力，出借人不能就变价款优先受偿。如抵价房产已进行不动产变更登记，则应依据《九民纪要》第 71 条进行审理，出借人可请求对抵债房产变价后予以优先受偿。

（二）届满后签订的以房抵债协议的性质与效力

一方面，债务履行期届满后，由于债权数额已经确定，此时债权债务双方当事人签订的以房抵债协议损害债务人利益的可能性较小，因此除合同法定无效情形外，应尊重当事人意思自治。另一方面，通过梳理 Z 市中院审理的届满后签订的以房抵债协议相关判决，被认定为有效的以房抵债协议或被认定为诺成合同，或被认定为代物清偿的实践合同，故届满后签订的以房抵债协议的性质仍需厘清。

对于届满后签订的以房抵债协议属于诺成合同还是实践合同，笔者认为，实践合同的要物性在于为合同一方当事人提供保护，如法律规定自然人间借款合同系实践合同，原因就在于允许出借人在提供借款前撤回借款承诺，进而保护出借人利益。届满后签订的以房抵债协议的订立目的则在于保护债权人利益，如允许债务人以其未向债权人实际交付房产（基于不动产特殊性，交付需要办理变更登记）主张以房抵债协议不成立，将显著削弱对债权人的保护。从保护债权人的政策角度考量，届满后签订的以房抵债协议应当认定为诺成合同。同时，对于签订以房抵债协议后债务人将抵债房产交付给他人导致合同不能继续履行的情况，[①] 可以认定为以房抵债协议系新债清偿，债权人可以主张债务人以货币或其他形式清偿债务。

对于届满后签订的以房抵债协议的效力，如抵债房产尚未交付债权人，债权人可以请求债务人履行协议，但不能当然享有抵债房产的所有权。由于此时债权数额已经确定，以房抵债协议对

① 此处不考虑债务人与第三人恶意串通损害债权人利益的情形。

债务人显失公平的可能性较低，故债权人不负有强制清算义务，无须请求变卖抵债房产后再行受偿。如抵债房产已经交付债权人，债权人可以直接享有房产所有权，除非存在债务人与债权人串通借以逃避对第三人债务等情形。

五、以房抵债协议相关破产问题

问题楼盘企业进入破产程序后，管理人在债权申报阶段审核债权人对破产企业享有的债权，并在此基础上推进破产程序的进行。在债权申报阶段，管理人需要在确定以房抵债协议的性质和效力后确定是否行使解除权，以及破产宣告后以房抵债协议债权人是否享有别除权等问题。

（一）以房抵债协议与管理人解除权

《企业破产法》第 18 条规定，管理人对破产申请受理前成立而债务人和对方当事人均未履行完毕的合同有权决定解除或者继续履行。管理人能否行使解除权，关键在于以房抵债协议是否履行完毕。

对于届满前签订的以房抵债协议，由于其性质上属于让与担保，如债务人未将抵债房产权属变更至债权人名下，债务人仍对债权人负有变更抵债房屋权属的义务，债权人对债务人也享有取得抵债房屋权属后不得任意处分的义务；如抵债房产产权已变更登记至债权人名下，债务人作为抵债房屋实际占有人仍负有妥善保管作为标的物的抵债房屋的义务，债权人作为所有人亦负有不得任意处分抵债房屋的义务，因此对于届满前签订的以房抵债协议，管理人可行使解除权。

对于届满后签订的以房抵债协议，如债务人已变更抵债房屋权属登记，则其所负债务已经履行完毕，同时债权人亦不负强制清算义务，此时协议不属于《企业破产法》第 18 条所规定的双方当事人均未履行完毕的合同；如债务人未变更房屋权属登记，由于此时债权人义务已经履行完毕，此时协议也不符合未履行完毕合同的特点，管理人不能行使解除权。同时，由于房屋权属登记未变更至债权人名下，基于平等保护其他破产债权人的考量，以房抵债协议债权人不享有对抵债房屋的物权，不能请求将抵债房产变更登记至其名下，仅能将其债权转换为金钱之债，通过破产程序和其他债权人平等受偿。

（二）以房抵债协议与债权人别除权

《企业破产法》第 109 条规定：对破产人的特定财产享有担保权的权利人，对该特定财产享有优先受偿的权利。对于以房抵债协议，无论签订于届满前或届满后，如房屋权属登记未变更至债权人名下，则债权人不能享有就抵债房屋优先受偿的权利；对届满后签订的以房抵债协议，如房屋权属登记已经变更至债权人名下，则债权人即享有抵债房屋所有权，已如前述。故此处主要讨论届满前签订的且已完成权属登记变动的以房抵债协议债权人是否享有别除权的问题。

根据前文讨论结果，届满前签订的以房抵债协议系让与担保。由于让与担保作为非典型担保没有特定公示行为，故只能以房屋所有权转移登记作为公示方式。由于不动产登记具有对世效力，债权人在完成权属变动后在形式上享有对抵债房屋的所有权，那么当债务人进入破产程序，债权人享有的是对抵债房屋的别除权还是取回权？笔者认为，探寻以房抵债协议双方当事人之本意，在于为债权人对债务人之债权设定担保，而非取得不动产所有权；根据《九民纪要》第 71 条的规定，债权人也只是享有对抵债房屋变价后优先受偿的权利。因此对于届满前签订的，且已完成权属登记变动的以房抵债协议债权人对抵债房屋享有的是别除权而非取回权。

此外，还应注意以房抵债协议中债权人可能享有的法定优先权。如前文中（2021）豫 01 民终 1566 号判决涉及的《办理执行异议和复议案件若干问题的规定》第 29 条规定的购房人优先权、《最高人民法院关于审理企业破产案件若干问题的规定》第 71 条第 6 款规定的尚未办理产权证或者产权过户但已向买方交付的财产不属于破产财产等规定，在案件审理中应予以注意。

结　语

以房抵债协议的性质与效力直接关系到债务人进入破产程序后破产财产的认定与破产财产的分配。同时，由于长期以来最高人民法院对于以房抵债协议的效力判决结果不一，各地人民法院在审理以房抵债协议案件中也未能遵循统一标准。本文通过分析 H 省 Z 市 2021 年审理的以房抵债协议相关案件，将以房抵债协议分为四类并进行相应探讨，并就破产程序中以房抵债协议涉及的管理人解除权和债权人别除权相关问题开展讨论。《企业破产法》应顺应时代脚步，对破产程序中以房抵债协议等疑难问题作出回应，进而为人民法院相关案件审判提供统一遵循，更好地为社会经济稳定尤其是问题楼盘问题的顺利解决保驾护航。

26　问题楼盘企业破产重整共益债投资模式引入考究

——以舞钢法院审理的河南某置业有限公司破产重整案为考究蓝本

温丹丹　韩　飞*

摘要： 近年来，由于房地产行业内部调控与投资环境变化，且受疫情多发影响，致使部分房地产企业经营困难，资金链断裂，造成部分楼盘烂尾，严重阻碍当地经济发展，影响社会和谐稳定。为使楼盘续建、企业重生，地方政府本着“以人为本”宗旨，府院联动，引导企业破产重整，而获得足够多现金流对于破产企业项目续建，继续经营至关重要。以共益债形式进行债权融资不但能突破企业资信不良限制，还能获得继续经营所必要的现金流，维系企业楼盘项目续建，助力企业重生、破茧化蝶，切实维护购房群众和债权人的合法权益。共益债投资作为企业破产重整资金引入的重要手段之一，引入其存在的风险也不容忽视。

关键词： 问题楼盘　破产重整　共益债投资　风险防范

一、共益债概述及伦理基础

（一）共益债的定义及特征

在河南某置业有限公司、杭州某房地产公司、广州某广场项

* 温丹丹，舞钢市人民法院党组书记、院长；韩飞，舞钢市人民法院法官助理。

目、温州某项目、舟山某置业公司、安吉某置业公司、长兴某项目等9家公司项目破产重整案仅是全国“问题楼盘”企业破产重整的缩影，其中共益债融资的引入使得“问题楼盘”项目继续经营，最终“破茧化蝶”“涅槃重生”，这映射出共益债的本质。顾名思义，共益债其实就是为了全体债权人的共同利益而产生的债务，是在破产程序中为全体债权人利益或程序的进行而产生的一切请求权的统称。从以上定义中，笔者发现，共益债具有如下特征：(1) 在发生时点上，即在法院已经受理破产申请之后产生的债务；(2) 在用途上，是为了全体债权人的共同利益而增加的负债；(3) 共益债务的负债主体是债务人财产；(4) 在清偿上，其可以由债务人财产随时清偿。

显然，共益债投资属于债权型投资的一种，即投资人向债务人提供借款以继续其生产、续建项目，债务人将生产、续建完成后的所得变现，以共益债清偿或其他优先清偿的方式将本息支付给投资人的一种投资方式。

(二) 共益债的伦理基础

各国法律赋予共益债一项法定优先权，这是共益债优先权的伦理基础。重整程序中的融资与《海商法》中的海难救助相似，明显的相似点表现在二者均为危难企业提供救助服务，以拯救企业为宗旨。二者都以维护公平、保障公共利益和鼓励救助、提高效率为基本原则。在此前提下，赋予重整融资中债权人优先权和赋予海难救助人优先权就具有了类似的正当性基础。

二、共益债的引进依据及法律定性

(一) 引进共益债的法律依据

在河南某置业有限公司等9家公司项目破产重整案中，法院和破产管理人非常重视引进共益债的法律依据和法律定性问题，无论在制订《重整计划草案方案》、召开债权人会议，还是债权申报、债务清偿、选择投资人、资金监管、文书裁决等，严格按照《企业破产法》《破产法司法解释三》的立法精神及相关规定运行，力图盘活海文金融商业中心项目的资产价值，更好地清偿该公司债务，化解社会矛盾。

破产申请受理后用于继续营业的借款被认定为共益债法律已有明确规定。（1）在《企业破产法》上共益债是特有的一项制度，是破产程序中特有的一个债务类型，该法第42条以不完全列举的方式规定了6种共益债的类型，第43条规定了共益债的清偿方式。第113条规定了共益债的清偿顺序。（2）《破产法司法解释三》第2条第（1）项规定："破产申请受理后，经债权人会议决议通过，或者第一次债权人会议召开前经人民法院许可，管理人或者自行管理的债务人可以为债务人继续营业而借款。提供借款的债权人主张参照企业破产法第42条第（4）项的规定优先于普通破产债权清偿的，人民法院应予支持，但其主张优先于此前已就债务人特定财产享有担保的债权清偿的，人民法院不予支持。"该规定使共益债的范围扩大至管理人或者自行管理的债务人为债务人继续营业的借款，该解释对破产受理后借款程序及清偿顺序等内容进行了明确规定，为重整程序中以借款作为融资方式提供了明确的法律依据。[①]

（二）法律定性问题

在河南某置业有限公司等9家公司项目破产重整中，均通过破产重整程序引入共益债投资，完善"问题楼盘"项目的土地规划和继续建设。其中广州某广场项目引入8000万元的共益债

① 《最高人民法院关于适用〈中华人民共和国企业破产法〉若干问题的规定（三）》，由最高人民法院审判委员会第1762次会议于2019年2月25日通过，自2019年3月28日起施行。

投资，通过项目整体完建、销售，盘活债务人总计逾 14 亿元的债务。河南某置业有限公司，经初步测算，该项目调整规划后，项目启动时河南某置业有限公司需要借款 10000 万元（暂定，可根据需要进行调整额度）的公益债。借款方式为某金融机构提供优先级资金 7000 万元（占共益债的 70%）、金悠（上海）投资管理有限公司提供劣后资金 3000 万元（占共益债的 30%）。

上述借款的本金及利息等费用作为共益债为确保“问题楼盘”项目后续开发建设而筹集，资金进入该项目监管账户，专款专用，不得挪用，且优先于所有债权人进行清偿。但是，对于破产之后提供融资是否一律被认为是共益债，一直存在争议，其主要来源于《企业破产法》规定的不确定性。《企业破产法》第 42 条规定：“为债务人继续营业而应支付的劳动报酬和社会保险费用以及由此产生的其他债务”，但其中并未明确破产期间的借款为共益债，所以在实践中也存在不确定的法律风险。直到《破产法司法解释（三）》明确了“为继续营业而借款可以认定共益债务”，且需要取得债权人会议的同意或者在第一次债权人会议开始之前由法院认可。

三、共益债的投资主体及清偿优先性

（一）以共益债作为融资方式被确认的先例

1. 早在 2014 年便有判决书将借款作为共益债进行司法确认，即广东省高级人民法院民事判决书（2014）粤高法民二破终字第 2 号“深圳市亿商通进出口有限公司与东莞市清溪金卧牛实业有限公司企业借贷纠纷”一案，此案在法律尚不完善的情况下通过判决书保障了借款人的利益。

2. 2019 年 5 月，深圳破产法庭在深圳市瑞某股份有限公司（以下简称“瑞某公司”）破产重整案中，根据最高人民法院同年 3 月颁布实施的《破产法司法解释（三）》第 2 条的规定，将瑞某公司重整期间的借款认定为共益债，使重整期间的借款优先于普通破产债权清偿。先例的开创给企业破产重整提供了方向和样本，也给予了经验和动力。

（二）共益债的投资主体

在河南某置业有限公司等9家公司项目破产重整案中，对于河南海文置业有限公司的“海文项目”，金悠（上海）投资管理有限公司作为受托管理人，以“府院企结合 + 受托管理 + 共益债”的模式进行重整，其中某金融机构提供优先级资金7000万元（占共益债的70%）、金悠（上海）投资管理有限公司提供劣后资金3000万元（占共益债的30%）的公益债。笔者又结合其他8家公司“问题楼盘”项目破产重整案例，对共益债引资融资的投资主体进行了调研，共益债的投资主体分为以下几类：第一，地方政府平台公司或者大型企业，如河南某置业有限公司破产重整。第二，商业银行，如杭州某房地产公司破产重整，杭州银行提供借款。还有资产交易平台、危困企业投资基金、特殊机会投资基金，还可能是其他利益相关方，比如股东、债权人等。

（三）共益债的收益方式

在河南某置业有限公司等9家公司项目破产重整案中，其中《河南某置业有限公司破产重整计划方案》显示，重整后清偿债务情况预测如表26－1所示。

表26－1　河南某置业有限公司重整后清偿债务情况预测

序号	项目	金额（元）	清偿比例（%）
	资产税后变现价值	550 086 019.78	
1	减：对特定财产享有优先受偿权的债权	152 510 159.89	100%

续表

序号	项目	金额（元）	清偿比例（%）
2	减：预计破产费用	18 800 000. 00	100%
3	减：职工债权	1 971 338. 57	100%
4	减：委托管理费	32 172 826. 00	100%
5	减：税后债权	0	100%
6	减：其他普通债权	344 631 695. 32	57. 77%

从以上测算可看出，以“府院企结合 + 受托管理 + 共益债”的破产重整模式对海文项目进行盘活，能大大提高清偿比例。

同时，在河南某置业有限公司等 9 家公司项目破产重整计划方案及经验中，笔者发现共益债的获利途径首先是利息收益，融资利息的利率往往会高于同期银行贷款利率，因此共益债投资可提供一个获取利息的固定收益回报；其次是股权收益，如果出借人同时又是重整企业的债权人，可以协商通过重整方案的设计对自身债权进行债转股，从而实现重整成功后企业的股权收益，实现资产增值；最后是特殊投资机会，如果出借方能够较早地参与破产程序，则能够深度地了解破产企业的相关信息，在未来企业投资中获得先机，有机会作为重整投资人来参与重整甚至实现对企业的收购。

（四）清偿优先性

在河南某置业有限公司等 9 家公司项目破产重整计划方案中，对于河南某置业有限公司“问题楼盘”项目，某金融机构提供优先级资金 7000 万元（占共益债的 70%）、金悠（上海）投资管理有限公司提供劣后资金 3000 万元（占共益债的 30%）的借款的本金及利息等费用作为共益债务优先于所有债权人进行清偿。根据辩证法原理，绝对的债权平等并不存在。《企业破产法》就各类债权的清偿顺序作出了明确规定，实践中各类债权的清偿顺位也会发生变化。根据《企业破产法》第109条以及第113条的规定，在破产程序中，各类债务清偿顺序依次为：（1）有财产担保的债权；（2）破产费用、共益债务；（3）职工债权；（4）税款债权；（5）普通债权；（6）劣后债权。

然而，对河南某置业有限公司等9家公司项目破产重整案研判后，笔者发现预测往往与实践是有出入的，所以实践中基于债权性质、社会维稳等方面的考虑，债权清偿顺位可能有所不同。首先，在为了避免纠纷，购房者签署正式买卖合同且付齐首付款/办理按揭贷款手续的，管理人通常不行使合同解除权，但需要豁免延期交房的违约责任。其次，出于对特殊群体的生存保障权的保护，相关债权要全额、优先偿付，如职工债权、小额债权，因涉及民生问题，且金额不大，通常重整计划通过后一次性优先偿付。再次，涉及国家税收、政府收费等债权也需要全额、优先偿付。另外，其他的一些普通债权，如设计、监理债权，电梯、升降设备等供应商债权，虽属于普通债权，因后续施工、验收需对方配合，一般也需要全额、优先偿付。因此，为了保障共益债投资人的资金安全，提高共益债的优先性显得尤为必要。

四、共益债投资重整新模式的利与弊

通过河南某置业有限公司等9家公司项目破产重整成功案例分析，笔者又对比其他“问题楼盘”企业的破产重整案例，得以明白因引进共益债的投资融资继续营业，“问题楼盘”项目获得重生，有效保障了债权人、购房户及安置拆迁户的合法权益，在稳定当地经济发展和社会和谐稳定同时，也存在一定的风险与挑战。下面，笔者对共益债重整模式存在的利与弊进行简要分析。

（一）共益债重整模式的利

河南某置业有限公司等9家公司项目破产重整成功案例中，温州华臣一品苑项目存在工程款虚高、股东套取工程款抽逃资金等问题，多年来债务本息总额累计近50亿元。该项目自2020年6月启动预重整程序后，光大金瓯资管出资3亿元共益债，并联合浙江蓝城作为代建方，以“共益债+代建代销”模式重整，2021年2月该项目正式复工，预计2022年6月交付，3亿元盘活50亿元。还有广州某广场项目涉诉执行案17起，负债总计逾14亿元，且涉及3.2万平方米政府安置房。2021年6月，该项目重整中引入8000万元共益债投资，通过项目整体完建、销售，盘活债务人总计逾14亿元的债务，各债权人的受偿率较之执行、破产清算大幅提升。为此，以上“问题楼盘”项目破产重整成功折射出共益债重整模式的利好一面，即：（1）投入较小、快速重启项目；（2）原企业的资源价值优势；（3）节省项目资产过户税费；（4）债务清偿具有优先性且比例较高。这些有利于增强“问题楼盘”项目重整后续继续经营融资的信心，以维护其营运价值。

（二）共益债重整模式的弊

从辩证法的观点分析，任何事物的发展都具有两面性，共益债重整模式也存在一定的风险与挑战。在河南某置业有限公司、杭州某房地产公司、广州某广场项目、温州某项目、舟山某置业公司、安吉某置业公司、长兴某项目等9家公司项目破产重整过程中，无论选择管理人、投资人，还是制订《重整计划草案方案》、召开债权人会议、债务申报、项目续建、销售回款、债务清偿、资金监管等，再加上市场因素，使得“问题楼盘”项目重整历程曲折、不确定性无时不在等，当然风险不可避免。比如：（1）前期通过重整计划成本较大；（2）共益债续建式重整项目需要续建并销售回款后才能偿还债权，周期较长；（3）重整计划执行具有不确定性；（4）监管不严极易造成资金滥用及血本无归的风险。故，在“问题楼盘”企业破产重整程序中，重整模式需要根据债权、债务具体情况，以及政府、法院的导向进行慎重鉴别和选择，这样破产企业才能做到有的放矢，“涅槃重生”。

五、横观域外共益债模式

（一）域外共益债立法现状

共益债在多个域外国家和地区的破产立法中都有所体现，但由于对破产费用和共益债的认知不同，其所采用的立法例有所不同，即合并制和分别制。其中《美国联邦破产法典》采取合并制立法模式，采用管理费用概念。在清偿顺位上，根据债权所处等级不同将获得相应不同的优先顺位，同级别债权按照所占比例清偿。[①] 日本的破产法律主要集中于《日本破产法》《日本民事再生法》《日本公司更生法》中，针对共益债，日本采取合并制立法模式，采用“财团债权”概念，即不需要根据破产程序就可以从破产财团中随时清偿优先于其他破产债权受偿。在清偿顺序上，日本破产法并未对破产费用和共益债的内部清偿顺序作出规定。[②] 德国是分别制立法体例的代表国家，《德国破产法》将破产费用和共益债统称为财团债权，即财团费用和财团债务，财团费用对应我国的破产费用，财团债务对应我国的共益债。在清偿顺位上，《德国破产法》规定破产费用优于破产财团债务。[③] 我国台湾地区“破产法”与德国相似，针对共益债务采取财团费用和财团债务概念，但未对二者的清偿顺位明确。

（二）辩证移植引入，实现本土化

中华人民共和国成立后，我国破产法的相关法律出于长期空白期，1986 年颁布施行的《企业破产法（试行）》亦未引入共益债概念，直至 2017 年 6 月 1 日施行的《企业破产法》才真正引入

---

① 大卫·G. 爱泼斯坦：《美国破产法》，韩长印等译，中国政法大学出版社 2003 年版，第 23 页。

② 山本和彦：《日本倒产处理法入门》，金春等译，法律出版社 2016 年版。

③ 乌尔里希·福尔斯特：《德国破产法》，张宇晖译，中国法制出版社 2020 年版。

共益债概念，但并非对域外国家和地区的共益债概念的照搬照抄、生搬硬套，而是用辩证和发展的思维取其精华、弃其糟粕，结合国情有选择地引入共益债立法中，并与破产费用区分，以列举式的立法体例规定六种情形，同时还通过 2019 年 3 月 28 日施行的《破产法司法解释三》作了明确、具体规定，实现共益债本土化。[①]

六、共益债重整新模式的风险防范

（一）完善立法，标本兼治

从辩证发展的逻辑思维出发，任何事物不仅具有两面性，且也不是一成不变的，其处在不断发展变化过程中。从河南海文置业有限公司等 9 家公司项目破产重整案不难看出，《企业破产法》《破产法司法解释三》虽已对企业破产重整实体和程序方面作出了规制，但随着全国经济发展形势及房地产行业内部调控与投资环境变化，且近两年受疫情多发影响，破产重整不确定因素增加，作为共益债新融资方式引入的风险也在上升。为此，立法机关及相关部门还要用发展的眼光，完善立法及司法解释，紧跟时代步伐，适应时代需要。

（二）建立融资前沟通机制，做到知己知彼

在河南某置业有限公司等 9 家公司项目破产重整案中，河南某置业有限公司破产重整投资人金悠（上海）投资管理有限公司融资前制订方案，与政府、法院及管理人建立良好沟通机制，先期通过调研了解河南某置业有限公司和“问题楼盘”项目的基本情况、证照状况、在建工程现状、债权的种类和规模，然后巧妙将介入时点选在已进入预重整或重整阶段，并与河南翔极破产清

---

① 闫妙霞：《论我国共益债务制度的完善》，西南政法大学 2018 年硕士学位论文。

算事务管理咨询有限公司、河南金年华律师事务所联合管理人建立良好沟通机制，通过联合管理人了解河南某置业有限公司的资产负债情况、企业财产、企业债务、潜在风险，并对项目续建及市场前景作出初步预测，尽量减少前期成本，最大限度保障金悠（上海）投资管理有限公司及某金融机构的投资利益。为此，投资“问题楼盘”企业，务必要搞清企业破产重整的症结所在。

（三）健全资金监管机制，严格确保资金安全

为确保资金安全，笔者认为，破产重整中应对共益债投资资金、重整企业的资产经营、项目销售回款进行全程管控，不留空隙。在河南某置业有限公司等 9 家公司项目破产重整过程中，共益债投资资金为确保“问题楼盘”项目后续开发建设而筹措，作为共益债的资金进入项目监管账户，专款专用，不得挪用。同时破产管理人、政府、法院、债权人选出对本行业熟悉的人员作为指定代表，组成项目监督委员会，对重整计划的执行及资金的运行进行监督，尽可能缩短周期，确保经营项目的保值或增值及保护全体债权人的利益。

（四）严格推进公益债确认程序，保障债务优先受偿

在河南某置业有限公司破产重整中，该公司借款 10000 万元的公益债，受托人金悠（上海）投资管理有限公司对该项目提供全方位的管理服务，并负责以共益债模式募集项目开发资金。所以，投资前要注意完善共益债认定手续，事先决定与原设计、施工、监理等单位解约或沿用，明确政府、法院、债务人、债权人、重整投资人各方的权责及决策机制，确保投资人提供融资款被认定为共益债，并得到法院的确认，保障可获得优先清偿，这样可以降低共益债投资的潜在风险。

（五）完善资金退出机制，保障预期安全回款

通过对河南某置业有限公司等 9 家公司项目破产重整的调研，

对于资金的退出风险，大多“问题楼盘”项目重整采取共益债强行退出机制，可以在下列任一条件达成时，共益债必须退出：（1）现金流（现金余额）达到项目后续阶段性建设需求，共益债部分退出；（2）实现销售收入时约定按一定比例退出。为此，选择共益债投资方式，要提前预期资金的安全退出风险，这就需要完善资金退出机制，保证对共益债的认定程序、后续能够参与管控续建及回款，明确共益债的优先属性，减少投资风险。

当前房地产行业对老百姓的生活影响至关重要，可以说是生活之本，问题楼盘牵涉老百姓的生活中枢神经。为此，笔者建议在保障“问题楼盘”项目破产重整程序合法的同时，要关注“问题楼盘”项目破产重整程序中涉及的利益主体，比如破产管理人、重整投资人、债权人、债务人、施工方，甚至安置拆迁户，从保护各方主体利益角度出发实现共同助力破产重整，充分发挥共益债引资融资新模式的优势，实现项目经营保值增值，切实保障各方主体利益，为当地经济发展和社会稳定大局保驾护航。

27 我国破产重整中府院联动机制的失衡及其完善

付吟雪*

摘要：“府院联动”是完成我国公司破产重整市场化、法治化的有效途径，房地产企业由于其特殊性，涉及多方主体利益，其破产重整过程中更体现出府院联动的必要性。我国公司重整中存在的政府公共服务与管理身份、管理人身份及股东身份混淆，政府过度干预公司重整，重整中市场化水平较低等问题，这直接影响各主体的利益均衡。实践中需要完善公司重整的府院联动制度，明确法院占据主导位置、政府仅应发挥辅助性作用的基本原则。在此基础上，改进破产重整的启动程序，确立公司可重整性规范，并由法院指定专业人员审查重整可行性，改良重整计划强制批准制度等，以期完善破产重整府院联动制度。

关键词：破产重整　府院联动　市场化

一、问题的提出

近年来，我国公司破产重整市场化与法治化发展过程中，府院联动机制逐渐运用其中。2017 年最高人民法院发布的《关于为改善营商环境提供司法保障的若干意见》中明确提出：“推进府院联动破产工作统一协调机制，统筹推进破产程序中的业务协调、

---

* 付吟雪，辽宁大学硕士研究生。

信息提供、维护稳定等工作。”此外最高人民法院2009年发布的《关于正确审理企业破产案件为维护市场经济秩序提供司法保障若干问题的意见》和2012年发布的《关于公司破产重整案件工作座谈会纪要》等规范性文件中都提到了破产重整中法院与政府的工作衔接和协调等问题，很多省市也出台了府院联动协调破产重整的工作政策。

问题楼盘企业重整因为具有行业特殊性且具有高度的依赖性，在其破产重整中更是体现出府院联动的必要性。房地产企业有融资渠道多元、投入多周期长的特点，其中涉及的主体和环节非常多，重整过程中需要协调各方主体的利益，必须法院和政府共同配合才能推动重整程序的顺利进行。虽然当前我国在企业破产重整工作中总体上实现了府院联动，但是其中存在的府院关系失衡、政府作为管理人干预重组等问题会对重整的效果产生负面影响，导致各方主体利益的失衡，必须明确法院和政府在破产重整中法院主导、政府配合的角色定位，针对存在的问题采取措施完善府院联动机制。

二、我国破产重整府院联动机制的失衡现状

（一）政府多元身份混同

在公司重整过程中，政府担任多重角色而产生身份混同，这与政府履行自身服务职能与破产法等规定的职能以及公司的所有权性质有关。总地来说，我国政府在公司重整中身份混同主要表现在以下两个方面。

（1）政府行政服务身份与管理人身份的混同。我国目前公司破产重整中，政府不仅要基于其服务身份承担协助处置的职责，还要组成破产重整清算组并且可以依据《企业破产法》的规定成为破产管理人。2005年国务院转发《中国证监会关于提高公司质量的意见》中规定，地方各级人民政府要承担处置本地区公司风

险的责任……支持绩差公司特别是国有控股公司按照市场化原则进行资产重整和债务重整，改善经营状况。这表明政府负有对公司破产重整进行统一协助的行政服务职能。现行《企业破产法》规定，破产重整中管理人可以由有关部门、机构的人员组成的清算组或者依法设立的律师事务所、会计师事务所、破产清算事务所等社会中介机构担任，这为政府成为管理人提供了法律依据。在我国目前的司法实践中，存在指定清算人担任管理人的行为惯性。如2016年最高人民法院发布的10起“人民法院关于依法审理破产案件推进供给侧结构性改革典型案例”中[①]，山东海龙股份有限公司和长航凤凰股份有限公司等都是选任清算组作为管理人，且清算组的主要组成人员是地方政府工作人员，这就导致政府的行政服务身份与破产重整管理人身份混同。诚然，地方政府工作人员作为管理人有其优点，如为司法与行政机关以及行政机关彼此之间的沟通提供便利，与中介机构相比效率更高。[②] 但是其身份的混同带来的缺陷更为明显，进入破产重整的公司多为国有企业，在行政与财政等资源有限的情形下，政府管理人与行政服务职能的混同可能造成对重整的国有企业的特殊保护，而弱化对非国有公司的服务。即使清算组是由政府和中介机构共同组成的，其组长一般也是由政府派员担任，清算组的主导权掌握在政府手中。政府为了达到保护国有资产、维护政绩利益等目标可能会牺牲弱势的债权人的利益，其职能的履行与保护公司经营价值、保护债权人及资本市场投资者利益等首要工作目标背道而驰。此外，政府工作人员担任管理人，在专业能力上比较弱，而政策性比较强，也会增加强制性而降低破产重整过程中的自治性等。

---

① 《人民法院关于依法审理破产案件推进供给侧结构性改革典型案例》，载《人民法院报》2016年6月16日，第3版。

② 李曙光、王佐发：《中国破产法实施三年的实证分析——立法预期与司法实践的差距及其解决路径》，载《中国政法大学学报》2011年第2期。

（2）股东身份与管理人身份的混同。如上文所述，我国公司破产重整中的管理人多由政府工作人员担任，尤其在国有公司破产重整中，其清算组组长一般由地方政府领导担任。在国有企业中，政府既是破产重整公司的股东，又是重整过程中的管理人，由于公司资产有限，政府作为股东与债权人之间的利益必然存在冲突，破产重整过程中需要平衡各方主体的利益，而政府作为股东是利益相关人，让其担任管理人为其维护自身利益而牺牲债权人利益提供了条件，容易造成重整中利益不均衡和不公平等问题的出现。

（二）政府介入破产立案受理

2012 年最高人民法院发布的《关于审理公司破产重整案件工作座谈会纪要》中规定，申请公司破产重整，需要提交《企业破产法》第 8 条规定的材料，除此之外，还应当提交公司具有重整可行性的报告、公司住所地省级人民政府向证券监督管理部门的通报情况材料以及证券监督管理部门的意见、公司住所地人民政府出具的维稳预案等。人民法院在裁定受理公司破产重整申请前，应当将相关材料逐级报送最高人民法院审查。按照上述规定，地方政府仅出具相关文件和维稳预案等，申请公司重整不必经过地方政府的批准，但在实践中，地方政府实际上对公司的“可重整性”的判断起决定性作用。首先，如果政府赞同公司重整，其可能会提前规划确保社会稳定的维稳预案，向证监会提交的维稳预案和承诺函等通报情况材料更易获得证监会的支持。其次，在缺乏地方政府出具的维稳预案的情况下，法院不能对重整申请进行立案，这会使得部分债权人、债务人独立请求破产程序解决债务问题的权利丧失。最后，政府对公司破产重整不作为的现象也是存在的，实践中存在政府不及时出具维稳预案或不将企业的材料及时通报到上级主管政府而阻碍重整程序推进的情形，这可能会对相关企业和债权人及投资者造成难以挽回的损失。而在当前法律作出政府必须出具维稳预案等材料的规定后，却没有对政府出具材料的期限、配合法院重整程序的启动、延迟履行职责的责任等问题作出明确规定。

（三）重整计划制订及强制裁定的缺陷

作为破产重整程序中的关键环节，重整计划涉及程序能否顺利进行及能否达到重整效果。重整计划的制订关系到各方主体的利益，目前我国法律法规中只有债务人与管理人有重整计划制订权，这不能充分调动其他破产重整其他主体如股东、债权人、投资人等的积极性，可能会阻碍重整计划的通过及后续的实施。此外，政府担任管理人时有制订重整计划的权利，且在重整计划没有通过全部表决组表决时，政府可以向法院申请强制裁定，这为政府干预重整计划提供了条件。有学者研究指出，当清算组作为管理人把被否决的重整计划提交给人民法院时，法院无一例外都批准了。[①] 政府干预重整计划可能会造成重整中各主体利益的不均衡。如在“ST 帝贤”破产重整中，普通债权人和担保债权人都未通过重整计划，该计划规定普通债权人仅占 2% 的债权受偿比例，未调整出资人股权，法院未举行二次表决即以债权人获得比清算价值更高的清偿率强制通过的该重整计划。

（四）破产重整市场化程度不足

破产重整是兼具市场性与社会性的企业救济措施，市场性即要求重整中发挥市场在资源配置中的决定性作用，尊重意思自治，实现优胜劣汰。[②] 我国破产重整制度属于新发展的法律制度，尚不完善，法律规定偏原则性，实践中的经验积累较少，现行法律规定漏洞较大。当需要通过破产重整程序解决市场中存在的产能过

① 刘颖：《论破产法中的债权人最大利益原则——兼析〈企业破产法〉第 87 条第 2 款》，载《甘肃政法学院学报》2014 年第 2 期。

② 王毓莹：《论我国公司重整中的“府院失衡现象”及其协调》，载《法学评论》2022 年第 2 期。

剩、经济结构不合理、经济活力不足等问题时，相关政府部门认为这会影响社会稳定等而回避适用重整程序，类似这种观念会导致困难企业无法及时进行重整，无法有效发挥重整制度的价值。

此外，在实践中政府出具的维稳预案等材料对法院是否受理重整申请起到决定性作用，而在判断公司是否具有重整价值时，地方政府往往基于社会性的角度无法作出客观衡量。在重整程序中，政府补贴也会加重行政依附性而破坏重整的市场化。如ST贤成与ST锦化获得的政府补贴就从重整到此后的连续5年，累计达到19亿元。虽然政府补贴能拯救部分企业，但是其政府依附性强且成本巨大，如果仍有发展前景的企业，政府补贴有其必要性，但是对于出现经济困难而没有前景的企业，政府补贴即使维持了企业的存续也不能使其盈利。

三、完善破产重整中府院联动机制的必要性与基本原则

（一）完善府院联动机制的必要性

虽然政府介入重整程序存在上述问题，但是其介入重整程序仍是必要的。从司法权的角度讲，法院作为利益的衡平者和最终审判者，要保证公司重整的顺利进行，维护债权人和其他各方主体的合法利益，承担利益平衡的责任。然而，法院在应对公司重整中错综复杂的问题上存在一定的功能局限性。破产问题不能单纯视为法律问题，其不仅涉及债权债务关系的民商事案件，也可能涉及破产的社会公正、资源分配等问题。后者大大超出了法院的处理能力和处理权限。从行政权的角度讲，适度的行政参与能保证重整进程的顺利进展。在房地产企业破产重整中，问题楼盘中的信访、税务、拆迁及审批等问题，都需要政府部门配合完成。此外，对地方政府来说，国有企业当然希望通过破产重整程序减少债务并重生。对金融监管部门来说，其职责是保护投资者的合法权益，维持证券市场的稳定性。在社会司法支持体系薄弱的情

况下，在重整程序中地方政府和金融监管部门介入是必需的。

我国现行《企业破产法》虽然在框架和体系上与国际破产法发达国家或地区制度基本相接，初步确立了府院联动制度，但不够完善。我国政府在公司破产程序中的定位存在问题。主要原因之一是在行政执法和社会管理方面，对公司重整这一特殊情形作出的过多的特殊安排；二是政府在某些案件中以其意志力强加于法院，过度干预破产重整案件的进程，确保公司重整顺利进行的配套制度尚未完全建立。在当前背景下完善公司破产重整中的府院协调机制，是针对上述问题的有效解决方案。完善府院联动制度的必要性主要体现在以下三个层面：一是确保破产重整程序的顺利推进。如在预重整阶段的申请和报批离不开政府和金融监管机构的协调和配合。二是有助于实现债务企业资产的有效处置，如资产的招标拍费离不开政府部门的协同。三是能加强社会保障，维持秩序稳定和社会公正。

（二）破产重整中府院联动机制的基本原则

正确解决公司司法重整中的权利抵触，平衡府院权力之间的关系，明确权力分配的原则，对我国公司重整的顺利进行有着重要意义。为避免府院联动机制在履行过程当中出现偏向，即：行政权一家独大压制司法权，行政过度干预而造成利益不均衡。府院联动机制的创建需以标准化和普适性的方法先理清政府与法院之间的权力界线与划分问题，保持以“司法为主，行政为辅”的基调，公平地保证公司重整中企业、债务人、投资者、重整投资人等各方主体的利益。

公司破产重整制度是以《企业破产法》为中心的司法审判机制的构建，而非以行政权为核心的行政行为的构建。重整作为司法程序中的一种，司法权该当在此中居于“中枢”位置，法院既是重整程序的主导者，又是公众权益的保护者，更是重整中各方权益的平衡者。因而，法院应经过公平程序来妥当处理公司重整中所碰到的诸项问题，经过司法裁判的方式，对重整程序加以法律规制，并对公司重整的全局全流程起到监视和指导的作用。固然，司法权的谦抑性与局限性决定了在触及整合社会各方资本、保持社会和经济稳定等方面，法院都离不开政府的辅佐。故行政权参与破产重整也显得特别重要。但行政权的参与不该跨越其应有的轨道，对司法权的公正行使形成不良的影响。即倡导在重整程序当中，做到司法权主导，法院全程把控，行政权不对司法判断的程序和事实作出实质性的判断，下达行政号令；在程序以外，主要在于做到行政权配合围绕审判程序发挥作用，而司法权不"溢出"运转，以避免无故扩展司法权的涵摄范畴。

四、破产重整中府院联动机制的完善

（一）明确司法权与行政权的边界定位与衔接

1. 明确司法权与行政权的边界定位

企业破产重整是申请主体向法院请求后，法院基于法律规定给予破产企业特定时间的保护期，使破产企业整顿重生的过程。因而，处理破产重整的相关问题必须以司法程序为主要依托。法院作为重整程序的组织者、主导者和裁判者应监督和审查每一环节，确保程序公正和透明，避免行政权的过度干预，确保破产重整程序的司法属性，以保护和平衡各方主体的利益。在我国企业破产案件审理中，政府的角色定位常常会出现两个极端：行政权的过度干预与消极不作为。政府过分干涉导致法院在破产审判中无法主导案件进程，而消极不作为导致法院在面对破产案件中的社会问题时显得手足无措。房地产企业破产处理涉及购房人利益、施工主体的施工款、企业职工安顿、税负、信用修复等问题，政府发挥行政职能和辅助处理社会问题的职能，是府院联动制度的意义所在。处置好府院联动机制中法院与政府的关系，确立法院在破产重整程序中的主导性和政府职能部门的辅助作用，是府院联动机制建立中的基点。

2. 建立司法权与行政权衔接机制

（1）树立破产重整共治理念。企业破产是市场经济下“市场选择”的后果，而企业破产重整则是司法权对“市场选择”后果的重新配置，而行政权则为重新配置提供便捷通道。破产重整的过程也便是市场重新选择的过程，只不过司法的首要任务是给予市场自治的空间，应用“有形之手”引入“无形之手”，经过适当的指引、高效的程序，形成理性的决策结果。不管是债务人经过重整方案还是投资人投资重整企业，都是以市场为第一位，司法为次位的。在市场经济条件下，各方都是依据对市场规律的把握作出决策，司法权与行政权都不该过度参与。培养市场公共理性，发扬市场“看不见的手”的调节作用，行政权只需要提供配置的通道。在破产重整府院联动机制的建立中，我们须树立共治理念，即司法备位、市场主位、政府配位，各司其职完善府院联动机制。

（2）搭建破产审判协同处理平台。在实践中，大多是在碰到影响严重的重整案件时，才由相关部门来协调政府和法院的工作，一般是由政府牵头，联合法院召开联席会议设立破产处理组并确立负责人，有些地区以市政府与市法院结合签订文件方式以使府院联动机制发挥作用。可以通过搭建政府和法院的联动平台，使得法院与政府实现稳定的协同合作，即在法院与政府的配合协作的条件下，由政府将工商、国地税、金融办、国资委等相关部门归入体系，由政府和法院分别确立负责人，各负责人在系统化平台上就具体事宜进行对接。主要内容是：第一，建立以信息共享为中心的大数据研判机制。法院与政府在破产重整工作中通过该平台共享重整相关信息，积极沟通，在作出决策时综合考量相关主体利益平衡。第二，设立危困企业预警机制。政府相关部门定期对各种征信系统和法院掌握的企业异常信息进行审查，并对企业投资、负债情况和企业管理等进行综合分析，将可能引发破产的企业筛选出来记入危困企业名册。法院可以快速了解企业的情况，并对可以在破产程序之外解决危机的企业及时提供法律意见实现案件分流，对确实需要进入破产程序的企业可以依托政府做好前期工作以便于破产程序的进行。

（二）公司破产重整案件启动的改进

1. 明确可重整性的标准

我国《企业破产法》对破产清算与重整的标准规定近乎完全一致，实际上忽视了两者之间的差异，企业可重整性的标准并不在于企业的资产状况。正如有的学者指出的，只有具有重整价值的企业才有可能实现重整目的，所以对企业重整申请审查的重点应当放到企业是否有“重整希望”上。[①] 我国公司重整的审查标准中缺乏判断继续经营能力的客观标准，政府提出的重整方案与维稳预案等随意性与主观性较大。此外，企业的财务困境与经济困境的含义并不相同，而我国公司可重整性的判断中忽视了两者的差异。财务困境是企业在发展中受资金流动速度或市场稳定性等的影响，暂时出现经营困境，短时期内流动资金不足而无法清偿到期债务，但并未丧失持续经营的能力，在资金回流后即可恢复经营能力。而经济困境则是指企业长期陷入财务困境，即使予以资金支持，因产业结构与经营模式等问题，也难以恢复经营能力。基于此，财务困境企业才具有重整价值。所以，公司可重整性的判断需要考察企业是由于财务困境还是经济困境导致资不抵债，只有对财务困境的公司才能启动破产重整程序。尤其是在房地产企业的重整中，处理过程复杂、资金人力成本巨大，在进行重整前必须尽力准确判断是否具有可重整性。

2. 法院指定专业人员审查公司重整的可行性

《企业破产法》和最高人民法院发布的《关于审理公司破产

---

① 雷兴虎、刘浩然：《论司法权介入重整视角下的债权人利益保护》，载《政法学刊》2017 年第 3 期。

重整案件工作座谈会纪要》中并未规定政府的重整意见对公司重整审查起到决定性作用，但是在实践中法院却将其作为公司重整申请受理的重要依据，这是由于法院不具备对公司财务危机进行判断的专业能力，依据相关法律法规，法院没有权利指定专业人员调查公司财务状况，因此其判断必须依靠地方政府出具的意见。针对这个问题，《日本公司更生法》规定了调查委员这一职位，我国台湾地区所谓“公司法”规定，法院可以指定具备专业知识、经营经验和无利害关系的人作为检查员，对下列事项进行调查，并在30天内向法院报告调查结果：（1）公司业务、财务状况与资产估价；（2）公司经营状况，依合理财务费用负担标准，是否具有经营价值；（3）公司负责人对执行业务有无懈怠或应负的义务；（4）申请事项有无虚伪不实情形。我们可以借鉴我国台湾地区做法，赋予法院权利和义务让其指定专业人员调查公司可重整性，并详细规定调查人员的选择标准、调查事项、期限、权利和义务。

（三）完善公司破产重整计划强制批准制度

1. 完善重整计划强制审批中的府院协调机制

首先，通过完善府院联动机制，明确政府的权力和责任边界，确保法院在正视政府观点、获得政府协助的基础上，尽量避免行政权力过度干预。明确政府的定位是社会经济宏观管理者，在强制批准重整计划程序中，确保政府只有在“必须出现的时候”出现，不得过多干预强制批准涉及的法律问题。在重整计划草案的制订阶段，即应通过政府协调机制引入司法权对重整计划草案进行中立裁判，克制行政权的任意性。法院可以预先审查重整计划草案，并通过研讨会、听证会、咨询会议等形式将其中的危害债权人与公众人利益等不合理的地方与政府和管理人协商，要求管理人在提交表决组表决前重新制订公平、公正且可行的计划方案。其次，法院在确定是否通过债权人表决组的资产处置计划时应保证其独立性，法院应当依法独立行使强制批准权，法院应当依法独立行使强制批准草案的权利，其还可以要求管理人重新制订公平、可行的计划。

2. 建立更加规范明确的重整计划强制批准标准

首先要明确债权人利益最大化的原则，在坚持这一原则的基础上，详细核实是否要强制批准重整计划草案。例如，如果重整计划极度挤压债权人和投资者的利益，反对票太多，法院无论如何都不能强制批准；如果仍有相当一部分人持反对意见，法院应当认真裁定是否强制通过此类重整计划草案，以确保绝对中立；其次，明确公司重整计划草案的审查标准。例如，在目前公司的破产重整案件中，管理者在计算资产价值时从不计算壳资源本身的价值，这对最终计算的资产清偿后毫无疑问是不准确的。因此，法院应对公司的破产重整有一套包括资产计算在内的相对明确的审查标准。可以考虑建立由公司法重整的专家组成的法官队伍，以改善破产重整过程强制批准制度的实施。最后，法院还可以建立破产重整强制批准的指导案例制度，以适应瞬息万变的市场状况，填补法律规则制订过程中无法适时调整的法律漏洞，解决法院在法律适用过程中“无法”可依的困境。

（四）牢固树立市场化理念

面对破产，我们应该充分认识到，企业破产是市场经济运行过程中非常普遍和正常的情况。要以市场化和法治化为导向，依法接受和审理破产案件，树立市场化、法治化的破产审判理念，在遵循破产法立法目的与基本原则和法律规定的本意的基础上解决司法实践问题。企业是否破产，何时申请破产，是否可以进行破产重整，政府主管部门应由市场内部需求决定，不应过度干预。政府的作用是充分依靠多层次的社会资本市场，以市场化的方式进行破产资产的清算。利用政府把破产作为投资工作的理念，实现破产财产处置与政府投资工作的无缝连接。

28　刍议破产合同解除权的限制

——以应受限制的特殊合同为重点

王林娟*

摘要：管理人在破产程序中具有法定合同解除权，但对涉及关乎生存利益、社会公共利益、高度信任、标的物的难替代性、物权效力等合同，破产管理人合同解除权应受限制，并且其限制应遵循生存优先原则、公平原则、利益均衡原则、负担过重原则、物权法定原则、保护社会公共利益原则等，同时要针对管理人对特殊性待履行合同如房屋租赁与买卖合同、劳动合同、知识产权合同、委托合同等进行具体规则的限制，将一些合同排除在管理人合同解除权之外，或者给予合同相对方反选权。

关键词：管理人　合同解除权　利益平衡　待履行合同

引　言

《企业破产法》第18条规定了破产管理人的合同解除权，但对该权利并没有较为统一的限制，导致司法实践中频繁出现该权力的滥用。因该解除权的法定性，在秉持债务人财产最大化原则下，实践中基本只要该合同的继续履行没有使得其继续履行的效益大于不履行，则一般管理人予以解除，法院均会认可。但一味地为了追求债务人财产的最大化而忽视破产的社会价值，并不是

---

* 王林娟，江西理工大学研究生。

中国特色社会主义道路的本位体现，也会导致交易中的公平与信任受到损害，甚至引发社会稳定问题。尽管诸多学者对这些问题进行了研究，关于待履行合同的界定的主要义务说、全部义务说等，学者们大多认为管理人合同解除权应当有所限制，但并没有进行一个整体且具有指引性的适用原则以及相关限制的具体内容，这些都是破产法中未明晰的问题，在司法实践中带来了诸多困扰。

一、破产管理人特殊待履行合同解除权限制理论剖析

（一）应当限制合同的特殊点分析

1. 涉及生存利益

作为首要人权，生存权是中国特色人权体系的起点、底线，也是充分享有、继续追求其他人权的前提。[①] 衣食住行等与人民日常生活息息相关的事项，同时包含着生存权所体现的基本生存标准和发展权所体现的更高水平的追求。[②] 是否有适当的住房是生存权在具体权能的外在表征，即在法律内在价值之中，要把人类共同的住房需求设定为衡量社会公平正义的基本底线；履行相关责任，为困难住房用户提供条件，以满足人类的生存底线需求。[③] 在破产程序中，特别是房地产企业破产下，就会涉及生存利益与破产管理人解除权的矛盾。这其中就包括涉及房屋居住的合同，如房屋买卖合同、房屋租赁合同等。这类合同涉及了居民的房屋居住的生存权益，故在对待该类合同上势必与其他一般性合同有所不同。根据《最高人民法院关于人民法院办理执行异议和复议案

---

① 魏晓旭：《生存权的中国表达：双重向度的递进展开》，载《人权》2021 年第 3 期。

② ［英］A. J. M. 米尔恩：《人的权利与人的多样性——人权哲学》，夏勇、张志铭译，中国大百科全书出版社 1995 年版，第 204 页。

③ 胡玉鸿：《习近平法治思想中生存权理论研究》，载《苏州大学学报》（哲学社会科学版）2021 年第 2 期。

件若干问题的规定》第 28 条、第 29 条规定，在买受人存在以下几个条件时，人民法院在处理未转移登记的不动产房屋的权属确认时，须考虑以下因素：第一，是否在查封之前已经签订了买卖合同；第二，是否已经合法占有不动产；第三，是否已支付全部或者一半价款；第四，是不是唯一居住房屋；第四，未登记的原因归属。这其中就表明了我国对于生存居住权的重视，在一定程度上能够突破破产法上的解除权。

2. 涉及社会公共利益

社会公共利益的要求体现了破产法中的多元价值目标，即不仅要涉及各债权人债务人的目标，还要符合社会公共政策方面的导向：一方面要平衡债权人债务人之间的利益，另一方面也要顾及社会公共利益，在一定程度上适当体现政府基于公共利益至上的选择，并在必要的时候以该种选择为先。① 而社会公共利益的维护是促进国家经济发展，保障社会和谐稳定的基础，这些理念逐渐地在相关立法中得以体现，如世界各国保险公司破产立法逐渐倾向于维护社会公共利益。② 中国是社会主义国家，公共利益高于个人利益，公共政策的贯彻执行是维护社会稳定的关键。这里的涉及公共利益的合同以供水供电合同以及保险合同、劳动合同为主，其合同的相对方为不特定的多数人，且属于相对的弱势群体。

3. 涉及物权效力

根据《民法典》第 221 条规定当事人可以进行预告登记，预告登记之后，所有权人的处分行为不发生物权变动效力，这里的处分是指未经预告登记的权利人同意，进行设置物权或者变动物权归属的行为。预告登记具备了物权的排他效力，可以对抗第三

---

① 韩长印：《企业破产立法目标的争论及其评价》，载《中国法学》2004 年第 5 期。

② 赛铮：《刍议保险公司破产时保险金债权的优先清偿权——兼论我国〈保险法〉第 91 条之立法缺陷》，载《南方金融》2020 年第 11 期。

人，这赋予了受让人受让的不动产以优先受偿权及破产阻却效力，即当转让方破产时，管理人得继续履行不动产转让合同，而不能行使破产解除权。① 在涉及物权效力时，因物权的排他性，会使得合同解除权受到限制，诸如此类的还有所有权保留买卖合同。对于涉及物权效力的合同，基于其物权法定的特性，其稳定性较强，一旦破坏就容易出现交易安全隐患，故破产管理人在面对涉及该类物权效力的合同时，其合同解除权应当有所限制。

4. 涉及法律关系客体的难替代性

该类合同以知识产权许可合同为主，破产债务人是知识产权许可人，对于知识产权许可使用合同，此时管理人有合同解除权，但知识产权因其新颖性特殊性，导致了其法律关系客体的难替代性，大多无法一时进行替代性处理，如果允许破产管理人解除该类合同，则可能会导致智力成果开发与使用的积极性降低，甚至使得被许可人民事活动的付出的心血功亏一篑。涉及知识产权使用的合同被解除一般会使得被许可人损失重大，且并不像其他合同解除后补偿一样简单，此时的损害赔偿或补偿在破产程序中被许可人所得到的也不过是一种无担保债权，该债权的实现不存在优先性，而是以普通债权进行分配。我国破产法中对于知识产权许可使用合同并无特殊规定，故在应用《企业破产法》第 18 条时，应是参照合同法，知识产权许可合同双方均有选择权，能够选择继续履行或者解除合同。而管理人选择解除合同时，则会使得被许可人前期为实施知识产权许可合同所作的人力物力投入成本因在直接损失之外而排除在破产债权范围之外。② 知识产权以智力成果为核心，其关系到一个国家的科技创新发展，是一个国家

---

① 刘加桓、王平：《房地产开发企业破产程序中的权利冲突》，法律出版社 2021 年版，第 25 页。

② 徐家力：《企业破产中知识产权许可合同处理方法研究》，载《中州学刊》2017 年第 5 期。

不可忽视的软实力，故在破产中处理知识产权许可合同，不能简单地按照普通合同的处理方法，要结合知识产权合同的特殊性，考虑高新产业发展的实际需求，对破产管理人的合同解除权应当有所限制。

5. 涉及人类感情基础——信任

这类合同如委托合同，其合同的基础是双方的相互信任，这种信任相比较与一般合同中的诚信具有更加强的人格意义以及对对方能力的认可。《民法典》第933条规定了委托合同的任意解除权，而在破产法中，如果将第18条与民法典中关于委托合同进行同样适用，则会使得《企业破产法》第18条在委托合同这方面毫无意义。双方均有任意解除权，而不再是赋予破产管理人的主导性解除委托合同，则在此种情况下，无法达到法律赋予破产管理人合同解除权的意义，债务人的财产也同样得不到最大值化的保障。且《民法典》第934条规定了委托合同的终止情形，并不必然表明破产后委托合同的终止，此时若贸然解除合同，会更改双方的信任基础。故在管理人合同解除权在对待委托合同时也应当有所限制。德国破产法中关于委托合同，如果受托人对程序启动不知情并且没有过错，该委托仍继续存在。[①] 日本破产法中日本判例认为，对于承包合同应按照所承包的工作是不是只有破产人才能完成的工作而加以区分考虑，对非属于只有破产人才能完成的工作，才赋予管理人合同解除权。劳动者破产的，因劳动合同是劳动者的专属合同，不属于破产财团，管理人无权选择解除或履行合同。由于近年来委托合同成为许多交易关系的基础，判例的做法是公司和董事之间签订了委托合同的，公司破产不当然导致合同关系的终结，破产程序开始时董事可以就公司组织机构等相

① ［德］乌尔里希·福尔斯特：《德国破产法（第七版）》，张宇晖译，中国法制出版社2020年版，第140页。

关的行为继续行使其权限。

（二）待履行合同之界定

讨论破产管理人待履行合同的解除权限制，首先就必须得明确待履行合同的定义，我国法律对于待履行合同没有定义，各国也有不同标准。许德风认为待履行合同是发生在破产程序之前的互为给付的双方行为。① 这表明了待履行合同的以下特点：第一，待履行合同成立时间为破产程序开始之前；第二，待履行合同是双务合同，双方都要为对方履行义务，才能享受权利；第三，待履行合同给付义务未履行完毕。兰晓为从给付义务角度出发，认为待履行合同是给付义务的未履行，而不论附随义务的履行。② 这里强调的是从合同的主要义务出发。王欣新则是将上述两位学者的观点进行了统一整合。③ 故此大多数观点均认为待履行合同发生在破产程序之前，且为双务合同，这里的履行主要是指履行了主要义务，而非次要义和附随义务，给付义务与附随义务的区别是否能成为独立诉讼请求，合同主体能否根据这一诉讼请求解除合同，前者是肯定的，而后者则是否定的。各国关于待履行合同是双务合同的认定无异议，而只是在区别履行义务时有所不同，德国学者的观点是，只有在主从合同义务均履行完毕才算是履行完毕。美国破产法对此没有作出清晰的界定，“认为只要合同‘某种程度上尚未履行’即可”，给予了法官极大的自由裁量权。

但这里出现了一个问题，这里的主要义务是否有量上的要求，如李永军认为在不动产买卖中，若出卖人为破产债务人，若买受人符合支付了大部分钱款，且已经占有并使用了不动产，尽管没

① 许德风：《论破产中尚未履行完毕的合同》，载《法学家》2009 年第 6 期。

② 兰晓为：《破产法上的待履行合同研究》，人民法院出版社 2012 年版，第 24 页。

③ 王欣新、乔博娟：《论破产程序中未到期不动产租赁合同的处理方式》，载《法学杂志》2015 年第 3 期。

有办理产权转移登记，破产管理人的合同解除权仍应当受到限制。[①] 而在最高人民法院《关于适用〈中华人民共和国企业破产法〉若干问题的规定（二）》（法释〔2020〕18 号修正）第 35 条第 2 款关于所有权保留买卖的规定，表明了最高人民法院在一定程度上承认了已经履行主要义务量的效力。但以量来衡量合同的履行对于债权人来说并不公平，比如，当合同未履行完毕时，已经履行的部分可以作为共益债进行债权申报，而一方已经履行完毕时，管理人为防止个别清偿而拒绝履行，已履行一方则只能请求损害赔偿，这时作为普通债权进行申报，两者结果相去甚远，而如果是设定一个履行比例，在临界该履行比例值与已经到达该比例值债权申报的情形完全不同，这对于整体债权人的公平而言是不利的。但这也并不意味着比例值对于待履行合同没有意义，但该比例值并没有对合同履行产生实质性影响时，可忽略不计。[②]

而另外一个问题就是，如何去界定合同的主要义务，这就要从合同目的进行探讨。一项平等、公平的交易在于交易双方相互的成就对方，在合同约定的范围内满足对方的合同目的，也即是一方的合同主要义务就是帮助债务人的合同相对方实现合同目的。[③] 待履行合同是双方合同目的都没有达成，这里有学者认为合同目的分为抽象视角审视的与具象视角审视的，前者以获得所有权、后者则是以具体到外观、数量描述性上的一致性，在某些情况下动机也被认定为合同目的，即主观目的。合同目的视情况的不同而可被分为共同合同目的和单独的合同目的，而合同双方的效果意思一般宽于合同所表述的目的。即合同目的不能等同于效

① 李永军：《破产法——理论与规范研究》，中国政法大学出版社 2013 年版，第 125 页。

② 刘加恒、王平：《房地产开发企业破产程序中的权利冲突》，法律出版社 2021 年版，第 16 页。

③ 同上书，第 18 页。

果期待，而应该是以外观性表达出来的可视性效果意思表示，而不能将合同目的囊括在合同双方并未通过合同表示出来的主观意识中，不能实现合同目的应指某种事实（严重）影响了当事人订立合同所期望的经济利益。① 这里要强调的便是主观目的在客观上的表达，即以合同中所描述的目的，根据交易习惯可以推导出的目的，而非存在于合同相对方脑中的目的。正如有学者所言，合同目的究其本质是属于主观的，因合同当事人的期待而为之，但出于信赖和秩序等因素考虑，通过外在形式表现出来的客观目的则更具有实践参考性。② 这是因为合同目的囊括主观与客观两重属性。主观目的简单理解为动机，客观目的即外在化的交易目的，表现在给付效果上。③ 综上，在判断合同目的的时候应该以客观目的的表现为主，主要是指合同上明确提出的要求，这是主观目的在客观上的外部表示，这里的目的以经济目的为主，当然还包括经济目的之外的其他目的，而交易习惯则可在客观目的表述不清时适用。

二、破产管理人待履行合同限制原则及必要性

（一）利益平衡原则

利益平衡原则代表的是交易的公平与正义，破产法作为交易中的法，应当遵守这一原则。正如韩长印所认为的，“破产法在维护市场经济交易秩序之间发挥着不可替代且不可缺少的作用，法律制度中的‘正义’价值要贯穿其中”。④ 这要求管理人在行使解

① 崔建远：《论合同目的及其不能实现》，载《吉林大学社会科学学报》2015 年第3 期。

② 章杰超：《合同目的的含义之解析》，载《政法论坛》2018 年第 3 期。

③ 杨锐：《论〈民法典〉中的“不能实现合同目的”》，载《北方法学》2021 年第2 期。

④ 韩长印：《破产宣告对未履行合同的效力初探》，载《法商研究》1997 年第3 期。

除权时要注意解除后双方的利益差距，如果解除合同带来的对方损失是巨大的，且损失要高于管理人这边解除合同获得的利益，管理人就不得选择解除。李永军也在其论文中主张管理人在行使待履行合同解除权时要将交易相对方的利益和安全纳入考虑之中。[①] 许德风同样也认为在此原则之下，若合同相对方因破产管理人拒绝履行合同造成的损失超过了破产财团因此而获得的利益，破产管理人不得拒绝履行。[②] 故在管理人行使合同解除权时，除了要以债权人利益最大化，保障债务人财产赋值最大化为目标，还要考虑到合同解除后对于合同双方的成本效益的大小。

（二）负担过重原则

负担过重原则是指只要合同的履行不会引起债权人财产的减少，破产管理人就应当履行。尽管该原则受到了相关学者的批评，认为该原则在司法案件适用过程中，不仅不能起到阻却拒绝履行或解除合同的行为，反而还会造成额外的价值损失。但也有学者对此原则持肯定态度，如许德风则认为应当有限地使用该原则，因为在实践中债权人的损失数额（期待利益）是难以准确估量的，而且，通过司法评价得出的赔偿额在司法评价过程中也将产生巨大的成本。负担过重原则是公平原则下的体现，当破产管理人解除合同明显地使得合同双方负担不平衡，美国破产法典中在处理相关破产案件中，法院可能会采纳“整体公允性”标准，根据该标准，必须证明协商过程、价格以及合同条款都是公允的。当出现一方明显受损时，该合同的解除权便可能受到限制。负担过重原则也会使得合同被解除方不至于背上巨大的负担压力，从长远来讲是有利于交易活动的稳定与持续。

---

① 李永军：《论破产管理人合同解除权的限制》，载《中国政法大学学报》2012年第6期。

② 许德风：《破产法论——解释与功能比较的视角》，北京大学出版社2016年版，第147页。

（三）生存优先原则

生存是人的基本需求，在涉及这一基础要求上，破产管理人的解除权应当受到限制，王欣新认为基于对购房者合同利益以及生存利益的保护，拒绝给予管理人合同解除权，房屋已经建成的，且条件符合交付的，管理人应当继续履行合同要求。[①] 生存是一个人的基本需求，它是一个国家对于人权的保证，在生存都无法进行保障的情况下，去谈论经济的发展是没有意义的。故生存原则是所有民事活动所要遵循的首要原则，如前所述，法律已经有规定。故管理人在处理合同解除纠纷时，特别是房地产破产企业合同的纠纷处理下，法院要将生存优先原则作为首要原则进行考虑，当所涉及的房屋是合同相对方唯一的住所时，对于管理人的合同解除权应当有所限制。

（四）物权法定原则

物权法定原则是维护交易安全的内在要求，同时也是民法物债二分体系下所要遵循的原则，破坏物权法定原则，则会导致物的定纷止争、维护交易安全的目标遭到破坏。而在破产程序中涉及的则是涉及了预告登记的房屋买卖合同纠纷，预告登记是通过公示程序赋予债权请求权物权对抗效力；具有准物权性质。[②] 这点对抗效力可以对抗破产管理人的合同解除权，正如金春认为的，对于已进行预告登记的房屋买卖中，破产管理人的解除权应当受限制，即通过赋予购房人类似有对抗效力租赁权的准物权，禁止管理人的解除权。[③] 王欣新也认为预告登记可以对抗管理人的合同

---

① 王欣新、张思明：《房地产开发企业破产中的房屋产权界定与合同履行》，载《人民司法》2016 年第 7 期。

② 夏正芳、李荐：《房地产开发企业破产债权的清偿顺序》，载《人民司法》2016 年版第 7 期。

③ 金春：《论房地产企业破产中购房消费者的权利保护——消费者保护和债权人可预测性的平衡》，载《法律适用》第 4 期。

解除权。[①] 根据《民法典》第 221 条的规定在一定程度上赋予了预告登记以物权效力，而在商品房买卖过程中，出卖人破产，买受人进行了预告登记，此时的预告登记具有对抗出卖人处分变动物权归属的权利，是债权被物权化的表征，出卖人破产时，管理人要继续履行不动产买卖合同，而不能行使解除权。[②]

除此之外，还有被拆迁房，其本质是所有权的一对一交换，如果只是关注产权置换协议，管理人行使合同解除权，则破坏了其功能物权的表达行使，在所有权调换形式的房屋安置中，被拆迁房的产权本属于被拆迁人所有，在产权置换协议签订后，应视为是所有权的交换。尽管在房地产开发企业破产时，已建成房屋未办理产权转移登记，但并不妨碍被拆迁人对该房屋的所有权，管理人此时应当继续履行合同要求，为其办理产权登记，而不能行使解除权。[③]

（五）公平原则

公平原则是民法的一项基本原则，它以平衡各方的利益为中心，要求民事主体秉持公平理念行使权利履行义务，同样在解决纠纷时，也要以公平正义为引导，不可厚此薄彼。在国外立法中，日本判例似乎针对所有合同指出“合同解除给对方带来特别不公平的后果时”，管理人不能选择解除合同。[④] 王欣新认为在实践中，如果不考虑合同的特殊性而赋予管理人不加限制的合同解除权，会违背交易的公平原则，使得合同相对方被予以不公平对待，同时也不利于维护市场交易的安全与稳定。[⑤] 绝对的权利自由会导

---

① 王欣新、张思明：《房地产开发企业破产中的房屋产权界定与合同履行》，载《人民司法》2016 年第 7 期。

② 刘加桓、王平：《房地产开发企业破产程序中的权利冲突》，法律出版社 2021 年版，第 25 页。

③ 同注①。

④ 日本最高裁判所 2000 年 2 月 29 日判决，民事判例集 54 卷 2 号第 553 页。

⑤ 王欣新、乔博娟：《论破产程序中未到期不动产租赁合同的处理方式》，载《法学杂志》2015 年第 3 期。

致管理人肆意地滥用合同解除权，在保护全体债权人利益的幌子下，肆意地破坏交易的公平。对此，日本学者伊藤真等人认为允许基于当事人之间的公平，禁止管理人就双方均未履行完毕的合同行使解除权。① 这里面就涉及一个比例问题，如前所述，金春认为，由于房地产企业的原因未办理或未及时办理产权登记的，如果购房人已经支付大部分购房款，可以参照比较法上的做法，认定双方的实质性的核心义务已被履行，而从公平角度出发，该合同不应该被解除。② 李永军对此持同样的看法，从公平的角度看，如果该合同解除后果存在明显不公平，就应当限制管理人的合同解除权。③ 这里的比例问题就是以公平的角度去看待合同履行的义务问题，以比例的方式去推测已经履行了主要义务，从而排除了未履行完毕的情况，他们认为这样更能符合对于合同双方的公平状态。笔者认为公平原则作为民法的基本原则，是破产法所要遵循的，但原则属于兜底适用，在没有具体规则的前提下才能适用，在法律已经明确作出规定的时候，就应该适用该规则，而不应舍弃规则去适用原则。

（六）保护社会公共利益原则

随着社会经济的发展，越来越多国家意识到维护社会公共利益，在破产法中应当要有所体现。如涉及破产公用企业的供电、供水合同等，如果管理人随意解除该类合同，必然引起了多数人的利益受损，且影响基本生活，从而成为造成社会秩序混乱的根源。④

---

① ［日］伊藤真、松下淳一、山本和彦编：《新破产法的基本构造与实务》，Jurist 增刊 2007 年版（山本克己发言），第 271 页。

② 金春：《论房地产企业破产中购房消费者的权利保护——消费者保护和债权人可预测性的平衡》，载《法律适用》第 4 期。

③ 李永军：《论破产管理人合同解除权的限制》，载《中国政法大学学报》2012 年第 6 期。

④ 覃红卫：《房地产公司破产清算若干实务问题研究——以债权人申请破产清算为视角》，载《中国审判》2010 年第 54 期。

陈本寒、陈超然认为在某些情况下破产管理人合同解除权的行使将有违社会公共政策，这与相关立法价值是相违背的。[①] 社会公共利益的政策要求是破产法需要纳入考量的因素之一，破产法虽是舶来品，但对于公共利益的保护各国均是一致的，对涉及公共利益时，管理人的合同解除权均受到了不同程度的限制。美国破产法典中基于供电合同的特殊性，认为应该采用更高的标准，不能随意拒绝履行。当债务企业的董事或高级管理人员是利害相关人的时候，也有高于"商业判断标准"的标准适用，在这些案件中，法院可能会采纳"整体公允性"标准，根据该标准，必须证明协商过程、价格以及合同条款都是公允的。[②]

三、破产管理人对特殊待履行合同解除权限制之内容

（一）涉及房屋买卖租赁合同

对于涉及房屋合同，多以租赁和买卖为主，对于房屋租赁合同，大多数学者基于"买卖不破租赁"的立法论角度，重视承租人的权益保护，正如王欣新认为在破产程序中，原则上应当尊重《民法典》给予租赁合同的特殊保护，限制出租人的合同解除权。这是从立法论的角度出发，考虑到偏弱势方的承租人的生存居住利益角度而进行限制解除合同，同理于"买卖不破租赁"。而李曙光从解释论的角度认为，因出租人已经履行了提供符合约定的租赁物的义务，且承租人也履行了支付租金的义务，该租赁合同的主要义务应视为履行完毕，所以破产管理人不得依照该条文之"双方均未履行完毕合同"解除租赁合同。这一解释并没有看到租赁合同的继续性特征，从而从一开始就排除了其未履行完毕状

① 陈本寒、陈超然：《破产管理人合同解除权限制问题研究》，载《烟台大学学报》（哲学社会科学版）2018 年第 3 期。

② ［美］查尔斯·J. 泰步：《美国破产法新论（第 3 版）（中册）》，韩长印，何欢，王之洲译，中国政法大学出版社 2017 年版，第 789 页。

态，实属失之偏颇。而陈本寒、陈超然则认为并非所有的租赁合同都应当受到解除权限制，只有当该租赁合同涉及居民生存保障问题及社会公共利益损失才可以对其进行限制。这便使得租赁合同具有针对性限制。许德风认为，在承租人破产的情况下，其破产管理人有权选择继续履行或解除合同，若选择解除合同，则应按照担保对待，即，对剩余的租金（在经济意义上的属性是借款加利息），出租人有权就租赁物的价值优先受偿。对于因合同解除而遭受的其他损害（包括剩余的租金），出租人有权申报债权，要求承租人予以赔偿。对上述出租人所受损害，包括就担保物受偿不足的部分，可以请求保证人承担保证责任。而在美国《破产法典》中，“在不动产租约下，债务人系出租人而相对人系承租人、在不动产买卖合同下，债务人系出卖人而相对人系已占有买卖标的买受人以及在知识产权许可使用合同下，债务人系许可人而相对人系被许可人”，对于以上三种情形，《破产法典》所设置的大前提的关键部分都是相同的，即便管理人拒绝承继合同或者租约，相对人仍可选择保有其财产权益，简言之，除非相对人同意，拒绝承继都不能剥夺相对人所享有的财产性权利。[①] 故此，笔者认为，对于房屋租赁合同，承租人虽然是弱势群体，其利益应当被给予保护，在一定程度上也体现了生存居住的情况，但是破产法有其遵循的价值目标——破产财产的赋值最大化，在两者之间进行权衡下，在出租人破产时，并非完全不能解除合同，而要考虑实际情况，若并不妨碍承租人的生存居住，则可以解除。

而对于房屋买卖合同，就应该着重考虑的是生存居住这一方面，如果出卖人破产，买受人购买的房屋是其唯一居住房屋，就算其未履行完毕所有价款，但仍可以根据实际情况，限制管理人

---

① ［美］查尔斯·J. 泰步：《美国破产法新论（第3版）（中册）》，韩长印，何欢，王之洲译，中国政法大学出版社2017年版，第810页。

的合同解除权。德国破产法中对于租赁和土地出租合同，如果债务人是动产的使用出租人或用益出租人，而该动产由第三人出资并且因担保而转让于第三人时，不存在选择权，在出租人破产时，只有当出租人已经交付了该租赁物时，不动产使用租赁和用益租赁才会存续，在此不存在选择权。[①] 日本破产法中规定承租人如果具备依自己的租赁权对抗第三人的对抗要件，管理人不得行使合同解除权。[②] 故管理人对待履行商品房买卖合同的破产解除权应受限制，且因待履行合同种类不同各异。对消费型购房合同行使破产解除权，要保障购房人的基本生存权，就算解除合同也要赋予对购房人的赔偿以共益债的形式。司法审判中考查管理人行使的破产解除权，应兼顾破产财产增值保值目标以及消费型购房人基本生存权双层利益，在两者之间达到平衡。对于已经设立了预告登记的，如前所述，破产管理人不可行使解除权，而应当继续履行合同，协助买受人办理转移产权的登记。

（二）劳动合同

对于劳动合同的解除，有学者认为应扩张解释《劳动合同法》第 41 条第 1 款第（1）项，不将破产受理或宣告本身作为劳动关系终止的条件，而是规定劳动关系原则上不受破产程序的影响，而破产管理人若要解除劳动合同，须有充分的理由，并不得违反劳动合同法的一般规定。《美国破产法典》第 1113 条对此问题进行了规定。该条虽然规定了破产管理人可以单方拒绝劳动合同，但同时也规定了其在行使拒绝权时必须满足严格的条件，如与工会进行谈判等。另外，如果管理人决定拒绝劳动合同，还要经过法院严格的审查方可生效。《美国破产法典》明确要求了管

---

① ［德］乌尔里希·福尔斯特：《德国破产法（第七版）》，张宇晖译，中国法制出版社 2020 年版，第 139 页。

② ［日］山本和彦：《日本倒产处理法入门》，金春译，法律出版社 2016 年版，第 75 页。

理人承继或拒绝的决定必须经法院的批准，其转让也需经法院的批准。[①] 对于集体劳资协议，管理人必须证明集体劳资协议对破产财团纯属负担，且利益权衡的结果支持拒绝承继。[②] 德国破产法中对于在破产程序启动后，雇佣关系和劳动关系还继续存在，明确提出管理人不享有第 103 条中的选择权。[③] 故对于劳动合同，笔者建议要赋予劳动者反选权，其可以选择解除劳动合同，并得到赔偿，其损失作为共益债得到随时清偿。

（三）涉及物权效力合同

这里主要指的是涉及预告登记的房屋买卖合同。尽管有学者提出所有权保留买卖合同的物权效力使得管理人不能行使合同解除权，其从所有权保留合同的本质的担保属性出发，在出卖人破产时，如果允许其管理人行使合同解除权，则管理人会投机取巧，在标的物价值最大时解除合同，以保证其利益最大。但所有权保留合同对于出卖人而言仅仅是一种担保作用，在出卖人行使合同解除权时，出卖人就会获得额外利益，这样就会导致出卖人与买受人之间的利益失衡情况的出现，有违交易公平。当然也有学者从合同的履行方面认为管理人合同解除权的存在是合理的，他认为在出卖人破产时，如果买受人尚未付清价款，原则上管理人可以解除或拒绝履行该合同，其理由是所有权保留的本质目的是确保出卖人价款请求权的实现，而允许买受人在履行全部付款义务的前提下取得所有权，并不违背所有权保留制度的本意。对比国外的相关立法，德国破产法中关于所有权保留买卖合同的规定如下：在所有权保留买卖中，买方的期待权属于不受破产法影响的

---

① ［美］查尔斯·J. 泰步：《美国破产法新论（第 3 版）（中册）》，韩长印，何欢，王之洲译，中国政法大学出版社 2017 年版，第 798 页。

② 同上书，第 799 页。

③ ［德］乌尔里希·福尔斯特：《德国破产法（第七版）》，张宇晖译，中国法制出版社 2020 年版，第 140 页。

权利，如果买方不知情，则卖方的管理人可以根据《德国民法典》第323条解除合同并且要求返还该物——紧急情况下可以取回，如果买方现在也发生破产。[①] 这表明了德国破产法将所有权保留合同排除在了管理人解除权之外，利用民法典进行处理。对于预告登记同样如此，预告登记的权利取得根据民法而确定，如果在破产情形下不能享有该权利，预告登记的希望将会打折扣。因此，不存在选择权：预告登记的请求权属于“不受影响的请求权”，可强制履行该请求权（类似取回情形）。[②] 这表明德国的涉及物权效力的所有权保留合同与预告登记均排除在了破产法之外，管理人并不能自行解除该类合同。笔者认为所有权保留买卖合同并非担保合同，担保合同是为了担保债权的实现而设立的从合同，而所有权保留买卖合同只是合同双方对于标的物的物权归属进行的一个时间先后的约定，其目的虽然也是为了促使双方的合同履行，但与担保本质上还是不一样的，在双方达成签订所有权保留买方合同合意时，便默认了上述学者提到的出卖人破产时在标的物价值高的时候的解除合同，尽管会导致双方利益的失衡，但也是双方合意的结果，这种不公平后果是可预料到的双方默认行为所致，故笔者认为，对于所有权保留买卖合同，破产管理人可以行使合同解除权，但对于预告登记则不能行使合同解除权。

（四）知识产权合同

许德风认为在知识产权合同中，若许可人破产，其管理人选择拒绝履行合同，而被许可人选择继续使用有关知识产权，则被认为放弃了抵销权，即全额支付使用费。对于因破产债务人拒绝履行合同而遭受的损害，只能作为普通债权请求赔偿。美国《破

---

① ［德］乌尔里希·福尔斯特：《德国破产法（第七版）》，张宇晖译，中国法制出版社2020年版，第138页。

② 同上书，第139—140页。

产法典》中对于知识产权合同在管理人拒绝履行上也有限制，其基于衡平原则，在破产程序之外，商标特许人的违约行为并不能终止被特许人使用涉案知识产权的权利，所以在破产程序下结果也应是相同的。[①] 对于竞业禁止协议债务人是被特许人，在这类案件中，即便债务人拒绝承继包含竞业禁止条款合同后，为执行竞业禁止条款，相对人仍会希望获得或执行消极禁令。[②] 日本专利法第 99 条“当然对抗制度”，其结果是专利许可合同都可对抗管理人，即不能成为解约对象。[③] 知识产权有其特殊性，在知识产权许可合同中如果允许管理人解除合同，将给被许可人造成极不公平的后果——破产分配无法弥补的损失，被许可人投入过大，成本与收益悬殊；甚至相关知识产权在很多时候是被许可人事业所必不可少的基础，一旦丧失又难以在短时期内取得替代方案，将直接导致被许可人的事业前功尽弃。[④] 故对于破产管理人针对知识产权许可合同的限制是必要的，建议在企业破产法新修订中将知识产权等标的物难替代性合同排除在管理人合同解除权之外。

破产管理人合同解除权限制问题在破产法中是一个需要重视并进行更好的立法解决的问题，在立足多元化的中国特色价值观目标下，要设立一系列原则进行约束，将立法目标与立法价值在破产法中展现，而不仅是以债务人财产赋值最大化的唯一目标，从而忽视了市场交易的其他方面，除了设立相关原则，还要根据不同合同特点设置具体规则，从而达到限制破产管理人合同解除权的目的。

---

① ［美］查尔斯·J. 泰步：《美国破产法新论（第 3 版）（中册）》，韩长印，何欢，王之洲译，中国政法大学出版社 2017 年版，第 810 页。

② 同上书，第 904 页。

③ ［日］山本和彦：《日本倒产处理法入门》，金春译，法律出版社 2016 年版，第 78 页。

④ 陈选：《破产管理人对待 履行商标许可使用合同的选择权》，载《西南政法大学学报》2021 年第 3 期。

29　尚未转移占有但已完全支付对价的特定房产属性探析

——以破产取回权为中心

陈子欣*

摘要： 最高人民法院近几年判例对于《破产若干规定》第 71 条是否适用的问题上未能达成一致。具体而言，最高人民法院未能回答尚未转移占有但已完全支付对价的特定房产是否属于破产财产、若不属于破产财产，买受人可否根据破产取回权制度主张返还。一方面特定房产需要满足《破产若干规定》第 71 条规定的特定物要件；另一方面破产取回权制度法理来源于《企业破产法》第 38 条，取回权是针对特定物上的返还请求权，权利行使的核心是标的财产与债务人其他财产能够区分开。

关键词： 房企破产　特定物　破产取回权

引　言

房企破产往往牵一发而动全身，近年来，随着国家对房地产企业从严调控，该行业发展呈现出与以往不同的特点。通常是监管更严，违法成本更高。在这种形势下，房企破产案件逐年递增，而其生死存亡却关乎着千百家购房者的切身利益。对于那些已经

---

* 陈子欣，北京华泰（郑州）律师事务所律师。

支付了全部价款，焦急又欢喜地等待开发商交房的买受人，如果遭遇房企破产、开发商不能交房的情况时往往是最为煎熬的。

一、问题的提出

根据2002年生效的《最高人民法院关于审理企业破产案件若干问题的规定》（以下简称《破产若干规定》）第75条第5款规定，特定物买卖中，尚未转移占有但相对人已完全支付对价的特定物不属于破产财产。根据本条规定，本文标题提出的问题似乎已经有了明确回答，已经支付全款的买受人购买的房屋可不经过破产财产再分配。可事实却不尽然，通过查询近几年最高人民法院的判例，笔者发现，最高人民法院对于该问题的裁判并不能达成统一。如（2020）最高法民申2681号判决书认为[①]，根据“新法优于旧法”原则，应当适用《最高人民法院关于适用〈中华人民共和国企业破产法〉若干问题的规定（二）》（以下简称《破产司法解释二》）第2条的规定，案涉房产仍应当是债务人财产，属于破产财产。而（2017）最高法民申1429号判决则认为，《破产若干规定》第71条未被废止，应当适用，案涉房产不属于破产财产。若同意（2017）最高法民申1429号判决书观点，案涉房产不属于破产财产，符合《企业破产法》第38条规定的“不属于债务人财产，可通过管理人取回”的情况，那么，买受人能否根据该条规定通过管理人将房产取回呢？

同一类型的案件最高人民法院观点前后未能达成一致，究其

---

① 判决原文为：《破产若干规定》系为正确适用《中华人民共和国企业破产法（试行）》所制定的司法解释，目前《中华人民共和国企业破产法（试行）》已经废止。2013年9月16日起施行的《破产法司法解释（二）》第2条对不应认定为破产财产的情形，作出了不同于《破产若干规定》第71条的规定。根据“新法优于旧法”的法律适用规则，本案应适用《破产法司法解释（二）》认定案涉房产是否属于债务人财产。根据上述规定，应当认定涉案房屋仍然属于广信公司的债务人财产。

本质，笔者认为可以提炼出两个问题：其一，《破产若干规定》第 71 条是否仍然适用；其二，尚未转移占有但相对人已完全支付对价的特定房产可否通过取回权取回。对于第一个问题，关于法条效力问题，笔者认为，首先《破产若干规定》并未被法律明确废止，所以仍存在适用空间。其次，2013 年《破产司法解释二》第 2 条第 4 款规定，下列财产不应认定为债务人财产：（四）其他依照法律、行政法规不属于债务人的财产。该兜底条款并不排斥 2002 年《破产若干规定》第 71 条，所以从理论上讲，第 71 条仍能适用。对于第二个问题，本文试通过分析特定物与破产取回权的特征来对该问题进行回答。

二、关于《破产若干规定》第 71 条规定的特定物

学者一般认为，特定物是种类物的对称，基于其本身的属性或者经过具体指定[①]成为独一无二、不可替代之物。破产取回权的标的物应满足特定物的要件，符合该要件的物，能够特定于破产财产之外，故相对人能够通过取回权取回。《破产若干规定》第 71 条规定的特定物，即尚未转移占有但相对人已完全支付对价的特定物，从文义拆分上看，该特定物应当满足以下条件：（1）尚未转移占有；（2）已完全支付对价；（3）须满足特定物特征。

下文试作分析，第一，第 71 条规定的是“占有”，不能与“交付”混淆，故无须区分简易交付、指示交付等。对于动产而言，应当是将物转移到买受人支配之下；对于房屋等不动产而言，实务中则稍显复杂。根据最高人民法院判例[②]，对于“占有不动产”，应以买受人实际控制该房屋为标准，其是否实际入住或使用

---

① 一般认为，特定物和种类物的划分标准有两个，属性标准和指定标准。

② （2019）最高法民申 2261 号判决书，关联法条为《最高人民法院关于人民法院办理执行异议和复议案件若干问题的规定》，本案中，当事人的“实际控制”表现为开发商出具的《准住通知》《装修管理协议》《物业协议》等。

则不是对该房屋合法占有的必要条件。在商品房买卖中，当买受人签收了开发商出具的《住宅使用说明书》《住宅质量保证书》《竣工验收备案表》等文件时应当认定为房屋已经转移占有。故应当明确，房屋转移占有不以“房屋所有权”转移为准，即并不以房屋所有权转移、房管局登记备案为准。

第二，如何理解“已完全支付对价”。首先，衡量“已完全支付对价”的时间节点应当是破产受理之前，防止买受人在破产受理后紧急增加付款。其次，对于“以房抵债”协议是否可以认定为“已完全支付对价”，司法裁判观点不一，众说纷纭。2012年公报案例（2011）民提字第210号判决书中明确了代物清偿法律关系[①]，且代物清偿合同为实践合同，未实际履行则合同不成立。2014年《江苏省高级人民法院关于以物抵债若干法律适用问题的审理纪要》中明确：当事人在债务未届清偿期之前约定以房屋或土地等不动产进行抵债，并明确在债务清偿后可以回赎，债务人或第三人根据约定已办理了物权转移手续的，该行为符合让与担保的特征，因违反物权法定原则，不产生物权转移效力。债权人如根据抵债协议及物权转移凭证要求原物权人迁让的，人民法院应不予支持。综上，“以物抵债”合同是实践合同，其成立必须依赖房屋所有权转移至买受人。若认为“以物抵债”合同符合“已完全支付对价”要件的，应以“转移所有权”为标准。即转移房屋所有权后，“以物抵债”合同成立，并且合同满足“已完全支付对价”要件[②]。

---

① 武侯国土局与招商局公司、成都港招公司、海南民丰公司债权人代位权纠纷案，判决书中明确了定双方协议以土地作价清偿的约定，构成了“代物清偿法律关系”。且代物清偿协议系实践性合同，没有实际履行，双方的代物清偿协议不成立。

② 肖俊：《代物清偿中的合意基础与清偿效果研究》，载《中外法学》2015年第1期。这里的“要物”不能望文生义地被认为是通常意义上的“物的交付”或者“物的占有的移转”，它的实际含义是指现实的履行，包括物的所有权的移转，以及以行为为客体的作为之债，可以是完成特定的作为也可以是不作为的义务。

第三，转移占有前，应已指定为特定物。如（2017）最高法民申1429号判决书中认为，沃某宏与东来公司签订的《商品房买卖合同》合法有效，且沃某宏已支付全部购房款。沃某宏所购商品房的楼层、房号、面积均具体明确，与其他房屋相区别，系特定物。对于该特定物，笔者认为应当作如下理解：

首先，种类物与特定物的区分，在传统民法中并不是物权法的分类，而是债法上的分类，即分为种类之债和特定之债[①]。具体到实践，双方应当达成有效的买卖合同。而特定物作为物权的客体，必须要求有实物存在，即交付时必须有确定的物存在，不能画饼充饥。在破产受理后，尚未转移占有的特定物，此时若要讨论破产取回权时，须确定有特定之物存在。

其次，特定物应与债务人其他财产区分。特定物的要件之一就是独一无二、不可替代的。具体到实践，通过指定或者约定，将种类物指定为特定物。如动产买卖中，约定交付三月份生产的啤酒，其他月份生产的则不行；又如房屋等不动产买卖中，确定交付房屋的楼层、房号、面积。对于特殊的动产，如货币，货币作为种类物，当事人在交付之后即与对方财产发生混同，无法区分。一般来讲，作为一般等价物，货币所有即占有，货币占有者即所有者。但是，若将货币以特户、封金、保证金等形式予以特定化，那么也是能和其他货币进行清晰区分的。换言之，如果货币以特户、封金、保证金等形式特定化后，即使债务人企业进入破产程序，债权人也可通过行使取回权将其取回。案如（2021）最高法民申4928号判决，最高人民法院认为债权人请求取回应举证证明该款项在交付后仍能与债务人的其他资金清晰区分，即具备特定化的特征，若举证不能，可在破产程序中按一般债权进行

---

① 隋彭生：《“特定的物”是“特定物”吗？——与“通说”商榷》，载《比较法研究》2008年第4期。

申报，但不享有所有权。

三、破产语境下对特定物行使破产取回权

一般认为，破产取回权是指，破产管理人占有的不属于债务人的他人财产，财产的权利人可不依破产程序，直接对该项财产行使权利，经破产管理人同意而取回的权利。根据相对方的不同，可以分为出卖人的破产取回权和买受人的破产取回权。出卖人的破产取回权的权利基础来源于《民法典》第642条，买受人的破产取回权的权利基础来源《企业破产法》第38条。但是仍有问题需要关注。

第一，关于出卖人的破产取回权，《民法典》第642条规定，当事人约定出卖人保留合同标的物的所有权，在标的物所有权转移前，买受人有下列情形之一，造成出卖人损害的，除当事人另有约定外，出卖人有权取回标的物：……从法条可知，出卖人的破产取回权是基于所有权保留买卖而形成的，标的物已经转移占有，出卖人依据取回权取回。此种情况与本文研究重点不一致，因篇幅所限，本文不展开。

第二，买受人的破产取回权。《企业破产法》第38条规定，人民法院受理破产申请后，债务人占有的不属于债务人的财产，该财产的权利人可以通过管理人取回。但是，本法另有规定的除外。从法条以及概念上，我们可以提炼出如下要点：（1）不属于债务人的财产；（2）基于物权或者其他物权性权利；（3）不经过破产程序；（4）须为特定物。

其一，标的物不属于债务人的财产。这是破产取回权的基本特征，使之与破产别除权区分开。破产别除权标的物财产归破产人所有，因破产前为担保债的履行而于物上设定了某种负担，因而在债务人被宣告破产时，法律为保护债权人的优先受偿权，而赋予债权人不通过破产程序就设定负担之物优先受偿的权利，称

为破产别除权。而成为破产取回权的标的物原非属破产人所有，而被破产管理人列为破产财产，因而权利人可以依据取回权主张返还。权利人应当向管理人提出行使取回权，管理人不认可的，权利人应以债务人为被告向法院提起诉讼行使取回权。并且管理人不得以生效法律文书错误为由拒绝权利人行使取回权①。“不属于债务人的财产”，具体到实践：若标的物是动产，衡量标的物不属于债务人财产的标准应是动产所有权归属②，即债务人占有其不享有所有权的动产；若标的物是不动产，笔者认为也应以所有权归属为标准，即以不动产移转登记为准③。

其二，破产取回权以所有权或其他物权性权利为基础，具有物权特征。对于该问题，学说众说纷纭，有人认为，取回权是诉讼法上的权利，是一个新权利；主流观点则认为，取回权乃破产法对在一般私法上已有的财产权利的承认和保护④。即取回权并非破产法新设的权利，而是对权利人在破产程序开始前，据民法及其他实体法业已存在的权利的承认与维护。如所有权、留置权、质权等。留置权人的留置物、质权人的质物被债务人侵占时，基于物权返还请求权可请求非法占有人返还，破产取回权正是这一物权原则在破产程序中的体现。

其三，权利人可不经过破产程序即可取回标的财产。正如上文所言，并非权利人的权利行使与破产程序无关，而是必须向管理人提出，继而经过管理人同意取回标的财产，而无须经过破产财产分配。这也是与普通债权区别最大的地方。普通债权的权利依据是债权，必须依破产程序申报才可以清偿，这在《企业破产

① 《破产司法解释二》第 26 条、第 27 条。

② 暂以所有权举例，其他物权性权利在下文展开。

③ 对于未进行登记但已经支付对价的房屋，《破产若干规定》第 71 条第 6 款也有规定，不过与第五款一样，最高人民法院对该条效力问题也未达成一致。

④ 李永军：《论破产程序中的取回权》，载《比较法研究》1995 年第 2 期。

法》中规定得十分详细，自不必说。而且普通债权的清偿需要经过破产财产变价、分配，并且还要服从清偿顺序。取回权则是依据所有权或其他物权性权利，可直接向管理人提出返还财产的要求，随时请求及时返还。

其四，依据破产取回权取回的财产必须是特定之物。并非特定物一定可依据取回权取回，而是依据取回权取回的财产必须满足特定物的要件。例如，原告要求管理人返还破产人占有原告的钢管，依据是先前双方签订的《钢管租赁合同》，但是合同缺少对钢管标准的描述，而且无法与破产人拥有的其他钢管所区分，法院不予确认原告的诉讼请求①。

破产取回权的一般表现形式为：

（1）代购代销商品，破产人接受委托代为购买或者销售其商品。委托人基于其对商品的所有权，可以依据取回权将特定的商品取回；（2）代储、保管、寄存、承运物资以及承揽加工的原材料，同样，破产人接受委托，委托人基于对标的物的所有权，可依据取回权取回；（3）租赁或借用的财产，债务人为满足生产经营需要而租赁或者借用的动产或不动产，权利人可依据取回权取回。对于房屋等不动产而言，债务人在房屋上添附财产的，较为复杂。如果添附财产可拆除，则将原来的房屋返还给权利人。如果添附财产不可拆除时，则应当以房屋及添附财产一同作为标的物返还给权利人②。

综上，破产取回权是针对特定物的返还请求权，在取回之前由管理人管理，经由权利人提出返还请求，管理人同意后才可取回。正如（2020）苏08民终1784号判决书所述，取回权是在破

---

① 参考广东高院（2020）粤民终458号判决书。

② 对于添附财产这个问题，学者也有诸多讨论，如添附财产归属、添附制度设计等。

产程序中权利人基于其所有或占有物的事实以及其他法律上的原因，请求无偿占有人返还该物的权利。而取回权行使的核心是标的物仍存在于债务人财产之中并能够与债务人的其他财产相区分。最高人民法院给河南高级人民法院的答复（2003）民二他字第14号中称，现有证据不能证明五彩购物广场对所收取的货款开立专门账户加以管理，即五彩购物广场代收的货款没有特定化，在企业破产还债程序中不能行使取回权。

结　论

回归实践，买受人与开发商签订房屋买卖合同，并完全支付了款项后开发商进入破产程序。买受人以《破产若干规定》第71条、《企业破产法》第38条规定为由，诉至法院，要求法院确认涉案房屋不属于破产财产，并请求开发商返还涉案房屋。通常情况下，买受人选择这种诉讼思路的原因是：其一，因买受人支付了全部价款，故不属于《企业破产法》第18条规定的双方均未履行完毕的合同，管理人不可单方解除合同，即开发商必须履行义务，交付房屋；其二，房企破产的情况下，往往伴随着楼盘烂尾，房屋自然也尚未建成，属于在建工程，即使法院判决买受人胜诉，买受人可能也不能得到房屋。不过买受人能够保证自己的房屋不会进入破产财产变价、分配程序；其三，买受人不属于“消费型”购房者①的情形，即在破产财产清偿程序中，无法获得优先受偿的地位。

那么，买受人能否依据《破产若干规定》第71条、《企业破产法》第38条规定取回特定房产？笔者认为，如果涉案楼盘尚未搭建完成，则不适用破产取回权。破产取回权要求客体必须是确

① 《最高人民法院关于人民法院办理执行异议和复议案件若干问题的规定》第29条规定了消费型购房者应当满足的条件。

定的物，如果房企破产受理时，楼盘的框架都没有搭建完毕，空中楼阁自然谈不上“取回”了。如果房屋已经建成，已经可以通过楼层、面积、房号区别于其他房屋，只是房屋的建造还未达到交付的程度时，涉案房屋排除于开发商的其他破产财产之外，买受人自然也可以依据破产取回权将房产取回。

30　简析问题楼盘引进共益债投资模式

鲍秀坤*

摘要：本次疫情对房企带来了较大的影响，使得部分中小房企面临着资金链断裂，问题楼盘频出。而共益债投资通过解决复工续建资金缺口，完成项目建设，是问题楼盘复工续建的重要方式之一，不但解决了社会稳定问题，而且在最大限度上维护了债权人的合法权益。本文将从引进共益债投资的法律依据、适用前提、项目选择维度及投资方案设计等方面进行分析。

关键词：破产重整　问题楼盘　共益债投资

一、共益债的法律依据及适用前提

《企业破产法》规定，为债务人继续营业而产生的债务是共益债，共益债由债务人财产随时清偿①。破产重整中为了向“问题楼盘”复工续建提供必要的资金而引进“共益债投资”，也是为了维护所有权利人及破产财产利益而发生，首先其性质上可以确定为《企业破产法》规定的共益债。其次如何获得合法有效的优先受偿权的是关键，确认其“超级优先权”可以大大降低共益

* 鲍秀坤，北京华泰（郑州）律师事务所专职律师。

① 《企业破产法》第42条规定：人民法院受理破产申请后发生的下列债务，为共益债务：……（四）为债务人继续营业而应支付的劳动报酬和社会保险费用以及由此产生的其他债务……第43条规定，破产费用和共益债务由债务人财产随时清偿。债务人财产不足以清偿所有破产费用和共益债务的，先行清偿破产费用。债务人财产不足以清偿所有破产费用或者共益债务的，按照比例清偿……

债投资人的风险，从而有利于激发共益债投资人在破产重整中提供资金的积极性，提高重整成功的概率。

（一）共益债的优先受偿权需得到债权人会议或法院确认

问题楼盘复工续建中，纠缠于在建工程之上各方面复杂的法律关系是最大的难点，包括建设工程价款的优先受偿权、担保物权的优先受偿权、消费性购房者权益保护、其他破产债权清偿顺序等问题都是不可避免的阻碍。为确保共益债投资的优先受偿，需要在重整计划中明确已投入的金额及预期收益在清偿顺位上应当在消费性购房者的优先受偿权、建设工程价款的优先受偿权、税收等债权之前，并后期有售房收入的以债务人财产随时清偿。而且上述重整计划应取得债权人会议分组表决通过，或者在第一次债权人会议召开前报请人民法院审批许可，方能确认共益债的优先受偿权。

（二）梳理问题楼盘上已设定的担保物优先债权的总数额

《最高人民法院关于适用〈中华人民共和国企业破产法〉若干问题的规定（三）》第 2 条明确规定①，共益债清偿顺位在普通债权之前，但是劣后于已经设立的担保物优先受偿权。因而，在引进共益债投资前应确认问题楼盘上已设定的担保物优先债权的总金额，并对问题楼盘复工续建销售后预期可获得的变现价值进行严密、谨慎的测算，以确定在清偿担保物优先债权后，是否仍有足够余额以清偿拟投入的共益债投资及预期收益。

实务中，共益债务投资人为了获得绝对的优先权，往往采取

---

① 《最高人民法院关于适用〈中华人民共和国企业破产法〉若干问题的规定（三）》第 2 条规定，破产申请受理后，经债权人会议决议通过，或者第一次债权人会议召开前经人民法院许可，管理人或者自行管理的债务人可以为债务人继续营业而借款。提供借款的债权人主张参照企业破产法第 42 条第（4）项的规定优先于普通破产债权清偿的，人民法院应予支持，但其主张优先于此前已就债务人特定财产享有担保的债权清偿的，人民法院不予支持……

收购担保物优先债权，并且经过债权人会议决议或者报法院审批，将拟收购的担保物优先债权归集到总投资额度之内的方式来实现。

二、共益债投资选择项目的维度

共益债投资存在风险，因此，应当对接受投资的问题楼盘项目进行筛选。

（一）问题楼盘项目是否具有重整价值

共益债投资作为商业行为，在评判接受投资的问题楼盘项目是否具有重整再生的价值时，不仅要从法律规定的角度进行判断，还更应当从市场经济运行规律上深入考查[①]。在投资前需要对项目的社会价值、需投入成本、当地市场发展预期以及可获得的经济效益，包括但不限于建筑工程质量、地理位置和价格、改造周期、市场定位、销售方案等进行周全的调查了解，以明确项目的自身优缺点并确保销售预期可支撑整个问题楼盘项目的盘活。同时，考虑到工程质量以及产品接受的风险，尽量避免投资长期搁置的问题楼盘。

（二）周期不宜过长

问题楼盘项目复工续建与一般的房地产开发流程相比较而言，其注重效率。理想的状态下，如果投资的前期工作准备充分，复工续建过程中无影响工程竣工、验收方面的问题，通常只需一年左右的时间就可完成建设并进行销售，以售房回款清偿共益债。如建设、销售周期过长，将会产生较多的不稳定因素，投资人资金压力也将增大。

（三）投资数额占可变现价值比例小

为降低投入资金的风险，尽量选择投入资金相对较小且可通

---

① 吴长波、梁宵、李姿萱：《困境企业重整价值的识别》，载《菏泽学院学报》2020 年第 6 期。

过项目自身销售回款滚动开发建设的方式来实现项目的整体盘活。前期投入资金量的大小可根据投入资金量占项目重组成功后可变现价值的比例来判断，理论上该比值越小，项目重整的成功的可能性就越高，投资的风险就越低。

（四）优先选择政策支持的项目

问题楼盘复工续建工作开展后，会涉及各方利益，维护社会稳定任务突出，破产重整程序只能处理所涉及的法律方面的问题，而更为棘手的社会问题和维稳问题还得依靠当地政府的政策扶持。同时，因项目后续建设必定会有各类建设、消防、环境、销售、税收等各方面的行政审批的办理，当地政府重点关注和支持对项目的顺利推进十分关键。

三、共益债投资项目的方案设计

（一）选择合适的介入时机

共益债投资可在破产受理前介入或在破产程序中介入，在破产前介入，与债权人、债务人协商，主要通过预重整方式确定投资方案，但有较大的不确定性；建议破产程序中介入，此时已经指定管理人，且基本调查了解清楚债务人企业资产、负债情况。

（二）制订合理的投资预算

预估共益债投资额度时，应当进行全面的调查，并充分考虑市场变化，必要时可聘请审计、评估等第三方中介机构进行尽职调查。考虑到各类市场因素变动，投资预算额度不宜一刀切，应当有可上下浮动空间，实际拨付时可根据项目进度分批拨付，应避免因预算过低而未能满足复建的需求。

（三）设计可行的管控方案

常见管控措施主要有资金拨付管控、重大经营事项管控以及对项目销售的管控[1]，具体如下：

（1）对投资资金的使用采取全程管控。通过在银行设立监管账户、在银行预留印鉴、共同保管U盾及财务专用章等方式对资金使用进行管控，制订资金使用计划对资金使用进行审批，确保资金用途符合约定。

（2）对重大经营事项管控。可采取改组董事会或者另行组建决策委员会，限制对外借款及担保权限，引进第三方监理，审计项目成本核算、公司资金往来和财务管理等。

（3）对项目销售进行监管。对销售情况及时准确掌握，要求破产管理人及时通报销售面积及回款情况。归集售房回款，除留存一定的经营开支，余出部分清偿共益债。

（四）投资的清偿

共益债投资主要通过销售回款进行清偿，也有约定销售回款不理想情形下以建成房屋以物抵债的方式清偿的情形。

结　语

凭借共益债在破产法中的随时清偿、优先清偿的特殊地位，以共益债投资方式向具有重整价值的问题楼盘进行投资，关键主要在于通过债权人会议决议或者法院批复确定优先受偿权，在建设销售过程中投资人有权进行管控监督，在销售回款后即可获得清偿，实现了风险可控、互利共赢，将会为解决问题楼盘提供重要的思路。

---

① 李泽林：《公法视角下重整投资人利益保护的研究》，载《法制与社会》2020年第11期。

31　破产重整制度对化解问题楼盘的价值与实现路径探析

杨　娟*

摘要： 破产制度随着深化改革政策的推进，房地产业面临革新转型的行业变动，部分房地产企业出现资金链断裂、楼盘烂尾、陷入债务泥潭等情况。如何破解这种困境，破产重整制度所展现的企业破产法的拯救功能，对于房地产企业能够再次焕发活力更为适宜。本文从房地产企业破产重整的独特性，以及引入重整制度的可行性、价值性、所存在的难点及解决路径等方面进行分析，探求重整制度对房地产行业发展的重要作用。

关键词： 破产重整　问题楼盘　房企破产

一、房企破产重整案的独特性

随着深化改革政策的推进，房地产业面临革新转型的行业变动，部分房地产企业出现资金链断裂、楼盘烂尾等情况。如何破解这种困境，破产重整制度所展现的企业破产法的拯救功能，对于房地产企业能够再次焕发活力更为适宜。事实上，这一制度在实务中已经被全国多地法院予以适用。在全国企业破产案件重整信息网输入“房地产”三个字，截至 2022 年 6 月 18 日，出现的相关信息条数达 10 702 条。

---

* 杨娟，北京大成（石家庄）律师事务所，律师，中国政法大学民商法学硕士。

总体来看，相比其他行业企业的破产重整，房地产企业的破产重整具有特点，主要表现在以下几方面。

（一）债权人人数众多、类型复杂、诉求不一

房地产企业破产重整中债权人人数少则数百人、多则数千人，所涉及的类型包括购房类、回迁类、建设工程类、税款类、职工债权类、融资借款类等，因此导致各种债权人因自身立场不同诉求不一，从而需要平衡其各方需求。

（二）债权债务关系复杂，审核需重点厘清

各个类型债权从表面称呼看泾渭分明，但实务中存在多种混杂，譬如回迁类前期后期政策不一、以房抵工程款、名为购房实为借款等情况，这就需要在债权审核中予以厘清。同时，企业内部也存在财产混同、互为担保等情况①，这对资产尽调提出了更多要求。

（三）案件办理难度大，跨度周期长

前两个特点决定了房企破产重整无论是债权申报、资产调查还是审计评估、债权审核，都需要投入大量的人力、时间去完成。且由于完成重整所需资金缺口巨大，短期内引入投资人难到位，从第一次债权人会议到第二次债权人会议、重整计划通过，直至重整计划执行完成，一般需要数年的时间。

（四）府院联动有优势，维稳压力较大

房地产企业破产重整一般是涉众型案件，且楼盘本身已长时间烂尾，相对处于弱势的购房者、回迁户等群体的需求迫切，各种诉求交织在一起，化解矛盾、维护社会稳定的压力巨大。在这种情况下，府院联动模式在房地产企业破产重整中优势明显，更

① 杨彦兵、杨娟：《房地产企业破产重整中消费性购房者的权利探析》，第十二届中国破产法论坛论文集（第三册），第681—684页。

有利于助推问题楼盘实现重生。

由此可知，房地产企业破产重整是一项需要多方介入的复杂性、综合性工程，只有清楚了其特点，才能为接下来探索分析奠定基础。

二、如何研判问题楼盘重整的可行性

尽管目前很多法院实务中对房地产企业破产都采用重整模式，但并不意味着所有问题楼盘都适用重整模式，这就要求必须首先研判问题楼盘重整的可行性，防止某些企业为了拖延债务清算而制造假重整。《全国法院破产审判工作会议纪要》第 14 条对重整企业的识别审查提出了要求："人民法院在审查重整申请时，根据债务人的资产状况、技术工艺、生产销售、行业前景等因素，能够认定债务人明显不具备重整价值以及拯救可能性的，应裁定不予受理。"具体到房地产企业，从实务以及各地出台的破产案件工作指引等来看，应主要从以下几方面来判断。

（一）法律规定重整原因是否已满足

研究这一点，首先需要明了房地产企业问题楼盘的成因，结合实务大致分为以下几种情况：（1）行业过热期的"摊大饼"式布局，除了主营的房地产业外，追求多产业综合发展，导致资金战线拉长、债务规模增大、抗风险能力减弱，行业一有风吹草动即陷入危机不可自救；（2）面向不特定人群推出高息理财产品，以高收益率吸引客户参与，一旦倒闭无法兑付，不仅公司实际控制人因非法吸收公众存款罪涉刑，公司管理也陷入经营困境；（3）宏观政策的调整导致房地产企业优势不在，进而影响整个行业的发展，不可否认，中国房地产正不可避免地进入大变革期，优胜劣汰成为不可避免的规律。

根据《企业破产法》，企业重整的原因有三种情况，分别是不能清偿到期债务且资产不足以清偿全部债务、明显缺乏清偿能力、有明显丧失清偿能力可能。对于房地产企业破产重整，首要需要研判是否具备法律规定的重整原因。其中对于“有明显丧失清偿能力可能”，重庆、河北等地破产重整工作指引中予以了详细列举，包括陷入财务困境、经营困境、有停业可能、资产虽超过负债因无法变现而无法清偿到期债务、因市场及政策等原因导致经营即将发生困难等多种情形①。

（二）重整债权清偿率是否大于清算状态

破产清算、破产重整、破产和解构成了中国《企业破产法》的三大基石。其中破产重整是在法院主持、债权人参与下，通过引入投资人助力债务人摆脱困境、恢复经营，从而维护债权人的合法利益。相比于破产清算制度，重整制度除了债务清算的功能外，更加注重的是对企业的挽救。

根据《企业破产法》第113条的规定，破产费用和共益债应予以优先受偿，之后将按照职工债权、税款债权、涉房优先债权、工程款债权、普通债权的顺序依次予以分配。因此在企业重整中，需要分别测算重整状态、清算状态不同的债权清偿率，只要重整债权清偿率高于清算，才有可能使重整工作顺利推进。同时，也需要考虑重整状态、清算状态的不同资产处置方式。

（三）债务人经营现状、财产价值

一个楼盘从立项到房屋交付，不仅需要密集投入大量资金，包括拆迁安置费用、土地出让金、开发保证金、建设工程费用、销售费用、人员工资等多方面费用，更是涉及各个环节，一个环节出现问题就有可能导致项目陷入困境。这就要求从内部管理、企业运营、楼盘销售、财务制度、人才储备等方面研判房地产企业破产的经营状况。

---

① 《河北省企业破产管理人协会管理人承办破产重整案件工作指引》（2019年版）第8条。

而且资金链断裂，是很多房企陷入困境的主因，而资产规模则是判断房地产企业是否具有重整价值的重要因素。总体来看，相比其他类型的企业，房地产企业的资产多集中在在建工程、建设用地使用权、自持物业上，不仅自身具有变现价值，而且房企资产规模、影响力越大，越有可能获得更多支持，一旦资金“输血”成功后，资产价值盘活、升值可能性更大。

（四）是否具备继续经营可能性

是否具有继续经营可能性，是重整后防止债务人资产贬值、助力重整成功的重要方面。而继续经营不仅仅拘泥于第一次债权人会议继续经营方案通过后，根据《企业破产法》第26条的规定，在第一次债权人会议之前，管理人也可以申请法院批准债务人继续经营。因此可主要考虑以下几个方面。

（1）前文所述企业目前的经营状况、财产价值，是否足以支撑其继续经营；（2）债权人对债务人继续经营的支持程度以及债务人和股东对继续经营的意愿，人民法院在审查批准时应考虑各方的诉求，否则可能出现阻挠经营、状况恶化、激化矛盾等情况；（3）从房地产企业的信用能力、业界口碑、经营资质、行业地位等方面入手，判断企业是否具备继续经营的行业基础。

重整对社会公共利益所产生的影响。房地产企业是一个地区经济的重要因素，如前所述房地产企业重整案多是涉众型案件，且行业特点决定了其人员复杂、所涉及上下游产业较多，其生死存亡不仅关系购房者等债权人的利益，也关乎大量人群的就业问题，甚至会影响整个地区的经济发展和财政收入，进而影响社会、经济稳定，甚至一些上市房企还会引发证券业的风险①。由此来看，对于房地产企业因其所具有的公共属性，政府应从保证就业、

① 刘应飞：《房地产企业破产重整问题实务分析》，载《现代企业》2020年第2期。

稳定民生的角度出发，除非确定无法重整只能清算，应予以重点拯救、积极支持。

当然除了考虑以上因素，在审查中也可采取灵活的形式，既可以由法院组成专门审判团队予以研判，也可以委托第三方专业机构介入审查，如果必要还可以召集业内专家召开听证会进行讨论分析。

三、引入重整化解问题楼盘的价值所在

（一）有利于债务人资产的保值增值

《全国法院破产审判工作会议纪要》指出，重整制度代表了现代破产法的发展趋势，其最重要的目的是对仍具有价值的企业进行挽救。房地产行业审批手续烦琐，且本身在建工程、建设用地等资产具有很大价值，对于已完成各项审批、仅仅资金链断裂的企业，在政府的支持下通过重整制度引入投资人，企业重新营运、实现复工复产将使企业资产获得升值，避免因陷入清算而导致资产贬值、清偿率过低。

（二）有利于债务人盘活资产，恢复经营能力

在重整程序中，战略投资人的引入除了解决资金窘境，更是给企业带来科学的经营管理模式，对债务按重整计划进行调整清偿后，摆脱债务压力，有利于继续经营的展开，从而使债务人的持续经营能力和盈利能力得到恢复，创造出更高的经济收益和社会价值。

（三）有利于最大限度地维护债权人的合法权益

对于债权人来说，房地产企业选择重整是相对较优的方案。如前所述，破产重整和清算的侧重点不同，所采取的措施也不同：重整会通过继续经营方案，促进房地产企业资产的保值增值；清算则多采取拍卖形式，不仅会大幅贬值，且可能处置耗时较长，

影响债权清偿率，甚至普通债权可能清偿率为0。

（四）有利于化解矛盾，维护社会稳定

进入破产程序的房地产企业，工程停工、楼盘烂尾、交房遥遥无期等情况往往已持续数年，重重矛盾交织、影响社会稳定。同时涉及大量购房者，花费了数年积蓄置业，一旦房地产企业陷入破产很可能“房钱两空”，关乎百姓民生。重整程序使得房地产企业获得新生，工程续建开始进行，各种类型债权人在法律程序中得到公平清偿，从而彻底化解问题楼盘所引发的社会痼疾。

四、问题楼盘重整的难点与实现路径

（一）重整中各方利益的平衡

房地产企业重整工作是一项系统性工程，涉及不同类型债权人之间、债权人与债务人之间、债务人大股东与小股东之间、债权人与债务人股东之间、债务人与重整投资人之间、个人利益与公共利益等多元化、多层次的利益冲突①。而重整本身是通过不断地博弈从而探索实现共赢的过程。实践中存在因各方利益冲突不断，导致互不让步、互扯后腿，严重影响了重整程序的进程，妨碍了债权人权益的清偿。因此，在重整过程中兼顾平衡各方面利益，是一个需要慎重考量的问题。这主要可从以下几点切入。

（1）重视府院联动机制的作用，通过政府协调自然资源、规划、城建、市场监管、税务等多个部门，发挥政府集中力量办大事的优势，既有政府职能的监管，又有支持的力度，协调各方利益主体推动重整成功。

（2）发挥法院的司法裁判功能。在破产重整程序中，法官作为程序的主导者，应运用我国企业破产法所赋予的程序上的审批

① 王卫国：《论破产中的利益平衡》，中国政法大学博士学位论文。

权、异议案件的裁判权以及对重大事项的决定权，保障程序正义、平衡各方利益关系。

（3）建立重整信息公开披露机制。我国《企业破产法》第126条规定了有义务列席债权人会议的债务人如实回答债权人询问的义务，第127条规定了债务人拒不向法院提供真实财务账册的法律责任，这可以理解成债务人对法院和债权人会议的信息披露制度，但仍需要在披露内容、披露标准、披露时间等方面予以细化，保障各方利益主体的充分知情权。

（二）涉房类债权人的认定与清偿

房地产企业重整程序中主要有回迁和购房两大类涉房类债权人。其中，回迁类债权本质上属于以物易物①，实践中回迁类获得的保护优先于消费性购房。也就是说在涉房类债权中，回迁户的保护处于优先地位。购房类债权中也存在多种类型，除了消费性购房，更需厘清是否属于名为购房实为抵债或借款的情形，这是实务中债权审核的难点问题。对此，可以从以下几方面入手解决。

第一，从审阅合同内容入手，协议中包含利息等相关约定的应认定为“借款”，属于普通债权；第二，结合企业数据和审计进行全面审核，将实际购房类债权与抵债类或借款类债权予以严格区分；第三，严格依照法律进行审查，将这种涉房类债权回归基础法律关系，认定为普通债权，不得享有消费性购房的优先权。

当然，具体到消费性购房实践中也存在多种情况，有的是支付全部或大部分房款、房屋交付未登记，根据《最高人民法院审理企业破产案件的规定》第71条第6款的规定，其不属于破产财产，购房者可行使取回权；有的支付全部或大部分房款却未登记

---

① 刘辉、刘发斌：《安置户、消费者购房人、抵押权人破产程序中权益综合平衡》，载《法制与社会》2020年第16期。

未交付，应区分不同情况分别对待，否则有可能构成个别清偿；有的已办理了预售备案或预告登记，前者仅仅是“网签”，后者则具有准物权性质，管理人对此应予以严格审查①。

（三）资产尽调与债务人财产解封

资产尽调是房地产企业重整过程中重要的一个环节，涉及市场监管、不动产登记、国土资源等多个行政部门以及相关人民法院。进入破产程序的房地产企业往往已经诉讼缠身，大量执行案件导致在建工程、房产、动产等债务人财产均被采取了查封措施。无论是从保护债权人利益、还是防止债务人财产流失等角度来看，都应采取措施予以解封。尽管我国《企业破产法》第17条、《破产法司法解释（二）》第7条均规定，进入破产程序后，相关单位和法院，应及时解除对债务人财产的保全措施。但实务中，债务人财产“解封”一直是一个难题。

对此，可以结合《全国法院民商事审判工作会议纪要》第109条、《最高人民法院关于正确审理企业破产案件为维护市场经济秩序提供司法保障若干问题的意见》第18条的规定、十三部委《关于推动和保障管理人在破产程序中依法履职，进一步优化营商环境的意见》第18条的规定，可以分别向执行法院、不动产登记中心提出申请，要求解除对债务人财产所采取的查封措施。笔者经办的一起房地产企业重整案件，便通过此途径成功使债务人二百余套房产解封，有力地推动了重整顺利进行。

结　语

破产重整是各方利益动态趋于平衡的过程，其坚持的司法理念是均衡保护、多方共赢。通过重整使房地产企业恢复经营能力，

---

① 杨彦兵、杨娟：《房地产企业破产重整中消费性购房者的权利探析》，第十二届中国破产法论坛论文集（第三册）。

使债权人利益得到最大化保护，使经济发展、社会秩序得以稳定，最后实现一个多赢的结果。当然重整制度仍存在一些不完善之处，在房企重整的实操过程中面临难点，应通过法律法规的完善、实务操盘经验予以解决，从而最大化地发挥重整制度在房地产业破产中的价值与作用。

32　浅析困境房地产企业预重整中股东权益的保护

栾友辉　陈　昊*

摘要：由于营商环境的要求，企业直接申请进入重整程序的难度越来越大，且周期较长。为了快速进行自救，企业急需更为快捷地进入重整程序，盘活资产。随着深圳、北京、南京、北海、成都、重庆等地陆续建立了预重整制度，运用预重整制度救治困境企业的案例越来越多，尤其是困境房地产企业。但是，困境房地产企业在预重整过程中往往会不断削弱股东的权益，损害股东的利益。本文通过对预重整概念的分析、理解，进而从股东权益的表现形式、股东权益调整对预重整的影响以及预重整对股东权益的保护等方面，重点阐述困境房地产企业在预重整程序中对股东权益的保护。

关键词：预重整　股东权益　困境房地产

一、预重整的概念

根据各地人民法院颁布的预重整工作指引的规定，预重整是指衔接庭外重组和庭内重整，对债务人与债权人等利害关系人达成的符合本指引规定的庭外重组协议在重整申请受理后予以确认

---

* 栾友辉，北京德恒（重庆）律师事务所合伙人，法律硕士；陈昊，北京德恒（重庆）律师事务所主任，高级合伙人。

的程序。破产申请受理前，庭外商业谈判的期间称为预重整期间；破产申请受理后，可以庭外达成的重组协议为依据拟订重整计划草案。①

从预重整的概念不难看出预重整的内涵为②：一是预重整功能是有效衔接庭外重组和庭内重整；二是预重整的主要参与主体是债务人与债权人等利害关系人；三是庭外达成的重组协议只有符合本指引的规定，才能在重整申请受理后获得确认。

为了更好区分“庭外重组”“预重整”“庭内重整”的概念，预重整实质上是在破产法的重整程序和庭外重组这两种制度的基础上融合创新产生的企业挽救辅助模式，其在实体上依存于重整程序，且从重整的角度看仅具有预备工作的性质，其最终成果要体现在重整程序中。如果在预重整工作完成时就可以直接解决企业的债务困境，不再需要继续进入重整程序，它就转化定性为庭外重组；当其需要继续转入重整程序时，前面完成的各项工作便构成预重整程序。

二、困境房地产企业预重整中股东权益的表现形式

由于预重整程序不是破产程序，困境房地产企业进入预重整程序后，虽然无法全部清偿到期债务，但是股东根据《公司法》的相关规定仍享有请求分配投资收益、决定申请预重整、对企业的知情权、监督权以及实际控制等权利。此外，还有一些权利在困境房地产预重整程序中受到限制。本文从股东的申请预重整/重整权、重组方案表决权等权利行使的情况进行分析。

（一）申请预重整/重整的权利

虽然《企业破产法》第70条规定了股东具有提起重整申请的

① 重庆市第五中级人民法院预重整工作指引（试行）。

② 重庆市第五中级人民法院预重整工作指引（试行）（全文及其解读）。

权利，但设置了两个前提条件：一是时间要求，即债权人对债务人（有限责任公司）申请破产清算，在人民法院受理破产申请后、宣告债务人破产前，股东可以提起重整申请；二是出资额的要求，即提起重整申请的股东的出资额须占出资总额的10%以上。从上述两个条件不难看出，相较于债务人和债权人，我国《企业破产法》对股东提出重整的权利要求较为严苛，客观上不利于股东提起重整程序，对股东能否直接提起预重整的申请更是没有规定，包括各地的预重整工作指引亦没有对股东申请预重整程序进行规定。甚至，《企业破产法》对股份有限公司的股东如何行使申请重整的权利都未明确规定。

根据《公司法》的相关规定，股东形成股东会决议，可以公司的名义申请预重整。但是，如无法形成股东会决议，部分股东拟对企业进行预重整亦申请不能，对于该部分股东拟通过对企业进行预重整进而拯救企业的愿望亦无法实现，亦不利于股东权益的保护。

（二）重组方案的表决权利

根据《企业破产法》第85条规定，出资人的权利为，“出资人代表可以列席讨论重整计划草案的债权人会议、出资人对重整计划草案中涉及出资人权益调整的事项进行表决”。由于重组方案是未来重整程序中制订重整计划草案的依据，因此，在预重整程序中，重组方案的表决参照《企业破产法》的规定。

1. 确定出资人代表

小型的困境房地产企业，股东人数较少，在多数情况下无须确定出资人代表。但是，对于股东人数众多的大型房地产企业，大股东实际上为决策主体，尤其是上市公司较为明显，所以在讨论重组方案的列席名额上，真正具有主导权利的是大股东。因此，对于重组方案的表决，中小股东权利受到很大的限制。

2. 股东在重组方案的表决对象

重整程序中，《企业破产法》明确规定了股东有条件地行使表决权，即表决事项仅针对重整计划草案中出资人权益调整的事项，对其他事项的表决权未进行规定；如果债权人对整个重整计划草案表决通过，人民法院对整个重整计划草案予以认可，即使出资人不同意重整计划草案，人民法院仍然可以批准通过，这对出资人而言表决毫无意义。同样，在预重整程序中，对出资人的表决权也采用同样的限制，对于出资人的权益损害显而易见，在很大程度上会丧失出资人通过预重整制度拯救企业的信心。

3. 表决的具体规则不清晰

根据《企业破产法》的规定，重整程序中对重整计划草案的表决规则为：即出席债权人会议的同一表决组的债权人过半数同意，且其所代表的债权额占该组债权总额的2/3以上。必要时，管理人会根据债权人的具体情况，设立小额债权人组，加强对小额债权人的保护。对于重整计划草案的表决，采取同样该种表决规则，但并未针对中小股东设立专门的小额出资人组，对小额出资人的相关权益予以保护。

在预重整程序中，辅助机构基本参照上述表决规则对重组方案进行表决，对出资人的权益保护力度有限，尤其是对中小额出资人的权益毫无保护可言。

三、股东权益的调整对困境房地产企业预重整的影响

（一）调整的必要性

1. 平衡债权人与股东的利益

困境房地产企业预重整最重要的目标是盘活烂尾项目，增加资产的价值，以期保护债权人权益，尤其是购房户。能否顺利进行预重整，进入重整程序，进而重整成功，广大债权人对预重整程序中的重组方案以及重整程序中的重整计划草案的认可程度将

起决定性作用。若通过预重整、重整程序，可以提高债权人的清偿率，更好地保护债权人的利益，其对企业进行预重整、重整工作的支持力度会更大。而且，困境房地产企业在预重整、重整过程中，本身经营就困难，需要债权人作出一定的牺牲、让步，方可帮助企业走出困境。如股东维持原状，其权益不作任何调整，继续享受预重整、重整成功的果实，对于广大债权人来说，这是极其不公平的，债权人同意这样的重组方案及后续以此为依据制订的重整计划草案的可能性几乎没有。因此，为了平衡债权人与股东的利益，顺利开展预重整工作，使重整成功，在重组方案以及后续制订的重整计划草案中对股东的权益进行调整势在必行；同时，预重整、重整成功，困境房地产企业摆脱困境，企业的资产对债权清偿完毕后，多数会有剩余资产，该部分资产仍归股东所有，最终股东也会成为受益者之一。①

2. 投资人的引进

大部分困境房地产企业是因为资金链断裂而经营困难，股东自我救治的能力有限，可通过预重整方案的制订，引进新的投资人，进行资产重组，盘活资产，以期重整成功。然而，投资人投入大量的资金，必然要求对企业享有控制权，把控投资成本，保障投资的安全。相反，投资人对困境房地产企业没有控制权，其无法确定投资成本和确保投资的安全性，很难进行投资，这无疑增加了投资人引进的难度，从而影响预重整程序的推进与成功。因此，困境房地产企业开展预重整工作的过程中，股东势必要作出一定的牺牲和让步，将部分股权让渡给投资人，确保投资人的顺利引进；同时，对股东权益的调整，也是困境房地产企业预重整能够顺利推进、最终重整成功至关重要的因素。

---

① 闻长智：《对上市公司破产重整程序中股东权益调整的思考》，载《中国审判》2010 年第 6 期。

（二）调整的方式

实务操作中，困境房地产企业在预重整以及重整过程中，常用的股权调整方式为“债转股”“存量股份减让”等。

1. 债转股

在重整程序中，债权人将其所持的债权转化为债务人的股权，成为债务人的股东，相对应债务人原股东的持股比例变小，债务人重整成功后，债转股的股东与原股东一同按照股权比例分配企业的利润，其实质上亦是债权清偿的一种方式。

我国的债转股是由政策性债转股向市场化债转股演变而来。不可否认，债转股确实是挽救困境企业的重要法律工具之一，尤其是在困境房地产企业预重整、重整过程中适用较为广泛。虽然各地的预重整工作指引中未对债转股进行规定，但是在困境房地产企业预重整过程中已经被广泛参照适用。由于债转股的定价和折股问题没有统一的规定，债转股在预重整适用过程中，须尊重债权人意思自治，尽可能地确定公平的价格，保护全体债权人公平受偿的同时，不损害原股东的合法权益。[①]

2. 存量股份减让

存量股份转让是指在重整计划草案制订过程中，公司股本总额保持不变，强制将股东全部或部分股权让渡给破产企业的债权人用于公司债务清偿，或者是让渡给投资人换取投资资金。这种调整方式不仅可以提高破产债权的清偿率，还有助于投资人的引进，在实务操作中亦被普遍使用。虽然《公司法》没有对这种股权调整方式进行明确规定，但也没有禁止，困境房地产企业的预重整过程中，股东为了能够尽快盘活资产，解决资金链问题，被迫作出让步，自愿通过这种方式将股权让渡给债权人或者投资人。

---

① 丁燕：《上市公司重整中股东权益调整的法律分析》，载《东方论坛》2014年第3期。

除了上述调整方式以外，上市公司的重整、预重整比较常用的股权调整方式还有减资（缩股）、资本公积金转增股份、发行新股等。[①]

四、困境房地产企业预重整中对股东权益的保护

（一）股东权益保护的价值

1. 经济价值

在一般情况下，困境房地产企业的股东对企业自身的情况较为了解，尤其是小型房地产企业，其股东基本都参与企业的具体经营，对企业的具体经营情况、债权债务情况等都比较熟悉，让股东积极参与预重整、重整程序，协助辅助机构或者管理人制订重组方案或者重整计划草案等，不仅可以提高效率，优化重组方案，还可以降低预重整、重整的成本。

企业在正常经营的情况下，股东是企业重大事项的决策者和实际控制者，也是企业利润的享有者。一旦企业陷入困境，进入预重整程序，企业的股东虽然名义上仍然是决策者，其股东权益可能为负。但是，如果通过预重整程序，相应地保护股东的合法权益，重整成功，股东的权益转为正的可能性比较大。[②] 如：困境房地产企业资不抵债时，其股东的权益即为负，若通过预重整程序，股东权益得到相应的保护，积极参与预重整、重整程序，企业最终重整成功，企业资产得到优化后大于负债，股东权益为正，可以继续享有企业的利润分配，这也是股东愿意参与预重整的核心动力。

因此，针对困境房地产企业的预重整，股东有参与的意愿和

---

① 代艳丽：《论我国上市公司重整中出资人权益调整之完善》，载《公民与法（法学版）》2013 年第 5 期。

② 李曙光：《破产法的转型》，法律出版社 2013 年版，第 139 页。

动力，又有比其他利害关系人更好的优势（熟悉企业的情况），如果可以在预重整或者重整过程中给予其相应的法律保护，提高其参与预重整或者重整的积极性，对于重组方案的制订、重整计划的执行等将起到重要的作用；同时，还可以提高预重整、重整的效率，降低成本，经济价值显著。

2. 社会价值

在困境房地产企业预重整中保护股东的权益，对于缓和社会矛盾，维护社会稳定等方面起到重要的作用。困境房地产企业涉及社会群体较广，人数较多，尤其是购房户，甚至还有拆迁户等。如项目烂尾，无法救治，无疑会增加大量的社会不稳定因素。为了缓和社会矛盾，维护社会稳定，预重整无疑是困境房地产企业选择自救的一种比较好的方式。因此，在困境房地产企业预重整中，依法保护股东的权益，不仅可以提高股东参与预重整的积极性，加快预重整、重整程序，如果最终通过预重整程序，企业重整成功，广大债权人，包括购房户、拆迁户等社会群体的权利得到有效保护，可极大地缓和社会矛盾，有助于社会的稳定；同时，新的投资者进入，困境房地产企业的资产被重新盘活，进行优化配置，实现价值的最大化，还可以增加大量就业。因此，在困境房地产企业预重整中依法保护股东的权益，具有重要的社会价值。

（二）股权权益保护的方式

1. 知情权

根据《公司法》的规定，股东知情权的行使方式为查阅、复制公司章程、股东会会议记录、董事会会议决议、监事会会议决议和财务会计报告等，股东通过行使知情权了解公司的经营状况，尤其是中小股东可以通过行使知情权监督公司的经营管理、防止大股东滥用权利，保护其合法权益。

在困境房地产企业预重整过程中，虽然上述知情权受到的影响不大，但是在重组方案的制订和表决中，相比小股东，大股东享有更多的决策权利。小型的困境房地产企业，股东人数较少，在多数情况下可以参与重组方案的制订和表决等。但是，对于股东人数众多的大型房地产企业，尤其是上市公司较为明显。因为在讨论重组方案的列席名额上，真正具有主导权利的是大股东，中小股东在重组方案的制订和表决上明显处于弱势，如果大股东与辅助机构不作完整披露，中小股东很难知悉重组方案的制订情况，实质上亦是对中小股东行使知情权的一种限制。

另外，在困境房地产企业预重整程序中，重组方案是由辅助机构协助企业来制订，根据各地的预重整工作指引的规定，辅助机构或者企业负有信息披露的义务，但仅仅是针对债权人进行披露，对于大股东来说，可以参与重组方案的制订，知情权的行使不受大的影响，而中小股东无法参与，其知情权的行使纯属摆设。

因此，为了保护中小股东的合法权益，体现公平正义，在股东人数众多的大型房地产企业预重整过程中，股东代表中至少应保留中小股东的名额，确保中小股东在预重整过程中的知情权；其次，在重组方案的制订过程中，加强信息披露，保证中小股东的知情权；最后，可以出台相应的法律法规，如损害股东权益须承担相应的赔偿责任，强制要求股东列席重组方案的讨论以及不列席的法律后果等，通过制度保护股东的权益。

2. 赋予股东重组方案制订权

《企业破产法》规定了重整计划草案的制作主体为管理人和债务人，而不是股东。预重整不是破产程序，预重整程序中的重组方案一般是由辅助机构与债务人和债权人等进行制作。进入预重整后，股东积极参与重组方案的制作，尤其是中小股东的加入，既可以加快预重整乃至重整程序的进程，也是对股东权益的有效保护的方式之一。

3. 表决权

根据《企业破产法》第85条的规定，重整计划草案中涉及出资人权益调整事项的，应当设立出资人，对该事项进行表决。在预重整程序中，对重组方案的表决也是参照《企业破产法》的上述规定进行表决。有观点认为，首先，预重整并非重整，应按照《公司法》的规定对重组方案进行表决，即经出席股东大会的股东所持表决权的 2/3 以上同意即可通过；其次，亦无须要求人数过半，因为有些大型房地产企业或者上市公司，其股东人数众多，要求股东人数过半会给整个重组方案的表决带来不便。①

本文认为，在困境房地产企业预重整过程中，对重组方案的表决应该参照《企业破产法》第 85 条的规定，关于股东人数众多的大型房地产企业或者上市公司，除了选出出资人代表的方式外，还可以设置中小股东组，通过书面或者网络视频会议的方式，让中小股东行使自己对重组方案的表决权。这样，不仅保障了中小股东的知情权，也避免了大股东滥用股东权利，损害中小股东的合法权益。

此外，对于困境房地产企业的预重整，尤其是上市公司的重组方案表决，还可以根据股权性质的不同，对股权进行分组、分类表决，避免表决权的滥用，提高表决的公正与效率，保护股东，尤其是中小股东的表决权。

4. 赋予股东的预重整申请权

目前，尚没有相关的法律规定股东可以向人民法院申请预重整，仅仅是《企业破产法》第 70 条规定了股东可以向人民法院申请重整，但条件限制较为苛刻，一是时间上的限制，即“债权人申请对债务人进行破产清算的，在人民法院受理破产申请后、宣告债务人破产前”；二是出资额的限制，即“出资额占债务人注册资本 1/10 以上”。

困境房地产企业之所以陷入困境，除了资金链这一决定性因

---

① 贺子：《浅谈股东的重整计划表决权》，载《法制与社会》2009 年第 32 期。

素，还有众多其他因素，如股东意见不统一，不能形成有效的股东会决议，导致企业经营无法正常开展等。这种情况下，部分股东希望采取预重整方式来拯救企业，积极主动参与预重整、重整程序，以期重整成功，保护自身的合法权益，无疑是不可能做到的。而且，没有形成有效的股东会决议，企业本身也无法向人民法院申请破产，包括重整和清算。那么，最终可能会被债权人申请清算，被动地进入破产程序。即使股东可以根据《企业破产法》第70条规定，申请企业进入重整程序，其股东的权利亦被严重的限制，其权益的保护也将大打折扣。因此，为了更好地保护困境房地产企业股东的合法权益，建议法律赋予股东直接申请预重整的权利，且申请权不应受到像《企业破产法》第70条规定的限制。

第一，不应有时间的限制。房地产企业陷入困境，经营困难，部分股东希望通过预重整的方式拯救企业，但是，因为股东的意见不统一，无法形成有效的股东会决议，无法申请预重整，导致项目烂尾时间过长，资产的价值降低，社会维稳压力加大等。此时，应该赋予股东申请预重整的权利，及时进入预重整、重整程序，尽早重整成功，在保护债权人和股东等利害关系人的权益的同时，也缓和社会矛盾。

实践中，困境房地产企业越早进入预重整、重整程序，其重整成功的可能性就越大。因为正常情况下股东比其他利害关系人更加熟悉企业的经营状况，会及时发现企业是否具备破产的原因，一旦企业具备破产的原因，股东可以形成股东会决议，以企业的名义申请预重整；如对此无法形成有效的股东会决议，股东赋予预重整申请权后，也可以直接向人民法院申请预重整，进而及时地进入重整程序，以免优质资产被执行，给重整带来不必要的阻碍。同时，也不至于引起购房户的恐慌。

第二，申请主体应扩大至股份有限公司的股东。我国《企业破产法》第 70 条规定的“出资额占债务人注册资本 1/10 以上的出资人”仅指有限责任公司的股东，因为根据我国《公司法》的规定，出资额对应的是有限责任公司，而股份有限公司对应的是股份或者股本金。[①] 也就是说，有限责任公司出资额占债务人注册资本 1/10 以上的股东，在特定条件下具有申请企业重整的权利，而股份有限公司的股东没有规定可以申请企业重整的权利。那么，上市的房地产企业陷入困境时，无法直接申请企业进入重整程序。

实践中，困境房地产企业预重整过程中，虽然没有规定企业股东具有申请预重整的权利，但根据前述的论证，在无法形成有效的股东会决议的情况下，赋予股东直接申请预重整的权利具有合理性和良好的社会效果，这里的股东应该包括有限责任公司的股东和股份有限公司的股东。

第三，申请条件应予以明确。根据《企业破产法》第 70 条规定，在特定条件下出资额占债务人注册资本 1/10 以上股东可以向人民法院申请重整；《公司法》也规定了单独或者合计持有企业 10% 以上股份的股份有限公司的股东具有请求召开临时股东大会以及其他相关的权利。这些规定为明确股东申请预重整的条件提供了相应的法律依据。

因此，本文建议在预重整工作指引中完善相关规定，即：明确在无法形成有效股东会决议的前提下，可以规定有限责任公司的股东出资额占企业注册资本 1/10 以上的以及单独或者合计持有企业 10% 以上股份的股份有限公司的股东具有直接申请预重整的权利。

综上所述，本文认为困境房地产预重整程序中，在无法形成有效股东会决议的前提下，出资额以及单独或者合计拥有一定比例的股东可以直接向人民法院申请预重整。但需要在法律上、制

---

① 唐旭超：《论上市公司重整中的股东权益》，载《政治与法律》2014 年第 6 期。

度上予以完善，保护股东的合法权益。

结　语

在困境房地产企业的预重整过程，对于股东权益的保护意义重大，希望通过制度上、法律上予以完善，加强对股东的知情权、表决权等合法权益的保护；同时，赋予股东相应的权利，如预重整申请权、参与重组方案的制订权等，较为全面地保护股东的权益。最后，衷心地希望本文能够为我国的预重整制度的发展和完善尽绵薄之力。

33　问题楼盘破产程序中购房者优先权问题研究

程予民　吕慧娟*

摘要：近几年来，伴随着我国经济形势的变化，越来越多的房地产企业进入破产程序。在此背景下，如何保护购房者的权利关系到稳固其生存利益以及社会的稳定。尤其是自《民法典》实施以来，最高人民法院《关于建设工程价款优先受偿权问题的批复》废止后，对购房者优先权的保护问题的争议愈发激烈。问题楼盘破产程序中各方权利冲突严重，加之购房者优先权的规定分散且模糊，直接导致了对购房者的权利保护不稳定。本文将从问题楼盘破产程序中购房者优先权的基本理论、购房者的优先受偿权、购房者权利的保护现状以及购房者优先权制度的完善四个方面进行分析，以期为购房者的权利保护提供解决路径。

关键词：问题楼盘　破产程序　购房者优先权

一、问题楼盘破产程序中购房者优先权的基本理论分析

（一）购房者优先权的提出

民法上的优先权制度最早源于罗马法。随后在《法国民法典》和《日本民法典》中得到了确立和完善。对法国和日本民法

---

* 程予民，北京观韬中茂（郑州）律师事务所专职律师；吕慧娟，北京观韬中茂（郑州）律师事务所专职律师。

典中的优先权进行解读，可以发现优先权包含两项内容，第一项是其对象是“特种债权”，第二项是债权法定优先受偿性。即依据法律的直接规定，特定债权人对债务人的财产享有的优先受偿的权利就是优先权。随着经济的不断发展和进步，债权债务的种类也随之增多，为了更好地平衡各方利益，在立法的过程中，立法者也应当综合考量，对一些其他普通债权赋予优先权。故我们不能再将优先权仅仅作为一种特种债权进行解读。

近几年来，我国房价不断升高，购房者为了支付购房款用了绝大部分的积蓄，一旦房地产公司进入破产程序，房屋不能交付，将给购房者带来巨大的打击。对购房者这一群体给予优先保护一方面是为了保护弱者的权利，另一方面也是为了避免社会上购房者群体事件的发生。因此，在问题楼盘的破产程序中妥善解决购房者问题，将成为破产程序顺利推进的关键。为了更好地解决这一问题，2002 年 6 月 20 日，最高人民法院发布了《关于建设工程价款优先受偿权问题的批复》（以下简称《批复》），其中明确了，消费性购房者在支付全部或者大部分款项后，可以对抗承包人的工程价款优先受偿权。但是，自 2021 年《民法典》实施以来，该《批复》已经被废止，而《最高人民法院关于审理建设工程合同纠纷案件适用法律问题的解释（一）》（以下简称《建工合同解释（一）》）中对购房消费者的权利是否优先于工程价款没有作出明确规定，这也在实务中引起很大争议。对此，后文中笔者将整理出对该问题的不同观点，并提出本人意见。

（二）享有优先权的“购房者”的概念界定

从本质上讲，购房者的优先权是为了保护生存权而作出的具体规定，从该角度出发，享有优先权的“购房者”应当被加以限定，即为了生活居住而购买商品房的自然人。对于那些以投资或者营利为目的而购买商品房的消费者，不应当享有优先权。那么，购买商品房的目的到底是生活居住还是进行经营投资，可以从两个方面作出判断。一是根据《最高人民法院关于人民法院办理执行异议和复议案件若干问题的规定》（2020 修正，以下简称《执行异议和复议规定》）第 29 条第（2）项的规定，通过购房者名下是否有其他用于居住的房屋来判断；二是可以通过购房者所购的房屋是否属于商铺、购买的数量、房屋面积等方面来判断其购买的用途。

二、问题楼盘破产程序中购房者的优先受偿权分析

在对问题楼盘破产程序中购房者的优先受偿权进行分析的过程中，关键问题在于承包方的工程价款的优先受偿权是否能够对抗符合条件的商品房买受人。对于这一问题，在《批复》被废止，《建工合同解释（一）》又未作出明确规定的背景下，理论界和实务界存在较大争议，主要有以下两种观点：一种是认为购房者的权利优先于承包人工程价款的优先受偿权；另一种则认为承包人的工程价款优先受偿权可以对抗符合条件的购房者的权利。笔者更偏向于第一种观点，理由在下文中具体阐述。

（一）购房者优先权的认定

《最高人民法院建设工程施工合同司法解释（一）理解与适用》中提到："该问题留待执行异议的司法解释处理"，而根据执行异议的司法解释即《执行异议和复议规定》第 29 条的规定，在问题楼盘的破产案件中，对于符合条件的购房人的债权属于可对抗建设工程价款优先受偿权的法定优先权。

同时，根据最高人民法院执行工作办公室关于《最高人民法院关于建设工程价款优先受偿权问题的批复》中有关消费者权利应优先保护的规定应如何理解的答复（以下简称《答复》）的规定，消费者购买的"商品房"指的是消费者是出于满足生活居住需要而购买的房屋，排除了出于经营或者投资的目的而购买的房屋。根据《执行异议和复议规定》第 29 条第（3）项的规定，购

房者支付的购房款应超过总房款的50%。综上所述，在问题楼盘的破产程序中，对于符合前述条件的购房者，基于特定不动产享有的特殊债权可以对抗建设工程价款优先受偿权，即享有法定优先权。

（二）购房者优先债权的清偿顺序

根据《建工合同解释（一）》第36条的规定可知，在问题楼盘的破产程序中，建设工程的承包人对工程款享有的优先受偿权优先于担保债权和其他债权，而根据前文论述，购房者的权利优先于承包人的建设工程价款优先受偿权，那么运用日常法律逻辑推理，可得知，购房者享有的优先权也应当优先于担保债权以及普通债权，即超级优先权。这也在很大程度上体现了我国法律特别保护购房者的合法权益。

（三）购房者优先权的行使

其一，根据《最高人民法院关于适用民事诉讼法的解释》第508条的规定，购房者可以就其优先受偿权直接主张行使，申请参与债务人破产财产的分配。其二，根据《全国法院破产审判工作会议纪要》第25条的规定，除了单独处置会降低债务人的财产价值的情况外，根据购房者的主张，破产管理人应当及时对房屋作出处置，向购房者优先分配变价所得的财产。

三、问题楼盘破产程序中对购房者权利的保护现状

（一）关于购房者权利保护的现有规定

如上所述，自2021年来，《批复》已经被废止，而《批复》中第2条关于购房者优先权的规定，也未在《建工合同解释（一）》中作出确认，消费性购房者的权利是否优先于建设工程价款优先权产生了争议。

对于上述问题，《最高人民法院新建设工程施工合同司法解释

（一）理解与适用》中提到，《建工合同解释（一）》第36条中的“其他债权”是相对承包人享有的请求发包人支付工程款的债权而言，指工程价款之外的因工程建设而产生的所有债权，包括发包人对外借款、货款以及其他需要以建设工程折价或者拍卖、变卖的价款清偿的全部债务。《批复》中确立的购房者的超级优先权，本解释保留了该项内容，但考虑到全国人民代表大会常务委员会法制工作委员会办公室“法律对此没有作出规定，宜作个案处理”的意见，《建工合同解释（一）》未就购房者的权利与工程价款优先受偿权作出规定。该问题留待执行异议的司法解释处理。

此外，关于购房者权利保护的法律规定还有《答复》，该答复仍然有效。

（二）关于购房者权利保护存在的问题

其一，法律规定空缺，相关司法解释规定不明确。优先权是应当由法律创设的一项权利，我国包括《民法典》在内的现行法律尚未建立统一的优先权制度，对特殊法律关系的保护是通过特别法中的规定予以实现。在购房合同解除的情况下，房款返还请求权应当属于债权，破产法的原则是债权的公平清偿，对购房者赋予优先清偿的权利突破了破产法的公平原则，因此需要由法律对其进行特别规定。具体到购房者优先权，起初由《批复》提出，《批复》废止后，《建工合同解释（一）》又未予以明确，只能依据执行异议的司法解释作出判断。

其二，缺乏配套的公示程序，不利于交易安全和市场稳定。针对问题楼盘破产程序中的待履行购房合同，不管是选择解除合同而产生的债权请求权，还是选择继续履行合同而产生的物权请求权，从本质上讲都属于债权的范畴，故原则上并不需要通过公示程序来保护其他相关人的权利。但是如果赋予购房人以超级优先权，使得其权利优先于建设工程价款优先权、担保物权，其实是在实质上赋予了购房者的债权以担保性质，此时，为了进一步对交易安全和交易中相关人的权利进行保障，理应配套公示程序。在我国的期房交易中，设立有预告登记制度，该项制度为待实现的物权变动提供了担保。但是担保效力是否能够延伸到破产程序中，是否能够使得购房人的权利优先于建设工程价款优先受偿权、担保物权，仍然存在很大争议。

四、问题楼盘破产程序中购房者优先权制度的完善

（一）立法规定购房者优先权，司法解释予以具体化

出于对生存型购房者特殊性的考虑，在问题楼盘破产程序中赋予该类购房者以超级优先权具有必要性和合理性。然而在我国，《企业破产法》中没有对该类购房者的优先权予以明确，先前的司法解释《批复》也已废止，这使得实践中处理此类问题时争议很大，保护消费者合法权益的目标也没有落实到位。因此，对购房者优先权的适用规则作出明确规定十分必要。

总体来说，关于购房者优先权，我国目前的规定过于分散，再加上与破产程序中的其他优先权存在冲突，导致从整个法律体系上来看也很混乱。因此，为了解决问题楼盘破产程序中的权利顺位冲突和法律位阶冲突问题，同时也对购房者权利形成体系化的保护，应当对购房者的优先权作出立法规定。此外，对于购房者需要符合哪些条件才能享有优先权等具体问题，应当由司法解释作出具体详细的规定。

（二）完善公示制度，保障交易安全和市场稳定

担保物权设立的目的在于保证债务的履行，故优先性是担保物权的应有之意。也正是由于该权利的特殊性，为了保障交易的安全，立法者为该权利设立了公示制度。与此相对应的是，优先权也意味着权利的优先性，但由于该项权利属于债权，因此并没有在法律上为其设置公示制度，在一定程度上容易引发交易风险。

特别是在问题楼盘的破产程序中，优先权极易对其他债权人的合法权益造成损害。具体到购房人的优先权而言，虽然我国的《民法典》物权编设立有预告登记制度，但其是否具有破产保护效力目前仍然存在争议。因此为了进一步完善购房者优先权制度，必须建立对应的公示制度。笔者认为，完善购房者优先权公示制度的重点在于披露房屋的买卖情况，包括房屋的价值以及购房人等具体情况，目的是让第三人对该房屋上存在的权利风险有所知晓，故在内容上购房者优先权公示制度与预告登记制度一致，可以把《民法典》物权编中的预告登记制度直接引入破产程序中的购房者优先权公示，在法律上对其破产保护效力予以明确。

结　语

《批复》废止后，关于“承包方的工程价款的优先受偿权是否能够对抗符合条件的商品房买受人”的问题引发了争议。笔者认为，为了稳固购房人的生存利益和维护社会稳定，赋予符合条件的购房者以优先权十分必要。而现行法律及司法解释对购房者优先权缺少明确具体的规定，致使在问题楼盘的破产程序中适用购房者优先权缺乏法律依据，同时也导致优先权之间的顺位难以确定。要想从根本上解决实践中的争议，使购房者的优先权得到稳定的维护，应当从立法层面上规定购房者优先权，同时对其中的细节问题予以明确。

▶ 参考文献

［1］韩怀清：《中国民法典应否设立优先权制度的思考》，载《私法研究》（第3卷），2003年。

［2］刘芷伊：《优先权制度探析》，西南政法大学2014年硕士学位论文。

［3］米会娟：《房地产公司破产程序中的优先权问题研究》，华

东政法大学2014年硕士学位论文。

[4] 陆晓燕:《保障生存利益与维护交易安全的平衡－房地产开发企业破产中购房人权利之顺位研究》，载《法律适用》2016年第3期。

[5] 恽涵:《房地产企业破产中购房者优先权问题研究》，西南政法大学2018年硕士学位论文。

[6] 成吉宁:《房地产企业破产中的购房者优先权》，载《湖北经济学院学报》2020年第4期。

[7] 刘寿市:《房地产企业破产中购房人权利保护研究》，载《法制博览》，2021年5月。

34　问题楼盘企业的重整价值识别

成　伟　王兴宇*

摘要：问题楼盘企业破产具有特殊性，涉及债权人的范围广、债务人自身财产较为特殊、法律关系复杂、社会影响大等。通过对问题楼盘企业进行重整，能够帮助破产楼盘企业获得重生，保障债权分配公平，维护购房者与小额债权人的合法权益，保障就业，维护社会和房地产行业上下游产业链稳定，具有重要的经济价值和社会价值。

关键词：问题楼盘企业　破产重整　经济价值　社会价值

引　言

进入21世纪后，我国房地产行业高速发展，带动国民经济水平显著提高，一大批房地产企业应运而生，但企业在房地产开发过程中，由于杠杆过高、管理不善等问题导致资金链断裂引发工地停工，全国各地发生“烂尾楼”事件。为解决“烂尾楼”事件，政府、法院引入破产重整制度，为问题楼盘企业引进战略投资人，注入新的资金，激发问题楼盘企业活力，帮助问题楼盘企业获得新生。①

---

* 成伟：江苏三法（扬州）事务所破产团队主任，专职律师，法学学士；王兴宇：江苏三法（扬州）事务所破产团队成员，实习律师，法律硕士。

① 李三辉：《“问题楼盘”社会矛盾的基本特点、症结与治理思路》，载《怀化学院学报》2021年第4期。

一、重整视角下问题楼盘企业的主体界定

界定重整视角下问题楼盘企业的主体，首先要对问题楼盘企业本身的概念进行清晰的界定。在社会生活中，学者通常将楼盘从开发建设到销售，再到使用整个流程中任一环节出现的问题囊括起来，统称为问题楼盘，楼盘的开发企业则称为问题楼盘企业。[①] 这样笼统的概念囊括了房地产从开发到使用全过程中出现的所有问题，但整个流程中出现问题并不意味房地产企业本身陷入困境，乃至在很多时候，楼盘出现的问题与开发企业是没有关系的，因为在楼盘进入销售阶段后，房地产企业开始逐渐退出市场，楼盘日常维护由物业公司负责，楼盘出现的问题往往也就与开发企业无关。

所以，界定重整视角下的问题楼盘企业，要对问题楼盘进行清晰的界定，不是楼盘出现任何问题都需要对企业进行重整，而只有当楼盘企业出现资金链断裂，楼盘项目无法继续，施工方因开发商到期未支付工程款而不得不发布停工说明，业主拿房遥遥无期时，才能认定该房产企业系问题楼盘企业，需要对企业进行破产重整使其获得新生。

因此，笔者对问题楼盘企业从广义和狭义两个角度进行了界定，从广义上看，问题楼盘企业是指在建设、销售和使用过程中出现了问题，产生了经济纠纷、社会矛盾等的房地产企业；从狭义上看，问题楼盘企业常常在建设施工过程中由于资金链断裂导致楼盘停工，社会矛盾激增，引发群体上访等恶劣事件，但同时问题楼盘企业具有维持价值和再生希望。

本文中重整视角下问题楼盘企业应当仅限于狭义层面上的问

① 张侃：《问题楼盘的缘起与社会风险分析》，载《经济研究导刊》2019 年第 26 期。

题楼盘企业，因为只有具有维持希望和再生希望的问题楼盘才能吸引新的投资者进入问题楼盘企业，为企业注入新的活力，帮助企业恢复正常的生产经营，同时也只有狭义层面的问题楼盘企业才需要进行破产重整，若是楼盘在建设到销售使用的过程中出现其他问题，企业完全可以通过自身的运转去解决相应的问题，无需引入新的资金。

二、问题楼盘企业破产的特殊性

问题楼盘企业在楼盘建设过程中出现资金链断裂，面临经营困境，经债权人或企业申请被法院裁定受理破产相较于其他企业而言具有特殊性。具体表现为问题楼盘企业涉及的债权人范围广；债务人自身的财产较为特殊；法律关系复杂；社会影响大等。①

（一）涉及债权人的范围广

房地产企业开发一个项目的过程是极其复杂的，每一个环节都会产生相应的债权人。首先从其自身而言就涉及职工债权；其次在土地招拍挂过程中因土地出让金可能会涉及银行债权和政府债权；房地产项目建设过程中涉及建筑工程承包人，在特殊情况下会涉及实际施工人；在房地产销售过程中涉及购房人；在整个房地产开发的过程中都会涉及税务机关债权人。在后续清偿过程中还涉及债权实现先后顺序的问题。以上尚未完整概括问题楼盘企业破产可能涉及的债权人，可见其债权人范围之广。

（二）债务人自身财产较为特殊

一般企业破产后财产主要包括以下几个部分：企业账户资金、不动产、办公设备等，相较于其他企业，问题楼盘企业自身财产组成较为特殊，其名下的主要财产是土地使用权、尚未竣工的在

① 李君豪：《我国房地产开发企业破产中的购房人权益保护法律问题研究》，昆明理工大学2021年硕士学位论文，第9—11页。

建房产项目和已经竣工的房产。并且企业在初期为获得融资，往往已经将上述财产抵押给了银行，因此上述财产在法律裁定受理房地产企业破产申请后流通是受限的。进入破产重整程序，意味着企业的现有资产不足以清偿全部债务，而问题楼盘所有的资产特别是不动产受市场波动较大，现金回流也较为困难，这就进一步影响债权人最终获得清偿的数额或者比例。

（三）法律关系较为复杂

房地产企业开发一个楼盘所涉及的法律关系是多样的。[①] 开发商为能够拿到政府出让土地的使用权，会向银行进行贷款或者向其他企业或个人进行借款，从而可能会产生金融借款法律关系、民间借贷法律关系，借贷法律关系往往内含担保法律关系；与政府之间会形成土地出让合同法律关系；在建设施工过程中会产生建设工程施工合同纠纷；在房产销售阶段可能会与购房人产生买卖合同纠纷，等等。[②]

（四）社会影响大

房地产行业关系着国家经济的发展，是当代我国经济高速发展的重要动力。一旦房产地企业出现资金链断裂，企业经营陷入困境，将直接影响我国经济发展活力，更进一步可能会影响到社会稳定和秩序，引发公共安全事件。房产企业进入破产程序后，债权人范围较广，但影响最大的是施工单位和购房人，相较于其他债权人，这两个主体有明显区别：一是两个主体涉及的人数众多，施工单位背后是数以百计的农民工，开发商无法到期支付工程款，施工单位无法向施工人发放工资，后果是非常严重的；一个楼盘往往涉及很多个家庭，关系到这些家庭的安居乐业。二是

---

① 王晓文、周凯军：《论破产管理人在破产重整工作中遇到的问题及解决办法》，《第十二届“中部崛起法治论坛”论文汇编集》2019 年，第 1138 页。

② 陈怡文：《困境房地产企业的快速拯救》，载《法制博览》2011 年第 31 期。

这两个群体都是社会弱势群体，无论是农民工还是购房人，农民工挣的是血汗钱，购房人可能耗费了一家6个人的钱包才买一套房产。所以每当遇到楼盘企业破产，施工人拿不到工资，购房人迟迟拿不到房，都会引发社会群体事件。

三、问题楼盘企业重整价值

我国法律设置了三种破产程序，分别是破产重整、破产清算、破产和解。破产重整是针对可能或者已经具备破产原因但又有维持价值和再生希望的企业，在法院的主持和利害关系人的参与下，实现债务调整和企业整理，从而帮助企业摆脱困境，恢复正常的生产经营的制度。破产清算是指企业丧失偿债能力，人民法院指定管理人对其财产进行清算，进而公平清偿全体债权人的法律制度，结果是破产企业法律人格的丧失。破产和解是指企业出现破产原因时，经债务人申请，债务人企业与债权人会议就债务清偿达成协议，经法院审查后可中止破产程序，避免企业进入破产清算程序。

由于问题楼盘企业破产具有特殊性，相较于破产清算与破产和解，重整程序的适用对各方而言都具有积极意义。对破产企业而言，通过适用破产重整程序，引进战略投资人，重新配置资本、人力、技术等生产要素，激发破产企业的活力，恢复破产企业的生产经营；对债权人而言，企业进入破产程序的根本原因在于企业资金链断，裂资不抵债，并且楼盘企业资产具有特殊性，若问题楼盘企业进入破产清算程序，债权人的清偿率无法得到保障，在此情况下，债务人楼盘企业与债权人由于利益冲突，更不可能达成和解协议，但进入破产重整程序，债权人的清偿率将得到保障；[①] 对

① 胡挺、陆昭怡、陈清扬：《房地产企业破产重整动因与重组经济后果——以信达资产重组嘉粤集团为例》，载《中国房地产》2021年第6期。

政府而言，通过对问题楼盘企业适用重整程序，一方面可以优化营商环境，促进经济发展；另一方面可以维护社会秩序，保障人民生活。

（一）问题楼盘企业重整的经济价值识别

问题楼盘进入破产重整程序的经济价值主要体现在帮助企业盘活资产，挽救破产企业和维护债权人的财产性利益。

《企业破产法》第19条规定：人民法院受理破产申请后，有关债务人财产的保全措施应当解除，执行程序应当中止。意味着问题楼盘企业进入破产程序后，其资产得到释放，为后期盘活整体资产提供了便利性，与此同时也避免了担保物权人向人民法院申请对担保物的强制执行。此外人民法院受理问题楼盘企业破产，企业债务利息停止计算，在一定程度上避免了高额利息的产生，减轻企业压力。房地产企业的价值不仅包括有形的价值，还包括无形的价值，如房产企业经过长时间的经营所具有的行业地位和品牌价值，这些无形的价值可以通过重整程序得以保留，也可以使其具有更大的市场价值。问题楼盘企业进入破产程序之后可以招募新的投资人，新的战略投资人的加入，不仅可以为企业注入新的资金，而且可以为企业带来新的管理模式，优化企业的运营管理，帮助企业恢复正常生产经营，带领企业实现更好的发展。

问题楼盘企业进入破产重整程序之后，债权人可以向管理人申报债权，管理人对企业的债权债务进行梳理。管理人在对债务人的债权债务情况、投资人的投资、后期经营方案及债权分配方案、清偿方案等进行汇总整理之后形成重整计划草案，经过债权人会议的审议通过并经人民法院审核批准之后，形成的重整计划对全体债权人都具有拘束力，并能够保证在之后的重整过程中，各个债权人按照重整计划确定的分配比例受偿，保障债权分配公平。

问题楼盘企业通过破产重整程序能够维护购房者的利益。问题楼盘一旦陷入资金链断裂的困境，首当其冲的就是购房者，楼盘烂尾搁浅，购房者的利益就无法保障，购房者一方面拿不到房产，另一方面还要不间断地支付银行贷款，给购房者造成了极大的精神与物质压力，但问题楼盘企业进入破产重整程序，新的投资人进入企业，为企业注入新的资金，楼盘项目重新运转，这无疑给所有的购房者都吃了一颗定心丸，有利于增强社会群众的安全感、获得感和幸福感。

问题楼盘企业通过破产重整程序能够维护小额债权人的利益。问题楼盘企业的债权人范围较广、人数众多，其中包括了大量的小额债权人，如果问题楼盘企业进行破产清算，根据法律规定，其债权清偿的顺位靠后，因此所能够分配的财产较少，很多时候由于债务人资产不足，小额债权人的清偿率为零。而问题楼盘企业进入破产重整，管理人基于社会稳定或加快推进破产重整程序可以对债权人的受偿比例进行调控，如通过适用统一分配额度，让小额债权人的债权得到清偿，这样做一方面减少债权人数量，有利于破产程序加快进行，另一方面帮助小额债权人实现利益的最大化。

（二）问题楼盘企业重整的社会价值识别

问题楼盘进入破产重整程序的社会价值主要体现在保就业、维护社会稳定；维护社会秩序，减少信访事件；维护房地产行业上下游产业的稳定等。

问题楼盘企业通过破产重整程序能够保就业，维护社会稳定。问题楼盘企业一旦陷入资金链断裂的窘境，首先带来的问题的就是企业员工面临失业。我国房地产企业大多具有规模大、员工多等特点，企业破产清算必然造成大量职工流向社会，可能会对社会造成不稳定的影响。而问题楼盘企业在进入破产重整及完成破产重整后，原企业的职工依然可以就业，解决了职工安置的问题，企业随着发展规模的扩大，也能够为社会提供更多的工作岗位。

并且问题楼盘企业进入破产重整，引进新的战略投资人之后，必将对烂尾楼进行善后处理，这无疑也为施工人提供了社会岗位，有效维护社会稳定。

问题楼盘企业通过破产重整程序能够维护社会秩序。如前所述，企业楼盘一旦出现烂尾，遭受损失最大的往往是购房人，购房人基于刚需买入房产，但由于房地产开发企业自身问题导致迟迟拿不到房，遭受精神与金钱的双重打击。[①] 因此，为维护自身合法权益，购房者往往会自发形成维权组织，希望能给予问题楼盘企业以压力，敦促问题楼盘企业兑现购房合同约定，此时问题楼盘企业由于资金链断裂自顾不暇，没有更多的资金完成楼盘建设，对业主的诉求也无能为力。彼时，购房者无法通过房地产开发企业维护自身权益，往往会采取更为极端的方式，期望得到政府的帮助。但通过对问题楼盘企业进行重整，引入新的资金，重启楼盘项目，能够有效解决业主们的诉求，维护社会秩序。

问题楼盘企业通过破产重整程序能够维护房地产行业上下游产业的稳定。问题楼盘企业一旦走向破产清算，将对房地产开发产业链上的企业产生重大影响。建筑施工企业本以为可凭借楼盘开发项目获利，不惜为开发商垫资建设。问题楼盘企业破产，建筑款无法回笼导致建筑施工企业自身债务频发，逐渐走向破产。房地产开发企业的下游的装饰工程的承揽方，由于问题楼盘企业到期无法支付工程款，使承揽方遭受下游经营者追讨债务。因此，问题楼盘企业进入破产清算，不利于行业的稳定。但如果进入重整程序，给问题楼盘企业带来生的希望，能够很好地维护商业秩序，进而维护社会秩序。

---

① 曹园、于娟：《房地产企业破产重整若干实务问题探讨》，2019 年《第十二届“中部崛起法治论坛”论文汇编集》，第 3 页。

结　语

问题楼盘企业关乎成千上万个家庭的幸福生活，关乎经济发展平稳健康，关乎社会运转稳定有效，因此对陷入困境的问题楼盘企业，应当秉持“能保则保、能救则救”的总方针。通过破产重整程序为问题楼盘企业注入新的活力，帮助问题楼盘企业恢复生产经营，重新启动楼盘项目建设，有助于让人民群众获得满满的幸福感，也有利于国家经济发展保存更多的资源。

35　问题楼盘企业的重整价值识别问题研究

华桂章　陈蒙蒙*

摘要：破产房企重整成功的关键在于引入重整投资人，而投资人的引入则在于精准识别问题房企的重整价值。问题房企是否有重整价值，须站在投资人与债权人的双重视角下，基于科学的评价方法，可参考ESG社会评价与投资评估指标的方法，识别重整的社会价值与经济价值。

关键词：重整价值识别　社会价值　经济价值　识别方法

引　言

破产重整，顾名思义是困境企业经破产程序得以重整、重生，破产重整程序的价值，不在破，而在立。目前，随着房地产行业下行，政府房地产调控，加之疫情肆虐，许多楼盘成了问题楼盘，其中不乏恒大、融创、阳光城、宝能等知名房企的楼盘。通过破产重整挽救困境房企，也成了化解问题楼盘的重要途径。然而，只有对困境房企的重整价值进行审查识别，方能判断困境房企是否适合破产重整，进而推动重整程序的进行与实现。

---

* 华桂章，河南广文律师事务所律师，硕士；陈蒙蒙，北京初亭（苏州）律师事务所，高级合伙人，硕士。

一、重整价值识别的必要性

（一）重生目标之要求

破产重整意在通过挽救困境企业以清偿对债权人的债务，前提便是困境企业能够被挽救。如困境企业已无挽救可能，自然没有破产重整之必要。

2018年3月印发的《全国法院破产审判工作会议纪要》第14条提出，法院应当审查企业的重整申请，识别其重整价值，决定是否受理重整申请。破产重整的对象应当是具有挽救价值和挽救可能的困境企业；对于僵尸企业，应通过破产清算，果断实现市场出清。人民法院在审查重整申请时，根据债务人的资产状况、技术工艺、生产销售、行业前景等因素，能够认定债务人明显不具备重整价值以及拯救可能性的，应裁定不予受理。

因此，对困境房企是否进行破产重整，必须要对重整价值进行识别，判断企业是否具有挽救的可能。

（二）重整投资人投资之前提

困境企业能否重整成功，关键在于能否引入重整投资人，而投资人是否投资，则往往基于能否盘活困境企业以获得利益最大化。实践中，投资人投资困境企业，必然调查其困境形成的根本原因、资产负债情况、核心技术、销售渠道以及行业发展等相关情况，以判断企业重生的可能性，只有困境企业有挽救可能，投资人才可能投资。同时，投资人也必然要评估投入资金、未来收益、静态或动态回收期以及无风险利率等多种因子，只有预期收益率达到投资人最低收益率要求，投资人才会投资。

因此，困境房企的重整价值是投资人能否投资的关键，也是判断困境房企是否适合重整的前提。

（三）破产重整立法宗旨的要求

我国破产法律制度对于企业破产重整价值的判断是从保护多

方利益主体的公平、正义角度出发的[①]。因此，破产重整制度的立法宗旨，是维护债权人、困境企业、企业职工等各方利益，以期达到最大的社会效益。而实现该宗旨的内在要求，便是重整具有经济性。主要从两个方面来判断，一是债权清偿率，重整是否明显高于清算状态下所能获得的清偿比例；二是困境企业能不能在重整成功后有继续存续经营的价值，即存续价值。只有存续价值大于清算价值，重整才能相较于清算产生更大的社会效益，也符合破产重整的立法宗旨。

困境房企破产重整的价值识别直接关乎重整程序的启动、重整程序的顺利推动及重整最终能否成功。法院作为决定困境房企是否进入破产重整程序的裁判者，必然需要识别哪些困境房企具有重整价值，既能帮助困境房企利用重整程序得以重生，又能避免大量困境房企重整失败而浪费资源。

二、重整价值识别的原则

有些问题楼盘系由于房企短期资金链断裂，债务到期，丧失债务清偿能力与运营资金造成的。这类房企一旦解决资金链断裂问题，实际上具有较好的持续经营价值，通过破产重整予以挽救能避免较大的社会损失，具有较大的重整价值。然而，有些问题楼盘系房企挪用资金、非法集资、违规建设等原因造成的，甚至已无有效资产，缺少挽救的价值与可能性。因此，对困境房企重整价值识别要把握社会价值与经济价值的原则。

（一）社会价值

破产重整以维护社会价值为宗旨，不在于维护某一方的利益。因此，社会价值应为破产重整价值识别的原则。否则，破产重整

---

① 郑功成：《中国社会公平状况分析——价值判断、权益失衡与制度保障》，载《中国人民大学学报》2009 年第 2 期。

可能被滥用，成为债务人拖延履行或者其他人攫取利益的工具。

问题楼盘大多关乎大量购房者的切身利益，关系地方百姓民生福祉。问题楼盘不仅是最大的民生问题，也是很多地区最大的群众矛盾点及社会稳定风险点。问题楼盘破产重整成功能够解决许多群众的民生问题，具有重要的社会价值。因而，对于问题楼盘，尤其是尚未交付群众居住的住宅项目，应优先考虑通过破产重整予以挽救。

同时，房地产行业牵涉十几类行业，挽救一个房地产开发企业，有助于上下游产业链大量企业的发展，甚至避免一些地区依存度较高的企业走向破产，对于地方经济发展与群众就业都有重要影响。

因此，对于地方社会影响较大、关系地方财政、就业民生等百姓生活的问题楼盘，即使出现破产原因，甚至问题楼盘没有了存续价值，为了维护社会稳定，法院也应当对该类企业予以引导，巧妙利用府院联动机制，及时征询政府的意见，以社会价值为中心，以化解社会矛盾为出发点，以保障职工就业、民众生活稳定为基础，对其重点支持，积极拯救。此类社会影响大的问题楼盘不宜直接进入清算程序，需要注重考虑其社会价值属性，除非确定其没有重整的可能与价值，否则还是要积极引导其进行重整，以保证社会稳定。

然而，并非所有的问题楼盘均具有重整的社会价值。比如，某楼盘采用先全款买房再分 10 年返还房款的销售方式，该楼盘已悉数开发销售并交付购房人，开发商在返还 5 年房款后停止返还，大量购房人索要房款无果后长期信访投诉。该案例跟楼盘本身已无直接关系，仅是购房人与房企的债权问题，房企已无有效资产，在此情况下，房企破产重整的社会价值相对较小，进行破产清算能更好保障债权人利益，减少社会资源浪费。

（二）经济价值

破产重整实际是债权人、债务人、投资人等各方的交易，在这种交易中，并非像生产一样直接创造价值，而需要对资源进行优化配置，使得各方交易者具有收益，否则难以达成协议。那么在这一特殊交易中，至少应当符合“卡尔多—希克斯”效益观，即一项交易在满足交易双方的利益时，第三者的总成本不超过交易的总收益，或者说从结果中获得的收益完全可以对所受到的损失进行补偿。[①] 破产重整能否推进和成功，核心条件在于问题楼盘是否具有经济价值，能否满足债权人和投资人的经济要求。

1. 投资人视角

能否招募到投资人是破产重整能否成功的关键。而投资的首要原则就是收益性原则。李伟民在《金融大辞典》中写道：“投资原则是投资管理政策。对降低风险程度、获取相对较高收益的投资者而言，内部报酬率原则是投资管理决策的主要准则，即获利率大于资本成本的投资计划是值得投资的计划；而从利润最大化观点看，净现值法是投资的依据之一。”无论是采用内部报酬率，还是净现值法，都要求收益大于成本，具有符合投资人要求的回报率。

一方面，要评估重整成本的投入与回收周期，要让投资人能在合理期限内回收其投入成本；另一方面要重建困境房企的收益能力，使困境房企具有可持续经营价值。投资人并非慈善家，其以盈利为目的，如困境房企不具有投资的经济价值，则招募不到投资人，难以重整成功。

2. 债权人视角

《企业破产法》第 82 条规定：“下列各类债权的债权人参加

① 宋小维：《破产法的成本与效益》，载《北京科技大学学报》（社会科学版）2002 年 12 月第 4 期。

讨论重整计划草案的债权人会议，依照下列债权分类，分组对重整计划草案进行表决”，破产重整方案需经各类债权人表决组同意。第 87 条第 2 款第（3）项规定：“按照重整计划草案，普通债权所获得的清偿比例，不低于其在重整计划草案被提请批准时依照破产清算程序所能获得的清偿比例，或者该表决组已经通过重整计划草案。”这是重整计划得以强制批准通过的条件。由于破产重整周期长，重整是否成功具有不确定性，作为理性的经济人，一般只有在重整的清偿率远高于清算的清偿率的情况下，债权人才会同意重整方案。即使债务人或管理人申请强制批准通过重整方案，也需满足重整的普通债权清偿比例高于清算的比例。

企业破产重整价值判断是建立在企业破产重整价值评估的基础上，而其评估的重点其实是考虑破产重整与破产清算二者带来的不同收益之间的对比，这一对比是企业破产重整价值判断中的定量因素。[①] 如果跟清算状态下等值或者高出幅度不大，那将要耗费的大量重整成本就会造成得不偿失的结果，没有进行重整的必要和意义。法院在面对困境房企申请进入重整时，需要对两种状态下的清偿比例进行实质对比，然后再进行判断是否同意其进入重整程序。这与破产法所规定的重整一节的立法目的是相符的。

深圳市中级人民法院于 2019 年 3 月 25 日发布了《深圳市中级人民法院审理企业重整案件的工作指引（试行）》，其中对债务人是否具有重整价值作出了具体的定义，即债务人的继续经营价值大于清算价值。同时指出判断债务人的重整价值，应当综合考虑债务人的行业地位和前景、经营情况、资质和品牌价值等。

南京市中级人民法院 2020 年 1 月 20 日发布《南京市中级人民法院关于规范重整程序适用提升企业挽救效能的审判指引》，第

---

① 栾甫贵、张丽群：《公司破产重整价值评估的环境约束及其理论框架》，载《商业会计》2010 年第 3 期。

3 条指出债务人具有重整价值是指，债务人的营运价值大于清算价值。判断债务人的重整价值，应当在综合评估企业经营状况、资产质量、债务负担、清偿能力、产业政策、技术工艺、行业前景、职工就业等因素的基础上。分别对企业在重整状态下与清算状态下的经济收益与社会收益进行测算和比较。

因此，无论是站在投资人视角，还是债权人视角，都需要困境房企具有一定的经济价值，方具有破产重整的必要。如果困境房企具有较大的社会价值，而经济价值不足，则只有通过政府帮扶、业主自救或债权人减免债务等途径以补足重整的经济价值的情况下，才真正具备破产重整的价值。

三、重整价值识别的方法

重整价值识别的方法理应基于识别的原则，一方面考察重整的社会价值；另一方面考察重整的经济价值。

（一）社会价值识别方法

ESG 理念起源于企业社会责任意识。2004 年，联合国在报告《Who Cares Wins》中首次提出了 ESG 一词。2006 年，联合国成立责任投资原则组织，旨在帮助投资者理解环境、社会及公司治理对于投资决策的影响。2022 年 6 月，中国企业改革与发展研究会、首都经济贸易大学牵头起草，并联合数十家标准研制单位共同推出《企业 ESG 披露指南》团体标准，于当年 6 月起正式实施。ESG 包含环境（Environmental）、社会（Social）和管治（Governance）三个维度，主要考察的是企业如何在短期经营效益和长期的环境、员工客户关系、社会利益之间作出平衡，体现出企业健康发展的可持续性、投资价值以及社会价值。如今，许多房企采用并披露了其 ESG 报告。该指南中“社会（Social）”的各项指标也成了考察企业社会价值的重要依据。

1. 员工权益

“员工权益”为“社会”项下第一个二级指标，其又包含了“员工保障”“员工发展”“员工健康与安全”“就业机会”“性别平等”5个三级指标及其下含31个四级指标。保就业就是保民生。对于问题楼盘来说，可以参考该类指标评估。如果问题楼盘能够重整成功并持续经营，能带来多少就业岗位？给员工提供什么样的待遇与保障？

2. 产品责任

“产品责任”为“社会”项下第二个二级指标，其又包含了“产品安全与质量”“生产规范与危险管理标准”“供应链效应”3个三级指标及其下含9个四级指标。对于问题楼盘而言，主要评估目前楼盘未交付的房屋数量、当地市场新房的供应与需求情况、房屋达到交付条件的投入、当地房企的数量、问题楼盘供应商的规模与分布等，以评估问题楼盘是否重整对购房人、当地房地产市场及供应链企业的影响。

3. 社会响应

“社会响应”为“社会”项下第三个二级指标，其又包含了“社区关系管理”“公众利益与公民责任”“重大事件应急能力”3个三级指标及其下含7个四级指标。问题楼盘往往关系到数百个以上家庭的居住问题，本身就是社区的重要组成部分，一旦开发商破产清算，不仅对社区、社会无法承担更多的社会责任，反而是对社区与社会产生重大负面影响的风险点。

通过以上47个指标框架的筛选评估，能够判断问题楼盘如果破产重整成功具有多大的社会价值。如果问题楼盘对当地民生影响重大，具有重要的社会价值，即使重整的经济价值存在不足，地方政府与司法机关亦可联动，通过政府帮扶、业主自救等途径，补足经济价值，积极予以挽救。

（二）经济价值识别方法

1. 财务投资

有些问题楼盘，是出现了资金链断裂，本身仍有优质资产，但债务人难以融资或不能接受投资人的融资条件，以致丧失履行债务能力。此种条件下，可寻求财务投资，以解决问题楼盘的短期资金需求，盘活问题楼盘的现金流。具体可从以下几方面进行重整价值识别。

（1）资产与负债情况。需要详细梳理问题楼盘的资产情况，包括资产种类、价值、抵质押情况、能否变现。同时梳理问题开发商负债情况，包括债务种类、金额、到期时间、担保情况、债务人要求，等等。

（2）融资期内现金流情况。需要计算重整投入资金的节奏、金额，财务投资资金的还款期限、利息、还款方式以及融资期内问题房企的工程进度、预期销售收入等，以评估融资期内现金流入是否足以覆盖现金流出，融资资金是否能够到期偿还。

（3）债务人的运营管理能力。财务投资者大多仍以债务人运营管理为主，需要评估债务人管理团队的运营能力、态度与决心，问题楼盘形成的原因，政策与当地政府的支持程度等，以评估债务人能否达到预期的运营效果。

2. 长期战略投资

大多问题楼盘形成并非基于单一原因，通过短期的财务性投资不能解决问题，往往需要引进长期战略投资者。对于战略投资者而言，不仅考虑到短期回报，而且考虑企业的持续经营价值。从投资学、财务管理学角度，投资往往采用内部收益率或净现值法，二者本质没有区别，均要求高于无风险利率（参考同期国库券利率）的回报率，才具有投资价值。除上述财务投资需评估的情况外，还需要从以下几方面进行评估。

（1）问题楼盘形成的原因。问题楼盘形成的原因多种多样，有的因地方调控政策影响，有的或因资金挪用、管理不善，抑或是因违法建设等。识别问题楼盘的形成原因，以便判断问题楼盘除面临资金问题，还是否面临政策障碍，能否进行重整。

（2）重整成本。重整成本不仅包括问题楼盘盘活的短期资金投入，还包括困境房企持续经营的运营成本。问题楼盘往往需要较大的资金投入，且投资者一般为其他房企。需要评估重整资金投入的规模、节点，以便评估需要引入房企的资金实力，是地方房企、大型房企，还是知名房企。

（3）预期收入。收益评估的核心则是收入。因此，重整价值必须评估困境房企土地、待售楼盘等存量资产预期能带来的收入以及收入的节点。房地产市场的调控政策，房价的波动，楼盘的属性、地段，当地房地产市场的供需情况等均是影响收入的重要因素。

（4）投资回收期。无论是财务投资还是战略投资，回收期均是投资者最关心的问题之一。通过预期收入与投入的规模与节点计算投资动态或静态回收期，如果回收期过长，往往很难吸引到投资者。

（5）府院支持。部分问题楼盘存在手续不全、无法办证等问题，除需要资金投入外，更需要政府与司法相关部门予以帮扶支持。只有府院联动，共同帮扶，才能扫清政策障碍，确保重整房企持续运营。

（6）核心竞争力。问题楼盘是否具有核心竞争力也是识别有无重整价值的重要因素。有的问题楼盘或为知名房企楼盘，或具有知名的物业服务，品牌价值巨大；有的问题楼盘拥有黄金地段或中心区域的未开发地块，具有稀缺性，未来开发价值巨大。

（7）行业政策。行业政策的变化对行业的发展具有重要影响，房地产是关系国计民生的重要支柱行业，国家对房地产行业调控政策较为频繁。因此，对于长期战略投资者，国家房地产行业政策的发展也必然是其考虑重点之一。

四、重整价值的再识别

（一）预重整

预重整是指在申请重整之前，债务人与债权人通过法庭外协商制订重整计划，并获得债权人多数同意后，借助重整程序使重整计划发生约束全体债权人的效力，以早日实现债务人复兴的一种拯救机制。

由于法院对于重整价值的识别并不专业，如果评估尺度把握过严，容易让许多问题楼盘丧失重生机会，从而产生较大的社会价值损失；如果评估尺度把握过宽，又易造成招募不到投资人，不利于债权人债权清偿以及造成社会资源浪费。

预重整可以成为法院重整价值的再次识别与修正。法院在裁定重整前，可与政府联动，协调债务人与债权人进行预重整，通过预重整再次识别与验证问题楼盘的重整价值。

（二）组建电子信息平台

府院联动，共同组建地方破产重整电子信息平台，经问题楼盘债权人或债务人申请，可在破产重整受理前发布资产处置、投资人招募、融资等信息，通过投资人、债务人及债权人等反馈信息，能够对问题楼盘存在的问题以及破产重整的价值进行再识别。

例如，2021 年 1 月，针对当时制约破产工作中存在破产财产处置效率不高、重整价值识别困难、重整期间新融资难等深层次问题，广州市中级人民法院携手广州市破产管理人协会、平安银行、阿里巴巴、京东、南方联合产权交易中心、广州交易所集团等机构，研发上线全国首个破产重整“智融”平台。“智融”平台融合京东、淘宝等互联网平台大数据和流量优势，运用市场化标准判断企业重整价值，提升重整价值识别率。“智融”平台能够综合困境企业产品、技术、所属行业等特征，充分发挥南方产权中心、广州产权交易所等区域优势与资产运营能力，精准锁定地方行业协会，精准推送困境企业重整信息，广泛吸引潜在投资者积极参与，提升企业重整成功率。

结　语

笔者认为，精准识别困境房企的重整价值是判断是否准许进入破产重整程序的前提。破产重整价值需要站在投资人与债权人的视角下，基于专业的评价方法予以识别，否则投资人不愿意投资，债权人不同意重整方案，破产重整无法成功。

参考文献

［1］栾甫贵等：《企业破产重整价值评估研究》，立信会计出版社 2011 年版。

［2］闫华红、王安亮：《基于破产重整的企业价值评估方法探析》，载《会计之友》2010 年第 10 期。

［3］郑志斌、张婷：《公司重整：角色与规则》，北京大学出版社 2013 年版。

［4］侯晶、王一冉：《上市公司破产重整价值判断的逻辑起点及体系框架》，载《西部财会》2016 年第 9 期。

［5］杜坤、周含玉：《破产重整公司治理结构逻辑分析——以利益相关者间利益冲突为视角》，载《西南政法大学学报》2014 年第 8 期。

36 问题楼盘企业破产重整共益债的引入方式与程序

李单单*

摘要：破产重整过程中，因企业资金链断裂往往需要引入共益债务帮助企业脱困重生。对于共益债务的概念，目前法律并未给出明确定义，目前我国立法模式采取的部分列举式，学界与实务界虽对于共益债的概念有基本共识，但是实践中依然存在标准不统一、“对债权人有利”含义解读不一致等问题。在共益债的引入方式上存在垫付、借款、担保等多种方式，无论何种引入方式，在共益债引入时投资人、问题楼盘的总包单位等均可能提出不同诉求需要予以合法应对，对共益债履行严格的法律程序进行明确界定属于题中之义。共益债引入方案需要考量多方的利益诉求，必须进行精确地预测与考量以确保方案的可执行性。

关键词：共益债　共益债认定　共益债引入

引　言

企业破产制度为供给侧结构性改革提供了有力的司法保障，破产重整属于拯救经营困境企业的一项重要法律制度，通过债务调整、业务重组等多种方式帮助破产企业脱困重生，保全各方利益。问题楼盘企业在破产重整过程中需要续建资金完成续建，因

---

* 李单单，天津允公律师事务所律师。

此需要引入共益债为持续经营等提供资金支持。共益债具有较前的清偿顺位以及随时清偿的特点，需要进行精准的识别，避免损害债权人权益。共益债的引入方式以及程序的合法性问题，也成为共益债投资人所关心的重点问题。

一、共益债进行精准甄别的重要性

破产费用和共益债是破产程序顺利开始和推进的物质基础①，均具有随时支付的特点，共益债不同于破产费用，属于破产程序进行过程中的非常规性支出，多因合同、侵权等积极行为产生，且具有偶发性、持续性、多样性的特点。对共益债进行真实性、完整性、准确性的识别具有重要性，重点体现在以下几个方面。

第一，共益债实质也属于债务，会导致债务人负债增加，而且共益债具有随时清偿的特点，属于影响原有债权人债权实现的重大事项，可能挤占普通债权人的清偿资源，会使得原有债权人受偿比例下降，因此从保护普通债权人权益角度，共益债范围和金额越小越好。

第二，共益债和破产费用的总计金额高于债务人破产财产价值总额时，破产企业名下无财产可供分配，可能直接导致终结破产程序。根据《企业破产法》第 43 条第 4 款规定，在债务人无法全额清偿共益债时，管理人无法适用此条款提请法院终结破产程序。但有观点认为这一条本意应当是“债务人财产不足以清偿破产费用或共益债务的，管理人应当提请人民法院终结破产程序”②。因为 1986 年发布的《企业破产法（试行）》，破产费用的概念中包含共益债。根据目前的法律规定，债务人财产概念大于破产财产，有担保财产属于债务人财产但不属于破产财产的范围，

---

① 全国人大常委会法制工作委员会：《中华人民共和国保险法（修订）释义》，法律出版社 2009 年版，第 137 页。

② 韩传华：《企业破产法解析》，人民法院出版社 2007 年版，第 185—186 页。

有担保财产既优先于无担保债权，也优先于破产费用和共益债的清偿。在债务人财产价值减去有担保财产价值总额小于或等于破产费用和共益债之和时，管理人可以且应当终结破产程序，即普通债权人的债权得不到任何分配的情况下破产企业即可注销，具体法律依据为《企业破产法》第120条第1款："破产人无财产可供分配的，管理人应当请求人民法院裁定终结破产程序。"以及《企业破产法》第25条第（9）项规定"人民法院认为管理人应当履行的其他职责"。从目前公开的法律文书看，存在较多因无财产可供分配而终结破产程序的民事裁定书，如表36－1所示。

表36－1　无财产可供分配而终结破产程序的案件

序号	案号	申请理由	具体法律依据
1	（2017）冀0111破1号之五	破产企业在偿付破产费用和共益债务后，无可供分配的破产财产	《企业破产法》第120条第1款
2	（2021）苏0591破5号之五	无财产可供分配	《企业破产法》第120条第1款
3	（2020）粤13破20－6号	现有破产财产偿付破产费用、共益债务和职工债权后，无可供分配的其他破产财产	《企业破产法》第120条、第121条、第122条
4	（2021）苏1012破22号之一	破产企业名下无任何资产可用于偿付破产费用和共益债务，无可供分配的破产财产，债务人企业已严重资不抵债	《企业破产法》第43条、第120条

第三，破产企业股东失联或者无法联系等情况出现时，共益债融资对于重整企业是否重整成功生死攸关，只有对共益债进行

精准识别方能有利推进后续融资事项。破产重整企业的融资模式有股权型（或称为权益型）和债权型、混合型三种方式，因为部分破产项目中企业投资人失联，使用股权型融资与混合型融资可能存在一定法律困难，如出资人组无法正常表决通过重整计划（草案），人民法院强裁具有一定难度，所以在破产项目中通过借债引入资金较为重要。但是投资人对破产企业投入的资金具有“血本无归”的风险，为了吸引融资通常有提供担保和赋予新的清偿顺位两种方案，但部分企业在破产前已经穷尽所有融资增信手段，破产后可能无财产可供担保，共益债成为重要的唯一融资手段，共益债的制度设计可以大大提高投资人的投资积极性，尤其是在房地产企业项目中，共益债引入续建资金可能是债权人自救的唯一方式。

二、共益债的概念以及认定难点

共益债的定义目前在法律上没有较为明确的规定，目前学界韩长印、王欣新等都曾对共益债进行分析，对于共益债的认定大同小异①，目前引起较多共识的概念为共益债是指破产程序开始后为了全体债权人的共同利益而负担的非程序性债务②。实践中通常需要符合两个前提条件：第一，破产受理后产生；第二，对全体债权人较为有利，并非对个别债权人有利，直接表现为有利于债务人财产的保值增值或者债务人企业价值提升。但是具体含义仍需要进一步明确，如从何种角度分析对债权人有利，同时该原则

① 韩长印认为共益债是指破产程序进行中，为了全体债权人的利益所发生的债务和因债务人财产所发生的债务的总称。王欣新教授认为共益债是在破产程序进行中，为全体债权人利益或为程序进行之必要而对破产财团产生的一切请求权的统称。参见韩长印：《破产法学》，中国政法大学出版社2007年版，第89页；王欣新：《破产法》，中国人民大学出版社2002年版，第227页。

② 全国人大常委会法制工作委员会：《中华人民共和国企业破产法释义》，法律出版社2006年版，第69—71页。

并非完全适用于千变万化的实践情况，认定过程中主要存在以下难点。

（1）共益债的认定存在事前认定和事后认定，对于已经产生的费用即事后认定共益债时往往考虑的因素会侧重于是否对债权人有利，是否发生于破产受理后并不是认定共益债的决定性因素。如破产受理前引入的纾困资金，可能被认定为共益债。在浙江亚西亚房地产开发有限公司与杭州宋都诚业投资管理有限公司破产债权确认纠纷中①，对于破产受理前，已经具备破产原因时因政府指令为复工、续建等而发生的垫付资金，属于带有行政性质的“接管人”，可以认定为属于为全体债权人共同利益，按照共益债认定。而后在杭州弘达景观工程有限公司、浙江亚西亚房地产开发有限公司破产债权确认纠纷中②，对于认定破产受理前债务属于共益债进行了详细论证，提出此时的共益债应当具有行政性、无偿性、公益性等特点，不应当属于履行商业合同而产生的费用。

同时，在周某斌与钦州市某海运集团有限公司船员劳务合同纠纷执行案中，破产受理前扣押船舶，解除财产查封前，因船舶扣押产生的船舶看管费等执行费用也可能认定为共益债。具体理由为，根据《最高人民法院关于扣押与拍卖船舶适用法律若干问题的规定》第 7 条规定③，船舶看管属于代破产企业管理该船，相关费用属于破产费用和共益债。该案件中，对于船舶看管费并非区分破产受理前和破产受理后，也并非因发生时间不同而作出不同认定。

---

① 浙江省杭州市中级人民法院（2017）浙 01 民终 5761 号民事判决书。

② 浙江省杭州市中级人民法院（2021）浙 01 民终 387 号民事判决书。

③《最高人民法院关于扣押与拍卖船舶适用法律若干问题的规定》第 7 条规定，船舶扣押期间由船舶所有人或光船承租人负责管理。船舶所有人或光船承租人不履行船舶管理职责的，海事法院可委托第三人或者海事请求人代为管理，由此产生的费用由船舶所有人或光船承租人承担，或在拍卖船舶价款中优先拨付。

目前，各地方也在探讨在预重整程序中引入共益债，部分地区制定了《郑州市中级人民法院审理预重整案件工作规程》《深圳市中院审理企业重整案件的工作指引（试行）》等文件，在其中明确预重整期间，经批准因继续营业的借款应当认定为共益债。

（2）在共益债的认定过程中，目前对于是否重整成功、款项是否实际用于债务人继续营业或符合约定内容，均不能成为影响认定为共益债的因素已经成为共识[①]，但是对于如何界定属于破产受理后产生的债务，司法实践中存在诸多争议焦点。产生共益债的法律事实有合同、无因管理、不当得利、侵权，目前对于不当得利之债的产生时间认定存在较大争议。

不当得利构成共益债，还需要符合时间条件即人民法院受理破产申请后发生。在破产受理后，错误的转账行为等属于较为常见的不当得利之债，如深圳市京华信息技术有限公司与深圳市银思奇电子有限公司不当得利纠纷案[②]中，认定破产企业破产受理后因错误转账收到的款项属于共益债。但是在破产受理前具有合同依据，破产后合同解除或无效后应当返还的款项是否属于不当得利之债，是否属于共益债，目前理论界争议较大。

不当得利型共益债在实务中也依然存在较大争议，如承租人预付的租金目的是获得将来合法使用房屋的权利，在通常的商业交易中，为了将来购买商品或者服务，预付资金较为普遍，是否所有的预付行为都可以认定为共益债存在较大争议。如房地产企业破产后，因房屋烂尾无法建设、未竣工或者存在抵押等无法继

① 李震东：《重整中的新融资债务属于破产程序中的共益债务》，载《人民司法（案例）》2014 年第 24 期。

② 广东省深圳市中级人民法院（2013）深中法破初字第 145 号民事判决书中认定：“原告的转账行为发生在法院受理被告破产清算之后，被告取得的不当得利为其共益债务，依法应由其财产随时清偿”。

续履行，商品房买卖合同解除，针对破产受理前向破产企业支付的购房款能否构成不当得利，能否属于共益债问题，在林某忠、佛山市顺德区摩登渥房产有限公司普通破产债权确认纠纷案件[①]中将其认定为普通债权，理由主要是有以下两点：第一，不当得利之债发生的时间应当为破产受理后，该种债权收款行为发生在破产前，合同解除以及返还义务发生在破产受理后，但合同解除具有溯及力，应当认定为属于破产受理前产生的债务。第二，该债务并非破产企业管理人为了全体债权人共同利益或破产程序的顺利进行而负担的债务。

笔者认为，在判定不当得利是否属于共益债时，需要考虑以下问题：第一，需要明确时点问题，即给付行为（即获利行为）发生在破产受理后还是获利没有法律根据发生在破产受理后，还是两者均应发生在破产受理后才能属于破产受理后产生的债务较为关键。从目前的答复以及相关观点看，较为统一的认识为应当看获利没有法律依据的时点，而非给付行为的时点，否则预付租金不符合共益债的认定条件。第二，获利没有法律依据如何理解，是自始没有法律依据还是法律依据终止而导致没有依据。最高人民法院在（2021）最高法民再194号民事判决书中论证“一方获益无法律根据中包括因给付目的欠缺而发生不当得利情形，即合同无效、不成立、被撤销以及解除后，给付人并没有实现其给付目的”。参照《最高人民法院关于适用〈中华人民共和国企业破产法〉若干问题的规定（二）》第16条规定的“以明显不合理价格交易撤销时的返还财产属于共益债务”，合同解除等也属于一方获利没有法律依据的理由。第三，在通常情况下，不当得利请求权可能与其他权利存在竞合，如上述购房款案例中返还购房款属于合同解除的返还请求权与不当得利请求权竞合。合同解除后双

---

① 广东省佛山市中级人民法院（2022）粤06民终1147号民事判决书。

方具有互返义务，不当得利构成后双方均具有互返义务。第四，如何确定和解读“为了全体债权人的利益”，属于关键因素。笔者认为，需要重点分析是否具有互返义务，如需要买受人返还涉案房屋的情况下，返还房屋后可以增加破产财产，尤其是在房屋升值的情况下，该返还房屋行为对全体债权人有利，应当认定为共益债。

三、共益债的资金引入方式

破产受理后引入的资金属于破产企业的新债，并不是破产受理后所有的引入资金都可以被认定为共益债，关键在于资金使用用途，如破产程序中的债务替换并不能被认定为共益债。在共益债的引入方式上，立法存在一些原则性要求，但是实践中往往情况较多，因此对于共益债的资金引入方式有必要进行类型化梳理，主要存在以下三种情况。

（一）由第三人为继续经营或资产处置垫付资金

在房地产企业破产项目中往往存在烂尾楼，需要进行续建和继续营业，继续营业和续建必然会发生运营成本和费用。在债务人明显缺乏清偿能力的情况下，破产企业往往现金流已经枯竭，没有能力支付必要开支，因此通常情况下可直接由第三方进行垫资。如房地产破产项目中，问题楼房可能由原施工单位继续续建，续建资金由施工单位自行垫付，该种垫付通常也可以认定为共益债，同时该种续建被解读为双务合同的继续履行，因此破产受理前产生的工程款存在被一同认定为共益债的可能，该种情况对于丧失建设工程价款优先受偿权的施工单位而言，属于较有吸引力的方案。

（二）投资人为破产企业提供借款被认定为共益债务

在《破产法司法解释（三）》出台之前，即存在为破产企业提供借款作为共益债的案例，如在深圳市亿商通进出口有限公司与东莞市清溪金卧牛实业有限公司企业借贷纠纷案中①，法院认定“借款系经由破产管理人确认且约定用于破产重整期间继续营业而应支付的劳动报酬、水电费用以及由此产生的其他费用之目的，系为维护全体权利人和破产财产利益而发生”，属于共益债。《破产法司法解释（三）》出台后，明确规定了借款可以参照被认定为共益债，实践中越来越多借款被认定为共益债的案例。

在上海市上海悦合置业有限公司破产清算案中，上海地区建筑规模最大的烂尾楼盘悦合国际广场项目，设立了合伙企业专门用于该项目的共益债投资，出借资金 2.5 亿元，用于支付破产费用、已经发生的共益债、偿债资金、续建所需要的工程款、重整的日常经营开支及执行重整计划的其他费用等，同时作为项目管理受托方，负责后续的续建、销售等事宜。

（三）第三人为共益债融资提供担保并履行担保责任部分为共益债

破产企业融资借款时，除了出借资金认定为共益债以保障投资人权益外，部分投资人提出需要第三方提供担保，担保方式包括但不限于保证、抵押、质押等。比如破产企业向银行申请贷款，贷款资金用于清偿职工债权、厂房看护费用、审计费用等。由于银行要求提供担保，于是管理人寻找第三方进行担保，担保人要求在其提供担保并承担担保责任后，该借款本金依然界定为共益债。实践中，该种情况被法院予以认可，参考四川省攀枝花市中级人民法院（2017）川 04 民破 1 号之九复函。但是，对担保服务费用是否应当也认定为共益债存在一定争议。

---

① 广东省高级人民法院（2014）粤高法民二破终字第 2 号民事判决书。

四、共益债务引入时各方诉求与解决方案

因投资人投入资金对于破产重整的房地产企业较为关键，涉及能否完成续建，能否如期交房，能否维护社会稳定等问题，在共益债资金引入时投资人往往提出相关条件以保证共益债的安全，同时共益债资金引入后可能需要其他债权人配合如总包单位配合完成续建、监理单位配合竣工验收等，因此均可能提出一些诉求。

（一）投资人提出共益债享有超级优先受偿权或要求有财产担保债权人让免部分债权

目前我国法律规定，共益债在清偿上优先于普通债权但劣后于有财产担保的债权，共益债的优先性不同于美国法上的超级优先性（融资共益债可优先于其他共益债），这就导致在极端情况下，破产企业的资产在扣除有财产担保债权总额（或者有财产担保债权的评估价值或拍卖价值，以孰低为准）后的剩余资产，包括但不限于未设立担保的财产、烂尾楼续建后的升值部分（抵押权人在在建工程续建部分不享有权益）等，有可能无法覆盖共益债投资人拟投入金额及预期收益。因此，为保护共益债投资人的风险，共益债投资人可能会提出，要求有财产担保债权人让免一部分债权，由共益债优先进行偿还。甚至，部分投资人提出共益债投资享有超级优先受偿权，因为共益债属于破产后投入的增量资金或者属于纾困资金，应当优先于原有的存量债权，即采取“后进先出”原则。

破产法属于私法，是人民法院监督下的债权人自治程序，债权人通过债权人会议表决机制集体发表意见，因此该诉求在破产法以及破产法实践中是可能存在的，解决方案只有在法律范围内进行市场化谈判。就该问题进行谈判时，需要取得债权人的同意，尤其是抵押债权人，是否同意的关键是存量债权人（尤其是抵押

债权人）综合衡量破产重整情况下与破产清算的可回收债权差额，以确认双方合适的减免额度，必要时需要管理人发挥调解与协商的功能，使各方权益进行博弈后达成共赢。由此可见，债权人群体，对破产程序的影响是巨大的，单个债权人可以启动破产程序及相关程序转换，债权人的集合可以决定破产程序中债务人财产的管理、变价、分配，重整计划是否通过等，因此破产重整需要各债权人齐心合力。

（二）工程款优先债权人可能提出先行清偿债权的要求

破产企业引入共益债后需要有正常的资金回笼后才能清偿债务，但是资金回笼需要工程完成续建，开始正常销售，有销售回款。但是对于总包单位，虽续建资金不需要其垫资续建，但总包单位因前期有较大投入，基于总包单位的强势谈判地位，总包单位可能提出前期投入的部分进行及时清偿作为配合续建的前提。

但是共益债所引入的资金通常无法用于债务清偿，只能用于“企业继续营业而应支付的费用”，为了解决该问题可以通过以下方式解决：第一，通过其他债权人提供资金收购债权，替代总包的债权人地位。第二，项目销售回款作为共益债投资等的还款来源时，通过销售可否实现现金流，在破产企业有现金流时，确定清偿安排时可重点考虑总包单位的清偿时间问题。

五、共益债资金的引入程序或界定方式

共益债的合法认定程序，属于投资人的保护机制，也是管理人合法履职的保障。对于已经产生的共益债，只需要进行共益债的界定，在进行界定时，部分学者提出需要先行向管理人进行申报，但共益债具有随时清偿的特点，不同于普通债权，如破产企业对外支付租金的情况下，通常也可由管理人直接支付。对于已经产生的债务或者基于事实行为新产生的债务，管理人界定是否

为共益债的法律程序没有明确规定，一般也很难采取事前审批程序，实务中一般会采取以下方式：第一，管理人依法认定共益债，并在人民法院报进行公示，公示期内无人提出异议，报请人民法院裁定确认。第二，管理人对于认定共益债的事项向债权人会议报告，而后直接由管理人执行；或在执行后，出具共益债报告告知债权人。第三，管理人不予认定共益债，权利人向人民法院起诉，提起确认为共益债并予以及时清偿的诉求，案由通常为与破产有关的纠纷，在胜诉后管理人将该笔债权界定为共益债。第四，部分破产项目，将共益债作为债权申报事项，列入债权表，参照申报债权的异议和诉讼程序。因目前法律并无严格的程序限制，因此目前不同项目采取的方式不一致。

对于新引进的资金，引入的程序具有较为严格明确的限制。破产企业的借款需要通过债权人会议或报告债权人委员会审批同意，《破产法司法解释（三）》第 2 条规定了共益债引入，需要经债权人会议决议通过，或者第一次债权人会议召开前经人民法院许可。但是在具体的操作过程中方式各异，主要有以下几种。

（一）在继续营业方案中确定共益债融资事宜

虽然根据《中华人民共和国公司法》第 186 条第 3 款规定，清算期间不得开展与清算无关的经营活动，但是根据《企业破产法》第 26 条、第 61 条规定："债权人会议行使下列职权：……（五）决定继续或者停止债务人的营业……"由此可见，无论属于破产清算企业还是破产重整企业，在履行相关程序后均可以继续营业。同时破产清算企业也可以对外借款，目前共益债融资并未将破产清算企业排除在外①，因此破产企业可以制定继续营业方

① 樊星：《共益债务与破产法司法解释三的法律适用——基于北京京西峪鑫物资有限公司申请北京京西国利信机电设备有限公司破产清算案的分析》，载《法律适用》2019 年第 12 期。

案经债权人会议同意，在继续营业方案中明确共益债融资事宜，在债权人会议表决通过后执行。如浙江八达置业有限公司和诸暨八达旺庄置业有限公司破产重整转清算案件中，第一次债权人会议通过的《关于继续债务人营业的报告》，明确管理人进行借款融资 4 亿元作为共益债用于项目续建，该案例入选绍兴法院企业破产审判十五周年典型案例。

（二）在破产重整计划草案中明确共益债融资事宜

目前管理人通常的做法是，在确认投资人后与投资人签订投资意向书，明确投资事宜，而后根据投资协议制订重整计划草案，将共益债融资等事宜通过债权人会议后，进行执行。

因《破产法司法解释（三）》第 2 条采用的是“参照”共益债处理，清偿顺序写的是“优先于普通破产债权清偿”，是否优先于职工债权、社保债权、税款债权该条规定并未明确，因此该部分属于可协商空间，需要各方进行谈判并进行市场化选择，而后为顺利推进后续事宜，需要在投资协议、重整计划草案中予以明确借款目的、用途、受偿的顺位等。

（三）通过请示或报告等形式报请法院确定共益债融资事宜

管理人报送《请示》或报告后，人民法院认定共益债的方式有以下几种：第一，人民法院出具裁定书确认该笔资金为共益债，如四川省广安市广安区人民法院（2019）川 1602 破 1 号之一民事裁定书、四川省广安市广安区人民法院民事裁定书（2019）川 1602 破 1 号之一。第二，出具复函对请示答复同意借款用途以及作为共益债，如四川省攀枝花市中级人民法院（2017）川 04 民破 1 号之九复函。第三，还有实践中以法院签字的形式将破产融资认定为共益债。

综上，在共益债的认定程序中，至少需要履行报告人民法院或者债权人会议同意的义务，二者选其一，但是具体形式不同，除上述形式之外，有的破产项目会将共益债事宜写入财产管理方案或者财产分配方案。对于非融资（即非借款）的共益债认定，目前法律没有明确规定具体程序，但是通常也会采取通知债权人、报告法院的程序。

六、共益债引入注意事项

在破产项目中，涉及的利益主体较为多元，且各方权益处于博弈状态，无论作为破产管理人、债权人还是投资人，在共益债的引入方面有诸多注意事项，主要有以下几方面。

第一，在充分尽调和考虑工程质量、产品市场接受风险、周边地势和价格、市场各类变化因素等情况下，对投资人的投入收益进行详细测算，同时需要对于不续建的清偿率和续建的清偿率进行对比，以及追加投入资金量占项目可变现价值比的情况下，拟定共益债投资的退出时间和偿债方案，与破产企业的全体债权人进行详细沟通。

第二，对于共益债的投入时间进行精准的测算，避免续建资金投入滞后，再次陷入停滞状态，或产生过多财务成本，影响项目进展。在共益债融资过程中，投资人希望给予较为充足的融资时间，可能希望较晚投入，甚至提出分期投入、滚动开发的诉求，因此对于共益债的资金使用计划需要具有明确的安排，以解决执行过程中发生的各类突发应急情况。

第三，共益债资金投入后，需要设计方案对项目进行严格的管控，管控不仅限于资金管控，还包括资产运营管理、项目销售管理、回款的全流程封闭管控等。破产企业破产原因较多，不排除存在管理漏洞，或者存在他人侵占破产企业权益事项，需要严格把控投入资金使用问题，严禁资金挪用，以保证实现共益债的投入目的。实践中，可根据投资人的具体情况确定具体的管控模式，对于国有企业且房地产建设经验较丰富的投资人，可以采取托管的模式，除此之外也可采取设立共管账户、资金审批限制、建立销售回款按月披露制度、修改破产企业的公司章程以设立董事的一票否决权以及明确具体事项的决策程序等方式。

37 问题楼盘企业破产重整中共益债的引入和清偿

莫琳辉 刘珂言*

摘要：近年来，问题楼盘已成为导致房地产领域涉诉案件频发的突出因素，更有大波房地产企业因此进入破产清算或重整。本文针对问题楼盘企业进入破产重整后的共益债融资特点，就具备重整价值的问题楼盘企业，探讨共益债的引入的必要性和清偿顺序问题，以期为盘活问题楼盘企业资金，寻求问题楼盘企业困境化解机制提供可行性建议。

关键词：问题楼盘企业 共益债 清偿顺序

引 言

房地产企业作为我国拉动内需的强劲动力，其健康发展与否极大地影响着国民经济的增长。然而近年来，我国问题楼盘呈现出集中爆发的态势[①]，一大波问题楼盘企业进入破产程序。考虑到问题楼盘企业涉众矛盾比较突出，其处理结果关乎社会公信力和社会稳定，因此，对于进入破产重整的问题楼盘企业，我们有必要寻求困境化解机制，帮助其摆脱财务困境并恢复营业能力。破产

* 莫琳辉，河南形象律师事务所主任，二级律师；刘珂言，河南形象律师事务所律师。

① 张侃：《问题楼盘的缘起与社会风险分析》，载《经济研究导刊》2019 年第 26 期。

程序中，债权清偿顺序是首要解决的问题，问题楼盘企业破产也不例外。共益债融资因共益债具备优先清偿的特点，以及其能够有效平衡各方利益和引导债权人客观对待自身利益诉求的价值，已成为近年来解决问题楼盘企业融资难题的一大出路。

一、共益债的认定与引入必要性

对于共益债的认定，我国《企业破产法》第42条采取列举法将共益债规定为六种具体化类型，但并未规定兜底条款，亦未对共益债的概念作出法律上的明确界定。随着国民经济的快速发展和金融行业的不断变化，我们发现在重整案件办理过程中往往出现《企业破产法》第24条规定类型之外的情形。考虑到共益债的认定直接影响债权清偿顺序，为更好地规范共益债融资制度，本文将认定共益债的概念并分析在问题楼盘企业中引入共益债的必要性。

（一）共益债的认定概念

关于共益债的认定，相关法律释义和学者均对此进行了定义，但与破产费用边界较为模糊[①]。经分析，为区别于程序性必要支出的破产费用，本文将共益债认定为：在法院受理企业破产申请后，为了全体债权人的共同利益和破产财产利益，非为推进破产程序的必要支出，由管理人或债务人财产所发生的债的总称。

（二）问题楼盘企业引入共益债的必要性

对于进入重整程序的问题楼盘企业而言，要想保持问题楼盘企业的正常经营，就必须获取新的资金来维持必要开支。然而，因问题楼盘企业风险巨大，不具备融资优势，在实务操作中存在融资困难的问题。

---

① 戴小燕：《论破产法上共益债务的认定与清偿》，载《法制博览》2020年02月（中），第121页。

为提高破产重整企业融资可能性，增强投资人的债权受偿信心，共益债首先受到了国家政策的大力支持。第一，《企业破产法》第42条第（4）项和《企业破产法司法解释（三）》第2条第1款因将借款的属性明确规定为共益债而被视为共益债融资的法律依据，为对重整企业引入共益债进行融资提供了法律支持。第二，我国《企业破产法》及相关司法解释确定了共益债优先清偿且能随时清偿的地位，并明确规定可以为继续营业的借款设立担保，这从法律层面增加了重整企业投资人受偿信心。第三，对问题楼盘企业而言，其财务困境主要因为资金周转不灵。共益债自身受偿优先性提高了其融资获取可能性。在问题楼盘企业中引入共益债，不但能盘活其资金，实现其财产的保值和增值，更能提高其清偿能力。第四，基于共益债融资自身资金数额较为充足，且来源稳定，更容易被债权人接受，降低问题楼盘企业恢复经营的阻力。综合而言，引入共益债对问题楼盘企业而言是优势选择。

二、问题楼盘企业引入共益债面临的困境

对于投资人而言，问题楼盘企业信誉极低、回资周期长、风险巨大，投资人一旦投资，就意味着承担了极高的风险。在此情况下，推动投资人作出投资选择的，是在问题楼盘企业重整后的高回报以及重整失败后资金回笼的概率，具体而言是其投资作为共益债的清偿问题。因在破产程序中，各方利益主体关注的首要问题是债权清偿问题，故本文主要探讨共益债的清偿问题，具体而言是共益债的清偿顺序问题。

问题楼盘企业的清偿顺序争议主要发生在共益债与消费性购房者的债权、工程价款和抵押权等优先权之间，而我国《企业破产法》第43条仅规定了破产费用和共益债的清偿顺序，并未对共益债与其他优先权的清偿顺序作详细规定，导致实务操作中存在争议，从而降低了部分投资人对问题楼盘企业的投资信心，增加

了问题楼盘企业引入共益债的难度。

关于除共益债以外的优先权之间的清偿顺序问题，因《最高人民法院关于人民法院办理执行异议和复议案件若干问题的规定》第29条与《全国法院民商事审判工作纪要》（以下简称《九民纪要》）第125条，实质上确认了消费性购房者的债权优于建设工程价款优先受偿权，更优于抵押权的原则，故本文不再探讨优先权之间的清偿顺序问题，仅探讨共益债权与更具优先性的消费性购房者的债权清偿顺序问题。

（一）消费性购房者债权优先的必要性

消费性购房者是指以生活居住为目的的购房人。对于消费性购房者而言，问题楼盘企业的重整可能性影响的是其最根本的生存利益，基于购房消费者并非房屋所有权人的性质，考虑到消费性购房者从风险能力和信息获取能力等方面的弱势地位，加之消费性购房者占据的范围较广且人数众多，将消费性购房者的债权作为普通债权不利于维护债权人利益和社会稳定，故在问题楼盘企业重整中保证消费性购房者债权的优先性具有现实需求。

（二）共益债与消费性购房者债权的清偿顺序冲突

消费性购房者优先权制度已经在实践中运行多年，既取得了一定成果，也凸显出了大量问题，尤其是问题楼盘企业重整中，如何对消费性购房者的优先债权作出妥善安排仍然面临争议。

首先，消费性购房者的债权优先性权限和范围不明，扩大其优先性不利于在问题楼盘中共益债的引入和清偿。在消费性购房者享有绝对的优先权的情形下，问题楼盘企业引入共益债的后果仅仅是交付给消费性购房者，一方面使得问题楼盘企业无法恢复经营，另一方面，共益债融资投资人不仅无法获得预期利益，甚至投资成本都无法回笼。因此，消费性购房者的债权优先性的权限和范围，需要精准把握后，才能化解与共益债之间的冲突。

其次，消费性购房者的债权优先性性质不明，与共益债融资投资人的债权清偿顺序无法确定。因《企业破产法》第42条列举的限制，实务中对于消费性购房者的债权是否属于共益债存在争议。《九民纪要》认为在案外人异议中，付款“接近于50%”且按约定将剩余价款交付给申请执行人或法院的，应当保护消费性购房者的债权优先性，但我国破产法并无相关规定，且该“50%”与现实中房产价值和房屋交付比例并不相符，因为在房产总价较高的情况下，三成房款即已可对大部分购房人的生活造成影响①。在破产法无明确规定消费性购房者的主体，且相关参考规定与问题楼盘企业实务不符的情况下，消费性购房者债权与共益债性质不清，无法确定清偿顺位，致使共益债融资投资人信心不足。

三、问题楼盘企业共益债困境的解决路径

针对问题楼盘企业中共益债的范围较窄和消费性购房者的债权优先性与共益债清偿顺序存在冲突的困境，本文拟提出如下建议。

（一）适度修改共益债范围，增大共益债引入可能性

基于共益债的巨大优势，在问题楼盘企业中引入共益债逐渐被法院及社会各界认可，共益债类型和范围也在不断扩大，但《企业破产法》第42条规定的共益债类型与当前实务不匹配，因此，完善相关法律法规，健全商品房预售制度，明确共益债融资的类型，适度修改共益债范围，根据房屋建设情况和房款支付情况确定消费性购房者的债权是否享有优先权，明晰共益债与消费性购房者债权之间的清偿顺序，是完善共益债引入和清偿制度的应有之义。

---

① 徐剑锋：《论房地产企业破产中购房消费者优先权制度》，载《齐鲁金融法律评论》2020年卷，第220页。

（二）明确共益债与消费性购房者债权的清偿顺序

为更好地引入共益债，有效协调实践中的共益债与消费性购房者债权的清偿顺序争议，实现问题楼盘企业破产重整的目的，参考法律法规及实务操作，本文拟给出如下参考建议。

（1）为增强投资人信心，保证重整失败时投资人的资金回笼，增大共益债融资引入的可能性，实现消费性购房者的住房需求，可为共益债融资债权人设立超级优先权，使共益债优于消费性购房者的债权进行清偿。同时为防止对消费性购房者债权的不当损害，应当设立消费性购房者表决制度，在消费性购房者同意共益债享有超级优先权或者法院经审查认为共益债享有超级优先权并不损害消费性购房者的现实利益时，共益债的超级优先权才可成立。

（2）在房屋已经完成建设且消费性购房者已付全款，但既未交付亦未办理产权登记，同时管理人不同意消费性购房者行使取回权的，为保护守约方的消费性购房者的权利，鼓励诚信交易，消费性购房者的债权应当优于共益债进行清偿。

（3）在房屋建设未完工时，若问题楼盘企业具备重整能力，但因消费性购房者申请执行而导致无法经营的，可将消费性购房者的债权转为共益债，提高消费性购房者债权清偿信心，加大消费性购房者的清偿比例，从债权债务关系转换为投资合作关系，以最小的代价实现债务重组，恢复问题楼盘建设。

结　语

问题楼盘企业涉及多方利益，我们应在问题楼盘企业破产重整中审视其现存价值，明确共益债与优先权尤其是消费性购房者债权的清偿顺序，合理引入共益债推进复工复建，对于有效缓解社会矛盾，改善问题楼盘企业困境，盘活问题楼盘企业资金，提高债权清偿比例，实现房地产企业的良性运转具有切实可行的现实意义。

38　未取得所有权的善意购房人共益债权的认定

郭艳妮　郭雅琦*

摘要： 根据《企业破产法》第42条，破产企业的共益债类型之一为不当得利之债。在房地产企业“一房二卖”情形下，对于未取得房屋所有权的善意购房人而言，其购房合同存在解除、被撤销甚至被认定无效这三种可能性。在这三种情形下，购房人与破产房企双方均负有恢复原状或者相互返还的义务，购房人已支付的购房款均缺乏给付目的，破产房企由此构成不当得利，其占有的购房款应当被认定为共益债，与破产费用一样由破产企业的财产随时清偿。

关键词： 破产房企　一房二卖　善意购房人　共益债权

引　言

近几年来，房地产行业的监管政策不断收紧，宏观调控不断加强，再加上疫情的冲击，高负债、高周转的房地产企业资金链日益紧张。根据中房网统计，2021年全国约有343家房地产企业发布了相关破产文书①；最高人民法院的全国企业破产重整案件信

---

* 郭艳妮，北京市炜衡（南通）律师事务所律师，合伙人，二级律师；郭雅琦，北京市炜衡（南通）律师事务所实习律师，香港中文大学硕士。

① 苏晓：《2021年超340家房企申请破产！》，中房网 http://www.fangchan.com/news/320/2022-01-28/6892687084315021633.html，访问日期：2022年4月27日。

息网上，“债务人信息”行业为“房地产”的破产重整企业数量也高居35个行业榜首①。一些房地产企业为了套取资金，在预售商品房交易中，先后签订两个商品房买卖合同，“一房二卖”的行为屡见不鲜。当这类房企资不抵债、走入破产程序时，购房人往往处于势单力薄的弱势地位，作为支付了部分或者全部购房款但未取得所有权的购房人参与破产程序，其债权性质的认定与清偿顺序和比例密切相关。破产房企“一房二卖”情形下，未取得房屋所有权的善意购房人的债权是否应认定为共益债权，需要结合实践作进一步探讨。

一、共益债的概念与类型

我国2006年《企业破产法》中并未对“共益债”这一概念进行界定，仅在第42条中列举了六种共益债的类型，因此，理论界与司法实践中对共益债的认定与范围也存在较大争议。在《〈中华人民共和国企业破产法〉释义》中，将共益债定义为“破产程序中为全体债权人的共同利益由债务人财产及管理人而产生的债务”②，许德风老师则从共益债权的角度，将其界定为破产程序受理后为破产财团共同利益而发生的债权，或因破产财团的管理、变现、分配而产生的债权③。与破产费用相同，共益债在破产程序中产生，不同于进入破产程序前的破产债权，并且对破产费用与共益债的清偿目的均在于破产程序的顺利进行、使债务人财产有所增益，进而有利于全体债权人的最大程度受

① 《最高人民法院全国企业破产重整案件信息网》，https://pccz.court.gov.cn/pcajxxw/pctzr/tzrdh? lx =1&xz =1，访问日期：2022年4月27日。

② 《中华人民共和国企业破产法》起草组编：《〈中华人民共和国企业破产法〉释义》，人民出版社2006年版，第159页。

③ 许德风：《破产法论：解释与功能比较的视角》，北京大学出版社2015年版，第168页。

偿。根据《企业破产法》第42条，共益债的产生时间应在破产受理之后。

《企业破产法》所列举的六种共益债中，本文主要对第三种情形展开探讨，即因债务人不当得利所产生的债务。在法院受理破产案件后，债务人没有法律依据使自己获得利益而他人受到损失的，应当将不当得利所获得的利益返还。此时的不当得利返还请求权不符合破产债权的时间要件，不能作为破产债权受偿。因清偿债务人不当得利之债，同样是为了维护全体债权人的最大利益，因此也属于共益债。

二、"一房二卖"情形中，未取得所有权的善意购房人的购房合同效力

该情形下，购房合同效力可能存在如下几种情况。

1. 合同有效，购房人可以主张解除合同

就现行的法律规定与司法实践来看，我国法律并没有因一物二卖而当然否定合同效力，根据债权的平等性，一般来说就同一个标的物先后订立的数个买卖合同均为有效，这在《最高人民法院关于适用〈中华人民共和国合同法〉若干问题的解释（二）》中也得以体现。在"一房二卖"中，任何一个购房人都可以要求房企履行合同、交付并办理房屋所有权登记。在此情况下，一般应按照已办理房屋所有权变更登记、合法占有房屋以及合同履行情况、买卖合同成立先后等顺序确定权利保护顺位。

对于未取得房屋所有权的购房人，由于房地产企业无法交付标的物构成根本违约，致使购房人无法实现合同目的，购房人可以解除合同，并且要求房地产企业承担违约责任、赔偿损失。根据2003年《最高人民法院关于审理商品房买卖合同纠纷案件适用法律若干问题的解释》（简称"2003年《商品房买卖合同司法解释》"）第8条、第9条的规定，可以要求解除合同、返

还已付购房款及利息、赔偿损失，还可以要求最高达已付款一倍金额的惩罚性赔偿。这两条惩罚性赔偿条款在2020年修正时被删除，是为了与《民法典》第584条“损失赔偿额应当相当于因违约所造成的损失”的规定保持一致，即与民事损害赔偿填平原则相统一。

2. 房地产企业存在欺诈情形时，善意购房人可以请求撤销合同

若在订立商品房买卖合同时，房企故意隐瞒该房屋已经出卖给第三人的事实，实际已是存在欺诈的情形，因此签订第二份合同的善意购房人在无法取得房屋所有权时，可以在知道或应当知道该情况之日起一年内，请求该商品房买卖合同予以撤销。

在2003年《商品房买卖合同司法解释》第9条不再适用的情形下，购房人能否再主张惩罚性赔偿？该司法解释第8条、第9条所体现的惩罚性赔偿原则，其源自1993年《消费者权益保护法》第49条，是针对商品房买卖合同在订立和履行中的欺诈行为，在审判实践中所明确的[①]。由于标的的特殊性，法院在审理商品房买卖合同纠纷时并不支持购房人以《消费者权益保护法》第49条对房企主张惩罚性赔偿，但这并不意味着商品房买卖不属于《消费者权益保护法》所调整的范围[②]。

3. 对“一房二卖”合同几种无效情形的探讨

《民法典》规定了民事法律行为无效的几种情形，其中便包括了违背公序良俗的行为。根据《民法典总则编理解与适用》的解读，公序良俗主要分为五大类，包括基本权利之维护、弱者利益的保护、经济社会管理秩序之维护、婚姻家庭秩序之维护，以

---

① 最高人民法院《最高人民法院民一庭庭长孙华璞就〈最高人民法院关于审理商品房买卖合同纠纷案件适用法律若干问题的解释〉的有关问题答记者问（2003年）》。

② 钱玉文：《论商品房买卖中惩罚性赔偿责任的法律适用》，载《现代法学》2017年第5期。

及伦理道德的维护[①]。我国的司法实践中对公序良俗原则的运用还较为单一，但总的趋势是，经济交易关联类型、诈欺性商法类型在增加，对公序良俗的判断也逐渐着重于追求交易公正，以及调整当事人利害关系之上，其中便包括消费者保护的引入[②]。在公序良俗原则适用的领域中，消费者保护已成为重要的一部分。

与个人之间偶发的“一房二卖”情形不同，房地产企业“一房二卖”，不仅涉及违背民法的诚信原则、对交易对方的利益造成损害，还涉及违反消费者保护、扰乱经济社会管理秩序等问题。房地产企业凭借交易地位、交易信息的不对等，通过欺诈性的交易，致购房人遭受重大损害，以交易方法的不当性等为由认定违反公序良俗，将公序良俗作为消费者权益保护的手段，从而使其获得损害赔偿[③]。根据《民法典》明确“违背公序良俗的民事法律行为无效”的规定，在房地产企业因欺瞒性的“一房二卖”交易导致遭受损害的购房人，是否可以违背公序良俗原则主张合同无效，也有待在实务中尝试和探索。

三、破产房企“一房二卖”，未取得所有权的善意购房人共益债权的认定

1. 合同解除的情形下，购房人已支付房款是否属于共益债权

除了购房人因无法实现合同目的而解除购房合同外，在房地产企业破产的情形下，还增加了《企业破产法》第18条管理人有权解除的情形：破产受理前成立而双方均未履行完毕的合同，管理人有权决定解除或者继续履行。在购房人未支付全部房款且房

---

① 最高人民法院民法典贯彻实施工作领导小组主编：《中华人民共和国民法典总则编理解与适用（下）》，人民法院出版社2020年版，第763页。

② 同上书，第762页。

③ 梁慧星：《市场经济与公序良俗原则》，载《中国社会科学院研究生院学报》1993年第6期。

屋未完成交付、登记时应当理解为“未履行完毕”，则该购房合同即为破产法意义上的待履行合同，管理人有权解除，或选择继续履行[①]。法律对管理人赋予了合同履行或解除的选择权，是为了避免破产企业在无力履行合同或者履行合同对债权人更不利的情况下仍被要求履行合同，造成更大的财产损失。

依据《民法典》第566条第1款的规定，破产程序中，待履行合同解除后，未履行的部分均无须履行，但已履行部分是否发生恢复原状的法律效果，恢复原状请求权的性质为共益债权，抑或是普通债权，存在不同的观点。

（1）有观点认为，合同解除后的相互返还，属于不当得利返还，因而属于共益债。对于继续性合同，一般认为其解除无溯及力，对于已经履行的部分不发生恢复原状的法律效果。如最典型的租赁合同中，出租人破产、租赁合同解除，承租人向出租人返还租赁物；关于承租人已支付的租金，已过租赁期对应的租金出租人无须返还，而预付的租金则构成不当得利，应作为共益债由破产企业财产中随时返还，这在最高人民法院《关于破产企业签订的未履行完毕的租赁合同纠纷法律适用问题的请示》的答复函［（2016）最高法民他93号］中得以明确。最高人民法院（2021）最高法民再194号民事判决书（王某与沈阳佳建置业开发有限公司破产债权确认纠纷案）亦采用此观点。

对于非继续性合同，恢复原状的效果则为债务人与相对人之间产生相互返还的义务。在购房人支付了部分或全部购房款，而未能取得所有权时，针对破产房企应承担的购房款返还的性质，存在一定争议。理论界观点一般认为，应当按照共益债清偿。根据许德风教授的意见，应当按照合同解除的“直接效果说”解释

① 王刚：《房地产企业破产中待履行商品房买卖合同的解除权研究》，载《河北法学》2019年第2期。

破产法上双方均未履行完毕合同的效果：即合同解除后，相对人有权按照共益债请求返还，破产企业一方可就已履行部分进行抵销[①]。金春教授也指出，管理人的解除权是法律赋予的特别权限，对于双方均待履行而管理人决定解除的合同而言，对方当事人已经履行部分不得仅作为破产债权，并且根据《企业破产法》第42条，共益债中包含请求对方当事人履行双方均未履行完毕的合同所产生的债务。在管理人选择继续履行或解除合同这两种情况下，合同相对方的债权性质认定应当被平等对待[②]。

（2）我国司法实践中，则更倾向于将恢复原状请求权认定为普通破产债权。根据最高人民法院（2015）民申字第2358号民事裁定书（郑某飞与嘉粤公司破产债权确认纠纷），车位买卖合同双方均未履行完毕，被管理人解除后，相对人只能依据《企业破产法》第53条就损失申报债权，无权主张共益债优先受偿。江苏高院（2018）苏民申3441号民事裁定书（张某平与常州龙德公司破产债权确认纠纷）认为，张某平不能证明是为自身消费需求而购买房屋，其起诉主张的购房行为形成的已付购房款债权，不能认定为共益债，不属于法律规定的可以优先清偿的范围。

对于这一争议，笔者更支持前一种观点，合同解除后的返还请求权不能归为《企业破产法》第53条“损害赔偿请求权”之列，而应当适用《企业破产法》第42条第（3）项“因债务人不当得利所产生的债务”共益债，予以返还。在上文提到的王某与沈阳佳建置业开发有限公司破产债权确认纠纷案中，最高人民法院虽然纠正原审判决，将案涉《商铺经营使用权转让合同》的性质认定为租赁合同，但在论述中明确，不论合同性质为何，合同

① 许德风：《破产法论：解释与功能比较的视角》，北京大学出版社2015年版，第143页。

② 金春：《论房地产企业破产中购房消费者的权利保护——消费者保护和债权人可预测性的平衡》，载《法律适用》2016年第4期。

解除后，案涉商铺的使用权返还给佳建公司，王某给付的剩余25年经营使用权转让金不能实现给付目的，佳建公司继续占有，构成不当得利。在此，合同性质为租赁或买卖均不影响共益债的认定，最高人民法院判决认定不当得利的前提条件并非租赁关系，而是解除合同后佳建公司存在金钱之债返还的义务。

2. 合同被撤销或认定无效情形下，已支付房款应当属于共益债权

根据《民法典》第157条规定，在前述“一房二卖”合同因房地产企业欺诈行为被撤销，或者因存在违背公序良俗情形被认定无效的情形下，未取得房屋所有权的购房人已给付购房款，因为金钱的种类物和一般等价物性质，此处的财产返还请求权即转为不当得利请求权。根据《民法典》第985条，“得利人没有法律根据取得不当利益”，债的关系建立在给付义务之上，当合同无效或被撤销时，给付目的嗣后欠缺，约定的给付义务便不复存在而发生不当得利情形，该情形若发生在房地产企业破产受理之后，购房人已支付的购房款应当被认定为共益债权。

3. 损害赔偿请求权的性质认定

根据《企业破产法》第53条，若合同相对人因管理人或债务人解除合同而主张损害赔偿，其只能作为破产债权。《最高人民法院关于审理企业破产案件若干问题的规定》（法释〔2002〕23号）第55条对破产债权类型进行了罗列，其中便包括“清算组解除合同，对方当事人依法或者依照合同约定产生的对债务人可以用货币计算的债权”，根据该条第2款，清算组因解除合同构成违约，违约赔偿的计算标准为实际损失，而惩罚性违约金、未发生实际损失的违约金则不作为破产债权；如果是补偿性违约金而且合同相对人实际产生了损失，则可以作为损失计算方法而成为破产债权。同样的，购房合同被撤销或认定无效后，对于房地产企业应当承担的缔约过失责任以及其他用于填补实际损失的损害赔偿责

任，也应当属于普通债权。

如购房人根据2003年最高人民法院颁布的《关于审理商品房买卖合同纠纷案件适用法律若干问题的解释》第8条、第9条的规定，要求房地产企业承担已付购房款一倍的惩罚性赔偿，在司法实践中，一般将其与普通破产债权区别开来，明确在普通破产债权清偿后仍有剩余破产财产的，再予偿还惩罚性赔偿债权。之所以如此处理，是因为若将惩罚性债权列入普通债权同等清偿，必然降低普通债权的清偿比例，导致对破产企业的惩罚转嫁于其他债权人，对债权人造成实质的不公平。

结　语

在房地产企业“一房二卖”情形下，对于未取得房屋所有权的善意购房人，由于合同目的不能实现，并且还因存在房地产企业主欺诈，抑或违反消费者保护致使购房人遭受重大损害等违背公序良俗的可能性；再加上《企业破产法》第18条赋予管理人对双方均未履行完毕合同的解除权，在破产受理后，双方签订购房合同存在被解除、被撤销甚至被认定无效这三种可能性。在这三种情形下，购房人已支付的购房款均缺乏给付目的，房地产企业由此构成不当得利，应当作为其共益债，由破产房企的财产随时清偿。上述观点与司法实践存在差异，是否真正具有解释力和可操作性，还有待实践检验。

39　问题楼盘企业重整价值实质审查机制的探究

——以河南省三个问题楼盘为例

贾珍妮　雷浩洁　刘红玉*

摘要：实践中对问题楼盘企业重整价值的识别，有些案件将资产债务比例或者重整收益率与清算收益率之差作为唯一审查标准，问题楼盘企业重整的主要目的不在于拯救企业，在于烂尾楼盘的复工复建、各类债权的清偿，进而化解社会矛盾，问题楼盘企业重整价值实质审查应当以该目的为出发点和落脚点，站在各个利益主体的角度上全面分析问题楼盘企业的自身条件、外部环境配合程度等，最终确定问题楼盘企业是否具有重整价值，而非仅仅考量资产债务比例或者重整收益率与清算收益率之差，因此要探索建立一套具有可操作性的、科学的问题楼盘企业重整价值实质审查机制，并以该机制为基础讨论如何提高重整价值。

关键词：问题楼盘企业　重整价值　实质审查

引　言

2007年6月1日起实施的《企业破产法》增加了企业破产重

---

* 贾珍妮，河南杰瑞律师事务所执业律师；雷浩洁，河南杰瑞律师事务所执业律师；刘红玉，河南杰瑞律师事务所实习律师。

整程序，未对重整价值识别的程序规则或实质标准予以规定。多年来，各地重整价值识别都是以主观判断为主，为弥补这一“缺陷”，2018 年 3 月 4 日印发的《全国法院破产审判工作会议纪要》以及 2018 年 3 月 6 日发布的《关于审理破产重整案件的 50 条最新意见》都提到了重整价值识别的要素，试图为重整价值识别提供客观标准，虽然上述规定只是提到了一些重整价值的识别要素，既未按照不同的债务人类型设置重整价值识别程序及实质标准，也不具有可操作性，但是为问题楼盘企业重整价值实质审查机制的构建提供了参照因素，具有一定的指导意义。

重整价值的博弈是一个全方面的博弈，如债权人与投资人之间的变和博弈，重整价值分配中优先债权人和普通债权人之间的零和博弈等①，问题楼盘企业重整价值实质审查机制不应当是为某一利益群体的角度上构建的，而应当是从债务人、债权人、投资人、政府等多个视角出发，目的是复工复建、让各类债权人公平受偿。

一、问题的提出

（一）案例引入

1. 新时代·歌乐园项目

2021 年 10 月 25 日，武陟县人民政府作出会议纪要，同意启动武陟县新时代置业有限责任公司（以下简称“新时代公司”）破产预重整工作并指定临时管理人。新时代公司开发的新时代·歌乐园项目可售物业低于全部物业的 20%，扣除续建成本后的项目可售利润较低，难以吸引共益债投资人，即便有共益债投资人投资，该项目续建成功后的可偿债资产尚不足以清偿全部有财产

① 姚太明、杨新春：《浅谈破产重整价值属性在管理会计中的应用》，载《中国注册会计师》2021 年第 8 期。

担保的债权，剩余职工债权、税款债权、普通债权更是无法受偿。

2. 雍景天城项目

2021 年 6 月 3 日，平顶山市新华区人民政府决定启动破产预重整工作。恒峻公司开发的雍景天城项目拆迁安置面积过大，债务负担严重，并且土地性质为商业用地，原规划商业占比 55.26%，不符合平顶山市房地产交易市场的实际需求，河南恒峻天城房地产开发有限公司先后与中昂地产、河南路桥集团等四家公司进行洽谈，试图在破产程序以外进行自救，但终因问题复杂、化解难度大未能如愿。

3. 紫荆城项目

2020 年 11 月 6 日，湛河区人民政府作出会议纪要，同意启动河南贵人居房地产开发集团有限公司（以下简称“贵人居公司”）破产预重整工作并指定临时管理人。贵人居公司开发的紫荆城项目五证齐全、剩余工程量较少，剩余可售物业销售回款在支付破产费用、共益债务、购房户债权等优先债权后，还有部分资产可用于清偿普通债权。

（二）问题提出：构建问题楼盘企业重整价值实质审查机制

有学者认为当重整收益率与清算收益率的差大于 0 时，该企业就具有重整价值，应当进入破产重整程序①。这种标准忽略了一个基本概念，即重整价值是对于全体债权人而言，若劣后债权清偿率较低或者为 0 时，对于该部分债权人就不具有重整价值，比如上述案例中的新时代·歌乐园项目以及雍景天城项目，这两个项目的重整收益率减去清算收益率均大于 0，若按照该标准，这两个项目均具有重整价值，应当进入破产重整程序，但根据案例介绍，新时代·歌乐园项目和雍景天城项目的劣后债权甚至包括

① 闫华红、王安亮：《基于破产重整的企业价值评估方法探析》，载《会计之友（下旬刊）》2010 年第 10 期。

部分优先债权都得不到清偿，仅从主观判断上我们就可以知道这两个项目不具有重整价值，不能进入破产重整程序。另有学者认为企业的人力资源、客户资源、创新潜力和组织流程等无形资产是企业重整价值的核心组成部分，是破产路径选择时需要重点考虑的因素①，但问题楼盘企业以有形资产为主，因此上述因素均不适用于问题楼盘企业重整价值的识别。

那么问题楼盘企业重整价值的实质审查机制应当是什么？需要包含哪些审查因素？对于重整价值较低或不具有重整价值的问题楼盘企业能否通过有效途径提高或者创造重整价值？本文以房地产产业特征、房地产营销策略、府院联动机制等理论为基础，有针对性地提出问题楼盘企业重整价值实质审查机制的必备要素以及提高或创造重整价值的路径。

二、问题楼盘企业重整价值实质审查机制必备要素

《全国法院破产审判工作会议纪要》第14条明确重整价值识别的因素包括债务人的资产状况、技术工艺、生产销售、行业前景等，但这些因素不必然全部适用于问题楼盘企业，问题楼盘企业的重整价值实质审查需从两个方面入手：一是问题楼盘企业的自身条件；二是外部环境配合程度。

（一）问题楼盘企业的自身条件

对于问题楼盘企业自身条件的审查不能局限于组织架构、资产、债务，还应站在消费者的角度关注企业信用以及楼盘情况，以确保重整计划执行过程中顺利进行销售及回笼资金。

1. 企业核心成员离职率及返聘可能性

企业核心成员离职程度及配合程度是指对企业资产债务情况

① 黄庆华、欧亚姗：《破产重整效率、企业重整价值与利益相关群体——基于泸天化与柳化股份的比较案例》，载《财会通讯》2021年第22期。

较为了解的人员是否已经离职、是否还有返聘可能性，这类人员包括实际控制人、财务负责人、销售负责人、工程负责人等。

在破产程序中，需要优先清偿的破产费用与破产程序持续时间成正比，问题楼盘企业原来核心团队如果还未全部离职或者已经离职但返聘可能性较大，则可以帮助管理人在短时间内查清企业的资产债务，减少破产成本支出、增加可用于清偿其他债权的资产，反之则增加破产成本、减少可用于清偿其他债权的资产，比如雍景天城项目，恒峻公司作为该项目的开发公司，其核心人员离职率高且基本没有返聘可能性，导致临时管理人、审计机构耗费大量的人力、财力、时间调查核实企业资产、债务，而耗费的金钱成本均需要用企业资产清偿，无疑减少了问题楼盘企业资产、增加了债务。因此问题楼盘企业核心成员离职率及返聘可能性是审查企业重整价值的要素之一。

2. 账面流动资产可回收性

一般而言，问题楼盘企业可用于清偿债权的资产除在建工程以外还包括其他应收账款、货币资金等流动资产，但实际上只有具有可回收性的流动资产才能用于清偿债权，对于不具有可回收性的流动资产只能看作审计报告中一个数据而已，无法真正用于清偿债权。

问题楼盘企业普遍存在挂错科目、账面已平未及时调整、凭证有误等各种情况，因此审计机构通过财务账册、原始凭证等确认的其他应收账款、货币资金等不一定具有回收性，还需要管理人与审计机构、问题楼盘企业的财务人员、实际控制人等知情人员相结合，将上述流动资金按照发生原因、主体等因素进行分类，并运用商业运营经验以及法律知识判断每一类流动资产的回收可能性以及回收途径。比如新时代·歌乐园项目账面显示其他应收账款约 8 417 万元，但具有可回收性的仅有 18 万元左右。因此账面流动资产可回收性越高，能够用于清偿债权的资产就越多，重整价值也随之提高。

3. 债务类型及减债可能性

对于问题楼盘企业的重整价值除了关注资产以外，还需要关注具有优先受偿权的债权体量，体量越小、减债可能性越大、重整价值可能就越大。

首先，问题楼盘企业的债务包括账面债务和实际债务，账面债务是指审计机构根据企业的财务账册、原始凭证等确定的债务，实际债务是重整价值实质审查的基础，需要将债权申报材料与审计报告、诉讼情况等相结合才能得以确定，比如雍景天城项目账面显示负债总额约 2.3 亿元，经过债权审查最终认定仅有 1.38 亿元。

其次，问题楼盘企业的优先清偿债权主要有拆迁安置户债权、购房户债权、工程款债权、有财产担保的债权等，经过债权审查，如果发现以房抵债、虚假债权、已清偿债权或依法无须承担清偿责任的情形较多，则通过依法回归原始法律关系、核减相关债权数额使得优先债权体量变小，若无法缩减优先债权的体量，则可能因重整价值较低而无法进入重整程序，比如雍景天城项目的拆迁安置债权、购房户债权及工程款债权总额占各类债权总额的 80%，即便该项目仍有可售物业，但优先债权清偿负担较重，导致多次庭外重组的尝试均以失败告终。

4. 企业信用

问题楼盘企业的信用是保证问题楼盘销售资金回笼以及企业重整成功的重要因素，原因在于问题楼盘尚有可售房源时，在重整过程中将面临销售问题，而影响楼盘销售的重要因素之一是付款方式，即楼盘能否办理按揭贷款将直接影响消费者的购房取向。企业信用是银行决定能否提供按揭贷款业务的考量标准之一，因此在进入破产程序之前就要确定问题楼盘企业恢复征信后能否正常为购房户办理按揭贷款，特别是对于可售房源较多或者应收尾款较多的楼盘，比如贵人居项目的应收尾款还有1000万左右，未付全款的购房户债权人明确表明如果不能办理按揭贷款，则无法按照重整计划预案规定的时间补足房款。

5. 楼盘情况

问题楼盘企业可用于清偿债权的资产主要源于烂尾楼的可售物业，因此除了上述四个影响问题楼盘企业重整价值的因素以外，楼盘的可售物业数量、增值或涨价空间也作为审查问题楼盘企业重整价值的标准之一，具体内容包括楼盘的位置、基础配套设施、商住比、采光、销售时市场价、消费群体等。比如雍景天城项目商业占比约55%，可售物业主要为商业，而2020年9月至2021年8月期间的平顶山市商品房和二手房交易数据显示非住宅类当期销售面积仅占当期住宅实际销售面积的3.65%，商业去化极度缓慢，雍景天城项目无法在短期内产生现金流，难以吸引到投资人，因此该项目实质上丧失了重整价值。

（二）外部环境配合程度

除了问题楼盘企业的自身条件以外，还不能忽视外部环境配合程度对于重整价值的影响，比如续建成本、市场需求、政府支持度等。

1. 续建成本

问题楼盘企业重整前不仅要考虑既有债务及减债可能性，还要考虑或有债务，即楼盘续建成本。根据《企业破产法》第42条的规定，续建成本属于超级优先清偿序列，如果建材材料费用、劳务费用等成本较高，并且楼盘可售物业较少、涨价空间较小，或者无法覆盖续建成本，则会严重影响问题楼盘企业的重整价值。比如新时代·歌乐园项目可售物业价值约8 194万元，但续建成本需要4 843万元左右，可售物业价值扣除续建成本后可用于清偿的资产太少，连有财产担保的债权都无法清偿，即使重整收益率远高于清算收益率，但该项目仍然达不到重整目的，不具有重整价值。

2. 当地房地产市场需求

如上文所述，楼盘的增值或涨价空间是审查问题楼盘企业重整价值的要素之一，影响楼盘增值或涨价空间的因素不仅有楼盘自身的条件，还要结合当地的房地产市场进行研判，包括当地消费者购买力、能否吸引周围地区的消费者、可售物业中是否具有投资价值。

3. 府院联动机制成熟度

府院联动机制是一种由政府主导、法院审理、各职能部门联动的工作机制，在该机制中，政府主要负责解决土地出让、建设规划、地价优惠、税费减免、信访维稳等问题，其中土地出让、建设规划、地价优惠、税费减免直接关乎问题楼盘企业增值减债的效果，而增值减债的效果与重整价值密切相关。因此问题楼盘企业破产重整比一般企业破产重整更依赖府院联动机制，府院联动机制成熟度在某些情况下能够直接决定问题楼盘企业是否具有重整价值。

上述要素在问题楼盘企业重整价值实质审查中缺一不可，必须结合所有要素综合审查重整价值，避免错误识别重整价值，导致不能重整的问题楼盘企业进入了重整程序，或者应当重整的问题楼盘企业错过了重整的最佳时机。

三、提高或创造重整价值的路径

（一）法律手段：通过法律途径追回流失的资产

《企业破产法》及相关法律法规中有多个条款可帮助增加问题楼盘企业的资产，提高或创造重整价值，比如《企业破产法》第 31 条、第 32 条规定的撤销权，第 33 条规定的企业行为无效情形，第 35 条规定的出资加速到期制度等；《最高人民法院关于人民法院民事执行中拍卖、变卖财产的规定》第 24 条规定依法不能交付抵债的动产应当退还给被执行人，使那些破产程序之前已经被裁定以物抵债的资产具有了追回可能性。

除了上述规定以外，现行法律体系中还存在很多规定可以作为追回已流失资产的依据，管理人应当穷尽法律途径追回已流失的资产。

（二）行政手段：充分发挥政府救市的积极作用

追回已流失资产是一个漫长且充满不确定的过程，因此提高或创造重整价值可以考虑从以下三个方面入手。

一是调整原规划。问题楼盘的烂尾年限少则一两年，多则一二十年，因此对于原规划无法适应当前市场需求的楼盘可以积极与政府相关部门协调沟通，评估调整规划的可行性，比如调整容积率、调整商住比等。比如雍景天城项目就涉及调整商业占比的问题，一旦调整成功，该项目的现金流即可有所保障，重整价值明显提高。

二是量身定制优惠政策，一案一策。有的问题楼盘属于旧城改造项目，根据管理人的申请，政府一方面可考虑能否继续沿用当年力度较大的优惠政策，另一方面可考虑减、免、缓楼盘续建过程中需要缴纳的税费。

三是签订团购协议，解决销售问题。有的问题楼盘位置处于城市边缘的开发区，基础设施配套不完善，消费者购买力不足，即便能够引进资金建成，也无法通过销售获取现金流用于清偿债权，实现不了重整目的，因此可与当地政府协调，由政府解决销售及资金回笼问题。

（三）商业手段：创造品牌溢价，提高可售物业价值

有的问题楼盘所处地市的房地产市场环境较好、市场需求旺盛、消费者购买力强劲，此时可以评估变更原定目标市场的可行性以及创造品牌溢价方案的可行性，以此提高可售物业价值，增

加可用于清偿债权的资产。比如通过线上线下资源共享完成消费者对园林景观、生活配套等资源信息沟通，通过为客户定制差异化需求产品获取超额利润①。

提高或创造问题楼盘企业重整价值的路径不局限于上述三种手段，管理人可以将法律知识、房地产运营经验与项目具体情形相结合创新更多路径以使问题楼盘企业重生。

结　论

《企业破产法》自 2007 年修改后，倾向于使用重整制度挽救企业，并且问题楼盘关系众多拆迁安置户、购房户的生存权、居住权，因此在对问题楼盘企业重整价值实质审查过程中，坚持以重整目的为中心，既要关注企业自身的条件，还要考察外部环境的配合度，以尽量避免因错误判断企业重整价值而带来的不利后果。即便有的问题楼盘企业重整价值较小或者不具有重整价值，也应穷尽所有提高重整价值的手段后再宣告无重整价值。

---

① 寇娅雯、张莹洁：《供给侧结构性改革下房地产企业的盈利模式研究》，载《建筑经济》2020 年第 7 期。

40 问题楼盘企业重整价值的识别

谢 晖[*]

摘要： 在目前的破产重整实践中，问题楼盘企业重整价值的识别还没有受到重视，问题楼盘企业重整价值识别的考量因素不明确，为了解决问题楼盘企业的脱困和恢复经营的实际需要，有必要使用 PESTEL 分析模型，从政治、经济、社会、技术、环境、法律六个维度的视角分析我国问题楼盘企业重整价值识别的考量因素，通过审查申请资料的完整性，召开听证会，征询意见等审查方法，以识别问题楼盘企业的重整价值。

关键词： 问题楼盘企业　重整价值　识别

一、问题楼盘企业重整价值识别的现状

近几年来受经济下行的影响，我国房地产行业整体下滑。许多房地产企业，特别是中小房地产企业，无法适应不断变化的市场需求而成为负债累累的问题楼盘企业，许多问题楼盘企业为了摆脱困境，恢复再生，决定尝试破产重整。然而，问题楼盘企业与普通企业不同，它与多方利益主体相关，关系民生和社会秩序的稳定。破产重整程序作为一种拯救程序变得越来越重要，它可以恢复问题楼盘企业的经营并防止其破产。因此，其地位愈加重要，备受问题楼盘企业青睐。

---

* 谢晖，湖北文理学院副教授，主要研究方向为刑事法学。

诚然，许多问题楼盘企业通过破产重整程序得到了拯救，并取得了良好的社会效果，但也要看到，并非所有的问题楼盘企业都满足破产重整程序的适用条件，也并非所有的问题楼盘企业都适合采用破产重整程序进行拯救。能够启动破产重整程序的问题楼盘企业必须有重整的价值，实践中应当根据问题楼盘企业个案的实际情况来决定是否适用破产重整程序，盲目地适用破产重整程序不仅不能实现预期的重整目标，反而会对问题楼盘企业的相关方造成利益损失。此外，问题楼盘企业还有可能借破产重整程序来拖延债务的清偿。2018 年 3 月 6 日最高人民法院发布《关于审理破产重整案件的 50 条最新意见》，提出了重整企业的识别审查。因此，问题楼盘企业重整价值的识别是一个非常重要的问题，不能不加识别地滥用破产重整程序。如果不进行重整价值的识别，在实践中滥用破产重整程序，不仅会损害债权人的利益，而且会导致社会资源的浪费。

笔者对近三年以来中国裁判文书网公布的作出批准重整申请裁定的案例和作出不批准重整申请裁定的案例进行统计分析发现，在当前破产重整实践中，问题楼盘企业重整价值识别还存在以下两个方面的突出问题。一是不重视。目前重整申请被批准的案件中，大多数案件没有识别问题楼盘企业的重整价值，即使识别了重整价值，也有少部分案件没有对重整价值进行详细论证。很多情况下，对重整价值的陈述过于抽象和笼统。二是不规范。就批准受理的案件的重整价值识别考量因素而言，人民法院主要根据问题楼盘企业的资产和技术资质等来识别问题楼盘企业的重整价值。与未被受理的案件相比，我们发现人民法院在重整价值识别过程中存在着考量因素不统一和自由裁量权过大等问题。有些人民法院只进行形式上的审查，在问题楼盘企业提交了重整可行性和必要性的报告后，就认为申请人有重整的价值。有些人民法院会对重整的可行性和必要性进行实质审查。此外，在很多情况下，不少案件的重整价值识别考量因素较为单一，等等。

二、问题楼盘企业重整价值识别的必要性

（一）避免社会资源的浪费

与破产清算相比，破产重整耗时长、成本高。首先，破产重整制度是为了帮助问题楼盘企业摆脱财务困境、恢复营业能力。但是恢复问题楼盘企业的正常运作需要花费大量的人力、财力和时间，如果重整不成功，就会浪费大量的人力、财力和时间。其次，很多业绩不佳、不值得重整的问题楼盘企业可能会借申请重整，拖延时间，逃避债务。如果等到问题楼盘企业逃避债务后再终止破产重整程序，无疑造成社会资源的浪费。再者，在破产重整过程中由于信息不对称，债权人之间的协调问题，不同权利人之间的利益平衡问题，都会产生巨大的破产重整成本。此外，目前房地产行业普遍不景气，问题楼盘企业在破产重整过程中会出现获得新资金困难等问题，这也会使问题楼盘企业陷入停滞，增加了破产程序的总成本，这可能给债务人带来巨大的财务负担，并可能影响重整的成功。因此，必须识别问题楼盘企业的重整价值，将不具有破产重整价值的问题楼盘企业排除在破产重整程序之外。

（二）避免债务人逃避债务的清偿

首先，避免问题楼盘企业借破产重整程序来逃避计息。根据我国《企业破产法》第 79 条的规定，破产重整期限一般为六个月，之后人民法院可以根据债务人或管理人的合理要求，下令延长 3 个月。根据《企业破产法》第 46 条，附利息的债权从破产申请被受理之日起不计利息，这意味着债权人可能损失长达 9 个月的利息收入。其次，问题楼盘企业可以通过制订“较长期限”的重整计划来逃避债务的清偿。我国《企业破产法》没有规定强制

的计划执行期限，如果债权人愿意接受一个较长的执行期限，就可能会出现债权人在濒临破产的问题楼盘企业重整成功之前就已经破产的情况。简而言之，如果问题楼盘企业借破产重整程序来拖延债务的偿还，这很可能导致破产的多米诺骨牌效应。

（三）最大限度地保护债权人的利益

在破产重整程序中，债权人将会承担重整带来的不确定风险，如果重整成功，问题楼盘企业走出了困境，债权人将从中获利，但如果重整失败，问题楼盘企业走向破产清算，债权人将背负破产重整产生的成本。问题楼盘企业的破产清算中通常无担保的债权人获得的支付比例最低。因为房地产开发项目和相关的土地使用权被问题楼盘企业用来以抵押贷款的形式，从银行获得部分建设资金。在问题楼盘企业破产的情况下，银行等有担保的债权人对问题楼盘企业的抵押财产享有优先受偿权，导致无担保的债权人得到较低比例的受偿。① 因此，如果允许问题楼盘企业不识别重整价值就滥用破产重整程序，一旦重整失败，转为清算程序，这将给债权人的利益造成更大的损失。所以，为了最大限度地保护债权人的利益，应该对问题楼盘企业的重整价值进行识别。

三、问题楼盘企业重整价值识别的维度

近几年来，问题楼盘企业破产的数量不断增加。然而，由于缺乏统一的破产重整价值的识别考量因素，导致应该重整的问题楼盘企业被清算，不应该重整的问题楼盘企业被重整，造成了资源浪费、经济效益下降和社会不稳定等一系列有害后果。② 笔者认为，可以从政治、经济、社会、技术、环境、法律六个维度识别

---

① 夏正芳、李荐：《房地产开发企业破产债权的清偿顺序》，载《人民司法（应用）》2016 年第 7 期。

② 李冰：《房地产不良资产收购重组的核心》，载《城市开发》2019 年第 2 期。

问题楼盘企业的破产重整价值。

（一）政治维度

近年来，我国积极推动战略性新兴产业的发展，根据党中央和国务院的决定，进一步实施创新发展战略，进一步促进我国具有重要核心技术创新能力的企业的发展，是目前经济发展领域的重要举措。对于属于战略成长型产业的企业，只要企业在行业内保持竞争力，重整的收益在一定程度上能超过清算的收益，就会得到政府和社会政策的支持。因此，政府对企业破产重整的态度和相关的支持措施也会成为问题楼盘企业重整价值判断的一个重要定性因素。

（二）经济维度

党的十九大报告提出“房子是用来住的、不是用来炒的”定位之后，全国许多城市都实施了从严的房地产调控政策，采取了限购、限贷等一系列调控手段，整个房地产行业的营业额急剧下降。整个房地产行业的经济环境对中小型问题楼盘企业不利。在过去的十年里，中国房地产市场的投资和销售额都掌控在大型房地产企业手中，大型房地产企业拥有雄厚资金和资源，控制了整个房地产行业的话语权。大型房地产企业为了垄占更多的土地资源，不断地吞噬中小型问题楼盘企业，导致房地产行业集中度加快，资源逐渐向大型房地产企业汇聚，在很大程度上减少了中小型房地产企业的资源分配。房地产行业的经济形势和资源分配不利于中小型问题楼盘企业的重整，中小型问题楼盘企业的重整机会少。问题楼盘企业的重整价值主要是看是否有利于当地经济的发展，以实现整个社会的价值最大化。对于问题楼盘企业重整价值的考量更多的是关注社会资源的局部分配，从宏观层面上对投入问题楼盘企业的社会资源进行评估，以保持社会资源的优化和公平分配。因此，房地产行业的经济形势和资源分配也是问题楼盘企业破产重整价值判断中的重要定性因素。

（三）社会维度

问题楼盘企业与普通企业不同，尽管它们都是法律实体，是市场的一部分，并受市场监管，但问题楼盘企业的破产具有很强的社会性。破产重整价值识别不仅是为了问题楼盘企业或市场的利益，也是为了社会稳定的利益。问题楼盘企业的破产不仅严重影响购房业主及各类债权人的权利，也造成了资源闲置和浪费，并影响了房地产业的健康发展。首先，对于购房者来说，购房几乎倾其一生的积蓄，如果问题楼盘企业破产，购房者将损失他们一生的积蓄。其次，还必须考虑到问题楼盘企业背后农民工建设者等主体的利益。实践中，当问题楼盘企业破产后，经常会出现购房者、农民工上访事件，这严重影响了社会秩序的稳定。① 因此，对于房地产这类社会影响大、关乎地方经济、就业和民生的问题楼盘企业，雇员人数往往较多，虽可以在破产财产清算中对雇员进行一定的经济补偿，但雇员失业后的“就业难”问题却无法得到解决。企业大量职工的失业必然会对社会的稳定产生影响，但在破产重组过程中，如果职工得到妥善安置，其社会效益将是不可估量的，当地社会的稳定也将得到维护。② 因此，职工的就业安置问题也是问题楼盘企业破产重整价值判断中的重要定性因素。与破产清算程序相比，破产重整程序更符合公众利益，在维护社会和产业稳定方面发挥着重大的作用。

（四）技术维度

重整状态下的普通债权清偿率是问题楼盘企业所有利益相关

---

① 徐莉萍、邵宇青、张淑霞：《企业社会责任、社会责任缺失与企业绩效》，载《财会通讯》2020 年第 13 期。

② 栾甫贵、侯晶：《上市公司破产重整价值判断体系的探讨》，载《北京工业大学学报》（社会科学版）2017 年第 4 期。

者关注的一个重要问题，也是决定问题楼盘企业是否值得重整的考量因素之一。这是因为，根据《企业破产法》第87条第2款第（3）项的规定，为了强制执行问题楼盘企业的重整计划，要求“重整状态下的普通债权清偿率不低于破产清算程序中获得的债权清偿率”。以债权清偿率为重整价值考量因素的原因是，破产法的目的是使债权人的利益最大化，只有当重整时的债权清偿率高于清算状态下的债权清偿率的30%以上时，重整才有意义，以判断问题楼盘企业是否具备强制执行重整计划的条件。因此，债权清偿率被视为识别问题楼盘企业重整价值的考量因素之一，需要将破产清算程序中获得的债权清偿率与管理人或债务人制订的重整计划中计算的债权清偿率进行比较。尽管上述规定大多是在债务人启动重整程序后对重整计划进行表决时需要考量的因素，但笔者建议在对问题楼盘企业进行重整价值识别时，法院在决定是否同意重整程序前对债务人在两种状态下的债权清偿率进行严格比较，这与立法者对重整程序进行立法的目的一致。

（五）环境维度

在对问题楼盘企业进行重整价值判断时，必须考虑到企业内部环境和外部环境的各个方面，从整体角度分析不良资产，将不良资产作为一个整体而不是零散的部分来考虑。如果把不良资产业务分成几个部分来看，你就无法看到它的未来潜力，因为不良资产业务的不同部分只有被整合成一个有机的整体，才能发挥其价值并在未来创造价值。换句话说，如果我们只看到一个有高额债务和不良资产的问题楼盘企业，这是片面的，如果我们想看到它的整体未来价值，我们就必须全面地看它。

1. 问题楼盘企业的资债环境

问题楼盘企业最有价值的资产是在建工程。在确定问题楼盘企业的重整价值时，如果问题楼盘企业仅剩下在建工程，并且身负大量的债务，而且在建工程又被设定了在建工程抵押，就会存在工程贷款和抵押贷款不能全部偿还的风险。这类问题楼盘企业的高负债率使得债务人或外部投资者的重整难度较大。债务人的高负债率意味着重整后的偿债压力很大，如果问题楼盘企业具有偿债能力，一般可以恢复正常运营。但实践中高负债的问题楼盘企业的经营状况通常不好，不具有偿债能力，也很难吸引到外来投资者的投资，对这类问题楼盘企业进行重整很可能导致资源的浪费。信用能力是问题楼盘企业的隐性实力，虽然不会反映在日常运营中，但当问题楼盘企业的资金链断裂时，具有良好信用能力的问题楼盘企业，更容易获得银行和其他金融机构的贷款，因而更具有重整价值。筹集资金的能力是问题楼盘企业恢复营运的另一个重要因素。即使问题楼盘企业在银行的信用不佳，如果问题楼盘企业有强大的筹集资金的能力，并能在市场上筹集到足够的资金来吸引投资者，也可以实现重整。但一般来说，问题楼盘企业的信用能力和筹资能力较差，不太可能获得银行贷款，外部投资者也不太愿意注入资金，因而，难以筹集到外部资金，不具有重整价值。当然，问题楼盘企业的股东也可以通过修改公司章程和继续向问题楼盘企业注资来重整企业。与仅仅依靠问题楼盘企业的自身利润和吸引外部投资者注入资金相比，问题楼盘企业股东的注资可能是最快捷的筹资方式。因此，要审查问题楼盘企业的股东结构，以识别问题楼盘企业是否具有重整价值，以及问题楼盘企业是否有实力重整成功。

2. 问题楼盘企业的团队环境

应注意问题楼盘企业的股东会、董事会、监事会是否正常运作；高层管理人员是否认真履行各自职责，尽到经营管理问题楼盘企业的日常注意义务，这些都是重整价值识别的考量因素。如果问题楼盘企业在很长一段时间内不能正常召开股东大会、董事会或监事会，则说明问题楼盘企业的组织结构出现瘫痪，问题楼盘企业可能不能进行正常的市场经济活动了。这样的问题楼盘企业重整价值小。问题楼盘企业内部不同部门之间是否互相配合，也是识别问题楼盘企业是否具有重整价值的重要因素。如果问题楼盘企业只是暂时的资金困难，各部门之间仍然互相配合，那么原管理团队就可以继续带领问题楼盘企业完成重整过程，这将大大提高破产重整的效率。如果问题楼盘企业的内部员工和财务人员已经失去凝聚力和向心力，那么即使问题楼盘企业进入重整程序，也很可能由于缺乏适当的经营管理人员而重整失败。

3. 问题楼盘企业的意愿环境

根据《企业破产法》第 84 条规定，债权人对于问题楼盘企业是否能够进入重整程序起着关键作用。债权人是否同意问题楼盘企业的重整计划，也是基于对债务人重整可能性的判断之上。在问题楼盘企业的债权人中，企业债权人所占比例高于自然人债权人，应将其作为表决同意重整方案的优先对象，债务人可根据具体情况与企业债权人沟通，积极争取提高企业债权人的重整意愿，在准备重整计划时，管理人必须分析行业前景、资产现状、市场规律和风险，平衡各方的利益，对问题楼盘企业的业务进行有意义的评估，制订一个合理可行的重整计划。

（六）法律维度

从法律角度看，我国破产法体系从保护各利益相关方的公平和平等的角度来评估企业破产重整的价值[①]，并不单纯注重保护债权人的利益。从 2007 年我国《企业破产法》的正式出台到 2019 年 2 月《破产法司法解释（三）》的公布，法律的具体制度设计反映出我国企业破产制度越来越注重对多元化利益主体权益的保护，并在逐步推进关系到各方利益的协调机制的构建，同时维护企业破产重整的公平和公正。2009 年，最高人民法院就妥善处理

① 郑功成：《中国社会公平状况分析——价值判断、权益失衡与制度保障》，载《中国人民大学学报》2009 年第 2 期。

企业破产的各种问题出台意见，从司法上保证维护市场经济。其中规定："企业出现破产原因或者有明显丧失清偿能力的可能，但符合国家产业结构调整政策，仍有发展前景的，人民法院应当充分发挥破产重整程序和破产和解程序的作用，积极有效地加以解决"。这也说明行业和市场环境对问题楼盘企业破产重整成本的重要定性影响。例如，中核钛白的破产重整程序于 2011 年 11 月 30 日由债权人启动，并于 2012 年 7 月 31 日被法院批准为重整计划。这其中有两个重要原因：一是中核钛白仍有良好的机器设备，这代表了重整价值；二是公司的产能并不过剩，因为当时市场上对其主要产品钛白粉和其他化工原料仍有需求，而未来行业和市场的经营状况决定了其潜在的重整价值。

总之，确定问题楼盘企业的重整价值需要从政治、经济、社会、技术、环境、法律六个维度进行综合分析，平衡各方利益，不能只考量某一个维度，就认为问题楼盘企业具有重整的价值。单一的考量维度只会导致资源的浪费，无法达到预期的效果。为了平衡地保护相关各方的合法权益，实现各方的共赢，从而实现破产重整的根本目的，从整体上看，详细评估问题楼盘企业的重整价值是非常重要的。

四、完善问题楼盘企业重整价值识别的审查方法

（一）审查申请材料的完整性

人民法院立案部门负责重整申请材料的形式审查，应要求申请人提供有关重整申请的详细材料，在收到重整申请材料时，应审查申请材料的完整性。一般来说，申请人必须提交工商登记档案、资产负债表、债务清单和证明重整可行性的证据等材料，可以适当放宽债权人申请债务人重整时的材料要求。根据河南省焦作市中级人民法院《审理企业重整案件的工作指引（试行）》第 7 条、第 8 条的规定，重整的申请主体有债权人和债务人两类，债

权人申请重整时需要提交的材料包括：（1）重整申请书，载明申请人和被申请人的基本信息、申请目的、申请的事实和理由；（2）申请人的主体资格证明；（3）债务人的主体资格证明及最新工商登记材料等；（4）债务人不能清偿申请人到期债务的证据；（5）债务人具有重整可行性的初步分析报告及证据材料。债务人申请重整时需要提交的材料包括：（1）重整申请书，载明申请人的基本信息、申请的事实和理由；（2）债务人的主体资格证明，包括企业法人营业执照副本、法定代表人或负责人身份证明及其他最新工商登记材料；（3）债务人的职工名单、工资清册、社保清单、职工安置预案以及职工工资的支付和社会保险费用的缴纳情况；（4）债务人的资产负债表、审计报告或资产评估报告；（5）债务人至破产申请日的资产状况明细表，包括有形资产、无形资产及对外投资情况等；（6）债务人的债权、债务及担保情况表，列明债务人的债权人及债务人的名称、住所、债权或债务数额、发生时间、催收及担保情况等；（7）债务人所涉诉讼、仲裁、执行情况及相关法律文书；（8）债务人的股东会、董事会、主管部门同意重整的文件；（9）债务人具有重整可行性的分析报告及证据材料。

（二）召开听证会

重整价值识别是确定问题楼盘企业重整的必要条件，而仅仅依靠申请人提供的申请资料是很难确定问题楼盘企业的重整价值的，因为申请人在提交材料时，通常会隐瞒了问题楼盘企业的真实情况。申请人提供有关重整申请的详细材料后，法官由于不具有商业问题的判断能力，无法识别信息的真伪，还不能确定问题楼盘企业是否具有重整价值，法官应该召开听证会，邀请专业机构和专家参与问题楼盘企业的重整价值识别。在分析重整计划时，必须借助专业机构和专家的经验，审查问题楼盘企业的连续经营情况，听取各专家的意见。[①] 笔者认为，政府和法院可以建立一个专门分析问题楼盘企业重整价值的机构，并制订一套识别问题楼盘企业重整价值的考量指标体系。

（三）征询意见

决定问题楼盘企业是否具有重整价值的主要标准是，问题楼盘企业是否有可能恢复其正常经营活动。如果问题楼盘企业不可能恢复正常经营，法院下令启动重整程序，只会使债权人遭受更大的损失。然而，识别问题楼盘企业是否具有重整价值是一个商业判断而非法律判断的问题。特别是在问题楼盘企业出现财务困难的情况下，其原因很复杂，包括问题楼盘企业的管理水平、政府政策调整和市场条件的变化，等等。对于不是商业问题专家的法官来说，裁定问题楼盘企业到底是适用破产重整程序，还是适用破产清算程序，并不是一件容易的事情，因为这涉及许多商业问题。因此，笔者认为我国破产法体系中应当引入“重整咨询制度”，以便更好地帮助法官处理问题楼盘企业的重整价值识别。[②] 这意味着，当法院收到问题楼盘企业提出的重整申请时，应当向企业注册局、税务稽查局、公共资产管理局等相关部门发送一份副本以征询相关部门的意见。因为这些部门对问题楼盘企业的活动和经营状况更了解，所以应征询他们的意见，作为识别问题楼盘企业重整价值的必要参考，当然，法院不受他们意见的约束。

---

① 刘勇：《重整企业识别问题初探》，《重庆：第三届西部破产法论坛论文集》2018。

② 查尔斯·J. 泰步：《美国破产法新论》，韩长印等译，中国政法大学出版社2017年版，第1131页。

后　记

党的二十大提出了全面推进中国式现代化的目标路径，全面推进依法治国进入了新的发展阶段，法治中国建设进入了前所未有的新时代、新征程。在习近平总书记强调“法治是最好的营商环境”之后，营商环境建设工作也进入了全面推进、全面提升、全面深化的新时代。办理破产指标作为营商环境建设的重要指标和关键抓手，在持续优化营商环境的工作中越来越显得重要和关键。“中原破产法高峰论坛”就是在这样的国际国内环境下孕育而生、破茧出窍。2017 年 11 月，伴随着党的十九大胜利召开，第一届“中原破产法高峰论坛”在郑州召开。“中原破产法高峰论坛”无疑成为破产法学理论界、实务界交流碰撞的重要抓手和推进平台，成为我们破产法学研究会的“年会大餐”，引起了政府及有关部门、法院、检察院、律师界、金融界、财会界等的高度关注和认可。一束束鲜花和一次次掌声背后，我们也倍感压力和责任。

党的二十大报告明确提出，推进实践基础上的理论创新，必须坚持守正创新。进一步提出要坚持创造性转化、创新性发展。理论创新首先是研究方法研究方式的创新。过去我们注重以论坛的形式、公开发表论文的形式开展研究，座谈会、辩论会、论证会不多。建议以后我们多一些形式，譬如跨专业交叉研究、多专业合并研究、课题项目带动研究、实践项目粘贴性研究等。今天我们所面临问题的复杂程度、解决问题的艰巨程度明显加大，给理论创新提出了全新要求。没有调查就没有发言权。我们之所以成果数量不多、成果层次不高、成果效益不好，其中一个重要的原因就是我们找的问题不准、不对、不真，提出的建议也就无法解决现实中的真问题。

平台的本质是整合资源和撮合交易，通过帮助他人实现成功，进而获得自身的成功。我们目前除了“高峰论坛”“法官与管理人的对话”两个学术平台、话语平台外，没有再扩展新的平台，尤其是新媒体平台。我们这几届论坛微信群平台里大约1000人，作用并没有发挥出来。将来我们研究会能不能创设一个微博或者公众号或者其他，更好地传递声音，从而更好地促进我们的破产法学研究，需要我们大家一起拥抱、一起向未来，踔厉奋发、勇毅前行！

本书的整理编著得到了河南省法学会的大力支持和帮助，谢谢各位作者不吝赐稿，谢谢周欣宇和崔明亮两位副秘书长不辞辛苦地修改稿件、李宏伟副会长统筹协调并统稿，谢谢出版社老师给予的耐心指导和编辑的辛苦工作。同时感谢北京华泰（郑州）律师事务所给予的赞助和大力支持！